雄安新区绿色发展报告
（2017—2019）
——新生城市的绿色初心

Xiongan New Area Green Development Report
(2017-2019)
——A Green Beginning of the New City

雄安绿研智库有限公司　主编

中国城市出版社

图书在版编目（CIP）数据

雄安新区绿色发展报告：2017—2019／雄安绿研智库
有限公司主编. —北京：中国城市出版社，2019.12
ISBN 978-7-5074-3238-1

Ⅰ. ① 雄… Ⅱ. ① 雄… Ⅲ. ① 绿色经济-经济发展-
研究报告-雄安新区-2017-2019 Ⅳ. ① F127.223

中国版本图书馆CIP数据核字（2019）第251850号

当前，雄安新区已成立两周年，顶层设计已经完成，即将转入大规模、实质性开工建设阶段。《雄安新区绿色发展报告（2017—2019）》的编制，旨在全面回顾新区成立两周年以来的绿色城市发展历程。全书共分为绿色使命、顶层规划、先行实践、创新机制、绿色展望五篇共十七章，以及两个附录。

本书适合城市规划建设相关从业者、城市发展研究者、新区建设者等参考学习。

责任编辑：李天虹
书籍设计：锋尚设计
责任校对：赵昕雨

雄安新区绿色发展报告（2017—2019）
——新生城市的绿色初心
雄安绿研智库有限公司　主编
*
中国城市出版社出版、发行（北京海淀三里河路9号）
各地新华书店、建筑书店经销
北京锋尚制版有限公司制版
北京圣夫亚美印刷有限公司印刷
*
开本：787×1092毫米　1/16　印张：21½　字数：440千字
2020年3月第一版　2020年3月第一次印刷
定价：63.00元
ISBN 978-7-5074-3238-1
（904211）

雄安新区绿色发展报告（2017—2019）组织框架

主编单位　雄安绿研智库有限公司
参编单位　深圳市建筑科学研究院股份有限公司
支持单位　中国城市科学研究会生态城市研究专业委员会

主　　编　徐小伟
专家顾问　叶　青　李　迅　迈克·斯皮克斯（Michael Speaks）　何　永　石　崧
　　　　　周　瑜　黄　斌　姚　培　鄢　涛　李　芬　余　涵　王　飞

编写组组长　龙颖茜
成　　员　（按姓氏笔画排序）
　　　　　马晓芳　王钒圳　任　俊　李　宁　张　欢　张静雅　陈　敏
　　　　　林峻标　赵玉萍　赵聪颖　胡　敏　姚春娇　秦亦可　郭顺智
　　　　　赖玉珮

合作机构　（排名不分先后顺序）
　　　　　容城县人民政府
　　　　　加拿大不列颠哥伦比亚省林业创新投资中国代表处
　　　　　中国农业银行河北雄安分行
　　　　　上海市城市规划设计研究院
　　　　　上海同济城市规划设计研究院
　　　　　国家电网雄安新区供电公司
　　　　　北京市住宅建筑设计研究院有限公司
　　　　　上海市建筑科学研究院有限公司
　　　　　北方新金融研究院绿色金融课题组
　　　　　河北环境能源交易所
　　　　　中石化绿源地热能开发有限公司

重读中央城市工作会议，理解雄安新区城市发展初心

千年大计，国家大事，以习近平总书记为核心的党中央高瞻远瞩、深谋远虑，提出以疏解北京非首都功能为"牛鼻子"，深入推进京津冀协同发展战略，建设高水平的社会主义现代化城市。2017年4月1日，犹如平地一声春雷起，雄安新区由此落子。

谋定后动，规划引领。雄安新区从设立之初，确定了努力打造贯彻落实新发展理念的创新发展示范区的战略目标。围绕这一目标，坚持世界眼光、国际标准、中国特色、高点定位，坚持生态优先、绿色发展，坚持以人民为中心，坚持保护弘扬中华优秀传统文化，雄安新区采用最先进的理念，高标准、高起点编制新区规划纲要和总体规划等相关规划。随着2018年4月和12月，《河北雄安新区规划纲要》和《河北雄安新区总体规划（2018—2035年）》先后获得党中央、国务院批复，这座"未来之城"的基本轮廓已勾勒出，筹谋千年大计的"两步走"战略蓝图已呈现：到21世纪中叶，雄安新区要全面建成高质量高水平的社会主义现代化城市，成为新时代高质量发展的全国样板，努力建设人类发展史上的典范城市，为实现中华民族伟大复兴贡献力量。

"高质量发展的全国样板""人类发展史上的典范城市"标志着雄安新区城市发展的伟大雄心，彰显雄安新区印刻民族复兴印记的历史价值和引领世界城市发展潮流的时代蕴意；"为实现中华民族伟大复兴贡献力量"代表为实现中华民族"两个一百年"奋斗目标，雄安新区肩负着在新时代中国特色社会主义城市建设规律中，探索卓越城市规划、设计、建设、运营的标准范本的历史使命。

自从出现城市以来，我们从未停止对城市的思考与探索。刘易斯·芒福德（Lewis Mumford）说"人类的城市梦进行了五千多年，只要人类存在，都有城市梦"。雄安新区设立，时处中国改革开放和城镇化高速发展的四十年后的关键时期，以及新时代生态文明理论的全面提出。雄安新区极具深意的定位与目标，势必决定了其将在中国城市发展史上书写浓重的一笔。

雄安新区从宣布设立至今已经两年多时间，媒体、公众与学者对雄安新区的报道、研究、讨论甚至质疑从没有停止过。对应其定位与目标，如何理解与评估雄安新区过去两年多来的现状、各项工作成果和发展未来？面对内外部各种观点与争论，我们深感重读2015年中央城市工作会议文件的必要性，重新学习中国城市发展方向和工作要求，沉心思考和践行雄安新区的发展初心。

2015年12月，时隔37年的第四次中央城市工作会议重新召开，总结中国城市发展经验与教训，指明中国城市未来发展方向。作为中国"布局城市发展顶层设计"的会议文件，明确指出，我国城市发展已经进入新的发展时期。全国80%以上的经济总量产生于城市、50%以上的人口生活在城市，今后还将有大量人口不断进入城市，城市人口将逐步达到70%左右。要致力于转变城市发展方式，完善城市治理体系，提高城市治理能力，走出一条中国特色城市发展道路，顺应城市工作新形势、改革发展新要求、人民群众新期待。

会议强调，要走出一条中国特色城市发展道路，需做到"一个尊重"和"五个统筹"。

一个尊重：尊重城市发展规律

- 城市发展是一个自然历史过程，有其自身规律。城市和经济发展两者相辅相成、相互促进。
- 城市发展是农村人口向城市集聚、农业用地按相应规模转化为城市建设用地的过程，人口和用地要匹配，城市规模要同资源环境承载能力相适应。
- 认识、尊重、顺应城市发展规律，端正城市发展指导思想。

统筹之一：统筹空间、规模、产业三大结构，提高城市工作全局性

- 以城市群为主体形态，科学规划城市空间布局，实现紧凑集约、高效绿色发展。
- 结合资源禀赋和区位优势，明确各城市主导产业和特色产业，强化大中小城市和小城镇产业协作协同，逐步形成横向错位发展、纵向分工协作的发展格局。
- 城镇化必须同农业现代化同步发展，城市工作必须同"三农"工作一起推动，形成城乡发展一体化的新格局。

统筹之二：统筹规划、建设、管理三大环节，提高城市工作的系统性

- 树立系统思维，从构成城市诸多要素、结构、功能等方面入手，对事关城市发展的重大问题进行深入研究和周密部署，系统推进各方面工作。
- 综合考虑城市功能定位、文化特色、建设管理等多种因素来制定规划。规划编制要接地气，可邀请被规划企事业单位、建设方、管理方、市民等多方共同参与。
- 加强城市设计，提倡城市修补，加强控制性详细规划的公开性和强制性。留住城市特有的地域环境、文化特色、建筑风格等"基因"。
- 规划经过批准后要严格执行，一茬接一茬干下去，防止出现换一届领导、改一次规划的现象。不断完善城市管理和服务，彻底改变粗放型管理方式。
- 把住安全关、质量关，并把安全工作落实到城市工作和城市发展各个环节各个领域。

统筹之三：统筹改革、科技、文化三大动力，提高城市发展持续性

- 推进规划、建设、管理、户籍等方面的改革，以主体功能区规划为基础统筹各类空间

性规划，推进"多规合一"。深化城市管理体制改革，确定管理范围、权力清单、责任主体。

- 把促进有能力在城镇稳定就业和生活的常住人口有序实现市民化作为推进城镇化的首要任务。加强对农业转移人口市民化的战略研究，统筹推进土地、养老、住房保障等领域配套改革。
- 推进城市科技、文化等诸多领域改革，优化创新创业生态链。建设综合性城市管理数据库，发展民生服务智慧应用。
- 保护弘扬中华优秀传统文化，延续城市历史文脉，保护好前人留下的文化遗产，打造自己的城市精神，对外树立形象，对内凝聚人心。

统筹之四：统筹生产、生活、生态三大布局，提高城市发展的宜居性

- 把握好生产空间、生活空间、生态空间的内在联系，实现生产空间集约高效、生活空间宜居适度、生态空间山清水秀。
- 增强城市内部布局的合理性，提升城市的通透性和微循环能力。按照绿色循环低碳的理念进行交通、能源等基础设施的规划建设。深化城镇住房制度改革，继续完善住房保障体系，加快城镇棚户区和危房改造，加快老旧小区改造。
- 强化尊重自然、传承历史、绿色低碳等理念，将环境容量和城市综合承载能力作为确定城市定位和规模的基本依据。以自然为美，把好山好水好风光融入城市。大力开展生态修复，让城市再现绿水青山。
- 坚持集约发展，树立"精明增长""紧凑城市"理念，控制城市开发强度，科学划定城市开发边界、生态保护红线、永久基本农田线等，推动形成绿色低碳的生产生活方式和城市建设运营模式。

统筹之五：统筹政府、社会、市民三大主体，提高各方推动城市发展的积极性

- 调动各方面的积极性、主动性、创造性，集聚促进城市发展正能量。
- 坚持协调协同，推动政府、社会、市民同心同向行动，使政府有形之手、市场无形之手、市民勤劳之手同向发力。
- 创新城市治理方式，注意加强城市精细化管理。
- 提高市民文明素质，尊重市民对城市发展决策的知情权、参与权、监督权，鼓励企业和市民通过各种方式参与城市建设、管理，真正实现城市共治共管、共建共享。

重读中央城市工作会议文件，对照回顾雄安新区设立两年多来的相关工作，不难看出，雄安新区正在全面、系统、全方位地践行中央城市工作会议的精神和工作要求。从优先建设"千年秀林"、疏浚自然水脉、治理白洋淀生态环境、修复历史景观，到拒绝炒房、炒地、炒户

籍、炒房租，从2500多名技术人员历时21个多月夙兴夜寐搭建起规划建设的顶层设计，到实行大部门制和扁平化管理、应用区块链资金管理系统、4万多人次现场参与规划公示，雄安新区在尊重城市建设规律、合理把握开发节奏、坚持五大统筹引领上已开展全面探索与实践。

"雄安是一张崭新的白纸，是最好的改革创新试验田"。因为是"一张白纸"，需要从优先治理环境、做好城市规划、深化改革创新等各方面构建全新的体系，因而，雄安这两年看上去"动静不大""变化不大"，没有大规模的开发建设，没有大范围破土动工。"平静"的背后，其实是在精心打造支撑新区高质量发展的规划体系和政策体系，这是蹲好"马步"为大规模开发建设奠定坚实的基础。

梳理新时代背景下城市发展初心，建设"高质量发展的全国样板"、打造"人类发展史上的典范城市"，这些宏伟壮阔的目标战略，要求雄安新区自始至终坚定"尊重发展规律、坚持五大统筹"的城市发展初心，以"打造人类命运共同体"的姿态，以建设人类共同家园的情怀，探索回归城市发展本源的伟大实践，为世界提供新的城市解决方案。

城市研究工作者的责任与使命，是以事实跟踪与研究为基础，力求透过纷繁复杂的事态表象，通过对事物内在逻辑的揭示，抓住事物的本质和内在规律，达到引导公众思考的目的。希望通过本次《雄安新区绿色发展报告（2017—2019）》的编制，向公众展示一个真实而不凡、胸怀伟大梦想、奋勇拼搏实干的雄安，也希望更多的人一起加入这个伟大的实践中，为我们的共同梦想而奋斗。

千年之城，只争朝夕，国家大事，绿色未来！

《雄安新区绿色发展报告（2017—2019）》编写组

人间最美四月天，雄安诞生在最美的春天，给人希望予人遐想。今天她两岁了。

两岁的孩子会走路、能模仿，可以讲简单的话。两岁的雄安有完整的总体规划，伟人深情的关注，世界瞩目的期待。两岁的孩子还要父母陪伴，无法完整表达思想，有情绪非理性，不能独立生活。两岁的雄安在招兵买马，建机制、立章法、创体系、探模式，产业待重构，人口需集聚，城市未成形。

法国哲学家萨特说过：人生是从B（出生）到D（死亡）的C（选择）。历史选择了共产党领导中华民族走上复兴之路，雄安在春天里横空出世，使命选择她成为人民城市共享社会的范例。无论主动选择还是被动安排，不管土著雄漂还是神一样的存在，到雄安就是选择一条梦想成真的路。希望的种子在哪，追梦的人就会相聚在哪。两岁的孩子要双亲，两岁的雄安需信心。有梦想就会有信仰，有信仰就会有信心，信心催生信任，信任产生效率，效率成就效益。

诗人顾城说："黑夜给了我黑色的眼睛，我却用它寻找光明"。从观望到行动是因为相信，从而看见。哪怕如孩童学步般跌跌撞撞，亦是初心不改。特别感恩雄安，她让我们燃起梦想的火花，体验信仰的力量，享受给予的快乐。两岁的孩子会茁壮成长，父母一边陪伴，一边无比欣慰地老去，淡淡别离。雄安城起的日子，就是我们和她一起成长的岁月，像一场修行，是一种时时刻刻存在的考验，但凡一丝起心动念，谋私藏里，就易怨、悔乃至恨而放弃。既走不远也笑不到最后。

雄安两岁了，仍有很长的路要走。爱她，就会像双亲养子，乐于付出，以智慧和汗水，陪她走过牙牙学语蹒跚学步的时光，耐心而享受。城立了，人也老了，在夕阳的窗前品茗，追忆往昔，有着无悔的美丽，又何尝不是一种幸福。

成就，意味着别离。所以，慢一点，是上苍的恩赐呢！孩子两岁父母正年轻，雄安两岁，我们尚当年。春天里播种，倾注生命的精华，想通了即会参悟，放下了就逐渐无我。尊重生命，城市回归自然，社会融于人民，幸福就在不远处等着我们。

古巴哲学家说，幸福不是目的地，而是航行的方式。建城不是目的，为谁而建以什么样的方式建，才是千年传承的大计，不二的道。两岁的雄安还要时空相伴，爱的祝福。信仰与信心，就是献给她最好的生日礼物。

雄安两岁了，真好！

叶　青

二〇一九年四月一日

导言

规划建设雄安新区，是以习近平同志为核心的党中央深入推进京津冀协同发展作出的一项重大决策部署，是重大的历史性战略选择，对承接北京非首都功能、调整优化京津冀空间结构、培育推动高质量发展和建设现代化经济体系的新引擎，具有重大现实意义和深远历史意义。

自2017年4月1日设立以来，雄安新区一直坚持"生态优先、绿色发展"的核心发展理念。规划理念上，《河北雄安新区规划纲要》将打造绿色生态宜居城区作为首位发展定位，"生态优先、绿色发展"是城市空间组织和规划建设的首要原则；建设时序上，与其他城市先选择开发建设用地、再将剩余空间作为生态保障的做法不同，新区率先启动生态基础设施建设和环境整治，优先保障蓝绿空间建设；实践探索上，新区第一个大型临时建筑群项目——雄安市民服务中心，集成展示了开放社区、海绵城市、装配式建筑等绿色理念和绿色技术，是新区发展理念的展示和传播窗口，对于绿色生态理念的落实起到引领示范作用。

当前，雄安新区已设立两周年，顶层设计已经完成，即将转入大规模、实质性开工建设阶段。《雄安新区绿色发展报告（2017—2019）》的编制，旨在全面回顾新区设立两周年以来的绿色城市发展历程，客观总结新时代高质量发展的全国样板经验，形成雄安新区绿色发展的绿皮书和可供参考借鉴的工具书。全书共分为五篇、十七章、两个附录。

第一篇绿色使命，从国际城市绿色转型的普遍共识、国内绿色发展的理论演进与实践探索、京津冀区域协同治理的角度，深刻理解和认识雄安新区的战略价值与深远意义，为雄安新区探索生态文明背景下新型城镇化转型发展路径提供全面认知。

第二篇顶层规划，按照"把每一寸土地都规划得清清楚楚后再开工建设"的要求，两年来雄安新区着力探索，建立了"1+4+26"的规划体系和"1+N"的政策体系。本篇从新区概况介绍出发，主要阐述规划体系、标准体系和政策体系编制形成的背景与过程，对重点规划绿色理念、创新政策和绿色技术标准进行导读与分析，总结输出顶层设计层面的先进理念与模式。

第三篇先行实践，围绕自然友好、低碳循环、智慧高效三大方面，聚焦新区已启动的绿色生态实践项目，重点对千年秀林植树造林工程、白洋淀生态环境治理、雄安市民服务中心、容东片区截洪渠工程、煤改电和煤改气工程、数字雄安建设、绿色微改造等专项实践的技术特点、创新模式、推广复制意义等进行剖析，对雄安新区两年多来的绿色创新实践进行总结与思考。

第四篇创新机制，重点关注新区在规划管理机制与质量监管考核的创新做法，阐述基于金融保障与科技创新服务的市场推动机制，从以人为本的角度介绍绿色理念与绿色生活方式的公众引导。

第五篇绿色展望，通过公众感知、舆论关注、研究热点三个维度的调研，了解公众对新区的关注、感知、期待及愿景，探究公众眼中的绿色雄安。同时，梳理总结已有阶段性成效，提出新区未来绿色发展的工作重点和展望。

在附录中，报告选编了雄安新区绿色发展大事记、雄安新区规划编制大事记两部分内容。

本报告是总结回顾雄安新区绿色发展历程的第一本报告。目前新区的绿色发展正处于稳步探索阶段，鉴于绿色城市内涵的多样性与复杂性，以及新区的新思想、新理念、新技术与新实践层出不穷，报告难免有无法涵盖及不当之处，还望各位读者不吝赐教。

本报告在编制过程中，得到了雄安新区管理委员会、中国雄安集团有限公司、容城县人民政府、中国城市科学研究会生态城市研究专业委员会、深圳市建筑科学研究院股份有限公司、加拿大不列颠哥伦比亚省林业创新投资中国代表处、中国农业银行河北雄安分行、上海市城市规划设计研究院、上海同济城市规划设计研究院、国家电网雄安新区供电公司、北京市住宅建筑设计研究院有限公司、上海市建筑科学研究院、北方新金融研究院绿色金融课题组、河北环境能源交易所、中石化绿源地热能开发有限公司等单位（排名不分先后）和专家的大力支持，吸纳了这些单位对于雄安新区的最新研究成果、实践总结与工作建议。编制组在此向各位专家学者致以最诚挚的谢意！

Introduction

The establishment of Xiongan New Area in Hebei Province is a strategic decision with profound historic significance made by the Central Committee of the Communist Party of China (CPC) with General Secretary Xi Jinping at the core. Receiving Beijing's non-capital functions, it is part of the country's measures to optimize the spatial structure and advance the coordinated development of the Beijing-Tianjin-Hebei (BTH) Region, and thus foster a new engine to boost high-quality development with a modern economic system in BTH Region.

Since its inception on April 1, 2017, Xiongan New Area has adhered to the core philosophy of "ecological priority and green development". According to the Planning Outline for Xiongan New Area, Xiongan is expected to develop into an eco-friendly and livable urban area as the first development orientation. Traditionally, cities would develop their economy first and then turn to environmental governance and protection. Xiongan did not choose this path. Xiongan took the lead in ecological infrastructure, environmental improvement, and blue-green space construction. As the first large-scale interim complex of the region, the Citizen Service Center has adopted green concepts and methodologies such as "open community", "sponge city", and "prefabricated building", providing a showcase and playing a leading role for the green development concepts of the new area.

After two years of development, Xiongan has completed the top-level planning and is about to enter the stage of large-scale construction. The report will comprehensively review the green development progress of Xiongan New Area in the past two years, objectively summarize its high-quality development practices that other cities can learn from, and serve as a reference book on the green development of Xiongan New Area. A total of five parts, seventeen chapters, and two appendices are included in this report.

Part I: Green Mission. From the perspective of the global consensus on "green urban transformation" of international cities, the theoretical evolution and practical exploration of domestic green development, and the coordination of the Beijing-Tianjin-Hebei region, Part I deeply reveal the strategic value and far-reaching significance of Xiongan New Area and provides a comprehensive understanding of the new urbanization development path under the background of ecological civilization.

Part II: Top-Level Planning. Following the requirement of "planning every inch of land clearly before starting construction", Xiongan New Area has identified a "1+4+26" planning system and a "1 + N" policy system over the past two years. The second part of the report goes through the background and formation process of Xiongan's planning system, standard system and policy system, analyzes the green ideas, innovation policies, and technology standards in its key planning, and summarizes the area's advanced methodologies for top-level planning.

Part III: Leading Practice. To achieve nature-friendly, low-carbon, and smart & efficient development, Xiongan New Area has launched various green projects in the past two years, such as Millennium Forest Project, ecological restoration of Baiyangdian Lake , Xiongan New Area Citizen Service Center, flood intercepting channel project in RongDong area, replacing coal by electricity and gas for heating, smart city infrastructure, and green micro-renovation in old town, etc. The third part aims to analyze the technical characteristics, innovation models, and replication significance of these projects.

Part IV: Mechanism Innovation. This section focuses on Xiongan's innovation in planning management and quality regulation, including its market promotion mechanism based on financial support and technological innovation, and public guidance for green lifestyle in the city.

Part V: Green Prospects. Focusing on public perception, public opinion, and research hotspots, this section explains the public's understanding of the Green Xiongan by exploring their concern, perception, expectations, and vision for Xiongan New Area. At the same time, it put forward work priorities and prospects for its future green development.

The Appendix contains two parts, the major events of green development and urban planning in Xiongan New Area.

Xiongan New Area Green Development Report (2017-2019) is a first-of-its-kind document to review and summarize the green development of Xiongan in the past two years. At present, Xiongan is still gradually exploring its own path to green development with ever-emerging new ideas, new technologies, and new practices. Coupled with the diversity and complexity of "green city", the report may embroil unresolved issues or inappropriate descriptions. Your comments and suggestions will be highly appreciated.

This report quotes the research achievements and opinions of many domestic experts and scholars. Hereby, we would like to express our sincere gratitude to all units and experts for their strong support to the report: Xiongan New Area Administrative Committee, China Xiongan Group, Rongcheng People's Government, Eco-city Research Committee of Chinese Society for Urban Studies, Shenzhen Institute of Building Research Co., Ltd., China Representative Office of Forestry

Innovation Investment (British Columbia, Canada), Agricultural Bank of China Limited Hebei Xiongan Branch, Shanghai Urban Planning and Design Research Institute, Shanghai Tongji Urban Planning and Design Institute, State Grid Xiongan New Area Electric Power Supply Company, Beijing Institute of Residential Building Design & Research Co., LTD, Shanghai Research Institute of Building Sciences Co., Ltd., Green Finance Research Group of Northern Finance Institute, Hebei Environment and Energy Exchange, and SINOPEC Green Energy Geothermal Development Co., LTD (in random order).

目录

第一篇　绿色使命

第一章　新区设立 ···006

1.1　落实新发展理念的未来样板 ···············006

1.2　把握时代趋势的历史性决策 ···············007

第二章　国际趋势 ···009

2.1　绿色发展成为国际普遍共识 ···············009

2.2　科技创新推动城市绿色发展 ···············013

第三章　国内实践 ···016

3.1　生态文明理论引领绿色城镇化 ···········016

3.2　绿色城市的系统性探索与实践 ···········019

第四章　区域协同 ···030

4.1　京津冀战略：国家战略的空间转向 ·····030

4.2　京津冀协同：历史视角的演进分析 ·····031

4.3　雄安新区：区域破冰的定盘星 ···········032

4.4　流域治理：区域协同的先行者 ···········034

第五章　绿色雄安 ···035

第二篇　顶层规划

第六章　新区概况 ···042

6.1　行政区划 ···042

6.2　社会经济 ···043

6.3　交通区位 ···046

6.4　人文历史 ···047

6.5　气候环境 ···048

6.6　自然环境 ···049

6.7　资源条件 ···052

第七章　规划体系 ···················· 056

7.1 "1+4+26"的规划体系 ············ 056

7.2 重点规划绿色解读 ··············· 061

第八章　标准体系 ···················· 094

8.1 技术导则和标准体系 ············· 094

8.2 重点导则和标准概览 ············· 094

第九章　政策体系 ···················· 105

9.1 "1+N"的政策体系 ·············· 105

9.2 重点政策创新导读 ··············· 105

第三篇　先行实践

第十章　自然友好 ···················· 118

10.1 "千年秀林"奠定生态之基 ········ 118

10.2 白洋淀治理恢复华北之肾 ········ 126

10.3 市政工程保障城市韧性安全 ······ 151

10.4 土壤资源管理保护生息之地 ······ 153

第十一章　低碳循环 ·················· 156

11.1 优化城乡能源结构 ·············· 156

11.2 构建绿色交通体系 ·············· 171

11.3 推进"无废城市"建设 ··········· 177

11.4 打造绿色园区示范 ·············· 181

11.5 探索城市"微改造" ············· 200

第十二章　智慧高效 ·················· 210

12.1 "数字政府"提升治理水平 ········ 210

12.2 "数字经济"推动科技发展 ········ 213

12.3 "数字生活"提供服务便捷 ········ 216

第四篇　创新机制

第十三章　体制机制 ·· 228

13.1　推动城市高效治理 ·· 228

13.2　建设"雄安质量"体系 ······································ 242

第十四章　市场推动 ·· 246

14.1　绿色金融打造新引擎 ·· 246

14.2　科技创新激发源动力 ·· 250

第十五章　人文引导 ·· 258

15.1　传播绿色发展理念 ·· 258

15.2　引导绿色生活方式 ·· 264

第五篇　绿色展望

第十六章　雄安调查 ·· 272

16.1　体察公众感知 ·· 272

16.2　聚焦舆论关注 ·· 289

16.3　把握研究热点 ·· 295

16.4　发起未来展望 ·· 300

第十七章　绿色未来 ·· 301

17.1　筑牢绿色初心 ·· 301

17.2　开创绿色征程 ·· 302

特邀报告（代后记）"智慧"城市与"智能"城市 ················· 304

附录 ·· 309

附录1　雄安新区绿色发展大事记 ································ 310

附录2　雄安新区规划编制大事记 ································ 315

参考文献 ·· 318

CONTENTS

Part I Green Mission

1 Establishment of Xiongan New Area ·······················006
  1.1 A Future Development Model ························006
  1.2 A Historic Decision ·······························007
2 International Trends ·····································009
  2.1 Green Development as International Consensus ·············009
  2.2 Technological Innovation Promoting Green Development ···013
3 Chinese Practice ·······································016
  3.1 Ecological Civilization Theory ······················016
  3.2 Exploration and Practice of Green City·················019
4 Regional Synergy ······································030
  4.1 BTH Strategy: Spatial Transformation of National Strategy···030
  4.2 BTH Synergy: A Historic Evolutionary Analysis ·············031
  4.3 Xiongan New Area: A Key of Icebreaking ···············032
  4.4 Basin Governance: Forerunner for Regional Synergy ·········034
5 Green Xiongan ··035

Part II Top-Level Planning

6 Xiongan Overview ······································042
  6.1 Administrative Division·····························042
  6.2 Society and Economy ····························043
  6.3 Transportation ·································046
  6.4 Culture and History ·····························047
  6.5 Climate ·······································048
  6.6 Natural Environment ····························049
  6.7 Natural Resources ·····························052

7　Planning System ···056

　　7.1　"1+4+26" Planning System ·······················056

　　7.2　Green Interpretation of Key Planning ············061

8　Standard System ···094

　　8.1　Technical Guideline and Standard Systems ·······094

　　8.2　Key Guidelines and Standards Overview ···········094

9　Policy System ···105

　　9.1　"1+N" Policy System ····························105

　　9.2　Interpretation of Major Policy Innovation ········105

Part Ⅲ Leading Practice

10　Nature Friendly ···118

　　10.1　Millennium Forest Project ·······················118

　　10.2　Ecological Restoration of Baiyangdian Lake ·······126

　　10.3　Municipal Engineering for Urban Resilience ·······151

　　10.4　Soil Resource Management ·······················153

11　Low Carbon and Cycling ····································156

　　11.1　Energy Structure Optimization ··················156

　　11.2　Green Transportation System ···················171

　　11.3　Waste-free City·································177

　　11.4　Green Park Project for Demonstration ···········181

　　11.5　"Micro-renovation" of City ····················200

12　Smart and Efficient Society ·································210

　　12.1　Digital Government ····························210

　　12.2　Digital Economy ······························213

　　12.3　Digital Living ································216

Part IV Mechanism Innovation

13 Mechanism System ···228

13.1 Efficient Governance ···································228

13.2 Xiongan Quality ···································242

14 Market Promotion ···246

14.1 Green Finance as a New Engine ···················246

14.2 Technology Innovation as Source Power·········250

15 Culture Guidance ···258

15.1 Popularization of Green Development Concept ·········258

15.2 Guidance of Green Lifestyles ···················264

Part V Green Prospects

16 Xiongan's Survey ···272

16.1 Public Perception ···································272

16.2 Public Opinion ···································289

16.3 Research Hotspots ···································295

16.4 Future Prospects ···································300

17 Green Prospects ···301

17.1 Firm Green Beginning ···································301

17.2 Start Green Future ···································302

Invited Report (Postscript) ——Intelligent vs. Smart Cities ·············304

Appendix···309

1 Major Events of Green Development in Xiongan New Area ·········310

2 Major Events of Urban Planning in Xiongan New Area ·········315

References ···318

专栏目录

专栏1-1　天津中新生态城 ·· 022

专栏1-2　青岛中德生态园区 ·· 023

专栏1-3　北京中关村软件园 ·· 025

专栏1-4　深圳国际低碳城 ·· 026

专栏2-1　基于城市系统论的数字孪生城市概念框架 ·············· 067

专栏2-2　雄安总体规划与北京副中心控规对比 ··················· 072

专栏3-1　"千年秀林"生态效益评估 ································· 121

专栏3-2　"千年秀林"林业碳汇工作开展建议 ····················· 125

专栏3-3　雄安水战略思考 ·· 133

专栏3-4　创新白洋淀治理效果评估机制，推进白洋淀健康管理 ··· 141

专栏3-5　基于区块链技术的白洋淀生态价值实现路径研究 ········ 147

专栏3-6　雄安新区地热能资源利用建议 ····························· 162

专栏3-7　泛在电力物联网核心技术赋能雄安智慧城市 ············ 165

专栏3-8　雄安市民服务中心项目绿色生态园区评估 ··············· 186

专栏3-9　雄安新区超低能耗绿色建筑示范项目实践 ··············· 191

专栏3-10　雄安新区推广装配式木结构建筑研究 ·················· 195

专栏4-1　推进雄安新区绿色生态专项规划编制 ··················· 231

专栏4-2　建筑师负责制国内发展历程 ······························· 234

专栏4-3　从BIM到CIM—雄安绿色生态城区的智慧实现策略研究 ···237

Column Directory

1-1　China-Singapore Tianjin Eco-City (Tianjin) ·· 022

1-2　Sino-German Ecopark (Qingdao) ·· 023

1-3　ZPark (Zhongguancun Software Park Beijing) ································· 025

1-4　Shenzhen International Low Carbon City (Shenzhen) ····················· 026

2-1　Conceptual Framework of Digital Twin Cities Based on Urban

System Theory ··· 067

2-2　Comparison Between Master Plan of Xiongan New Area and

Regulatory Detailed Plan of Beijing Sub-Center ···················· 072

3-1　Ecological Benefit Evaluation of the Millennium Forest Project ·················· 121

3-2　Carbon Sink Proposal for the Millennium Forest Project ·················· 125

3-3　Thoughts on Xiongan New Area Water Strategy ··························· 133

3-4　Innovative Evaluation Mechanism of Ecological Restoration of

Baiyangdian Lake ·· 141

3-5　Research on the Path of Realizing Ecological Value of Baiyangdian

Lake Based on Blockchain Technology ··································· 147

3-6　Suggestions on the Use of Geothermal Resources in Xiongan New Area ······ 162

3-7　UPIOT Empowers Smart Xiongan ·· 165

3-8　Post-evaluation of Xiongan New Area Citizen Service Center Project ············ 186

3-9　Demonstration Project of Ultra-low Energy Green Building in Xiongan

New Area ··· 191

3-10 Research on Promoting Prefabricated Wooden Structure in Xiongan

New Area ··· 195

4-1　Promoting the Compilation of Green Ecological Special Planning in

Xiongan New Area ··· 231

4-2　Architect Responsibility System in China ······································ 234

4-3　From BIM to CIM—Research on Intelligence Realization Strategy of

Xiongan Green Ecological City ·· 237

第一篇
绿色使命

第一章　新区设立

第二章　国际趋势

第三章　国内实践

第四章　区域协同

第五章　绿色雄安

从世界城市发展的历史进程中可以看出，工业文明时代追求经济效率、规模效益，城市建设以高密度的高楼大厦、水泥森林、玻璃幕墙等为城市风貌代表，城市基础设施以宽马路、大街区、无序蔓延、职住分离等为导向。生态文明时代追求的是生态友好、资源循环、城市品质、乡愁记忆、绿色科技等，将以人性化的尺度重塑城市结构。生态文明时代的"绿色发展方式"是对工业文明时代的"灰色发展方式"的深刻变革，要统筹协调人与自然、城市与乡村的关系。绿色发展不再仅仅是一种潮流、可选项，而已成为未来城市可持续发展的必然选择。

40年的改革开放让世界看到中国城镇化的非凡成就，当前，中国还处在城镇化高速发展期，并与其他发达国家同步站在了第四次工业革命的舞台上。秉承五千年来的"天人合一""道法自然"的人类生态哲学思想，无论从理论体系建设还是实践探索的经验表明，中国有动力也有潜力，并渴望探索出一条低碳、生态的城市绿色发展路径。

雄安新区的设立承载着探索中国生态文明背景下的城镇化下半场转型发展路径的重要使命，当"绿色"已成为国际普遍共识，当"绿色发展"已积累了中国特色的理论与实践的基础，绿色已写在雄安的基因里，雄安将是集中体现我国绿色发展理念的载体，是中国城镇化下半场道路的引领者和风向标，承载着探索生态文明时代世界城市建设典范的重任，将以建设地球母亲家园的情怀，实现构建人类命运共同体的理想。

第一篇是本报告的开篇，在第一章开宗明义地指出雄安新区设立的定位、要求及其决策历程，突显其设立的严肃性与重要性。

雄安新区规划建设要坚持世界眼光、国际标准、中国特色、高点定位，吸收和借鉴世界各国在城市规划、建设和管理各领域最先进的理念和标准，第二章从国际视野出发，了解国际城市绿色生态发展情况，通过国际绿色发展背景、理论演进与实践探索分析，强调绿色发展是城市可持续发展的必然规律；同时，站在科技创新和产业发展的角度为城市迈向深度绿色化提供国际视角。

　　党的十八大以来，我国生态文明理念已经上升到"五位一体"的高度，绿色发展已经具备理论基础。我国十多年的绿色生态实践也为雄安新区探索具有中国特色的绿色发展之路夯实了理论与实践基础。第三章国内实践，通过生态文明理论的发展历程分析和新型城镇化的绿色内涵解析，阐明国内绿色发展的理论高度；并从政策推动、实践示范和产业发展等方面分析我国现有的实践探索。

　　作为中国三大城镇群之一的京津冀地区，长期以来发展受制于大城市病、区域城镇极化、周边社会经济断崖式发展等问题。雄安新区的设立对于京津冀区域协同、区域环境治理和绿色发展提供了极好的视角和契机。第四章通过国家战略的时空认知、区域协同发展、流域环境治理的角度认识雄安新区设立的战略价值以及作为京津冀区域协同重要引擎的深远意义。

　　第五章浅议绿色雄安的核心使命与重要意义。绿色发展是大势所趋也是必然之选，雄安新区作为中国城镇化发展下半场的重要风向标、城市创新技术革命的重要实验舞台，将探索生态文明背景下的城市发展本源，承载着重要的绿色核心使命。

Part Ⅰ : Green Mission

In retrospect, the high-density skyscrapers, concrete jungle and curtain wall used to symbolize the economic advancement and scales pursued in the era of industrial civilization. In such urbanization, the infrastructure was often dominated by wide roads, large blocks featuring sprawling expansion and home-work separation. In contrast, the era of ecological civilization pursues ecological friendliness, resource recycling, urban quality, history protection, green-tech, etc., and will reshape the urban structure on a humanistic scale. The "green development mode" in the ecological era will profoundly change its "gray" predecessor to strike a balance between people and nature, as well as urban and rural. It is no longer just an option but a must-do for sustainable urban development.

While China's 40 years of reform and opening-up have shown the world its extraordinary urbanization achievements, the country is still rapidly urbanizing and is on the same stage as the developed countries on the course towards the fourth industrial revolution. Persevering with the Chinese philosophies over the past five thousand years, such as "harmony between human and nature" and "development of everything in its own way" advocated by Lao Tzu, China is willing and empowered to explore a low-carbon and eco-friendly path to green development.

The establishment of Xiongan New Area carries the important mission to transform China's urbanization patterns. Currently, green development has become an international consensus, and China has laid a theoretical and practical foundation for the concept with its own characteristics. As a result, "green development" is written in the genes of Xiongan, making it a carrier, actor and indicator of China's green transformation. Carrying the responsibility of exploring a new urbanization model in the ecological civilization, Xiongan will keep the world in mind, and contribute to the community with a shared future for mankind.

As the beginning of this report, the first chapter makes clear the positioning, requirements and decision-making process of Xiongan New Area, highlighting the ambition and significance of its establishment.

According to the State Council's development guideline, the planning and construction of Xiongan New Area should follow the principles of global vision, international standards, Chinese characteristics, and high goals. The second chapter reviews the global eco-friendly urbanization experiences, analyzes various countries' transformation background, theoretical evolution and exploration, and emphasizes that green development as an inevitable trend for sustainable urban development. Also, the second chapter provides an international perspective for cities to dive into green development considering technological innovation and industrial development.

Since the 18th National Congress of the Communist Party of China, "Ecological civilization" has been listed along with economic, political, cultural and social progress as one of the five goals in the country's overall development plan. In addition to policy support, the country's eco-city practices over decades have also laid a solid foundation for Xiongan New Area to explore a green development path with Chinese characteristics. The third chapter "Chinese Practice" explains the development of ecological civilization theory, the green requirements of new urbanization, and the theoretical accumulation of green development in China. In addition, this chapter further analyzes China's existing practice and exploration in terms of policy promotion, demonstration areas, and industrial development.

As one of the three major urban agglomerations in China, the Beijing-Tianjin-Hebei (BTH) region has long been constrained by problems such as "big city malaise", urban polarization, and unbalanced development. The establishment of Xiongan New Area provides an excellent perspective and opportunity for BTH region to achieve coordination, environmental governance, and green development. The fourth chapter introduces the strategic value of Xiongan New Area and its profound significance as an important engine for BTH region synergy from the perspectives of space-time considerations, regionally coordinated development and basin environmental governance.

The fifth chapter discusses the core mission and significance of Xiongan's green development. As mentioned above, green development has become an inevitable trend. The green progress of Xiongan New Area is an important windvane for the country's future urbanization, as well as an important experimental stage for urban innovation and technology revolution. Therefore, it is bound to find a solution under the ecological civilization.

第一章 新区设立

1.1 落实新发展理念的未来样板

2017年4月1日，中共中央、国务院决定在河北省保定市的雄县、安新和容城一带设立河北雄安新区。这一战略部署是以习近平同志为核心的党中央作出的一项重大的历史性战略选择，是继深圳经济特区和上海浦东新区之后又一具有全国意义的新区，是千年大计、国家大事。

雄安新区由习近平总书记亲自谋划、亲自决策、亲自推动，坚持世界眼光、国际标准、中国特色、高点定位，紧紧围绕打造北京非首都功能疏解集中承载地，创造"雄安质量"。雄安新区坚持高起点规划、高标准建设，将建设成为高水平社会主义现代化城市、京津冀世界级城市群的重要一极、现代化经济体系的新引擎、推动高质量发展的全国样板。

雄安新区从设立之初，就确定了建设绿色生态宜居新城区、创新驱动发展引领区、协调发展示范区、开放发展先行区的发展定位，努力打造贯彻落实新发展理念的创新发展示范区的战略目标。雄安新区坚持以人民为中心，坚持生态优先、绿色发展的理念，统筹生产、生活、生态三生空间，从空间布局、城市风貌、生态环境、高新产业、公共服务、高效交通、智慧城市、城市安全八大方面全面布局，到2035年，将打造成绿色低碳、信息智能、宜居宜业、具有较强竞争力和影响力、人与自然和谐共生的高水平社会主义现代化城市；到21世纪中叶，全面建成高质量高水平的社会主义现代化城市，成为京津冀世界级城市群的重要一极（图1-1-1）。

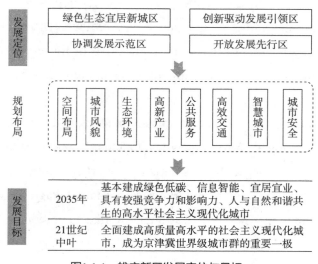

图1-1-1 雄安新区发展定位与目标

1.2 把握时代趋势的历史性决策❶

位于华北的京津冀区域，多年以来地区间发展极为不均衡：一方面，京津两极"肥胖"，人口膨胀、交通拥堵等"大城市病"突出；另一方面，京津周边地区过于"瘦弱"，呈现显著差距。实现京津冀协同发展，是中国作为世界第二大经济体、经济发展步入新常态的大时代背景下爬坡过坎的必然选择，也是在中国北方打造新增长极的迫切需要。

从国际经验看，解决"大城市病"问题基本都用"跳出去"建新城的办法，如纽约有新泽西、旧金山有圣荷西、东京有筑波科学城。从我国经验看，改革开放以来，通过建设深圳经济特区和上海浦东新区，有力推动了珠三角、长三角的发展。在生态文明建设和新型城镇化转型推进的阶段，京津冀区域面临着历史性的空间结构调整，一座新城，将是京津冀区域新的增长极。

从谋划京津冀协同发展战略，到提出选择疏解北京非首都功能的集中承载地，再到部署雄安新区的规划建设，历时三年多时间，这期间，习近平总书记多次深入京津冀三省市考察调研，多次主持召开会议研究和部署实施，并作出一系列的重要指示批示（表1-1-1）。这是以习近平同志为核心的党中央高瞻远瞩、深谋远虑，着眼党和国家发展全局，立足大历史观，以规划建设河北雄安新区为重要突破口，谋求区域发展的新路子，是把握新时代趋势的重大历史性决策。

表1-1-1 雄安新区的决策历程

阶段	时间	事件
协调发展 谋划新区	2014 年 2 月 26 日	习近平总书记在北京听取京津冀协同发展专题汇报时强调，**优势互补互利共赢扎实推进，努力实现京津冀一体化发展**
	2014 年 10 月 17 日	习近平总书记对《京津冀协同发展规划总体思路框架》批示指出："目前京津冀三地发展差距较大，不能搞齐步走、平面推进，也不能继续扩大差距，应从实际出发，**选择有条件的区域率先推进，通过试点示范带动其他地区发展**"
多点一城 推动选址	2015 年 2 月 10 日	中央财经领导小组第九次会议审议研究京津冀协同发展规划纲要。习近平总书记在讲话中提出"**多点一城、老城重组**"的思路。"一城"就是要研究思考在北京之外建设新城问题
	2015 年 4 月 2 日和 4 月 30 日	习近平总书记先后主持召开中共中央政治局常委会会议和中央政治局会议，研究《京津冀协同发展规划纲要》，并再次强调要深入研究论证新城问题，**可考虑在河北合适的地方进行规划，建设一座以新发展理念引领的现代新城**

❶ http://paper.people.com.cn/rmrbhwb/html/2017-04/14/content_1766260.htm

阶段	时间	事件
确定名字规划部署	2016 年 3 月 24 日	习近平总书记主持召开中共中央政治局常委会会议，审议并原则同意《关于北京市行政副中心和疏解北京非首都功能集中承载地有关情况的汇报》，确定了新区规划选址，**同意定名为"雄安新区"**
	2016 年 5 月 27 日	习近平总书记主持召开中央政治局会议，审议《关于规划建设北京城市副中心和研究设立河北雄安新区的有关情况的汇报》，**"雄安新区"首次出现在汇报稿的标题之中**
	2017 年 2 月 23 日	习近平总书记**实地考察雄安新区建设规划工作**，强调："要坚持生态优先、绿色发展，划定开发边界和生态红线，实现两线合一，着力建设绿色、森林、智慧、水城一体的新区"
新区设立	2017 年 4 月 1 日	**中共中央　国务院印发通知**，决定设立河北雄安新区

　　雄安新区的选址坚持认真、谨慎、科学、民主的原则，于2015年2月启动，京津冀协同发展领导小组多次组织国务院有关部门、河北省、京津冀协同发展专家咨询委员会等有关方面，召开专题会议进行多轮对比、反复论证。新区选址综合考虑区位、交通、土地、水资源和能源保障、环境能力、人口及经济社会发展状况等因素，满足可开发建设的土地较充裕且可塑性较强、人口密度低、具备一定的城市基础等条件。每一次调研都细致严谨，每一次讨论都充分热烈，"雄县—容城—安新"这一方案在十几个方案比选中逐步得到确认，最终脱颖而出，以期优化京津冀城市布局和空间结构，形成北京发展的新翼，打造创新驱动的高地。

　　雄安新区将"生态优先、绿色发展"作为重要规划思想，在承接非首都功能疏解的基础上，推进生态文明改革创新，建设绿色发展城市的典范，努力打造贯彻落实新发展理念的创新发展示范区，成为推动高质量发展的全国样板，为全国改革开放大局作出贡献。

第二章　国际趋势

绿色城市强调遵循自然规律、人与自然和谐共生，强调经济发展与资源环境消耗脱钩，是对传统工业化带动的城市发展模式的反思。国际上很多城市已将绿色作为推动城市转型发展的重要方向，提出绿色发展的总体战略、推动产业升级转型、倡导绿色低碳的生活和生产方式等。同时，科学技术的创新是推动城市发展主要动力，绿色发展是城市转型的必然规律，绿色城市是人类甚至所有生命体的幸福生活平台的载体。

雄安新区规划建设要坚持世界眼光、国际标准、中国特色、高点定位，吸收和借鉴世界各国在城市规划、建设和管理各领域最先进的理念和标准，与雄安实际相结合，在世界技术创新革命的大背景下，聚焦城市转型发展需求，以绿色发展为驱动，以科技创新为核心，探索新型城镇化发展之路。

2.1　绿色发展成为国际普遍共识

2.1.1　城市化的绿色转型

城市化是人类的生产活动和生活活动随着社会生产力的发展，由农村向城市不断转移以及城市空间不断扩大的过程，城市化是现代化发展和经济增长的重要标志。城市化浪潮从18世纪60年代正式拉开序幕，并产生了三次对人类产生重大影响的历史进程。

第一次城市化浪潮从18世纪60年代开始到19世纪50年代，以英国为典型代表，主要标志是蒸汽机的发明。伴随着1760年第一次工业革命的开始，到1851年，英国花了90年时间城市化率从20%增长到50%，成为世界上第一个城市人口超过总人口50%的国家。这也标志着农耕文明向工业文明的过渡。

第二次城市化浪潮从19世纪60年代开始到20世纪50年代，以美国为代表的北美洲城市化，主要标志是电力的广泛应用，钢铁、铁路、化工、汽车等重工业兴起。在这个阶段，美国和英国等发达国家城市化率达到70%以上，美国用了仅仅不到100年时间基本完成了城市化，英国用了200多年。

第三次城市化浪潮兴起于以中国为代表的发展中国家，从20世纪60年代开始，目前仍处于快速发展之中。以计算机技术为代表的信息时代的来临，全球资源和信息交换变得更为迅速。发展中国家的城市化虽然起步晚，但是城市人口增加速度较快，远远超过了发达国家的城市化速度，且增长势头有增无减，世界城市化水平的差异不断缩小，21世纪的世

18世纪60年代→19世纪40年代		标志：蒸汽机
欧洲：英国 Britain	第一次浪潮发端于欧洲，以英国为代表，伴随着工业革命，1750年，英国的城镇化率为20%，1850年达到50%，到1950年基本完成城镇化，历时约200多年	

19世纪70年代→20世纪初		标志：广泛应用电力
北美洲：美国 USA	第二次城镇化浪潮是以美国为代表的北美洲的城镇化，1860年美国的城镇化率为20%，到了1950年达到71%，即美国仅用100年完成城镇化	

20世纪40年代→今		标志：原子能、电子计算机、空间技术、生物工程
亚洲：中国 China	第三次城镇化浪潮是在亚洲及发展中国家，中国从1978年的20%开始，目前处于快速发展之中。中国的城镇化，预计到2050年才能完成	

图1-2-1　城市化发展阶段

（来源：深圳市建筑科学研究院股份有限公司提供）

界将是城市化的世界（图1-2-1）。

城市化给人们带来了机遇的同时也带来了挑战。全球化背景下，不管是已进入高度城市化的国家还是正处于快速城市化发展的国家，都面临着能源与资源的减少、环境与生态的破坏、气候变化等多重危机，以资源消耗和环境破坏为代价的城市发展模式已不可持续。以生态文明为创新驱动，以第四次工业革命——绿色工业革命[1]为引爆点，探索一条低资源消耗、高环境质量和高生活水准的绿色生态城市发展道路已成为全球城市的普遍共识。

2.1.2　绿色城市理论发展

理论萌芽期，19世纪末到20世纪30年代。这个时期的代表思想有埃比尼泽·霍华德（Ebenezer Howard）提出田园城市和现代主义建筑大师勒·柯布西耶（Le Corbusier）提出的"光明城"规划。光明城提倡城市集中主义，而田园城市主张分散主义，但两种思想基本出发点是一致的，即以绿色规划为原则，用整体规模缩小或局部增加密度的方法，最大限度地设置城市公共绿地，增加开敞空间，以便实现城市与自然的和谐统一[2]。

理论形成期，20世纪60年代到90年代。1962年，美国学者蕾切尔·卡尔逊（Rachel Carson）的著作《寂静的春天》中揭示了生态环境破坏的严重后果，唤醒了公众的环境意识；1972年，在斯德哥尔摩召开的联合国人类环境会议发出"只有一个地球"的警告，呼吁各国人民重视维护人类赖以生存的地球，同年，罗马俱乐部发表《增长的极限》，突

---

[1] https://baike.baidu.com/item/%E7%AC%AC%E5%9B%9B%E6%AC%A1%E5%B7%A5%E4%B8%9A%E9%9D%A9%E5%91%BD/2983084

[2] 毕光庆. 新时期绿色城市的发展趋势研究［J］. 天津城市建设学院学报，2005（4）：231-234.

出强调了地球的有限性和当前开发速度的不可持续性；1972年的"生态城市"❶和1987年"可持续发展"概念的提出❷，催生了绿色城市理论；20世纪90年代，全球变暖、臭氧层破坏等环境问题被逐渐认识，全球环保浪潮兴起，促使人们更深层次、多视角地思考和认识城市建设，1990年，David Gordon主编的《绿色城市》一书标志着绿色城市概念正式诞生。自此，注重绿色化的发展理念和可持续发展思想的新发展模式开始逐步受到国际社会的重视和认可。

理论发展期，自21世纪初开始。进入21世纪之后，全球性环境问题越来越受到人类社会的重视，人们意识到走绿色发展之路的必要性和迫切性。2005年，来自全球50多个城市的市长齐聚美国旧金山市共同签署了《城市环境协定—绿色城市宣言》，提出绿色发展的行动纲领，通过能源、减少废物、城市设计、城市自然、交通、环境健康和水资源利用等七个方面促进城市绿色发展。此后，绿色城市发展的理论在国际上开始了更进一步的探索与实践（表1-2-1）。

表1-2-1　近年国际绿色城市发展理论探索

时间	组织者	理论探索
2005 年	联合国环境规划署	50 多位市长签署《城市环境协定—绿色城市宣言》，协定关于发展"绿色城市"的行动指南，涵盖实现绿色城市所需考虑的七项内容，包括水、交通、废物处理、城市设计、环境健康、能源及城市自然环境等
2008 年	联合国环境规划署	提出绿色经济和绿色新政的倡议，强调"绿色化"是经济增长的动力
2010 年	欧盟委员会	发布《欧盟 2020》战略计划，以经济智能型、可持续及包容性增长为目标，将绿色作为发展核心之一，通过建立能效联盟，支持欧盟向能源高效利用和低碳型经济转变
2011 年	联合国环境规划署	发布《迈向绿色经济——实现可持续发展和消除贫困的各种途径》，提出"为加快传统行业向低碳、资源有效的绿色经济转型，从 2011 年到 2050 年，每年将全球生产总值的 2% 投资于十大主要经济部门，包括农业、建筑、能源等"
2015 年	联合国	《2030 年可持续发展议程》，旨在要让未来的城市和人类住区环境可持续、韧性可再生、社会更包容、安全无犯罪、经济更繁荣，同时在空间尺度上更加融通，乡村住区更可持续发展
2016 年	联合国（人居三）	第三届联合国住房和城市可持续发展大会在厄瓜多尔首都基多召开，并通过了《新城市议程》。会议重申了全球永续城市发展承诺，提出"让城市和人类住区变得包容、安全、韧性、永续"等目标

2.1.3　国际绿色实践探索

已走过工业化快速发展阶段的发达国家，注重绿色生态思路的城镇建设起步较早，从

---

❶　1972 年联合国教科文组织（UNESCO）提出。

❷　1987 年世界环境与发展委员会（WCED）在《我们共同的未来》报告中提出。

20世纪80年代起，美国、英国、日本和欧盟等都在城市低碳、生态、可持续发展方面做了持续的尝试和努力。

各个城市的"绿色"特点都不尽相同，一些城市在绿色交通、绿色能源、绿色建筑、废弃物处理等特定领域开展了实践，如巴西库里蒂巴设计独特公交系统保证出入有序、方便、快捷；丹麦哥本哈根通过建设自行车高速公路和专用蛇形大桥、开通自行车逆行道、设置专门信号灯等措施，打造了世界城市慢行系统的旗帜；英国伦敦要求居民换节能灯泡，改造全城四分之一的供电系统，对排量大的汽车征收"环保税"。

不同地区开展了多尺度的绿色实践，如综合性绿色生态城市：美国波特兰市、伯克利市、德国弗莱堡市等；生态技术集中示范区：阿拉伯联合酋长国的马斯达尔城；绿色生态型社区：瑞典斯德哥尔摩市的哈马比社区、英国伦敦的贝丁顿零碳社区等。

国际绿色生态城市形成了三种发展模式[1]：欧盟模式、美国模式、日韩模式，如表1-2-2所示。欧盟模式偏向于理念根植、技术集成，美国模式偏向于规划引导、城市尺度，日韩模式具有自上而下、资源节约的特点；在尺度方向，欧盟模式从社区尺度进行推广，美国模式和日韩模式从城市尺度进行生态的改善和提升；在物质空间规划层面，欧盟模式涵盖方面较广，美国模式注重城市边界的控制，日韩模式强调紧凑的空间结构；在推动方式方面，欧盟和美国模式由政府组织推动、民间组织积极参与，日韩模式主要从政府自上而下推动。

表1-2-2　绿色城市发展模式

类别	欧盟模式	美国模式	日韩模式
特点	理念根植	规划引导	自上而下、资源节约
	生态技术集成	综合生态提升	城市生态转型
尺度	社区尺度	城市尺度	城市尺度
目标体系	从某一方面出发集中解决城市突出问题	从整体规划角度，全面进行生态城市改造提升	构建低碳社会，建立循环经济体系
空间规划	涵盖广泛，主要包括能源系统、水资源系统、垃圾系统、公共交通系统等子系统，且在能源利用方面处于全球领先水平	注重城市增长边界的控制	强调紧凑空间结构、能源利用和公共交通体系
推动方式	政府引导及推动，民间组织积极参与		由政府自上而下推动

（来源：李迅，董珂，谭静，等. 绿色城市理论与实践探索［J］. 城市发展研究，2018，25（7）：7-8.）

---

[1]　李迅，董珂，谭静，等. 绿色城市理论与实践探索［J］. 城市发展研究，2018，25（7）：7-8. 根据该文整理。

近年来，纽约、伦敦、巴黎、东京、墨尔本、温哥华等全球大城市发展经验表明，在城市发展到一定阶段后，均把建设绿色城市作为提升改善城市人居环境、推动转型发展的重要举措。这些城市先后制定绿色发展的战略目标或总体规划，在产业方面持续向绿色高端服务业升级，优化城市功能和空间布局，调整能源结构，倡导绿色低碳的生产和生活方式，建立指导绿色发展的指标、标准、技术和制度体系，建设标杆示范项目等，以促进该地区的可持续发展，确保城市在世界舞台的凝聚力、辐射力和向心力（表1-2-3）。

表1-2-3　典型城市绿色发展规划

城市	规划	相关内容
纽约	纽约2050总规	建立一个强大而公平的城市，提出8个方面的城市综合解决方案：活力的民主、包容的经济、活力的社区、健康的生活、公平卓越的教育、宜人的气候、高效的出行、现代的基础设施
巴黎	大巴黎计划2030	提出以现在温室气体排放的《京都议定书》为准则的可持续发展规划。通过扩建、美化、改造，将巴黎改造成"后京都议定书时代全球最绿色和设计最大胆的城市"
伦敦	大伦敦地区规划	控制伦敦在空间与人口上的快速扩张，降低伦敦中心城区的居住密度，将分流的人口安置在远郊和新规划的镇市。使伦敦在应对气候变化问题上成为全球城市的榜样，并使伦敦成为一个更具吸引力、设计更精致的绿色城市
东京	东京2020年发展计划	建设安全（提高抗震能力、提升防灾能力、更新或延长城市基础设施的寿命、确保城市安全等）、包容（全龄、人才培养、体育运动等）、智慧（建设智慧能源、舒适、优美丰饶的自然环境、交通及物流网络、城市机能的集约化等）的"都民优先"的新东京
温哥华	2020年最绿城市行动计划	统筹政府、市民和企业三方角色，涉及绿色经济、气候领导力、绿色建筑、绿色交通、零废弃、亲近自然等领域，同时利用大数据平台管理、鼓励市民积极参与生态修复与保护，为将温哥华建设成为可持续发展城市提供指引与发展机遇
墨尔本	墨尔本2030可持续发展规划	保证水资源以可持续的方式使用和管理、鼓励废弃物的再利用和再循环、减少能源使用和废气排放、保护地表水和土地资源、土地使用和交通规划以及基础设施的建设应有利于提高空气质量
首尔	2030年首尔城市基本规划	提出"充满生机与活力的放心城市"的目标，提出了改善和优化城市生活环境质量，建立低碳能源生产与消费体系等11项策略

2.2　科技创新推动城市绿色发展

未来学家托夫勒认为：高技术产业发展是21世纪世界经济增长与社会发展的两大驱动因素之一。伴随工业革命发展的三次城市化进程表明，影响城市化的重要因素是科学技术的发展，同时城市也是创新技术的重要实验舞台。

进入21世纪以来，全球城市可持续发展面临严峻挑战，为应对生态环境危机，催生了对绿色经济、资源循环、低碳生态的探索，进而对科技创新提出了绿色创新的要求。当前，一场以绿色、智能、泛在为特征❶的新科技革命正在孕育全球科技的发展，将引发国际产业分工重大调整，重塑世界竞争格局。这场新科技革命即绿色科技革命的重要使命，就是要破解人与自然的尖锐矛盾，推动传统发展方式转向绿色发展方式，从工业文明时代走向生态文明时代。

围绕促进城市绿色生态发展，国际上在绿色交通、绿色能源、绿色建筑、废弃物循环利用、智慧基础设施建设等城市绿色科技创新领域也进行了许多探索与实践，如阿联酋马斯达尔零碳科技城（图1-2-2）和德国柏林欧瑞府科技园区（图1-2-3），以能源创新带动城市发展。马斯达尔试图打造全世界首个以零碳、零废物为标准建造的可持续发展城市，强调以太阳能、风能等可再生能源利用，实现能源自给自足；欧瑞府科技园区80%～95%的能源来自于光伏风电地热等可再生能源，并利用无人驾驶汽车、微电网等创新技术，实现科技创新与零碳能源技术有机融合。此外，如韩国松岛新城，是智慧城市提升至韩国国家战略的试验和推广，计划在城市道路、桥梁、学校、医院等基础设施之间构建融合信息通信技术（ICT）的泛在网平台，实现城市交通、环境、福利等信息的公开、共享。

国际经验表明科技创新是绿色发展的根本动力，是资源节约、污染防治、生态保护等绿色生态建设的驱动力，有助于构建绿色生产方式与产业结构，影响消费、出行、居住等生活方式。同时，绿色发展是科技创新的重要方向，绿色发展对科技创新提出了新要求，贯穿于科技创新各方面与全过程，规范和制约科技创新的方向与使命。

回顾2014—2019年《麻省理工科技评论》发布的"全球十大突破性技术"，可以发现围绕城市发展的绿色科技领域技术占比达26%以上。其中，能源方面有智能风能和太阳能、超大规模海水淡化、太阳能超级工厂、太阳能热光伏电池、零碳排放天然气发电、空中取电等；交通领域有自动驾驶货车、特斯拉自动驾驶仪、车对车通信等；城市综合方面

图1-2-2　马斯达尔生态广场

（来源：http://www.light-up.hk/article/show/id/332.htm）

图1-2-3　德国柏林欧瑞府零碳能源科技园

（来源：http://www.sohu.com/a/229474663_100049846）

---

❶ http://politics.people.com.cn/n1/2016/0602/c1001-28406379.html

有传感城市技术（图1-2-4）。全球科技动态表明，绿色作为经济发展引擎，为未来城市可持续发展提供新的驱动力，同时引导新的生活方式和社会人文需求。

2014	2015	2016	2017	2018	2019
· **农用无人机**	· DNA的互联网	· 免疫工程	· 强化学习	· 给所有人的人工智能	· 灵巧机器人
· 超私密智能手机	· 虚拟现实设备	· 精确编辑植物基因	· 360°自拍	· 对抗性神经网络	· **核能新浪潮**
· 脑部图谱	· 纳米结构材料	· 语言接口	· 基因疗法2.0	· 人造胚胎	· 早产预测
· 神经形态芯片	· 车间通信	· **可重复使用火箭**	· **太阳能热光伏电池**	· 基因占卜	· 肠道显微胶囊
· 基因组编辑	· 谷歌气球	· 知识分享型机器人	· 细胞图谱	· **传感城市**	· 定制癌症疫苗
· 微型3D打印	· 液体活检	· DNA应用商店	· **自动驾驶货车**	· 巴别鱼耳塞	· 人造肉汉堡
· **移动协作**	· **超大规模海水淡化**	· **太阳能超级工厂**	· 刷脸支付	· 完美的网络隐私	· **捕获二氧化碳**
· 虚拟现实头盔	· 苹果支付	· 工作协同工具	· 实用型量子计算机	· 材料的量子飞跃	· 可穿戴心电仪
· 灵巧型机器人	· 大脑类器官	· 特斯拉自动驾驶仪	· 治愈瘫痪	· 实用型3D金属打印机	· **无人水道卫生间**
· **智能风能和太阳能**	· **超高效光合作用**	· **空中取电**	· 僵尸物联网	· **零碳排放天然气发电**	· 流利对话的AI助手

图1-2-4　2014—2019年"全球十大突破性技术"（黑体为城市绿色发展领域）
（来源：http://www.mittrchina.com）

第三章　国内实践

与世界发达国家相比，我国城市发展起步较晚。新中国成立后，中国的城镇化一波三折，改革开放以来步入了快速、稳定的城镇化轨迹，经历了世界历史上规模最大、速度最快的城镇化进程。据统计，2018年我国城镇化率提高至59.6%，比1978年提高42个百分点，城镇人口超过8亿，达到世界人口总量的60%[1]。

我国在经济的高速发展中付出了巨大的资源与环境代价，目前，我国还处于快速城镇化阶段，面临生态环境、能源供应、人口就业、基础设施配套等挑战，必须由高速度发展向高质量发展转型。党的十八大以来，生态文明已是"五位一体"总体布局的重要一环，绿色发展已经具备理论基础。从绿色建筑到绿色生态城区，从自上而下的政策激励到自下而上的公众意识回归，十多年的绿色城市实践表明绿色发展是新型城镇化下半场的必然选择，满足"人民日益增加的美好生活需要"的同时带来新的经济增长机遇。

我国在绿色生态方面经验为雄安新区规模化应用绿色生态技术、探索具有中国特色的绿色发展之路夯实了坚定的理论与实践基础。

3.1　生态文明理论引领绿色城镇化

3.1.1　生态文明的理论发展

我国绿色生态的思想可追溯至《易经》中"天人合一"的人与自然和谐共处之道，《道德经》中"人法地，地法天，天法道，道法自然"的认识论和方法论，揭示了万事万物的运行法则都是遵守自然规律。如仇保兴总结，"我国传统文化中的原始生态文明理念为低碳生态城市建设奠定了良好的基础"[2]。

自20世纪90年代初关注经济、社会与环境和谐发展的问题开始，生态文明的建设思想逐年被提高到越来越重要的地位。经过不断探索，中央部委逐步明确、深化、丰富了生态文明建设的基本思路与理念。

党的十六大以后逐步明确和深化了生态文明建设的思想体系，"生态文明"的概念在2005年底出台的《国务院关于落实科学发展观加强环境保护的决定》首次提出。2007年，

---

[1]　http://www.gov.cn/xinwen/2019-07/01/content_5404949.htm

[2]　中国城市科学研究会. 中国低碳生态城市发展报告2015 [M]. 北京：中国建筑工业出版社，2015.

"十七大"强调在国家战略和政策方面开始全面推进生态文明建设，并形成了一个较为完整的生态文明建设理论体系（表1-3-1）。

表1-3-1 生态文明建设理论体系

基本原则	遵循经济规律和自然规律
基本目标	实现经济社会的可持续发展
主要方法	创新发展方式，形成节约能源资源和环境友好的产业结构、增长方式、消费模式
主要价值观	树立人与自然和谐发展的生态文明观念，在全社会形成建设生态文明的思想基础和社会氛围等

（来源：中共十七大报告）

2012年，"十八大"将生态文明建设提升为中国特色社会主义事业总体布局的一个重要组成部分，并将生态文明建设写入党章。2013年12月中央经济工作会议明确要把生态文明理念和原则全面融入城镇化全过程。2015年，中共十八届五中全会将绿色发展作为"创新、协调、绿色、开放、共享"五大发展理念之一。2017年，"十九大"更是将建设生态文明提升为中华民族永续发展的千年大计。

2019年，我国生态文明建设迈上新台阶。习近平总书记在参加十三届全国人大二次会议内蒙古代表团审议时，首次提出生态文明建设"四个一"：在"五位一体"总体布局中生态文明建设是其中一位，在新时代坚持和发展中国特色社会主义基本方略中坚持人与自然和谐共生是其中一条基本方略，在新发展理念中绿色是其中一大理念，在三大攻坚战中污染防治是其中一大攻坚战。当前，生态文明理念不断完善，为探索以生态优先、绿色发展为导向的高质量发展之路提供理论基础与保障，成为推动我国绿色发展的基本依据（图1-3-1）。

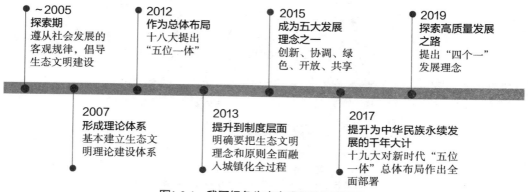

图1-3-1 我国绿色生态文明理论探索历程

3.1.2　新型城镇化的绿色内涵

绿色发展是新型城镇化的重要载体，是实现高质量发展的路径选择。中共"十八大"提出坚持走中国特色新型工业化、信息化、城镇化、农业现代化道路，我国开始探索新型城镇化发展模式。2013年底中央经济工作会议明确了"走集约、智能、绿色、低碳的新型城镇化道路"。随后召开的中央城镇化工作会议提出要着力推进绿色发展、循环发展、低碳发展。绿色生态发展成为我国新型城镇化战略的核心举措。

2014年，作为指导我国新型城镇化的纲领性文件的《国家新型城镇化规划（2014—2020年）》正式公布，提出将"生态文明、绿色低碳"作为规划要坚持的重要原则之一，要求把以人为本、尊重自然、传承历史、绿色低碳理念融入城市规划全过程，并详细阐述了绿色城市在绿色能源、绿色建筑、绿色交通、产业园区循环化改造、城市环境综合整治和绿色新生活行动等领域的建设重点。

在此基础上，中共中央、国务院在《关于加快推进生态文明建设的意见》首次提出要"大力推进绿色城镇化"，从而形成协同推进"五化"的理念。绿色城镇化坚持以人为本、公平共享，构建科学合理的城镇布局，城市规模合理，尊重自然保护自然，注重历史文化传承和城市风貌塑造，强调集约、高效利用土地，强化节能理念，大力发展绿色建筑和低碳便捷的交通体系并进行绿色生态城区建设，提高城乡基础设施建设水平，保障规划的权威性和严肃性（图1-3-2）。

2015年，时隔37年的中央城市工作会议在北京召开，基于创新、协调、绿色、开放、共享的发展理念，提出新的城市发展方向：坚持人与自然和谐共生，塑造以人为核心，以结构优化和质量提升为重点，发展多种产业驱动，区域协调发展，以基础设施和公共服务

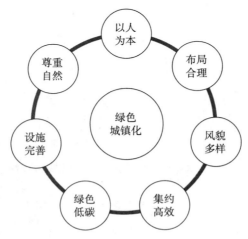

图1-3-2　绿色城镇化内涵
（根据《关于加快推进生态文明建设的意见》自绘）

供给为主，统筹"三生空间"，由政府、企业、人民三大主体共同打造绿色、生态、宜居的城市（图1-3-3）。十九大报告指出，中国经济已由高速增长阶段转向高质量发展阶段，转变发展方式、优化经济结构、转换增长动力，新型城镇化是迈向高质量发展的必由之路。

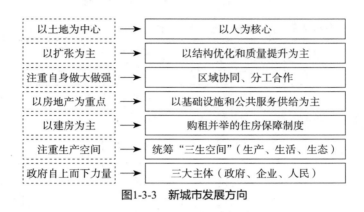

图1-3-3 新城市发展方向

3.2 绿色城市的系统性探索与实践

在生态文明和新型城镇化等国家宏观战略引领下，国家各部委和地方政府相继出台了一系列政策措施，积极推动我国城市规划与建设向绿色、生态的方向发展，同时绿色产业也伴随着国家绿色生态的宏观战略蓬勃发展起来。

3.2.1 政策推动

国家各部委相继出台一系列激励政策措施，采用试点模式推动绿色生态建设，包括补贴绿色建筑、推进建筑节能、开展低碳试点示范、支持绿色生态城区建设等方面。从1992年，住房和城乡建设部启动的"国家园林城市"评选，到2010年发改委提出"五省八市"的低碳省市试点，到2012年住房和城乡建设部与财政部联合提出的"绿色生态城区"示范，再到2018年交通部和科技部联合提出的"可持续发展议程创新示范区"（表1-3-2），在这一过程中，各类示范、试点的评价深度不一、激励机制不同，但都表明了近些年来政府在绿色、低碳、生态建设事业中作出的实践与探索❶。

地方层面。各地方政府对绿色生态城市发展的扶持力度加大，积极出台相关政策和激励措施，以期调动市场各方参与的积极性，推动城市绿色生态发展。相关激励奖励和补贴

---

❶ 中国城市科学研究会. 中国低碳生态城市发展报告（2013）［M］. 北京：中国建筑工业出版社，2013.

政策主要集中在绿色建筑、可再生能源利用和供热计量改革等相对容易实际操作的领域，主要通过直接财政资金补贴、容积率奖励、减免税费、贷款利率优惠、资质评选和示范评优活动中优先或加分等措施来实现❶。

表1-3-2　国家层面的绿色生态实践和探索

类型	发布时间	发布机构	评价范围	获奖城市数量	奖励机制
国家园林城市	1992	住房和城乡建设部	城市	222	—
人居环境奖城市	2000	住房和城乡建设部	城市	30	—
森林城市	2005	国家林业局	城市	41	—
低碳省和低碳市	2010	发改委	省、市	5省8市	—
低碳生态试点城市	2011	住房和城乡建设部	城区	12	—
绿色低碳小城镇	2011	住房和城乡建设部、财政部	城镇	7	1000万～2000万
绿色生态城区示范	2012	住房和城乡建设部、财政部	城区	139	其中有8个获得5000万～8000万补贴
智慧城市	2012	住房和城乡建设部	城市（区）镇	90	—
生态文明先行示范区	2013	国家发改委、财政部等六部委	市、县、区	两批100个区域	—
海绵城市	2015	财政部、住建部、水利部	市	30	—
双修城市	2017	住房和城乡建设部	市	76	—
可持续发展议程创新示范区	2018	交通部、科技部	市	6	—

（来源：参考《中国低碳生态城市发展报告（2013）》《中国低碳生态城市发展报告（2018）》）

3.2.2　实践示范

中国绿色生态城市发展的十几年里，经历了从点到面，从绿色建筑、绿色园区、绿色社区到绿色生态城区的探索实践，发展方向及策略逐渐明晰。

目前，我国绿色生态城市呈现普及化、规模化的发展态势。2012年，为加大低碳生态试点城（镇）推进力度，住房和城乡建设部对低碳试点城（镇）和绿色生态城区工作进行了整合，并于2012年至2014年批准设立3批次19个绿色生态示范城区。最早一批绿色生态城区批准于2012年，如天津中新生态城、曹妃甸唐山湾新城、无锡太湖新城、深圳光明新区、重庆悦来生态城、长沙梅溪湖新城等8个绿色生态城区。在后续的2013年，依次分2个

❶　陈志端. 新型城镇化背景下的绿色生态城市发展［J］. 城市发展，2015，22（02），1-9.

批次批准了涿州生态宜居示范基地、北京长辛店生态区、青岛中德生态园在内的13个绿色生态城区。2014年，相继有27个城区提出申请，2015年公布的绿色生态新区项目共计139个❶。

在国家绿色生态示范区的带动下，2013年开始，北京市、山东省、江苏省、安徽省和湖北省等地以省市级绿色生态示范评选为抓手，积极探索生态城市建设。以北京市为代表，率先在2013年编制了《北京市绿色生态示范区评价标准》和《北京市绿色生态示范区规划技术导则》，建立起一套完整且行之有效的评价体系和评选流程，有力指导生态城市建设，助推城市发展模式的转变。

基于我国绿色生态城市快速发展态势，为保障绿色发展目标更好的落实，国家相关部门逐渐完善绿色生态城市的评价标准。2015年7月，住房和城乡建设部批准发布《绿色生态城区评价标准》征求意见稿，构建规划设计和实施运营两个阶段的评价和考核机制，国家部委将工作重点放至绿色生态城区的建设实施上，加强对生态城区规划建设情况的动态跟踪及监督，进行实施评估和总结推广。

经过十多年的绿色生态城市探索，部分城市和地区已经开始总结经验和教训，为后续绿色生态建设的推广和复制起到促进作用。本节选取具有代表性的几个绿色生态实践案例进行比对，包括首个生态城项目天津中新生态城、以指标体系的管理与驱动的青岛中德生态园区、以高新产业驱动的北京中关村软件园以及创新实践带动发展的深圳国际低碳城，对其重点的建设实践内容进行简要介绍，并总结其对于我国绿色城市探索的启发，如良好的顶层设计、城市本身的持续发展、多方的共同参与和推动、指标导向的管理模式、持续的技术创新及跟踪反馈等（表1-3-3）。

表1-3-3 国内典型生态城实践探索

项目	天津中新生态城	青岛中德生态园区	北京中关村软件园	深圳国际低碳城
位置	天津市滨海新区	青岛市西海岸新区	北京市海淀区	深圳市龙岗区
规划面积	32.1km²	11.6km²	2.6km²	53km²
预计人口	35万	6万	截至2010年200余家企业	40万
特点	·首个生态城； ·协同土地布局，规划绿色交通； ·国内外城市合作，开展协作交流； ·指标导向的管理模式，保障规划落实	·标准立园，标准先行； ·指标体系的管理与驱动； ·编制体系执行文件，确保指标有效落实	·绿色生态规划引领； ·高新产业驱动； ·坚持专业化、低碳化运营	·创新实践带动发展； ·构建指标导向的规划模型； ·导入新兴产业； ·开展广泛公共宣传和参与

❶ 中国城市科学研究会. 中国低碳生态城市发展报告（2016）[M]. 北京：中国建筑工业出版社，2016.

诚然，在绿色城市的实践探索过程中也出现了一些不可避免的问题，如由于过高或不切实际的目标和定位，新城建设出现"泡沫化""空城"，或缺乏多方的共识及推动，过度依赖于城镇化的快速发展及政府的推动。这些都为未来探索新时代背景下绿色城市发展积累了宝贵经验。

专栏1-1 天津中新生态城

作为我国首个生态城区实践，天津中新生态城于2008年动工，从设计、施工到运营至今有十余年，期间已有很多专家学者投入研究，总结经验教训，为后期生态城市建设提供参考和借鉴。

1．协同土地布局，规划绿色交通

中新生态城交通规划以绿色交通为理念，提出环境友好、资源节约、出行距离合理、出行结构可持续和服务高效5项目标，并分3个层次展开[1]。2020年，绿色出行比例达到90%。目前，生态城的城市道路、清洁能源公交、慢行体系等已初具规模。针对生态城的交通规划，作为生态城总规方案的总设计师杨保军提出，"真正生态化的交通解决方案不能只着眼于供给侧，在提供便利出行条件的同时，更要通过优化用地布局，实现本地职住平衡，从而降低生态城总体交通出行需求"[2]。

2．国内外城市合作，开展协作交流

生态城之前的土地多为盐碱荒滩、废弃盐田及污染水体，规划前期，政府借鉴并引进新加坡环境修复、海绵城市、清洁能源等先进技术，并定期召开两国高层协调会议，针对重大问题共同研究决策。经过近十年的实践发展，打造了一座绿色生态、健康智慧的宜居新城。

3．指标导向的管理模式，保障规划落实

建设前期，生态城制定了包含生态环境健康、社会和谐进步、经济蓬勃高效、区域协调融合4个方面、22条控制性指标及4条引导性指标的指标体系，作为指导生

---

[1] 殷广涛，黎晴．绿色交通系统规划实践——以中新天津生态城为例［J］．城市交通，2009，7（4）．

[2] https://mp.weixin.qq.com/s/Rr16x2WqGKdojGVrYmPP7Q

图1 中新生态城十年前后对比

（来源：https://mp.weixin.qq.com/s/B3nC-fbzFQsk_D_OmAeasw）

态城规划、建设、运行的依据及标准，开创了"指标体系导向的生态城市规划建设运营管理新模式"❶。同时，建立了定期规划评估和反馈机制，不断总结经验和教训，在原有的规划基础上不断完善，严格遵守规划，保障规划指标的有效落实，打造绿色生态示范城市。

专栏1-2 青岛中德生态园区

青岛中德生态园是由中德两国政府建设的首个可持续发展示范合作项目，以打造"田园城市、绿色发展、美好生活"为目标，探索中德两国在生态领域可持续发展路径的重要使命，项目于2011年全面启动。园区坚持标准立园，打造绿色创新的

图1 中德低碳城区域图及鸟瞰图

（来源：《青岛中德生态园2030可持续发展指标体系生态设计手册》）

---

❶ 戚建强、蔺雪峰、周志华. 基于城市碳排放强度控制目标的规划方法和实践——以天津生态城为例 [J].
生态城市实践样本（之二）.

空间规划模式，园区修复山脉、水系、路网等生态体系，打破围网隔离，打造开放街区；园区内100%执行国家绿色建筑二星级以上标准，同时，建设小尺度街区及无车社区，营建共享交通体系，引导绿色出行；构建清洁能源系统，强化水资源综合利用，完善智慧城市系统。

1．标准立园，标准先行

2018年，园区学习借鉴联合国《2030可持续发展议程》、联合国第三次住房和城市可持续发展大会《新城市议程》和ISO城市可持续发展标准，并深入现场调研，构建青岛中德生态园2030可持续发展指标体系（以下简称"指标体系"），具体包括经济健康高效、生态活力持续、社会开放包容、创新智慧发展4大类40项指标，其中定量指标37项，定性指标3项。指标体系已经获得德国专业认证，代表国际生态园的一流水平，全面指导园区的创建工作。

2．编制体系执行文件，确保指标有效落实

为了保障指标体系工作科学有效展开，园区编制指标体系分解实施的文件，指导园区的可持续发展运营，保障指标体系落地，见表1。

表1　指标体系分解实施文件

序号	名称
1	《青岛中德生态园2030可持续发展指标体系部门操作指南》
2	《青岛中德生态园2030可持续发展指标体系指标统计监测手册》
3	《青岛中德生态园2030可持续发展指标体系生态设计手册》
4	《青岛中德生态园2030指标体系纳入地块的可持续发展指标技术报告》
5	《青岛中德生态园2030可持续发展指标体系分析与展示平台说明书》

编制《青岛中德生态园2030可持续发展指标体系部门操作指南》，明确各项指标的牵头部门及基础数据提供部门，并制定和调整指标实施路径，确保指标体系分解实施更有针对性和可操作性。

针对园区规划、建设、园区资源、社会经济条件调研及公共调查，进行基础数据收集，编制《青岛中德生态园2030可持续发展指标体系指标统计监测手册》，提出各项指标的统计监测要求，并确定统计部门和组织部门，将指标分解为数据，构建统计监测体系。

基于对体系中指标的定义、计算方法、地块特点、技术条件、实施情况的分析，编制《青岛中德生态园2030指标体系纳入地块的可持续发展指标技术报告》，将指标体系分解落入各个地块，形成控制要求，为中德生态园规划建设提供指引。

遵循国家绿色生态城区评价标准要求，编制《青岛中德生态园2030可持续发展指标体系生态设计手册》，将指标体系分解路径在建设前期规划设计阶段予以指导和控制，为城市规划行政主管部门、中德生态园区管委会、开发商及设计师提供一个统一的指导生态设计和决策的基础性框架，提出符合园区的生态举措、设计要求及实施建议。

在指标体系框架下，利用GIS（地理信息系统）技术、互联网+技术、数据库存储技术、远程传输技术建立青岛中德生态园2030可持续发展指标体系展示平台，平台将指标体系进行结构化建模，形成园区、组团、地块、建筑四级平台体系，通过自动监控的形式进行实施监测评估，并形成分析图表显示在手机、平板电脑、计算机等各种智能终端中，实现实时反馈及预测。同时，园区编制《青岛中德生态园2030可持续发展指标体系分析与展示平台说明书》，形成可持续发展，全面指导"国际一流园区"创建工作。

专栏1-3　北京中关村软件园

发展近20年来，中关村软件园一直在绿色生态规划的引领下，走绿色新视角、低碳生态发展之路。中关村软件园充分利用本地自然条件，创造充满生机的绿色生态环境，建设生态基底，编织生态绿网，打通生态连廊，实现园区生态系统的有机融合。同时，应用低影响开发技术构建海绵园区，打造人工湖体、下凹式绿地、人工湿地、雨水花园、透水铺装等，有效解决北京缺水问题。园区绿色交通、绿色市

图1　中关村软件园

（来源：http://www.evalley.com.cn/Item/Show.asp?m=1&d=4498）

政、绿色建筑、智能园区等方面全面规划和有效实施，引领产业园区的发展。

基于绿色生态理念，园区多年来始终站在科技创新发展的前端，引入科技创新产业，并坚持专业化、低碳化运营。园区在IT服务、云计算、移动互联、大数据等方面率先形成国家领先的特色产业集群。截至2018年底，中关村软件园集聚了联想（全球）总部、百度、腾讯（北京）总部、新浪总部、IBM等600多家国内外知名IT企业总部和全球研发中心，总部经济达80%以上。2017年，园区创造的产值逾1800多亿元，入园企业每万元GDP消耗0.0087吨标准煤，仅为北京市平均值1.5%。

园区通过自主创新是提高企业综合竞争力，成功实现产业结构调整及增长方式的转变。2018年，园区研发经费共投入296亿元，研发投入占比达11.7%，知识产权共计46964项。企业共获国家级科技进步奖励43项，其中国家科技进步奖特等奖1项，国家科技进步奖一等奖7项，科技成果转化448项。

专栏1-4　深圳国际低碳城

深圳国际低碳城是中欧可持续城镇化合作旗舰项目，于2012年8月正式启动，目前，园区已基本完成建设，构建指标导向的规划模型，导入新兴产业，并积极进行宣传与探索。

1．构建指标导向的规划模型

深圳国际低碳城的规划关注城市发展的本源性需求，更尊重民众的行为模式和生活方式，将

图1　深圳国际低碳城鸟瞰图
（来源：http://ilcc2015.szvi.com/Overview/Default.aspx）

城市层面的结构性减碳、生活方式的行为性减碳、项目层面的技术性减碳三方面的有效结合，构建SMART规划模型，如图2所示，SMART研究框架包括碳汇网络（Sequestration）、微气候（Micro-climate）、绿色建筑应用（Architecture）、资源循环利用（Recycle）、绿色交通（Traffic）五个方面。全面指导和约束低碳城的规划、建设和运营，努力实现经济和城市快速发展的同时，万元GDP碳排放量逐渐下降。

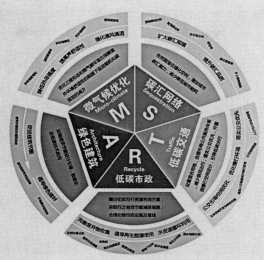

图2 SMART研究框架

（来源:《低碳生态规划技术集成与实施推进的系统解
决方案—以深圳国际低碳城系列规划为例》）

2. 导入新兴产业

深圳国际低碳城以低碳制造业及低碳服务业为核心，重点布局高端装备和关键
设备总装产业、低碳新设备新材料产业、低碳新技术产业、低碳金融服务、低碳综
合服务、文化创意、低碳都市农业、特色旅游产业以及低碳健康产业。

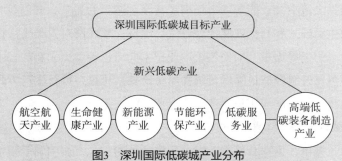

图3 深圳国际低碳城产业分布

（来源: http://ilcc2015.szvi.com/Overview/Default.aspx ）

3. 公共宣传及实践探索

在国家发改委等部委的大力支持下，深圳国际低碳城论坛自2013年至今，已成
功举办六届，共吸引了来自近50个国家与地区的政府机关、国际组织、跨国公司、
著名智库和科研机构7500余名嘉宾参加。会议以国内外城市应对气候变化、绿色低

碳发展路径及经验为主题，探讨我国新型城镇化进程中低碳城市的发展路径，并出版研究报告《深圳国际低碳城发展规划研究》及《深圳国际低碳城发展年度报告》，为我国及世界未来低碳城市的发展提供借鉴。

图4　深圳国际低碳城未来中心

　　为了规模化推广绿色建筑，打造低碳示范社区，深圳市建筑科学研究院股份有限公司在深圳国际低碳城再次进行实践和探索，规划建设"未来中心"。此建筑不仅在碳排放控制、环境质量提升、建筑工业化等方面进行技术创新和突破，同时营造绿色低碳生活方式，探索社区绿色体系，努力成为智慧建造运营的样板，打造低碳技术创新和产业联盟平台，建设国际领先的净零能耗实验项目，为低碳城建设注入创新活力。

3.2.3　产业发展

　　科技作为第一生产力，能有效地串联起政策、市场和人文实现四方联动。技术革新可以为政策善治提供决策支持；能帮助市场满足甚至创造新的需求，开创新的市场空间和产业；能引领新的生活模式和社会人文（如电气、电信、互联网对人类生活模式的影响）。

　　城市绿色生态的发展需求，促使传统产业技术向绿色转型，用新的技术和组织模式对传统部门进行绿色化升级改造，降低传统物质生产要素比重，推行生产方式绿色化。新技术的突破和成熟技术的推广应用是生产方式绿色化的关键。

　　《国家新型城镇化规划（2014—2020年）》从绿色能源、绿色交通、绿色建筑、产业园区循环化改造、城市环境综合整治、绿色新生活行动六大方面明确了绿色城市建设重点（图1-3-4）。绿色城市的发展需从这些方面发展绿色产业，如交通系统向智能化和新能源方向升级转变，实现绿色、共享、智能化；绿色建筑方面，推进既有建筑供热计量和节能改造、提高新建建筑能效水平；能源方面，加强可再生能源利用，保持平稳发展的态势。

　　发展绿色产业，既是推进生态文明建设、打赢污染防治攻坚战的有力支撑，也是培育绿色发展新动能、实现高质量发展的重要内容。近年来，各地区、各部门对发展绿色产业高度重视，出台了一系列政策措施，有力促进了绿色产业的发展壮大，但同时也面临概念泛化、标准不一、监管不力等问题。为进一步厘清产业边界、统一标准、加强监管，2019

专栏7 绿色城市建设重点	
01	**绿色能源** 推进新能源示范城市建设和智能微电网示范工程建设，依托新能源示范城市建设分布式光伏发电示范区。在北方地区城镇开展风电清洁供暖示范工程。选择部分县城开展可再生能源热利用示范工程，加强绿色能源县建设。
02	**绿色建筑** 推进既有建筑供热计量和节能改造，基本完成北方采暖地区居住建筑供热计量和节能改造，积极推进夏热冬冷地区建筑节能改造和公共建筑节能改造。逐步提高新建建筑能效水平，严格执行节能标准，积极推进建筑工业化、标准化，提高住宅工业化比例，政府投资的公益性建筑、保障性住房和大型公共建筑全面执行绿色建筑标准和认证。
03	**绿色交通** 加快发展新能源、小排量等环保型汽车，加快充电站、充电桩、加气站等配套设施建设，加强步行和自行车等慢行交通系统建设，积极推进混合动力、纯电动、天然气等新能源和清洁燃料车辆在公共交通行业的示范应用。推进机场、车站、码头节能节水改造，推广使用太阳能等可再生能源，继续严格实行运营车辆燃料消耗量准入制度，到2020年淘汰全部黄标车。
04	**产业园区循环化改造** 以国家级和省级产业园区为重点，推进循环化改造，实现土地集约利用、废物交换利用、能量梯级利用、废水循环利用和污染物集中处理。
05	**城市环境综合整治** 实施清洁空气工程，强化大气污染综合防治，明显改善城市空气质量；实施安全饮用水工程，治理地表水、地下水，实现水质、水量双保障；开展存量生活垃圾治理工作；实施重金属污染防治工程，推进重点地区污染场地和土壤修复治理。实施森林、湿地保护与修复。
06	**绿色新生活行动** 在衣食住行游等方面，加快向简约适度、绿色低碳、文明节约方式转变。培育生态文化，引导绿色消费，推广节能环保型汽车、节能省地型住宅。健全城市废旧商品回收体系和餐厨废弃物资源化利用体系，减少使用一次性产品，抑制商品过度包装。

图1-3-4 绿色城市建设重点
（来源：《国家新型城镇化规划（2014—2020年）》）

年3月，国家发布了《绿色产业指导目录（2019年版）》，分别对节能环保、清洁生产、清洁能源、生态环境、基础设施绿色升级和绿色服务六大类绿色产业提出发展重点，超低能耗建筑、装配式建筑、绿色建筑、海绵城市等列入其中，助力我国绿色产业的全面转型，为实现我国的青山绿水保驾护航。

绿色产业意味着绿色经济，以绿色建筑改造为例，根据相关专家预测，建筑节能与绿色建筑"十三五"期间完成20亿平方米的绿色建筑面积需要增量成本1100多亿元，既有居住建筑节能改造按照现有改造模式及规划，需要资金总量1000亿～1500亿元，公共建筑节能改造达到现有节能率的10%～20%时资金需求量为130亿元❶。

对于雄安新区而言，根据保守估计，至2035年直接建设投资预计在2.4万亿～3万亿之间，其中属于绿色城市技术领域（如生态治理、绿色建筑、绿色建材、清洁能源、大数据管理、智慧物流、无人驾驶等）的投资将占30%以上，意味着新区未来在绿色城市产业有超过7000亿～10000亿的市场规模容量。充分利用雄安新区建设的市场容量，积极布局绿色城市产业，鼓励超低能耗建筑技术、清洁能源技术、先进水治理技术、环保材料技术、大数据技术、区块链技术、基因科技、先进模拟仿真技术等绿色城市相关产业在新区规划建设和运营管理的应用和集成创新，培育一批有竞争力的雄安绿色城市产业集群。

---

❶ 梁俊强，绿色金融助推绿色建筑发展的现状及思路。第十四届国际绿色建筑与建筑节能大会。

第四章　区域协同 ❶

作为中国三大城镇群之一的京津冀地区，长期以来发展受制于大城市病、区域城镇极化、周边社会经济断崖式发展等问题。雄安新区的设立对于京津冀区域协同、区域环境治理和绿色发展提供了极好的视角和契机。本章通过对国家区域战略的认知和时间维度的历史剖析，来认识雄安新区设立的战略价值以及它未来对京津冀区域协同治理的深远意义，并将流域环境治理作为切入点分析新区设立后的破局举措。

4.1　京津冀战略：国家战略的空间转向

党的十八大以来，随着京津冀区域协同发展逐渐上升为国家战略层面的重要议题，中国区域经济格局也正在悄悄发生着从"东中西战略"到"南北战略"的90度转向。

从时间的视角审视，近40年中国区域经济的发展历程依次经历了珠三角、长三角、京津冀三轮从南向北的重心调整过程。改革开放起步于深圳特区开放带动下的珠三角崛起，是国家社会经济复苏的战略起点。浦东新区的开发开放，在带动长三角乃至长江流域快速发展的同时，推动中国经济深度融合经济全球化，是中国经济崛起的又一标志性历史事件。如今，在全球转型和国家发展的又一历史关口，面对着中央提出"双百愿景"的战略要求，京津冀不可避免地成为当前发展的国家重心所在。

从空间的视角审视，无论是珠江流域的珠三角城镇群和其周边的海峡西岸经济区，还是长江流域的长三角城镇群、武汉城镇圈、成渝城镇圈，其在城镇化发育程度、经济发展水平，抑或创新活跃度上均要显著高于北方地区的京津冀城镇群、中原城镇群、关中城镇群、山东半岛城镇群和东北城镇群。如何在这个历史关口推动战略性举措带动整个中国北方地区的城镇化和工业化进程，扩大开放程度，是中央政府近十年来始终在思考和试图解决的核心问题。

透过上述时空视角的分析，随着南北问题日益成为国家区域经济版图中的核心问题，长期以来作为区域性发展的京津冀区域协同问题的战略价值开始凸显。透过"继深圳经济特区和上海浦东新区之后又一具有全国意义的新区"的表述，不难发现，雄安新区的设立恰恰是为了实现上述战略重任破题，寄托着国家层面对于中国北方经济全面腾飞和在21世

❶　石崧，陈洋. 上海市城市规划设计研究院. 本文已在《城乡规划》2017 年第 6 期刊登，已获得作者授权。本文中图表除标明来源之外，其余均为作者提供。

纪中叶实现中华民族伟大复兴中国梦的冀望。

找准了雄安新区的政治定位，为切入讨论京津冀区域协同治理提供了基本的立足点。事实上，新区的设立和区域规划已经成为国家和地区调控区域发展的重要工具和进行空间治理的重要手段。当国家战略的南北转型使得京津冀区域协同上升到新的历史高度后，更需要从新的理论视角来审视区域治理关系的形成对于区域发展的内生性影响。

4.2　京津冀协同：历史视角的演进分析

中央文件"千年大计、国家大事"的表述引导我们从历史的视角来审视京津冀地区的发展历程。1153年金帝完颜亮迁都燕京城，1227年元将张柔建保定城，1404年明永乐帝设天津卫。从此，北京城、保定府、天津卫鼎足而立的拱卫关系奠定了上一个千年京津冀地区的空间格局。保定作为直隶总督府所在地和河北省最早的省会，在清朝直至近代初期，一直都稳居华北一线城市的核心位置，涵盖军事、政治、商贸经济、文化教育中心等多元职能。

这一空间均衡态势在1968年河北省会迁至石家庄后被彻底打破，保定既有赖以生存的两大发展优势：交通区位和政策优势逐渐丧失。一方面，随着区域铁路网络的重新谋划，天津在区域中的港口门户作用日益彰显，唐山、石家庄也随之发展，保定在区域交通网络中逐渐被边缘化（图1-4-1）。另一方面，石家庄成为新的省会，在政治地位上上升为京津冀第三的城市，而保定的发展受到周边三大城市的压制，渐渐在区域顶级城市行列中丧失了位置，甚至在河北的话语体系中，尚落后于唐山。"京、津、保"的区域核心构成不复存在（图1-4-2）。

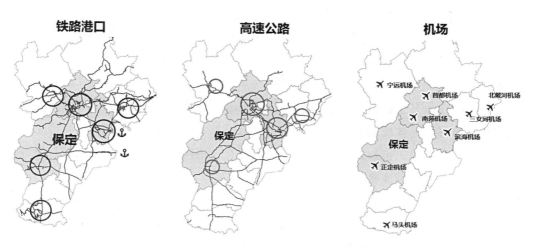

图1-4-1　保定交通区位边缘化分析

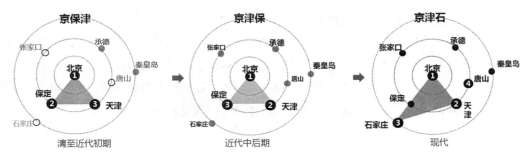

图1-4-2　保定政治地位演变示意图

　　过去50年间，保定空间地位的边缘化对京津冀区域协同治理至少产生了四个方面的负面影响。首先，以京津点轴发展代替传统意义上的京津保三角核心发展，京津直辖市的超然地位进一步富集行政资源而持续强化这种点轴结构，诱发了京津冀地区区域空间极化的特征；其次，保定的塌陷导致北京周边二级中心城市的缺失，使得北京作为产业功能的高地直接吸纳来自全国各地的外来人口，北京"大城市病"日益严重；再次，保定的缺位使得京津冀城市群发展出现了一种"背向悖论"，导致京津冀地区始终处于无序发展的紊乱状态。天津的滨海新区选择与北京背向的塘沽地区，2013年河北省提出构建"两群一带"城镇化空间新格局，也忽略保定在全省城镇空间的战略地位；最后，保定的弱势发展和交通网络上的边缘化使得晋察冀地区传统的城镇和经济联系被打断，这也成为推进"一带一路"战略的一个断点。

4.3　雄安新区：区域破冰的定盘星

　　透过对国家区域战略的认知和时间维度的历史剖析，当前国家战略要求和京津冀区域协同发展的现状格局之间存在明显的鸿沟。变革的伊始源于2014年习近平总书记"2·26"讲话，此次讲话首次将区域协同发展和解决北京"大城市病"问题联系辩证思考，这一战略思路引领了近年来京津冀区域协同发展的一系列战略布局，2015年出台的《京津冀协同发展规划纲要》则是上述思路的行动纲领。通州和雄安作为北京新的两翼，可以有效保障北京市新一轮城市总体规划中提出首都的四大城市战略定位，在北京中心城区和雄安新区之间规划建设首都第二机场，搭建多制式复合立体的交通网络，则可以保障国家首都功能的正常运转和两地的便捷通达。

　　通过上述一系列战略举措的有序部署，中央无疑希望在保障首都功能高效运转的同时，通过合理的空间分工来有效缓解北京"大城市病"，并提升河北地区经济社会发展的质量和水平。这也正是中央相关文件中提出设立雄安新区的三个有利于：有利于集中疏解北京非首都功能，有利于加快补齐区域发展短板，有利于调整优化京津冀城市布局和空间结构。

进一步将雄安新区设立与北京四个中心定位提出、通州副中心建设、首都第二机场建设联系起来进行系统思考，无疑更能理解"国家大事，千年大计"的定位，从时间的维度来看，雄安新区的设立让世人的眼光重新聚焦白洋淀周边地区这个京津冀的要穴所在，使之真正成为国家战略下的畿辅之择。这既是对上一个千年区域格局的尊重与传承，同时也开启了下一个千年区域格局的开端。从空间的维度来看，通过雄安新区的设立和发展带动京津雄/保地区率先联动发展，可以有效改善既有京津单轴的发展格局，培育京津保新的成长三角，利于改善京津冀地区二级中心城市缺失的结构性矛盾，形成类似于长三角和珠三角的稳态均衡架构。可以说，雄安新区这个定盘星的落地，将会扭转京津冀既有的互不相望甚至与邻为壑的发展模式。

而在更大区域层面，随着"一带一路"倡议的提出和天津自贸区的建立，京津冀作为历史上丝绸之路经济带的起点之一，在新的时代也要承担起建立全国多极化开放格局的使命。落子保定/雄安，京津保地区作为京津冀的核心区域，向东依托天津滨海新区对接世界，向北对接三北经济，向西则要依托保定这一核心三角区的西南支点，积极对接丝绸之路经济带，促进京津冀对山西、冀中南以及广大西南内陆的带动作用（图1-4-3）。

综上所述，设立雄安新区，是国家层面对于京津冀区域协同治理关系的一次重大战略调整。从区域治理的视角来审视雄安新区未来的建设和发展，今后检验这一重大战略举措成功与否，也许将有四个基本标准：一是完成了集中承载北京非首都功能疏解的任务，二是发挥推动京津保地区率先联动发展的撬动杆和粘合剂的关键作用，三是成为带动京津冀乃至华北平原和环渤海湾地区发展的创新驱动新引擎，四是以面向未来可持续的高质量发展为鲜明特征的新时代标杆城市。

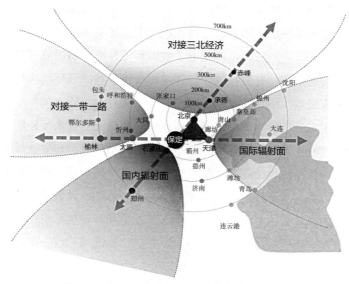

图1-4-3 保定作为京津保西南支点的区位分析

4.4 流域治理：区域协同的先行者

白洋淀是大清河流域缓洪滞沥的大型平原洼淀，为华北平原最大的淡水湿地生态系统。雄安新区以白洋淀为生态核心，东西方向位于"太行山脉—渤海湾"的生态廊道上，南北方向则处于"京南生态绿楔—拒马河—白洋淀"的生态廊道上。恢复白洋淀"华北之肾"功能，对于优化京津冀核心区域连山通海、南北交融的生态安全格局有着重要的价值和关键意义。从流域治理的角度来审视雄安新区的设立，围绕白洋淀的治理行动其实是在倒逼整个大清河流域的生态治理与环境保护。相较于交通基础设施建设的直接效应，流域环境治理的周期更长，但牵涉面更广，对于京津冀区域协同治理的示范效应也更加突出，并将在环保意义上对中国区域性湖泊环境治理起到积极的示范效应。

白洋淀的生态治理要从大清河流域生态环境治理与保护着手，立足淀内外、着眼上下游、动员全流域、协调京津冀，形成标本兼治、系统治理、协同治理的大格局，从区域环境治理的角度，重点坚持流域"控源—截污—治河"系统治理，实施入淀河流环境流量保障及入淀河流水质目标管理。建议开展以下三方面工作：

一是产业协同与结构优化。提升传统产业的清洁生产、节能减排和资源综合利用水平的同时，全面治理工业污染，淘汰高污染、高排放、高耗能、高耗水、低效益的企业，集中清理整治散乱污企业和工业固体废弃物；在新区及周边和上游地区协同制定产业政策，依法关停、严禁新（扩）建涉重金属、高污染、高耗能企业和项目；积极引导流域协调区工业企业升级改造，推动工业企业入园，实施排污许可一证式管理制度，加强污染排放综合监管。

二是流域生态系统保护和修复。在白洋淀上游推进规模化植树造林，优化流域的生态安全屏障体系；在雄安新区的协调发展区范围内严格落实生态保护红线、环境质量底线、资源利用上线以及生态环境准入清单；开展区域地下水环境调查评估，全面开展渗坑、排污沟渠综合整治；统一制定新区及白洋淀上下游的环境标准，制定流域和白洋淀水生态环境质量监测和评价技术指南，完善流域生态环境标准体系和区域环境风险评估、环境安全隐患排查和应急响应机制。

三是创新区域生态环境管理制度。制定新区生态环境保护、水污染防治、循环利用、白洋淀流域管理等区域生态环境法规；创新生态环境经济政策，建立流域上下游多样化生态补偿制度；创新白洋淀流域生态环境管理体制，加强管理协调，对雄安新区及上下游生态廊道和涵养区的资源与生态环保，实施规划、执法、标准、预警等统一管理，建立起白洋淀及上下游联动的"水资源—水环境—水生态"预警和联合执法机制，强化环境行政执法与环境司法衔接配合，统一区域内生态环境监察执法标准与尺度，加强区域间预警应急的组织指挥、协同调度、综合保障能力，建立自动监测预警体系和环境应急综合指挥系统、突发环境事件应急监控体系。

第五章 绿色雄安❶

绿色是雄安新区天然的基因，始终作为关键词贯穿雄安新区的规划建设全过程。在设立之初，新区就将"生态优先、绿色发展"作为指导顶层设计的理念与原则，新区规划将打造绿色生态宜居新城区作为首位发展定位，已开展的实践项目与探索无不是以生态环境保护与提升为先、以绿色统领全局。"绿色雄安"就是牢记千年大计的使命，建一座绿色幸福的城市，本质是为人民提供幸福生活的载体。

2017年，深圳市建筑科学研究院股份有限公司受雄安新区管委会委托开展绿色雄安专题研究，阐释绿色雄安的核心使命、基本内涵和核心路径，提出绿色发展的目标框架，探索生态文明背景下的雄安绿色发展推行模式和实施路径。

绿色雄安专题研究提出绿色雄安的核心使命与重要意义如下：

雄安新区是中国城镇化发展下半场的重要风向标。40年的改革开放让中国城镇化率增长了42%，约6.6亿人口从农村走向城市❷，中国也成了亚洲乃至世界城市化进程最快的国家之一。然而，取得举世瞩目成就的同时，交通拥堵、环境污染、人口骤增、城乡差距等一系列"城市病"问题凸显。在当前生态文明背景下，中国要探索城镇化下半场的城乡发展新模式，生产依然要继续发展以保证社会进步的基本动力和活力，生活品质仍需进一步提升以增进人民的幸福感与获得感。与工业文明时代不同，生态文明背景下的新型城镇化将以生态保护、生态保育为先行，以保障生态承载力为基准。在中国城镇化由快速化发展向高质量发展转型阶段，雄安新区的设立将成为理顺"三生空间"关系理想实验场所，努力打造新时代高质量发展的全国样本，为解决国际大城市病提供中国方案。

雄安新区是城市创新技术革命的重要实验舞台。从世界城市化进程可以看出，城市化过程多伴随着科学技术的发展。前三次科技革命使得人类进入空前繁荣时代，同时也造成了巨大的资源消耗和环境破坏，进入21世纪，面对全球生态危机，引发了第四次工业革命——绿色工业革命，这一次，中国与发达国家站在同一起跑线上。

当前，传统产业需要绿色转型升级、生产效率需要集约高效、创新制造能力需要做强做大、社会治理需要全面精细。在这一历史节点上，雄安新区的定位绝不会是传统工业和房地产主导的集聚区，而是要转变经济发展方式，促进绿色发展、低碳发展，打造创新驱动的引领区、综合改革的试验区，为中国乃至世界开创一条绿色工业革命的新路。一方

---

❶ 本章由深圳市建筑科学研究院股份有限公司和雄安绿研智库有限公司共同完成，本章图表除注明来源外，其余均为深圳市建筑科学研究院股份有限公司提供。

❷ http://data.stats.gov.cn/easyquery.htm?cn=C01

面，加快科技创新、制度创新，完善创新创业环境，吸纳创新要素资源，集聚高端高新产业；另一方面推进政府管理和社会治理模式创新，推动城市物理空间与数字中国、数字经济、智慧社会的虚拟空间同步建设，健全大数据辅助科学决策和社会治理的机制。

雄安新区是生态文明背景下的城市发展回归本源的伟大探索。党的十八大以来，中国进入了生态文明时代和后工业化时代，社会经济的发展动力日趋多元化，不再以传统工业经济为核心，唯GDP论、规模导向等特征日渐弱化。城市要恢复母亲般养育生命的功能，成为人民幸福生活的载体。雄安新区将坚持以发展为前提，探索以人民为中心、以政府善治为龙头、以人文引导为灵魂、以市场推动为动力、以技术革新为保障的中国新型城镇化模式的伟大实践，推动中国经济、政治、社会、技术等领域的全面变革，推动中华民族的伟大复兴。

第二篇
顶层规划

第六章　新区概况

第七章　规划体系

第八章　标准体系

第九章　政策体系

千年大计，谋定启动。从2017年4月设立，到2018年12月底《河北雄安新区总体规划（2018—2035年）》批复，雄安新区始终坚持先规划后建设的原则，"把每一寸土地规划得清清楚楚再开工建设"，确保一张蓝图绘到底。

外界看来，过去这20多个月新区看上去基本是"安静"的，管控政策贯穿始终。安静的背后，其实是1000余名规划编制专家、200多支团队、2500多名技术人员长期奔忙在京雄两地，精心打造支撑新区高质量发展的规划体系、标准体系和政策体系，为新区后续将要开始的高标准大规模建设打下坚实基础。"考察一个城市首先看规划，规划科学是最大的效益，规划失误是最大的浪费，规划折腾是最大的忌讳。"习近平总书记关于规划的重要论述，是雄安新区规划编制工作的根本遵循。

目前，雄安新区规划建设的顶层设计已经基本完成，建立了横向全覆盖、纵向有层次、定位清晰、科学合理、内容完善的"1+4+26"的规划体系，形成了"1+N"的政策体系，出台了第一批12个相关配套实施方案。为确保新区相关规划的顺利落地实施，《雄安新区规划建设标准总则》等一系列建设标准和技术规范编制完成，初步构建起具有新区特色的标准体系框架。

本篇从雄安新区基本情况出发，从行政区划、社会经济、交通区位、人文历史、气候环境、自然环境和资源禀赋等方面介绍新区现状概况，新区当前开发强度较低，未来发展空间充裕，生态环境治理迫切，具备高起点高标准开发建设的基本条件。

第七章规划体系，首先系统说明"1+4+26"的规划体系的编制背景、过程与体系概况，对《河北雄安新区规划纲要》《河北雄安新区总体规划（2018—2035年）》《白洋淀生态环境治理和保护规划（2018—2035年）》《河北雄安新区起步区控制性规划》《河北雄安新区启动区控制性详细规划》等重点规划内容进行绿色方面的导读。

第八章标准体系，重点对《雄安新区规划技术指南》《雄安新区绿色建筑设计导则》等相关技术标准文件的编制背景、内容及特点进行了介绍。

第九章政策体系，分析介绍新区"1+N"的政策体系，并以《中共中央　国务院关于支持河北雄安新区全面深化改革和扩大开放的指导意见》《关于河北雄安新区建设项目投资审批改革试点实施方案》等创新政策为例进行说明与介绍。

Part Ⅱ : Top-Level Planning

Long-term development is inseparable from thorough planning and preparation. From the inception on April 2017 to the approval of the master plan at the end of December 2018, Xiongan New Area has always adhered to the principle of "planning every inch well before construction".

From the outside, over the past 20 months or so, Xiongan was "tranquil". However, hidden behind the quiet are more than 1,000 planning experts, over 200 teams, and no less than 2,500 technical staff working extremely hard in Beijing and Xiongan. It was their hard work that has laid a solid foundation for Xiongan's future high-standard, high-quality and large-scale construction. "When you look at a city, you first look at its planning. Proper planning is equal to the greatest benefit, or it will lead to the greatest waste. A city must avoid futile repetitive planning." The important speech of General Secretary Xi Jinping has become the fundamental criterion for the planning of Xiongan New Area.

At present, the top-level planning of Xiongan New Area has been basically completed. Both the "1+4+26" planning system with full coverage, clear positioning, and comprehensive and reasonable content and the "1 + N" policy system with the first 12 related supporting implementation plans have been established. To smoothly implement the relevant planning, Xiongan New Area has initially established a standard system framework with Xiongan characteristics, represented by a series of construction standards and technical specifications such as the *"General Rules for the Planning and Construction of Xiongan New Area"*.

The second part of this report sets out the general and current situation of Xiongan from the aspects of administrative division, society, economy, transportation, history, climate, natural environment, and resource endowment. Since the current development intensity is low, Xiongan has ample space for future high-level development where ecological and environmental governance is urgently needed.

"Chapter 7: Planning System", describes the background, process and overview of the "1+4+26" planning system, followed by a green-development interpretation of various key documents such as *Planning Outline for Xiongan New Area of Hebei, 2018-*

2035 Master Plan for Xiongan New Area of Hebei, 2018-2035 Baiyangdian Lake Eco-Environmental Governance and Protection Plan.

"Chapter 8: Standard System" focuses on the background, content and characteristics of technical standard documents such as *"Technical Guide for Xiongan New Area Planning",* and *"Green Building Design Guideline for Xiongan New Area".*

"Chapter 9: Policy System" analyzes Xiongan's "1+N" policy system, exampled by *Guiding Opinions of the CPC Central Committee and the State Council on Supporting the Comprehensive Deepening of Reform and Opening Up in Xiongan New Area,* and other innovative policies.

第六章　新区概况

　　雄安新区地处中纬度地带，属暖温带季风型大陆性气候，四季分明。全境为缓倾平原，地质条件稳定，生态环境优良，资源环境承载能力较强。拥有丰富的地下矿产资源和生物资源，地热资源潜力得天独厚，太阳能等可再生能源具有开发利用价值。新区地处北京、天津、保定腹地，交通便捷通畅，历史传统悠久，文化底蕴深厚。同时，也呈现出现有经济总量偏小、产业结构有待优化、生态环境治理迫切等特征，目前新区人口密度和开发强度较低，未来发展空间充裕、发展诉求迫切，具备高起点高标准开发建设的基本条件。

6.1　行政区划

　　雄安新区规划范围包括雄县、容城、安新三县行政辖区（含白洋淀水域）（图2-6-1），任丘市鄚州镇、苟各庄镇、七间房乡和高阳县龙化乡，规划总面积1770平方公里。

　　其中，容城县县域面积314平方公里，辖5镇3乡（容城镇、南张镇、小里镇、大河镇、晾马台镇、贾光乡、八于乡、平王乡），127个行政村。2016年末全县总人口27.3万，城镇化率为46.5%。

图2-6-1　雄安新区三县行政区划图

雄县县域面积514平方公里，辖6镇3乡（雄州镇、昝岗镇、大营镇、龙湾镇、朱各庄镇、米家务镇、北沙口乡、双堂乡、张岗乡），223个行政村。2016年末全县人口39.5万，城镇化率为47.8%。

安新县县域面积728平方公里，辖9镇3乡（安新镇、大王镇、三台镇、端村镇、赵北口镇、同口镇、刘李庄镇、安州镇、老河头镇、圈头乡、寨里乡、芦庄乡），207个行政村。2016年末全县人口46.8万，城镇化率为41.4%。 截至2016年雄安新区主要行政辖区及基本情况见表2-6-1。

表2-6-1　雄安新区主要行政辖区及基本情况（2016年）

行政辖区	驻地	人口（万人）	面积（平方公里）
雄县	雄州镇	39.5	514
容城县	容城镇	27.3	314
安新县	安新镇	46.8	728

（数据来源：民政部官网全国行政区划信息查询平台和河北经济年鉴）

6.2　社会经济

6.2.1　地区经济总量

雄县、容城、安新三县2007—2016年整体经济增长平稳，且近年来经济运行稳中有进，呈现积极向好的发展态势。雄安新区设立以后，由于受各类政策性因素影响，2017年三县整体经济规模有所减少（图2-6-2）。

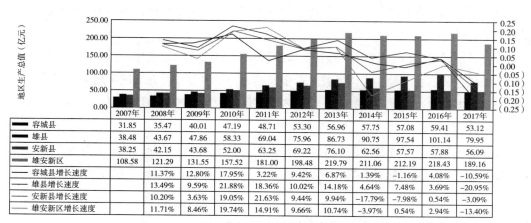

	2007年	2008年	2009年	2010年	2011年	2012年	2013年	2014年	2015年	2016年	2017年
容城县	31.85	35.47	40.01	47.19	48.71	53.30	56.96	57.75	57.08	59.41	53.12
雄县	38.48	43.67	47.86	58.33	69.04	75.96	86.73	90.75	97.54	101.14	79.95
安新县	38.25	42.15	43.68	52.00	63.25	69.22	76.10	62.56	57.57	57.88	56.09
雄安新区	108.58	121.29	131.55	157.52	181.00	198.48	219.79	211.06	212.19	218.43	189.16
容城县增长速度		11.37%	12.80%	17.95%	3.22%	9.42%	6.87%	1.39%	-1.16%	4.08%	-10.59%
雄县增长速度		13.49%	9.59%	21.88%	18.36%	10.02%	14.18%	4.64%	7.48%	3.69%	-20.95%
安新县增长速度		10.20%	3.63%	19.05%	21.63%	9.44%	9.94%	-17.79%	-7.98%	0.54%	-3.09%
雄安新区增长速度		11.71%	8.46%	19.74%	14.91%	9.66%	10.74%	-3.97%	0.54%	2.94%	-13.40%

图2-6-2　雄安新区三县2007—2017年地区生产总值情况
（数据来源：2017年河北省经济统计年鉴）

　　根据河北省经济统计年鉴，雄安新区三县2017年全年实现地区生产总值约189.2亿元，同比2016年下降13.4%，占保定市经济规模比重的5.5%，是河北省经济规模的0.56%，且与全省各市地区生产总值相比，差距明显，具体如图2-6-3所示。可见，雄安新区目前经济发展处于较低水平，现有经济总量偏小，对比深圳经济特区和上海浦东新区发展历程，新区未来发展潜力巨大。

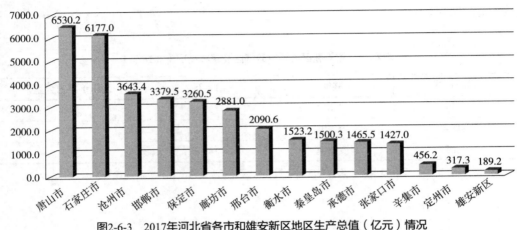

图2-6-3　2017年河北省各市和雄安新区地区生产总值（亿元）情况

6.2.2　主导产业特征

　　改革开放以来，三县发展形成了各具特色的支柱产业，为当地税收和就业做出了重大贡献。但是这些传统产业与未来雄安新区产业发展目标要求相差甚远，目前普遍存在科技含量低、产品附加值低，规模小而分散、从业人员众多等特点[1]。

　　容城县是中国北方服装及辅料集散地、绿色无公害农产品生产基地、保定东部物流中心，享有"中国北方服装名城"的美誉。作为当地的传统主导产业，2016年容城县服装业完成产值256亿元。

　　雄县已形成以塑料包装、压延制革、乳胶制品、电线电缆为主导的四大传统产业，被誉为中国软包装产业基地、中国乳胶气球生产基地、中国北方最大的压延制革生产基地和重要的电线电缆生产基地。2016年，雄县四大支柱产业实现产值分别为148.5亿元、60.4亿元、46.1亿元和24.6亿元[2]。

　　安新县依托华北平原最大的淡水湖——白洋淀，形成以旅游业为重要支撑的产业大格局。2017年，白洋淀景区共接待游客235万人次，同比增长10.3%，实现旅游总收入21.17

---

❶　北方防务智库首席专家刘万玲谈：有序推进雄安新区产业创新。

❷　雄安新区破晓时：新旧转换的启动键已按下。

亿元，同比增长23.1%❶。同时安新县还是华北地区最大的废旧有色金属集散地和华北地区最大的鞋业生产基地。

6.2.3　区域产业结构

2017年，三县第一产业增加值完成26.8亿元，第二产业增加值完成97.2亿元，第三产业增加值完成65.2亿元，三次产业结构比例为0.14：0.51：0.34。其中，雄县三次产业构成为0.11：0.60：0.29，容城县三次产业构成为0.17：0.48：0.35，安新县三次产业构成为0.15：0.42：0.43。从保定市域来看，2017年保定市整体三次产业构成为0.11：0.46：0.43（图2-6-4）。可以看出，三县现有产业结构层次总体偏低，主要以第二产业为主，其次是第三产业和第一产业，尤以雄县和容城县为代表。安新县的第二产业和第三产业占比基本相同，其三次产业构成与保定市域情况相当。

如图2-6-5所示，2017年北京市和天津市第二、三产业结构比例分别为0.19：0.80和

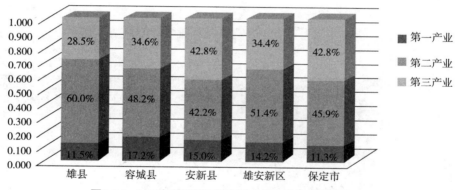

图2-6-4　2017年雄安新区和保定市的三次产业结构情况

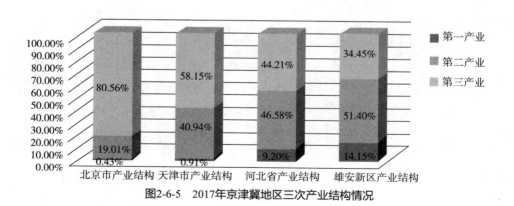

图2-6-5　2017年京津冀地区三次产业结构情况

---

❶　安新县旅游发展局关于2017年旅游工作开展情况的报告。

0.41：0.58，而第一产业占比均不到1%。河北省三次产业构成为0.09：0.47：0.44。对比京津冀地区，雄安新区未来将大力提高第三产业的结构占比，实现从"二三一"到"三二一"的转变。

6.3 交通区位

雄安新区地处北京、天津、保定腹地，距北京、天津均为105公里，距石家庄155公里，距保定30公里，距北京新机场、天津滨海机场、石家庄正定机场分别为55公里、130余公里、170余公里，区位优势明显。

新区现有交通便捷，京广高铁、保津城际铁路、京港澳高速、大广高速、津雄高速（原荣乌高速）、沧榆高速在新区形成完善交通体系，并已规划有京港台高铁（京雄段）、京雄城际铁路、京昆高铁、石雄城际铁路、新机场高速、津石高速等交通网络，区域交通将进一步优化提升（图2-6-6）。

新区未来还将新增津雄城际铁路、京雄高速、荣乌高速（新线）和预留北京新机场快线、新机场至德州高速等线路，以及雄安高铁站、雄安城际站等枢纽站点。新区将构建

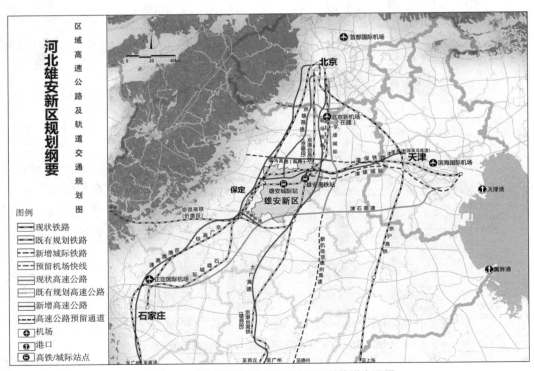

图2-6-6　雄安新区现有高速公路和区域轨道交通图
（来源：根据《河北雄安新区规划纲要》改绘）

"四纵两横"区域高速铁路交通网络，形成"两主两辅"枢纽格局，高效融入"轨道上的京津冀"，与京津冀核心城市的直连直通，20分钟到北京新机场，30分钟到北京、天津，60分钟到石家庄。同时新区将构建"四纵三横"区域高速公路网，实现新区60分钟到北京、天津，90分钟到石家庄。

6.4　人文历史❶

6.4.1　历史沿革

雄安新区涵盖的雄县、安新、容城三县具有悠久的历史传统，古为雄州、安州之地，不同朝代因辖区有异而名称多有变更。据《雄县乡土志》记载，后周时期始设雄州，取"雄"字之意，以北慑辽国。北宋时期，这里曾是宋、辽边境。为抵御辽兵入侵，北宋政府在白洋淀沿线的雄州、霸州、信安分设三关，广为屯兵，并对白洋淀进行治理，疏浚河渠，使河通淀、淀连河，建成"塘泺防线"。1374年雄州改为雄县，名称一直沿用至今。元代时，安州在一度被废除后又复设，其原所领辖之渥城县改名新安县。此后明清两朝，新安县与安州之建制又多有演变更迭，至1913年废州改县，安州改名为安县，次年与新安县合并为安新县。容城县之名始于汉，"汉封降王有容氏于此，置容城县"。明初，容城被废除，辖地改隶雄县。1381年，容城县复设，沿袭至今。

6.4.2　文化脉络

雄安新区文化底蕴深厚，虽各县建制沿革历代多有更迭，但悠久的历史文化脉络却从未间断，涌现了诸多志士贤人。宋元之际，有被称为"燕山五丈夫"，兼具学术造诣与风骨气节的儒生杨九万、李益公、毛文伯、焦恂儒、胡炳南。作为元代重要的儒家代表人物，著名的理学家、教育家刘因，与明嘉靖年间忠心为国、不惧权贵的谏臣杨继盛，以及明末清初的理学大家孙奇逢三人都是容城人，且节操风骨和学养文德一脉相承，被后人赞誉为"容城三贤"。

6.4.3　革命传统

到了现代，雄安新区又孕育出浓厚的革命文化，涌现出了一批保家卫国的战斗英雄。

❶　http://www.cssn.cn/zt/zt_rdzt/qyjjzlztzgtf/jjjxtfz/xaxq/zhzx9/201806/t20180605_4344412.shtml

抗日战争时期，蜚声遐迩的白洋淀"雁翎队"便是其一，他们的英雄事迹至今仍在白洋淀地区流传。同时，革命英雄的故事为文艺创作提供了优秀的素材。1945年，作家孙犁以白洋淀人民的抗日斗争为背景，创作完成了小说《荷花淀》。作品发表后即在文艺界产生了很大影响，许多作家争相探索学习，并实践了他的写作技巧与风格，由此形成了现代文学史上著名的"荷花淀派"，作家刘绍棠、从维熙、韩映山等都是其中代表人物。此后，又涌现了许多以白洋淀地区的革命背景和英勇事迹为主题的文艺作品。如1963年上映的电影《小兵张嘎》，随着影视剧的热播，白洋淀八路军抗战的传说成为家喻户晓的英雄故事。

6.4.4　民间文化

三县民间文化源远流长、丰富多彩。源起于宋元、盛行于明清的雄县古乐是较为典型的北乐派系的民间鼓吹乐，流传数百年，时至今日，演奏曲目仍为古曲，较为完整地保留了古乐原有的风貌，2003年被列入国家级非物质文化遗产保护名录。此外，其他各种民间艺术形式也多有流行。据《安新县志》记载，清康雍乾时期，安新境内梅花调、木板大鼓、渔鼓道情、弦子鼓等说唱艺术开始流行；嘉庆时期，安新县三台人张连魁始用竹板改唱快书，在河北永清一带活动，颇负盛名。

白洋淀的自然环境造就了其独具特色的水乡文化。淀区人们利用芦苇编织的炕席、苦垫席、囤席、包装席等苇席，颇受人们青睐。近年来，一些民间艺人独具匠心，创作了苇编画，利用芦苇编织出精美绝伦的花鸟鱼虫、人文景观等工艺品，彰显了水乡特色风情。2009年，白洋淀芦苇画被列入河北省非物质文化遗产名录。

白洋淀的水网构筑了村落繁衍生息的生态环境，村民在生产生活中创作了许多诗歌作品来歌咏幸福生活，表达美好愿景，当地涌现出了一批渔民诗人。20世纪50年代初，王家寨李庄子李永鸿就开始创作大量民歌，1962年出版了《白洋淀渔歌》，是淀区民歌的典型之作。

6.5　气候环境

雄安新区地处北半球中纬度地带，属温带季风性气候区，大陆性气候特征显著，四季分明，春季干燥多风、夏季炎热多雨、秋季天高气爽、冬季寒冷少雪。

（1）气温

以1981年至2010年的历史数据来看，三县年平均气温为12.5℃，冬季平均温度为-2.3℃，年平均高温日数（日最高气温超过37℃）为3.2天。总体来看，新区冬季不算太冷，夏季高温日数也不多，气温方面较适宜人们居住生活。据河北省气象局综合气温、湿度、风速、日照等因素分析得出的气候适宜度显示，每年的3～6月、9～10月，是雄安新区气候最为舒适的时节。

作为华北地区最大的淡水湖，白洋淀起着改善温湿状况、调节区域气候的重要作用。依据1961—2016年的监测数据，三县年平均气温正以每十年0.1～0.3℃的幅度升高，但气温增幅要低于周边地区。

（2）降水

雄安新区历年年降雨量较少，暴雨日数不多，干旱灾害的影响较大。据统计，新区年平均降水量约为492.3毫米。如图2-6-7所示，其中1981—2010年，雄县年平均降水量为491.5毫米，容城县年平均降水量为480.3毫米，安新县年平均降水量为467.6毫米，三县平均月降水量主要集中在7月和8月；雄安三县的历史最大年降水量均在900毫米左右，但都出现在20世纪70～90年代；三县年暴雨日数为1.4天，年降雪日数平均为12.6天。

从气候变化的角度分析，雄安新区年平均降水量正以每十年5～20毫米的趋势减少，而蒸发量则呈现增加趋势。需要加强白洋淀湿地生态系统及其服务功能的保护，除生态补水及流域生态修复外，还应采取有效措施确保区域工农业生产和生活用水。

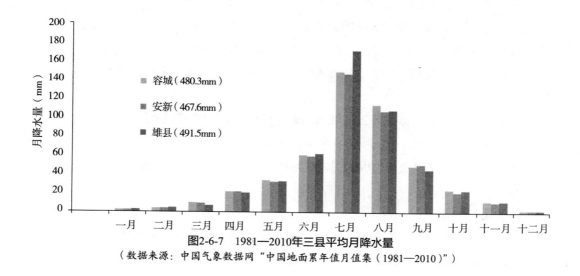

图2-6-7　1981—2010年三县平均月降水量

（数据来源：中国气象数据网"中国地面累年值月值集（1981—2010）"）

6.6　自然环境

6.6.1　地理环境

雄安新区位于太行山东麓、冀中平原中部、南拒马河下游南岸，在大清河水系冲积扇上，属太行山麓平原向冲积平原的过渡带。

新区全境西北较高，东南略低，海拔标高7~19米，自然纵坡千分之一左右，为缓倾平原，土层深厚，地形开阔，植被覆盖率很低，境内有多处古河道。

6.6.2 生态环境

雄安新区建设开发具有优良的生态环境和较强的资源环境承载力。截至2015年末，三县的农田、乡镇及农村聚落和水域面积相对较大。其中，农田生态系统面积最大，共1067.79平方公里，占区域总面积的69%，且以旱地为主，仅在雄县有51.56平方公里水田分布；其次为城镇和乡村聚落生态系统，面积共303.39平方公里，占全区的19.5%，特别是乡镇及农村聚落类型占其面积的80%以上；最后为水域与湿地生态系统，面积共175.08平方公里，占全区的11%，以白洋淀淡水湖泊为主[1]。

区内场地稳定性和工程建设适宜性总体较好，稳定场地和基本稳定场地占89.5%，全区均适宜或较适宜工程建设，相关区域地下空间开发利用条件优越，适合规模化开发[2]。

（1）水环境

雄安新区有华北地区最大的湖泊白洋淀，但水资源并不丰富，属于严重缺水地区。雄安三县水资源总量为24620.74万立方米，人均为217立方米/人。按照国际公认的标准，人均水资源低于1000立方米为缺水，低于500立方米为极度缺水。同时新区地处海河流域的大清河子流域，位于永定河冲积扇与滏阳河冲积扇所夹的低洼地，易受洪涝灾害。

新区地下水质量总体良好，区域内78%浅层地下水和95%深层地下水可以直接或适当处理后作为饮用水源。但区域地表水资源和地下水资源相对欠缺，多年来一直面临着因为地下水过度开采以及地质因素引发的地面沉降问题，且白洋淀地区受洪涝灾害影响较大[1]。

（2）大气环境

雄安新区整体大气环境问题较为严重，其大气污染主要集中在采暖期，散烧燃煤污染严重，且扬尘问题突出。2016年，三县所在的保定市环境空气质量达标天数达到155天，其中一级天数20天；重度及以上污染天数58天。PM$_{2.5}$年均浓度为93.78微克/立方米（图2-6-8）。空气质量综合指数为9.04，PM$_{2.5}$位居全国第五[3]。

近年来，随着河北省大气环境治理力度加大，三县的PM$_{2.5}$年均浓度呈显著下降趋

---

❶ 匡文慧，杨天荣，颜凤芹. 河北雄安新区建设的区域地表本底特征与生态管控 [J]. 地理学报，2017（6）.

❷ http://www.cgs.gov.cn/xwl/ddyw/201708/t20170824_438205.html

❸ http://www.chyxx.com/industry/201708/549013.html

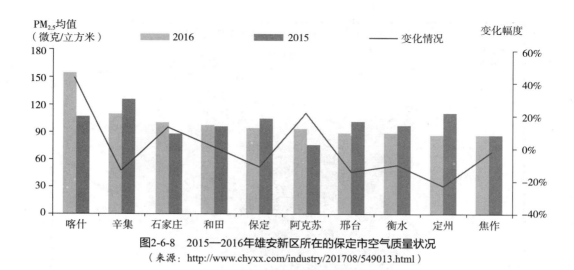

图2-6-8 2015—2016年雄安新区所在的保定市空气质量状况
（来源：http://www.chyxx.com/industry/201708/549013.html）

势。雄县的$PM_{2.5}$浓度从2014年的125微克/立方米，降至2016年的85微克/立方米，容城和安新的这一数据也在2016年降至86微克/立方米[1]。

（3）土壤环境

三县生态系统植被覆盖状况、农田生产能力及土壤保持等生态系统服务良好。

2000—2015年间，由于各项人为活动对植被的干扰程度增加，导致三县的植被覆盖状况稍有退化，但大部植被生态质量呈提高趋势。根据监测显示，生态质量指数下降的区域只在东北部、西部和南部零星分布，新区北部、西南部生态质量指数平均每年增加0.5～1.0，地表更"绿"（图2-6-9）。2018年全区平均植被生态质量指数较2017年增加6.9%；新区农田生态斑块以高产田为主，约占全区农田总面积的76.4%，农田生态系统较为优质。由于植被覆盖状况较好、农田生态系统较为优越，因此有效遏制了该区土壤侵蚀的发生，其土壤侵蚀状况中以微度水蚀和风蚀为主，属于中国土壤侵蚀微弱的区域。

雄安新区区域土壤环境清洁，大部分土壤无重金属污染，土壤清洁区面积占99.3%，仅局部零星地块表层土壤存在汞、镉等重金属污染，同时发现8600亩耕地为绿色富硒土地。

（4）生物环境

雄安新区生物资源丰富，但受自然因素和人为影响，白洋淀长期面临着水源不足、水体富营养化、生态环境脆弱、生物资源量和多样性衰减等问题，致使生态系统退化严重，水生植物种类、数量、分布面积等均有所下降，生物多样性及其保护水平有待提升。

雄安新区内林地盛产上百种山产品，以及人参、天麻、五味子等500多种野生中药

---

[1] http://www.cma.gov.cn/2011xzt/2018zt/20180131/2018013103/201802/t20180201_461486.html

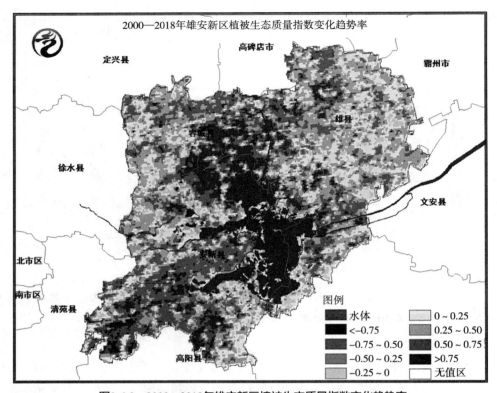

图2-6-9　2000—2018年雄安新区植被生态质量指数变化趋势率
（来源：https://baijiahao.baidu.com/s?id=1629755079571324414&wfr=spider&for=pc）

材。白洋淀是河北省最大的湖泊，水生生物包括浮游生物、底栖动物、鱼类和水生植物。其中，浮游藻类92属，底栖动物35种，水生束管植物16科34种，鱼类17科54种。同时，有鸟类19科26种，形成了良好的食物链结构，成为华北地区重要的水产品基地。白洋淀盛产鱼、虾、蟹、贝、芦苇、莲藕、茨实、菱角等，1955年淀水产鱼8850吨，居全国大型湖泊亩产量之首。白洋淀野生禽鸟已恢复到198种，主要有天鹅、大鸨、苇莺、黑水鸡、鸬丁、苍鹭、斑嘴鸭等鸟类，其中国家一级重点保护鸟类4种，国家二级重点保护鸟类26种。

6.7　资源条件[1]

雄安新区拥有丰富的地下矿产资源和地热资源，具备适宜的浅层地热能开发利用条

---

[1]　鄢涛，李渊、彭锐等，深圳市建筑科学研究院股份有限公司。本节图表除标明来源之外，其余均为约稿作者提供。

件，且太阳能、风能资源仍有一定开发利用价值。新区分布有牛驼镇、高阳和容城三大地热田，地热资源最丰富，开发利用条件好，目前资源开发利用量仅占可采资源总量的6%，潜力巨大。全区普遍适于浅层地温能开发利用，可满足约1亿平方米建筑物供暖、制冷需要。新区风能资源有限，有效风功率密度100～150瓦/平方米，处于Ⅲ级可利用区。年有效风速小时数小于2000小时，处于Ⅳ级贫乏区。区域太阳能资源较稳定，资源总量属于资源一般区，具有较高利用价值。

（1）风能资源

根据我国有效风功率密度分布情况，雄安新区范围有效风功率密度为100～150瓦/平方米。如表2-6-2中风功率密度、风速相关指标对应等级区域划分所示，雄安新区处于Ⅲ级可利用区。风速方面，通过历史数据记载，2002—2011年雄安新区年平均风速为2.8米/秒，近十年年平均风速为2.4～3.6米/秒，风速较低。年有效风速小时数：3～25米/秒风速累计小时数为460小时，处于Ⅳ级贫乏区。

表2-6-2 风功率密度、风速相关指标对应等级区域划分表

项目	指标	Ⅰ级丰富区	Ⅱ级较丰富区	Ⅲ级可利用区	Ⅳ级贫乏区
风功率密度	年平均有效风能密度（W/m²）	>200	150～200	50～150	<50
风速	3～25m/s 风速的年累积小时数（h）	>5000	3000～5000	2000～3000	<2000

雄安新区风能资源有限，不具备大规模开发利用潜力，在相应的风力较大的白洋淀水系沿岸可设置小规模风力发电设施，其他的可结合道路通风廊道实施道路风光互补绿色照明。

（2）太阳能资源

雄安地区典型气象年年辐射总量为4875.8兆焦/（平方米·年），典型气象年年日照时数为2581小时，根据表2-6-3，新区太阳能资源丰富程度等级属于资源一般区。

表2-6-3 太阳能相关指标等级和资源条件划分表

等级	年日照时数（h）	Ⅱ级 较丰富区	Ⅳ级 贫乏区
Ⅰ	3200～3300	>6700	资源丰富区
Ⅱ	3000～3200	5400～6700	资源较丰富区
Ⅲ	2200～3000	5000～5400	资源一般区
	1400～2200	4200～5000	
Ⅳ	1000～1400	<4200	资源贫乏区

太阳能资源的稳定程度以一年中各月日照时数大于6小时的天数最大值与最小值的比值评价。雄安地区各月日照时数大于6小时的天数最大值与最小值的比值为3.67，根据表2-6-4可判定新区太阳能资源较稳定。

表2-6-4　太阳能资源稳定程度等级表

K 值	太阳能资源稳定程度
<2	稳定
2～4	较稳定
>4	不稳定

因此，雄安新区太阳能资源总量属于资源一般区，但太阳能资源较稳定，具有较高利用价值，适宜开发利用。

（3）浅层地热资源

雄安新区地质情况为：地表面平坦，地质条件单一，地下水埋藏较深，水量丰富；地层冲洪积平原主要为第四系冲洪积物组成，沉淀环境稳定；工程地质条件较好，构造相对稳定；无不良地质现象，未发现有明显地质断裂，破碎等构造。新区范围内比较适宜进行包括土壤、地下水、地表水等天然能源作为冬季热源和夏季冷源的浅层地热资源开发和利用。

浅层地热资源开发利用中，如果冬、夏两季对土壤的取热和排热不均，将影响热泵系统夏季或冬季的运行效率；取、排热量不平衡率越接近0时越容易实现全年热平衡，而越接近±100%则越难实现热平衡。根据对雄安新区建筑能耗调研数据初步测算各类建筑全年取、排热量，新区范围各类建筑的负荷平衡性较好（表2-6-5），较适宜应用浅层地热资源。

表2-6-5　雄安新区各类建筑全年取/排热量平衡性分析

建筑类型	单位建筑面积累计排热量［kWh/（m²·a）］	单位建筑面积累计取热量［kWh/（m²·a）］	取、排热量不平衡率（%）
商业办公	33.1	43.4	24
商场建筑	46.5	33.8	-27
学校建筑	78.6	56.1	-29
居住建筑	26.5	31.5	16

雄安新区工程地质稳定，地下水埋藏较浅，换热效果较好，建筑负荷平衡性良好，适宜开发利用土壤源热泵。根据相关规划预测，综合利用浅层地源热泵系统，起步区可满足

3000万平方米建筑面积使用需求的供暖及制冷，全区可满足约1亿平方米的新区使用需求，但具体应用需根据不同项目确定❶。

（4）中深层地热资源

雄安新区范围内中深层地热资源丰富，现存有雄县牛驼镇、容城和高阳三大地热田。其中：雄县牛驼镇地热田基岩热储有分布广、富水性好、埋藏浅、水温高、水质优等特点。成井深度一般在1200～2000米，出水温度65～87摄氏度，出水量一般大于120立方米/小时；容城地热田基岩热储富水性好，涌水量大，出水温度较高，成井深度1500～2000米，单井涌水量一般超过100立方米/小时，出水温度45～60摄氏度；安新县处于多个构造单元交汇部位地层变化大，地质条件较为复杂。安新东北部属于牛驼镇地热田范畴，北部属于容城地热田，南部属于高阳地热田。安新县北部大王镇基岩地热井成井深度2300～2400米，出水温度大于80摄氏度，出水量约100立方米/小时。

---

❶ http://finance.people.com.cn/n1/2017/1016/c1004-29589080.html

第七章 规划体系

7.1 "1+4+26"的规划体系

7.1.1 编制背景与过程●

新区规划编制始终坚持以习近平新时代中国特色社会主义思想为指导，认真贯彻习近平总书记重要指示批示精神，按照党中央、国务院的总体要求，在京津冀协同发展领导小组和专家咨询委员会的指导下，在国家有关部委的支持下，由河北省委省政府落实主体责任，扎实组织，精心推进。

为把新区建设这件"千年大计、国家大事"做好，坚持把每一寸土地都规划得清清楚楚，再开始建设，不留历史遗憾，新区规划编制聚全球之智汇各方之力：60多位院士、300多名一流专家参与新区规划编制，33名国内顶级专家组成规划评议组，进行三轮评议咨询，提出400多条意见建议●。

雄安整体规划涉及面广，包容量大，专业性、技术性强，为此，河北省创新工作模式，组建了省主要负责同志牵头，新区管委会、规划编制单位和省直部门等共计2500多人参加的规划编制工作营。历时21个月，以《河北雄安新区总体规划（2018—2035年）》批复为标志，雄安新区形成了横向全覆盖、纵向有层次、定位清晰、科学合理、内容完善的高质量规划体系。

规划编制过程大致可分为四个阶段（图2-7-1，规划大事记详见附录二）：

（1）**新区筹备和概念方案编制阶段**：2016年3月至2016年8月

重点研究分析《关于研究设立河北雄安新区的实施方案》的落地问题，形成了初步方案，并对区域轨道交通线网调整，流域防洪问题提出初步设想。

（2）**规划初步方案编制阶段**：2016年10月至2017年4月

组织开展新区总体规划、起步区控制性规划、启动区控制性详细规划和白洋淀生态修复规划的编制工作，并进行现场调研和部分访谈，对重大前提性问题进行研究。

（3）**规划框架形成与稳定阶段**：2017年4月至2018年4月

组织推进雄安新区总体规划、起步区控制性规划、启动区控制性详细规划及白洋淀生态环境治理和保护规划的编制工作，以及22个专项规划编制与32个专题研究工作。

● http://www.xiongan.gov.cn/2019-04/02/c_1210098263.htm

● http://news.cyol.com/content/2018-04/27/content_17142397.htm

新区筹备和概念方案 编制阶段 2016.3—2016.8	规划初步方案编制阶段 2016.10—2017.4	规划框架形成与稳定阶段 2017.4—2018.4	规划体系逐步完善阶段 2018.4—2019.4
■2016.3.24，习近平主持召开中共中央政治局常委会会议，确定了新区规划选址，同意定名为"雄安新区" ■2016.5.27，习近平总书记主持召开中央政治局会议，听取北京城市副中心和设立集中承载地有关情况汇报并发表重要讲话 ■2016.6，京津冀协同发展领导小组明确开展概念规划编制 ■2016.6—8，中规院规划工作组在住建部黄艳副部长领导下开展新区概念规划编制工作 ■2016.8.1—8.4，京津冀专家咨询委员会集中讨论新区规划编制进展情况	■2016.10，河北省正式委托中国城市规划设计院开展新区总体规划、起步区控制性规划、启动区控制性详细规划的编制，委托中科院开展白洋淀生态修复规划编制 ■2016年10月底，进行初步现场调研，对重大前提性问题进行研究 ■2017.2.23，习近平总书记视察河北雄安新区 ■2017.3.28，中规院规划编制工作组进驻保定准备公布新区成立后的现场调研和部门访谈	■2017.6.26，发布"新区启动区城市设计国际咨询建议书征询"公告 ■2017.10.18，"雄安新区规划"被写入党的十九大报告：以疏解北京非首都功能为"牛鼻子"推动京津冀协同发展，高起点规划、高标准建设雄安新区 ■2018.2.22，习近平主持召开中共中央政治局常委会会议，提出了创造"雄安质量"的要求，并原则通过规划框架，要求适时批复规划纲要 ■2018.4.14，国务院正式批复《河北雄安新区规划纲要》	■2018.7.2，征集启动区城市设计方案 ■2018.7—12，审议新区《河北雄安新区总体规划（2018—2035）》《白洋淀生态环境治理和保护规划（2018—2035）》《容东片区控制性详细规划》 ■2018.9—12，完成《河北雄安新区启动区控制性详细规划》和《河北雄安新区起步区控制性规划》及26个专项规划 ■2019.4，来自中国、美国、英国等国的规划设计专家就综合优化编制雄安新区启动区城市设计方案展开联合工作

图2-7-1　雄安新区规划编制大事记主要历程图

（4）规划体系逐步完善阶段：2018年4月至2019年4月

随着《河北雄安新区总体规划（2018—2035年）》《白洋淀生态环境治理和保护规划（2018—2035年）》相继获得批复，26个专项规划编制完成，"1+4+26"的规划体系正式形成。

规划体系的编制是不断完善的过程，从规划框架到规划纲要再到总体规划，从启动区城市设计到启动区控制性详细规划再到起步区控制性规划，从22个专项规划、32个专题研究到26个专项规划和N个专题研究，雄安新区的规划体系不断完善，又同步开展、互相支撑。

规划体系的编制过程体现了创新、协调、绿色、开放、共享的理念：

1）创新，雄安新区城市发展目标是践行新发展理念，打造高质量发展的全国样板，创造雄安质量，其编制过程也体现了创新发展理念；

2）协调，坚持从整体出发，形成"1+4+26"规划体系，实现多规合一；

3）绿色，蓝绿空间和生态景观设计优先于建筑，甚至优先于规划，编制过程中集中研究新区"蓝绿交织、清新明亮、水城共融"的独特城市特色，体现了雄安对生态优先、绿色发展的高度重视；

4）开放，开门编制规划，集聚全球智慧，咨询论证贯穿全过程，全方位接受中央专咨委指导；

5）共享，设立集中工作营，统筹国内外设计力量和专家资源，共建共用各类基础数据、基础资料。

7.1.2 规划体系概况

雄安新区"1+4+26"的规划体系（图2-7-2）是指：

"1"：《河北雄安新区规划纲要》，统领新区规划编制工作的纲领性文件；

"4"：《河北雄安新区总体规划（2018—2035年）》《白洋淀生态环境治理和保护规划（2018—2035年）》《河北雄安新区起步区控制性规划》《河北雄安新区启动区控制性详细规划》4个综合性规划，分别从雄安新区城市规划、白洋淀生态环境和保护的流域治理、起步区和启动区四个不同空间视角对雄安新区土地利用、建设发展、生态保护等做出了规划安排；

"26"：为了支撑新区和起步区规划所必需的防洪、抗震、智能城市、综合交通、绿色空间、产业、科技创新、综合能源、排水防涝、地下空间等方面问题，同步开展的26个专项规划编制与专题研究。

（1）《河北雄安新区规划纲要》

2018年4月14日，《河北雄安新区规划纲要》（以下简称《规划纲要》）得到中共中央、国务院批复，《规划纲要》是编制新区各级各类规划、形成规划体系的准则和指南，是指导新区规划建设的基本依据，在规划体系中具有统领指导地位，各类规划需贯彻规划纲要提出的要求和理念，进行具体落实。

（2）《河北雄安新区总体规划（2018—2035年）》

根据《规划纲要》及中央对《规划纲要》的批复精神，河北省人民政府编制了《河北雄安新区总体规划（2018—2035年）》（以下简称《雄安总体规划》），并于2018年12月25

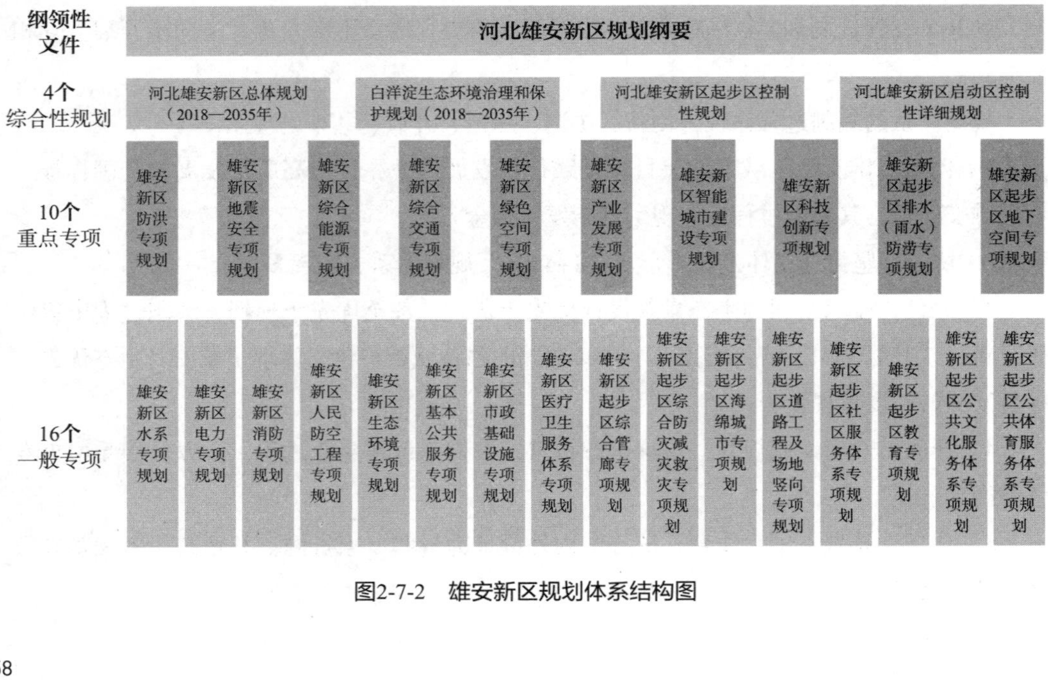

图2-7-2 雄安新区规划体系结构图

日，经党中央、国务院同意，正式批复。《雄安总体规划》是雄安新区第一部法定规划，是指导下一步控制性详细规划编制和统筹各专项规划的上位依据。

（3）《白洋淀生态环境治理和保护规划（2018—2035年）》❶

《规划纲要》明确了白洋淀生态环境治理和保护的目标和任务。由中国科学院生态环境研究中心牵头，以《规划纲要》为基础，依法依规深化研究，形成了《白洋淀生态环境治理和保护规划（2018—2035年）》（以下简称《白洋淀规划》），并于2019年1月由河北省政府正式印发。

《白洋淀规划》是白洋淀生态环境治理和保护的顶层设计，对白洋淀生态空间建设、生态用水保障、流域综合治理、水污染治理、淀区生态修复、生态保护与利用、生态环境管理创新等进行了全面规划。作为雄安新区规划体系重要组成部分，《白洋淀规划》的编制为白洋淀生态修复和环境保护提供了科学支撑，也将为雄安新区可持续发展奠定生态之基。

（4）《河北雄安新区起步区控制性规划》

《规划纲要》中提出选择容城、安新两县交界区域作为雄安新区起步区先行开发。起步区是雄安新区的主城区和全面贯彻新发展理念的创新发展重点示范区，《河北雄安新区起步区控制性规划》（以下简称《起步区控规》）是介于《雄安总体规划》与《河北雄安新区启动区控制性详细规划》（以下简称《启动区控详规》）之间的管控型规划，具有承上启下的作用。

《起步区控规》包括总体要求、集中承接北京非首都功能疏解、构建城市空间格局和功能布局、塑造城市特色风貌、打造优美自然生态环境、建设安全绿色城市水系统、推动高端高新产业创新发展、提供优质共享公共服务、建设绿色高效交通体系、建设绿色智能市政基础设施、构筑现代安全保障体系和保障规划实施等12章内容。

（5）《河北雄安新区启动区控制性详细规划》

启动区是雄安新区率先建设区域，启动区规划面积38平方公里，其中城市建设用地26平方公里。《启动区控详规》是为了建设启动区，在充分满足《起步区控规》各种管控要求的基础上，为启动区建设进行详细管控的规划。

《启动区控详规》包括11章，对启动区的总体要求、空间布局与土地利用、蓝绿空间、城市设计、高端高新产业和智能城市、公共服务与住房保障、交通体系、基础设施、城市安全体系、全生命周期开发管理和规划实施等进行了详细规划。

（6）26个专项规划

专项规划是针对国民经济和社会发展的重点领域和薄弱环节、关系全局的重大问题编制的规划，是总体规划的若干主要方面、重点领域的展开、深化和具体化。雄安新区的26

---

❶　根据"河北省委、省政府印发《通知》安排部署《白洋淀规划》组织实施工作"新闻稿整理。

个专项规划由15个新区级和11个起步区级专项规划组成，依据专项领域的重要性和紧迫性又分为10个重大专项规划和16个一般专项规划。

10个重大专项规划在防洪、抗震、智能城市、综合交通、绿色空间、产业、科技创新、综合能源、排水防涝和地下空间等领域，对新区总体规划进行了深化、细化，提出了适应新区自然条件、符合新区功能定位的规划指标，支撑了新区韧性安全城市建设、蓝绿空间打造、绿色能源体系、绿色产业发展、科技创新及地下空间可持续开发等方面的规划编制。如《综合能源专项规划》提出打造绿色电力、清洁热力、安全供气、智能能源、高效节能和应急保障六大系统，建设张北风电光电和西南水电两大区外输电通道，实现以智能电网设施和绿色电力供应为特色的智能绿色供电体系；《绿色空间专项规划》提出雄安新区森林面积要达到86万亩，森林覆盖率40%，人均城市公园绿地面积不小于20平方米；《产业专项规划》提出雄安新区以新一代信息技术产业、现代生命科学和生物技术产业、新材料产业、高端现代服务业、绿色生态农业等为主导的绿色高端高新产业体系。

16个一般专项规划对雄安新区水系、绿色电力系统建设、生态环境保护、公共服务设施、市政基础设施、消防人防工程、医疗卫生服务等方面进行了深化细化设计，同时对起步区综合管廊、综合防灾减灾救灾、海绵城市、道路工程及场地竖向、社区服务体系、教育、公共文化服务、公共体育服务等方面进行规划，为起步区控制性规划提供了有力支撑。

26个专项规划充分体现了雄安新区规划建设生态优先、绿色发展的理念，为新区坚持绿色低碳循环发展，推广绿色低碳的生产生活方式和城市建设运营模式，推进资源节约和循环利用等提出了具体的规划目标，对《雄安总体规划》进行了深化细化，明确了雄安新区绿色低碳循环发展的分领域发展要求。

7.1.3 规划实施与管理

雄安新区目前形成的"1+4+26"规划体系是新区发展、建设、管理的基本依据，必须严格执行，任何部门和个人不得随意修改、违规变更，确保一张蓝图干到底。首先，加强组织领导，在京津冀协同发展领导小组统筹指导下，河北省委和省政府切实履行主体责任，加强组织领导，全力推进雄安新区规划建设各项工作；其次，建立全域覆盖、分层管理、分类指导、多规合一的规划体系，把每一寸土地都规划得清清楚楚后再开工建设；第三，逐步建立涵盖规划、建设、发展各领域和全过程的雄安标准体系，创造"雄安质量"。

雄安新区规划实施中涉及的重大事项、重大政策和重大项目须按规定程序报批。国家发展改革委、京津冀协同发展领导小组办公室做好综合协调，加强对新区各项规划实施的指导、监督和检查，重大事项及时向党中央、国务院报告；各有关部门和单位以及北京市、天津市等各地区，积极主动对接和支持雄安新区规划建设，形成推动雄安新区高质量发展的合力。

7.2 重点规划绿色解读

7.2.1 《河北雄安新区规划纲要》和《河北雄安新区总体规划（2018—2035年）》

《规划纲要》于2018年4月14日获得中共中央、国务院批复，描绘着新时代高质量发展全国样板的宏伟蓝图正式"出炉"。坚持"世界眼光、国际标准、中国特色、高点定位"，《规划纲要》对雄安新区提出了高标准的建设要求，是指导新区规划建设的基本依据，是指导新区各级专项规划编制的准则和指南，在"1+4+26"的规划体系中具有统领指导地位。

7.2.1.1 编制背景及过程

雄安新区把规划编制作为各项工作的重中之重，由京津冀协同发展领导小组牵头成立规划编制工作推进小组，汇聚吴良镛、张锦秋、邬贺铨等60多位院士和规划建筑大师以及300多位知名专家，全程参与规划编制和研究论证，参编单位包括中国城市规划设计院在内的国内规划建设行业最优秀的机构和团队，以先进的理念和国际一流水准，高质量推进规划编制工作。同时，还深入开展22个专项规划编制和32个专题研究，对新区防洪抗震、水资源保障、生态建设、产业发展和中轴线、天际线等重大问题形成稳定结论，为《规划纲要》编制提供有力支撑❶。

《规划纲要》的编制体现了先谋后动、规划引领的城市发展理念，按照一张蓝图干到底的要求，通过规划把新时代的发展思想贯穿雄安的整个发展过程，雄安新区的规划也将成为新时期中国城市规划的标杆。

7.2.1.2 规划概要及目标

《规划纲要》全文从总体要求、构建科学合理空间布局、塑造新时代城市风貌、打造优美自然生态环境、发展高端高新产业、提供优质共享公共服务、构建快捷高效交通网、建设绿色智慧新城、构筑现代化城市安全体系、保障规划有序有效实施等方面，为雄安新区打造绿色生态宜居新城区、创新驱动发展引领区、协调发展示范区和开放发展先行区做了全面部署。

契合党的十九大提出全面建设社会主义现代化国家的战略安排，《规划纲要》提出了"两步走"的建设目标：到2035年，基本建成绿色低碳、信息智能、宜居宜业、具有较强竞争力和影响力、人与自然和谐共生的高水平社会主义现代化城市；到21世纪中叶，全面建成高质量高水平的社会主义现代化城市，成为京津冀世界级城市群的重要一极。

作为北京非首都功能疏解集中承载地，雄安新区以绿色生态宜居新城区、创新驱动发

---

❶ http://paper.people.com.cn/rmrb/html/2018-04/23/nw.D110000renmrb_20180423_1-02.htm

展引领区、协调发展示范区和开放发展先行区为发展定位，未来将建设成为高水平社会主义现代化城市、京津冀世界级城市群的重要一级、现代化经济体系的新引擎、推动高质量发展的全国样板。

7.2.1.3 规划特点

"绿色"是雄安新区高质量发展的普遍形态，坚持生态优先、绿色发展，新区将打造绿色生态宜居新城区作为首要发展定位。《规划纲要》的指标体系以创新智能、绿色生态、幸福宜居为3个维度，提出了38项具体指标，其中绿色生态类指标占到17项，占比最高。指标体系强调人对生活环境的感知，如幸福宜居类指标体现"以人为本"的理念，提出了15分钟生活圈等注重人的体验的指标。同时，指标体系具有领先性和示范性，指标目标期限是2035年，对大部分尚未制定2035年规划的城市具有示范意义，且相较于国家十三五规划纲要等具有全国指导性意义文件提出的目标有较大提升（表2-7-1）。

表2-7-1 《规划纲要》指标体系对比表

分项		指标	2035 年雄安目标	2020 年国家标准
创新智能	1	全社会研究与试验发展经费支出占地区生产总值比重（%）	6	≥ 3
	2	基础研究经费占研究与试验发展经费比重（%）	18	
	3	万人发明专利拥有量（件）	100	
	4	科技进步贡献率（%）	80	
	5	公共教育投入占地区生产总值比重（%）	≥ 5	
	6	数字经济占城市地区生产总值比重（%）	≥ 80	≥ 35
	7	大数据在城市精细化治理和应急管理中的贡献率（%）	≥ 90	
	8	基础设施智慧化水平（%）	≥ 90	
	9	高速宽带标准	高速宽带无线通信全覆盖、千兆入户、万兆入企	
绿色生态	10	蓝绿空间占比（%）	≥ 70	
	11	森林覆盖率（%）	40	≥ 35
	12	耕地保护面积占新区总面积比例（%）	18	
	13	永久基本农田保护面积占新区总面积比例（%）	≥ 10	≥ 10
	14	起步区城市绿化覆盖率（%）	≥ 50	≥ 39
	15	起步区人均城市公园面积（m²）	≥ 20	≥ 15
	16	起步区公园 300m 服务半径覆盖率（%）	100	
	17	起步区骨干绿道总长度（km）	300	
	18	重要水功能区水质达标率（%）	≥ 95	≥ 80

续表

分项		指标	2035 年雄安目标	2020 年国家标准
绿色生态	19	雨水年径流总量控制率（%）	≥ 85	
	20	供水保障率（%）	≥ 97	≥ 95
	21	污水收集处理率（%）	≥ 99	≥ 95
	22	污水资源化再生利用率（%）	≥ 99	≥ 80
	23	新建民用建筑绿色建筑达标率（%）	100	
	24	细颗粒物（$PM_{2.5}$）年均浓度（μg/m³）	大气环境质量得到根本改善	
	25	生活垃圾无害化处理率（%）	100	≥ 95
	26	城市生活垃圾回收资源利用率（%）	> 45	
幸福宜居	27	15 分钟社区生活圈覆盖率（%）	100	≥ 90
	28	人均公共文化服务设施建筑面积（m³）	0.8	
	29	人均公共体育用地面积（m²）	0.8	
	30	平均受教育年限（年）	13.5	10.8
	31	千人医疗卫生机构床位数（张）	7	7
	32	起步区路网密度（km/km²）	10 ~ 15	8
	33	起步区绿色交通出行比例（%）	≥ 90	≥ 75
	34	起步区公共交通占机动化出行比例（%）	≥ 80	≥ 60
	35	起步区公共交通站点服务半径（m）	≤ 300	
	36	起步区市政道路公交服务覆盖率（%）	100	
	37	人均应急避难场所面积（m²）	2 ~ 3	1.5
	38	规划建设区人口密度（人/km²）	≤ 10000	

注：表格根据《河北雄安新区规划纲要》改绘。2020年国家标准来源于国家"十三五"规划、《中共中央国务院关于进一步加强城市规划建设管理工作的若干意见》等。

按照绿色生态城市的实现路径，可以从土地利用、绿色交通、生态环境、水资源利用、能源利用、绿色建筑、固废利用、智慧信息化、创新引领9大方面对《规划纲要》进行解读。

（1）土地利用。新区的城乡发展格局坚持规模适度、空间有序、用地节约集约，加强生态、生活、生产各类规划空间控制性的充分衔接，远景开发强度控制在30%，人口密度按1万人/平方公里控制。

新区将采取组团式发展，土地混合开发，推广街区制，建设社区–邻里–街坊的社区服务体系，实现日常生活基本需求在15分钟步行范围内都能解决、职住基本达到均衡。新区坚持以人民为中心、注重保障和改善民生，规划了"城市–组团–社区"三级公共服务设施体系，建设高质量、高水平的公共服务设施，将引进国内外优质教育、医疗和文化等资源。同时，还将建立多主体供给、多渠道保障、租购并举的住房制度和多元化住房供应体系。

在公共交通引导（TOD）方面，新区将优化公交站点周边的空间布局，在轨道车站、大容量公共交通廊道节点周边，优先安排住宅用地；在城市核心区和就业岗位集聚、公共交通便捷、具有较高商业价值的地区，布局混合性居住空间，实现公共交通引导的城市发展。

（2）**绿色交通**。雄安新区要打造绿色智能交通系统，倡导“公交+自行车+步行”的出行模式，起步区绿色低碳出行率将达到90%，公共交通占机动化比例占80%以上，有效解决交通拥堵等“大城市病”。新区将按照窄路密网的城市道路布局理念建设，起步区要求路网密度达10～15公里/平方公里，相较于北京、深圳、上海、广州等城市平均路网密度都有大幅提升（图2–7–3），较高的路网密度可以有效降低机动车对慢行交通的干扰，维持更好的交通秩序，提高慢行可达性。

新区将打造更便捷的公交出行和换乘，公交站服务半径不超过300米，枢纽换乘时间不超过5分钟。新区未来将呈现内外衔接的区域级、城市级和社区级三级绿道网络，绿道还将与公园和开放空间串联融合，营造独立、舒适的绿道环境，实现5分钟步行可达的同时还让骑行和步行的环境更加宜人，让人民享受城市“慢生活”。

（3）**生态环境**。在《规划纲要》中，生态、环境、绿色是最高频的一组词汇，分别出现了93次、56次和38次之多。与以往一些城市“先选择开发建设用地，再挤出剩余空间作为生态保障”的做法不同，在雄安，生态环境不再是城市的点缀，而是城市的发展前提，雄安优先预留出70%的蓝绿空间比例，先划定生态保护红线、永久基本农田等控制线再建设城市，让城市有机地嵌入生态本底环境之中，体现了以生态文明为导向的城市发展理

排名	城市	总密度	行政区路网密度标准差	主要行政区路网密度									
1	深圳	9.50	1.41	福田区 11.67	罗湖区 10.44	南山区 8.27							
2	厦门	8.45	0.86	思明区 9.47	同安区 8.93	翔安区 8.55	湖里区 8.50	集美区 8.41	海沧区 6.68				
3	成都	8.02	0.50	锦江区 9.10	成华区 8.54	武侯区 8.46	青羊区 8.34	金牛区 7.54					
4	上海	7.10	2.48	黄浦区 14.06	虹口区 10.52	长宁区 9.04	静安区 8.39	徐汇区 7.00	普陀区 6.99	闵行区 6.97	浦东新区 6.76	杨浦区 6.32	宝山区 4.84
5	广州	7.02	1.38	越秀区 10.07	荔湾区 8.21	海珠区 7.43	白云区 6.97	天河区 6.96	黄埔区 5.55				
6	杭州	6.90	1.52	上城区 10.88	下城区 8.22	江干区 7.30	滨江区 7.12	西湖区 6.87	拱墅区 6.28	余杭区 6.26	萧山区 5.73		
7	福州	6.81	0.77	台江区 8.06	连江县 7.47	仓山区 7.41	鼓楼区 7.40	晋安区 7.12	马尾区 6.57	闽侯县 5.47			
8	昆明	6.72	0.18	西山区 6.98	呈贡区 6.79	官渡区 6.70	五华区 6.60	盘龙区 6.45					
9	宁波	6.67	1.27	海曙区 9.06	江东区 7.65	鄞州区 7.51	江北区 7.28	北仑区 5.48	镇海区 5.47				
10	合肥	6.61	0.35	包河区 7.02	蜀山区 6.52	瑶海区 6.27	庐阳区 6.08						

图2-7-3　全国平均路网密度前十的城市对比

（来源：《中国主要城市道路网密度监测报告》）

念，践行了"绿水青山就是金山银山"❶。

新区将打造优美自然生态环境，充分尊重自然、顺应自然、保护自然，构建新区"一淀、三带、九片、多廊"的生态安全格局，统筹好城、水、林、田、淀系统治理，强调"生命共同体"，将人与自然的关系放在首要地位。

在这个生态格局中，"一淀"即是开展白洋淀环境治理和生态修复，以补水、清淤、治污、搬迁等措施，恢复"华北之肾"功能，使淀区恢复到360平方公里左右，水质达到Ⅲ～Ⅳ类，远期规划将建设白洋淀国家公园，全面保护白洋淀湿地生态系统完整性，使白洋淀发挥生态涵养功能。

蓝绿是新区的底色，雄安将通过大规模开展植树造林和国土绿化，将新区森林覆盖率由现状11%提高到40%。建设环白洋淀绿化带、环起步区绿化带、环新区绿化带，在城市组团间和重要生态涵养区建设大型森林斑块，增强碳汇能力和生物多样性保护功能，沿新区主要河流和交通干线两侧建设多条绿色生态廊道，发挥护蓝、增绿、通风、降尘等作用，实现300米进公园、1公里进林带、3公里进森林，街道100%林荫化，绿化覆盖率达到50%。

同时，新区还将开展环境综合治理，推动区域环境协调治理、改善大气环境、严守土壤环境安全底线。

（4）**水资源利用**。新区将建设海绵城市和多级网络衔接的市政综合管廊系统，解决"马路拉链"问题。利用雨水花园、下沉式绿地、生态湿地等设施，提升城市生态空间在雨洪调蓄、雨水径流净化、生物多样性等方面的功能，新区可实现中小降雨100%自然积存、净化。将雨水收集起来并经过处理后可用于城市绿化浇洒，既可以防止城市内涝、雨水二次污染，还能节约用水。

用水方面，新区将确定用水总量和效率红线，实行最严格水资源管理制度，划分城镇供水分区，提高供水效率；采用管网分区计量，提高管网精细化、信息化水平。因地制宜推进雨水和再生水等各类非常规水资源利用，实现用水分类分质供应。

（5）**能源利用**。雄安要优化能源消费结构，终端能源消费将全部采用清洁能源。在能源供给方面，突出节约、智能，实现电力、燃气等清洁能源稳定安全供应。科学利用地热资源，统筹天然气、电力、地热、生物质等能源供给方式，形成多能互补的清洁供热系统。

（6）**绿色建筑**。绿色建筑是低能耗高性能的建筑，实现使用者的绿色生活和绿色工作方式，同时，提高使用者的生活和工作效率。雄安的建设是生态文明背景下的新城市建设，将全面推广绿色建筑，全面推动绿色建筑设计、施工和运行，开展节能住宅建设和改造，新区的新建民用建筑的绿色建筑达标率要达到100%，新建政府投资及大型公共建筑

---

❶ https://www.thepaper.cn/newsDetail_forward_2175893

全面执行三星级绿色建筑标准。

同时，新区还将规划引导选用绿色建材，开发选用具有当地特色的自然建材，以及更高环保认证水准的建材、旧物利用和废弃物再生的建材，推广装配式、可循环利用的建筑方式，减少建筑垃圾。

（7）**固废利用**。《规划纲要》提出推广绿色低碳的生产生活方式和城市建设运营模式，高标准规划建设垃圾处理等绿色市政基础设施体系。建设先进专业的垃圾处理系统，按照"减量化、资源化、无害化"的要求，新区全面实施垃圾源头分类减量、分类运输处置，生活垃圾全部无害化处理率达100%，城市生活垃圾回收资源利用率达45%以上。另一方面，采用绿色建材及装配式等建造方式，减少建筑垃圾，同时提高建筑废弃物综合利用率。

（8）**智慧信息化**。新区的智能、信息化主要坚持数字城市与现实城市同步规划、同步建设。与城市基础设施同步建设感知设施系统，未来雄安新区的建筑、道路、灯杆、井盖、垃圾桶、座椅都是智能的，都有自己的数字身份证，构建可时空感知、万物互联、信息相通的智能城市体系，出现问题也能及时得到快速响应处理，整个新区的基础设施智慧化水平将大于90%。

大数据将在新区建设中得到充分运用，在精细化治理和应急管理中的贡献率达到90%以上。依托大数据，新区的智能城市信息管理中枢将成为"城市大脑"，具有深度学习、自我决策、自我优化能力，通过大数据模拟仿真，了解城市运行状态和问题，预测未来的趋势，实现科学决策和良性引导。

新区将建立健全大数据资产管理体系。建立企业与个人数据账户以及全数字化的个人诚信体系，为个人碳排放行为的约束和激励提供了可能，助力新区实现低碳发展路径。

（9）**创新发展**。新区的创新除了体现在其要布局高端高新产业，以科技引领新区发展等之外，还体现在为机制创新、文化融合等方面。新区将从金融、财税、人口、土地、住房、生态文明、对外开放等方面探索体制机制创新，分领域、分阶段适时制定实施方案，构建"1+N"的改革开放政策体系。搭建全过程、全方位的公众参与平台，畅通公众参与渠道。

硬科技的激发需要软环境的支撑，营造宽容自由的创新氛围，以及文化融合与创新。在未来创新发生的不同场景中，新区将提供优良的城市环境、丰富的文体设施、完善的公共服务，凝聚宽松自由的社会创新氛围。

雄安新区同步规划建设"数字城市与现实城市"，打造数字孪生的城市。以下专栏将基于城市复杂适应系统理论，提出数字孪生城市概念框架，为雄安新区打造数字孪生城市提供具体理论依据。

专栏2-1 基于城市系统论的数字孪生城市概念框架❶

数字孪生城市的建设需要契合城市作为复杂适应系统的真实状态。刘春成于2012 年提出了基于CAS 理论的城市系统论，将复杂适应系统的基本分析框架——"主体"和围绕"主体"的4 个特性（聚集、非线性、流、多样性）与3 种机制（标识、内部模型、积木块）在城市语境中加以应用，为构建数字孪生城市的概念框架提供了理论依据。

一、以主体、聚集和要素流的全面数字化为起点

数字孪生城市是以数据为核心驱动的，可以凭借统一的数据底层，实现城市政务数据资源和社会数据资源的融合、共享，形成人类生产、生活和生态数据的有机统一，构建人、机、物三元融合的数字化城市镜像。因此，全面数字化是数字孪生城市的基底，只有通过全方位、全流程和全系统的数据归集，城市的物化表现和人类智慧才能够更好的结合，这不仅仅是对局部了解的深化和细化，更重要的是提升了获得系统全面信息的能力，让更多的城市主体参与到城市管理中来。

根据城市系统论，城市主体是城市系统的研究起点，包括城市中的人，以及城市中与人的活动紧密相关的物质载体。适应性（Adaptive）是城市主体的突出特

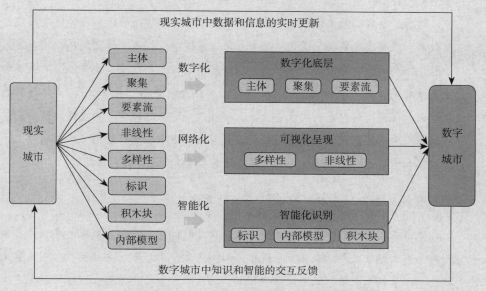

图1 基于城市系统论的数字孪生城市概念框架

❶ 周瑜，刘春成. 中国社会科学院研究生院. 本文节选自《城市发展研究》2018 年第 10 期：《雄安新区建设数字孪生城市的逻辑与创新》，已获得作者授权。本文图表除标明来源之外，其余均为作者提供。

征，体现在其能够感知外界信息刺激，通过学习来调整自己的行为。首先，城市源于人，为人、因人而改变，正是通过人的活动才在空间与时间之间建立了联系。其次，与城市人的活动紧密相关的物质载体，比如城市基础设施、地下综合管廊、城市建筑等，承载着城市活动和人类智慧，其"活性"体现在承载能力范围内的弹性，以及超出承载而引发的城市安全事故上。数字孪生城市通过建设全域数字化标识体系，有望使城市公用设施、交通设施、特种设备涉及的所有城市实体部件具有唯一化、数字化身份标识，并通过统一物联网感知和管理平台实现统一的管理控制和动态监测。

第二，"涌现"是系统主体的聚集特征，它不是简单的量变，而是生成新的、更高层次系统的质变。涌现的本质是由小生大，由简入繁，来自于适应性主体在多种规则支配下的相互作用。城市是聚集的产物，从个体自下而上发展而成：人与人的聚集形成家庭、团体、组织机构等新主体，这些新主体再层层聚集直至形成乡镇、城市、城市群。这些大大小小的主体聚集中包含了多层次的适应性互动，并在不同层次上形成"涌现"。因此，城市整体智慧并不是城市参与者个体智慧之和，而是与所有个体智慧不一样的宏观涌现。数字孪生城市能够利用信息技术去感知和预测城市系统无处不在、随时可现的适应性行为，使对城市的干预和影响更接近接近城市实际的"涌现"趋势，从而让城市的物化表现和人类智慧能够更好地结合，通过城市的"自组织"，用较小的外在干预取得更好的效果。

第三，要素流是主体互动的载体，它在主体间的传递渠道和传递速度决定了互动效果，进而决定系统的进化水平。在城市系统中，城市主体之间通过物质流、能量流、信息流和资金流等产生联系，城市发展的活力与这些"要素流"的强弱和质量直接相关。在当今时代，信息和通信成为粘合社会的"混凝土"，集体行动的开展越来越依赖于对信息的沟通与交换。以往人们更关注城市的物质实体资源，但现在数据成为不容忽视的重要资源之一。数字孪生城市要发挥作用正是要通过主体间数据流和信息流的畅通连接，不断改变城市互动结构来优化城市功能。

二、可视化呈现城市非线性和多样性的真实状态

城市主体的适应性决定了城市发展具有非线性特征。简单来说，非线性意味着整体不等于部分之和。在城市系统中，影响因素千千万万，这些因素之间并非完全独立，而是相互纠缠，无法用切分和加总的方法来分析。虽然在较短的时期内，城市发展仍然呈现出可追寻的秩序，但在较长时期中结果却是难以预测的，因为非线性会不断放大初始位置的微小偏差，差之毫厘，谬以千里，并且是一个不可逆的过程。目前大多数城市管理思维仍然是线性的，对城市问题进行人为切分来求解，往

往陷入"按下葫芦浮起瓢"的窘境。数字孪生城市不执着于一因一果的单向关系，将通过不同来源的数据汇集和交融为跟踪和监测城市的非线性发展，如实记录城市动态反馈过程，尽可能预见到政策干预对各个子系统的影响，包括可能出现的各种规避行为、时间延迟和信息损失等问题，充分顺应系统的自组织和自适应能力，适时地进行改变、纠正或扩大，把"学习"功能融入城市管理过程之中，最终达到增加城市系统整体福利的理想效果。

复杂系统也是多样性的统一，多样性是大城市的天性。城市的多样性是城市主体在适应环境的过程中持续生成的。在信息爆炸时代，普通人受益于知识和科技的发展而更容易表达自我，社会个体的多样性得到更大的释放，使城市的时间和空间更具多样性。在时间上，城市不断有新结构、功能或状态出现；空间上表现为在不同的城市空间，结构、功能或状态也不一样。这个过程无时无刻不在发生，从而保持城市系统的持续更新。因此，在数字孪生城市的实践中，城市治理将从避免传统城市管理中的一元化、一刀切问题，转向多元化、差异化、个体化、体验化的转变。"整齐划一"不是精细化，尊重多样性需求才是真正的精细化。

三、动态识别城市主体的互动标识和内部模型

城市系统论认为"标识"是引导城市主体选择性互动的重要机制。"物以类聚、人以群分"，"类"与"群"就可以理解为一种"标识"。标识的意义在于提出了主体在环境中搜索和接收信息的具体实现方法。正是主体通过标识在系统中选择互动的对象，从而促进有选择的互动。标识的这种机制可以解释城市发展中天然存在的不均衡现象，"极化"和"辐射"背后的微观基础，也可以更好地理解互联网中的信息分发、数据画像的做法。数字孪生城市将会通过技术手段动态识别不同城市主体的需求特点，以有效的促进相互选择，引导城市中的"自组织"行为朝着健康有益的方向发展。

在城市系统中，对一个给定的城市主体，一旦指定了可能发生的刺激范围，以及估计到可能做出的反应集合，大致可以推理主体之间互动规则，也被称之为"内部模型"。尽管这也仅是一个概率性推算，但系统主体仍然可以在一定程度上对事物进行前瞻性的判断，并根据预判对互动行为做出适应性变化。人们在城市生活中往往从过去与其他主体及环境间互动经验中提炼、挑选可行的"内部模型"来指导自己对环境变化的适应行为。此外，内部模型有隐性与显性之分。隐性的内部模型是主体自生自发的自组织规则，显性的内部模型则是外在施加的制度和法律等规定。有效的显性规则必须以尊重自组织的隐性规则为前提。

与传统的政府发号施令，以"他组织"和"整齐划一"为主的模式相比，数字孪生城市以发现和尊重城市隐性规则为前提，对城市发展进行适度干预，避免人为

的对城市系统造成不必要、不恰当的剧烈扰动。从古至今，一个城市可以由强大外力牵引而建立，但要靠"自组织"的力量不断发展壮大，因为自组织充分内化了利益相关者的自我需求、自身利益，意味着各方有一个可接受的集体共识，从而具有内生力量。随着公众数字素养的提高，数字孪生城市能够更好地尊重公众的参与感，加强个人自律，创造"他律"与"自律"相结合的社会环境，促进政府监管和公众自律的良性互动。

四、城市系统"积木块"的灵活解构和智能耦合

系统论并不一概反对还原，但主张"还原到适可而止"。城市系统本没有边界，但根据研究目的的不同，可以形成不同的子系统"拆封"（拆开和封装）方式。系统积木块为解决城市系统不同层次、不同类别的问题划分提供了分析工具。在应用到分析时，其本质作用与"主体"是相同的。两者的区别是，主体是不可拆封的基本元素，而系统积木块是可拆封的子系统。由于以"适应性主体"为起点四个特性和三种机制之间有着严谨的逻辑关系，贯穿一体，只挑选其中某些概念而抛开其他，无法整体而正确的认识城市这一复杂适应系统，因此，系统积木块的拆封需要遵循一个基本原则，即子系统之间应该有着共同的主体，并能共享上述关于系统特性和机制的基本概念。比如从指导城市管理实践的视角，将城市系统拆封为规划、基础设施、公共服务、产业四个基本子系统，分别对应为城市的智慧系统、物理支撑系统、平衡系统和动力系统。这种对城市系统的解构对于建立城市数字孪生体的借鉴意义主要在于，它更贴近城市发展管理实践工作，对如何与实体城市同步模块化的建设数字城市提供了有益的借鉴。

城市是由小到大、由简到繁，不断聚集形成的，不同的城市问题对应的模型尺度和系统层次不同。贵阳在大数据发展实践中曾提出"块数据"概念，即一定空间和区域内形成的涉及到人、事、物等各类数据的综合，相当于将各类"条数据"解构、交叉、融合。实体城市系统由子系统耦合而成，那么数字城市相应的也由不同的"块数据"叠加而成。因此，数字孪生城市以城市作为整体对象，并不是建立一个单一城市整体模型，而是拥有一个模型集，模型之间具有耦合关系，其价值就在于通过对"块数据"的挖掘、分析、灵活组合，使不同来源的数据在城市系统内的汇集交融产生新的涌现，实现对城市事物规律的精准定位，甚至能够发现以往未能发现的新规律，为改善和优化城市系统提供有效的指引。

数字孪生城市的概念框架建设在城市系统论的基础之上，也是一个具有包容性的跨学科范式，有利于城市多学科领域的专业融合，并实现技术应用方案与城市系统特性的高度匹配，达到城市发展管理的"知行合一"。

7.2.1.4 对比分析

《雄安总体规划》由中国城市规划设计研究院牵头编制，从发展定位、建设目标、空间布局、主要任务等方面对新区做了整体规划布局，上承《规划纲要》，下启新区系列专项规划。

《规划纲要》明确了新区发展的重大方向性、原则性和技术性问题，是新区发展的基本框架。《雄安总体规划》在《规划纲要》的基础上，深入细化，描绘了城市开发建设的法定蓝图。与《规划纲要》相比，《雄安总体规划》主要有以下内容的补充：

（1）**对近期建设目标做了统一安排。** 除了秉承《规划纲要》提出的"两步走"发展目标，《雄安总体规划》提出了近期建设目标：到2022年，38平方公里的启动区基础设施基本建成，启动区作为承担首批北京非首都功能疏解项目落地、高端创新要素集聚、高质量发展引领、新区雏形展现的成效初步显现；白洋淀生态环境治理取得一定成效，白洋淀"华北之肾"功能初步恢复，部分特色小城镇和美丽乡村起步建设，新区城乡融合发展展现新成效。

（2）**在《规划纲要》基础上深化、细化规划内容。**《雄安总体规划》在承接北京非首都功能疏解、推进城乡融合发展等重点内容上做了深化安排，对新区实现绿色低碳、数字智能和创新发展，做了深化设计和研究。

（3）**规划指标设置有所差异。**《规划纲要》的指标包括创新智能、绿色生态和幸福宜居三大类38个指标，《雄安总体规划》的指标包括创新智能、绿色生活、幸福宜居和韧性安全四大类48个指标。对于实现绿色发展，在总体规划层面，除了要实施白洋淀生态环境治理和修复、大力开展植树造林等生态类措施，更关注倡导节能、环保、减排的生产方式和绿色健康的生活方式。如《雄安总体规划》设定了新区用水红线，明确新区年用水总量范围为6.5亿～7.5亿立方米，设置生产、生活用水的上限，如居民生活用水定额≤100［升/（人·天）］，全面推行节水型社会建设。同时，《雄安总体规划》强调新区水安全和能源供应安全对于现代化城市韧性安全体系构建的保障，在《规划纲要》的基础上细化设定了新区供电可靠率、天然气应急储备能力、抗震标准等7个指标，构建城市安全和应急防灾体系、水安全、抗震能力、能源供应安全等方面作出周密部署。

与《雄安总体规划》同期得到国务院批复的还有《北京城市副中心控制性详细规划（街区层面）（2016年—2035年）》（以下简称《北京副中心控规》）。作为疏解北京非首都功能的新两翼，雄安新区和北京副中心的发展定位、规划理念、疏解功能重点等方面有何异同，如何共同有序、有效地推进京津冀协同发展，一直受到关注，以下专栏将对两份规划进行对比分析与解读。

专栏2-2　雄安总体规划与北京副中心控规对比[1]

一、疏解北京非首都功能，同质同步发展

1. 坚持高点定位、规划先行

《河北雄安新区总体规划（2018—2035年）》（以下简称《雄安总体规划》）和《北京城市副中心控制性详细规划（街区层面）（2016年—2035年）》（以下简称《北京副中心控规》）的编制坚持高起点、高标准、高水平的要求，在京津冀协同发展领导小组统筹指导下，借鉴国际成功经验，汇聚全球顶尖人才，集思广益、深入论证，编制而成。二者的规划均由国务院批复，对于国内城市规划编制与实施意义非凡，特别是《北京副中心控规》，这是中共中央国务院批复的首个控制性详细规划。

《雄安总体规划》和《北京副中心控规》均强调规划先行，坚持"把每一寸土地都规划得清清楚楚后再开工建设的要求"。雄安新区设立以来，在规划编制上下足功夫，除基础性项目和保障运行的临时建筑外，没动工一砖一瓦，就是要追求"高起点规划、高标准建设"；北京副中心控规"五年磨一剑"，曾开展国际咨询，经由多轮专家研讨、广泛征集各界意见，反复打磨。同时，国务院批复指出，《雄安总体规划》和《北京副中心控规》是各自的规划、建设和管理的基本依据，必须严格执行，任何部门和个人不得随意修改、违规变更，体现规划的严肃性和权威性。

2. 以承接非首都功能为重点，推进京津冀协同发展

两份规划相继出台为北京"一体两翼"发展格局的建设确定了法定蓝图和施工总图。除了总体要求之外，《雄安总体规划》和《北京副中心控规》都在第一个章节明确了疏解非首都功能的承接重点、深化了功能定位。高质量、高标准推动雄安新区和北京城市副中心规划建设，积极稳妥有序疏解北京非首都功能是京津冀协同发展战略首要的、也是最核心的任务。

3. 将"生态优先，绿色发展"和"以人民为中心"的规划理念放在首位

两份规划都将打造绿色生态宜居城区作为首位发展定位，将"生态优先、绿色发展"作为城市空间组织和规划建设的首要原则。《雄安总体规划》中提出蓝绿空间占比70%，并强调"确保新区生态系统完整"。与其他城市先选择开发建设用地，再将剩余空间作为生态保障的做法不同，新区率先启动生态基础设施建设和环境整治，目前，植树造林项目"千年秀林"已累计完成造林绿化面积11万亩，栽植苗木

---

[1] 本节选自《雄安绿研智库观点》2019 年第 2 期：疏解北京非首都功能，新两翼如何同质差异化发展—雄安总体规划与北京副中心控规解读。更多研究观点详见：https://mp.Weixin.Qq.Com /s/p2z3 sjW961qh-Dpfk-xpg

约1000万株。白洋淀环境治理和生态保护、唐河污水库一期污染治理和生态修复等生态环境整治工作也取得突破进展；《北京副中心控规》中提出严守生态安全底线，划定生态控制线，到2035年森林覆盖率将由现状28%提高到40%，目前，北京副中心已累计完成绿化建设16.8万亩，建成了5处大尺度郊野公园和森林湿地，建成各类公园16个，生态格局已经初步形成。

同时，两份规划中处处体现以人民为中心的发展思想，注重保障和改善民生，引入优质教育、医疗卫生、文化体育等资源，建设优质共享的公共服务设施，结合城市-组团-社区的多级公共服务设施体系构建30-15-5分钟生活圈；大力发展公共交通，构建以公共交通-自行车-步行为主导的绿色出行体系；构建多元化的住房保障制度，完善公平普惠的民生服务体系，增强人才吸引力，打造宜居宜业、可持续发展的现代化新城。

4. 指标体系对于指导其他城市规划具有示范意义

《雄安总体规划》和《北京副中心控规》均给出了规划指标体系（详见表1），从绿色、生态、智能、创新、宜居等方面对城市做了远景规划，有16个相同指标，指标目标接近一致。均提出部分新指标，如大数据在城市精细化治理和应急管理中的贡献率、政务云服务覆盖率等，将引领城市未来发展方向。

表1　《雄安总体规划》和《北京副中心控规》部分指标对比

	指标	雄安总体规划	北京副中心控规
创新智能	高速宽带标准	高速宽带无线通信全覆盖、千兆入户、万兆入企	WiFi 覆盖率公共空间100%
绿色生活	森林覆盖率（%）	40	40
	起步区公园 300 米服务半径覆盖率（%）	100	500m 服务半径 100%
	重要水功能区水质达标率（%）	≥ 95	100
	雨水年径流总量控制率（%）	≥ 85	城市建成区 ≥ 80
	污水收集处理率（%）	≥ 99	污水处理率 ≥ 99
	新建民用建筑的绿色建筑达标率（%）	100	二星 100%，三星 50%
	细颗粒物（$PM_{2.5}$）年均浓度（$\mu g/m^3$）	大气环境质量得到根本改善	大气环境质量得到根本改善
幸福宜居	15 分钟社区生活圈覆盖率（%）	100	100
	人均公共文化服务设施建筑面积（m^2）	0.8	≥ 0.45
	人均公共体育用地面积（m^2）	0.8	≥ 0.7

续表

	指标	雄安总体规划	北京副中心控规
幸福宜居	千人医疗卫生机构床位数（张）	7	≥ 7.7
	规划建设区人口密度（人/km²）	≤ 10000	≤ 9000
	起步区路网密度（km/km²）	10 ~ 15	10（含绿道）
	起步区绿色交通出行比例（%）	≥ 90	≥ 80
韧性安全	人均应急避难场所面积（m²）	2 ~ 3	紧急避难场所 ≥ 2，固定避难场所、中心避难场所 ≥ 3

二、错位发展、互利共赢

国务院批复中指出，雄安新区和北京副中心要形成差异化发展关系，避免同构化。以疏解北京非首都功能为"牛鼻子"，雄安新区和北京副中心将在高起点、高标准、高质量规划引导下实现"一核两翼"错位发展，共同促进首都功能优化提升。

1. 疏解重点不同

北京城市副中心以行政办公、商务服务、文化旅游为主导功能，形成配套完善的城市综合功能。通过市级党政机关和市属行政事业单位搬迁，带动中心城区包括学校、医院等其他相关功能和人口疏解，推动符合副中心功能定位的企业总部等向副中心搬迁。

雄安新区重点承接高校和科研院所、高端医疗机构、金融企业总部、高端服务业、高技术产业等非首都功能，通过新一代信息技术产业、现代生命科学和生物技术产业、新材料产业、高端现代服务业、绿色生态农业等高端高新产业的发展，促进生产要素合理有序流动，形成内生发展动力。雄安新区更注重承接非首都功能疏解与自身产生发展的平衡，通过打造一流硬件设施环境、优质公共服务设施、便民高效政务服务环境和创新开放政策环境，营造良好的承接环境，促进形成具有活力和持续发展能力的现代化产业体系。

2. 区域发展关系不同

从京津冀区域整体看，雄安处于石家庄（省会）、唐山（经济强市）、张家口（冬奥会城市）三地的中心，同时也是保定、沧州、廊坊三市交界。雄安新区的设立，改变了区域中重心偏东、北的格局，对京津冀核心网络构建的意义重大[1]。

国务院批复强调："推动雄安新区与北京城市副中心形成北京新的两翼，与以

---

❶ 参考资料：https://www.thepaper.cn/newsDetail_forward_2175893

2022年北京冬奥会和冬残奥会为契机推进张北地区建设形成河北两翼，促进京津冀协同发展"，雄安新区兼具"疏解北京+强化河北"的双重属性，是将北京、天津优质资源导向冀中南区域的关键节点，是撬动冀中南加快发展的核心支点（图1）。

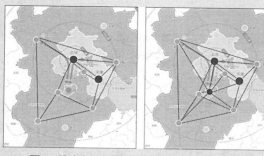

图1　雄安新区对构建区域协同网络的重要性
（来源：澎湃新闻）

北京城市副中心位于北京市域东部，在区域关系上一是要处理好和中心城区"主"和"副"的关系，实现以副辅主、主副共兴；二是处理好和通州核心与拓展的关系，实现以城带乡、城乡共荣；三是处理好和东部各区、廊坊北三县地区激活带动、协同发展的关系，实现以点带面、区域共进；四是处理好和雄安新区差异化发展关系，避免同构化，实现一核两翼共同促进首都功能优化提升（图2）。

图2　一核两翼的空间格局
（来源：北京副中心控规图纸）

3. 城乡融合边界不同

雄安新区坚持城乡统筹、均衡发展、宜居宜业，重点推动新区边界内的城乡一体化发展，推进城乡基本公共服务均等化、要素配置合理化、基本权益平等化等。通过"一主、五辅、多节点"的城乡空间布局，构建城乡融合、功能完善的组团式城乡空间结构。"一主"指起步区，"五辅"指外围五个功能组团，"多节点"指若干特色小城镇和美丽乡村，构成有机联系的城镇网络体系。集中建设起步区，率先开发启动区，集约发展外围组团，稳步推进新型城镇化，有序引导人口、产业合理分布，分类打造特色小城镇。实施乡村振兴战略，全面建设美丽乡村，促进农村一二三产业融合发展。

北京副中心充分发挥其核心带动作用，处理好与通州区的拓展关系，提高城市副中心与拓展区发展的整体性和协调性，推进通州全区城乡协调发展、城乡要素平等交换。形成"城市副中心-亦庄新城（通州部分）-镇-新型农村社区"的新型城镇化空间体系，分区分类分级引导小城镇特色化发展，建设美丽乡村，构建和谐共生的城乡关系，形成城乡共同繁荣的良好局面，建设新型城镇化示范区，实现以城带乡、城乡共荣。

4. 雄安新区更强调国土空间的优化与管控

雄安新区所辖空间范围更大，空间布局上综合考虑国土空间、城乡空间和城市空间三个层级的规划布局。统筹全域生产、生活、生态三大空间，通过划定生态保护红线、永久基本农田和城镇开发边界，实现多规合一，构建蓝绿交织、和谐自然的国土空间格局，将雄安新区蓝绿空间占比稳定在70%，远景开发强度控制在30%；坚持城乡统筹，形成"一主、五辅、多节点"功能完善的组团式城乡空间结构；科学布局城市建设组团，形成"北城、中苑、南淀"的城市总体空间格局。

《北京副中心控规》主要对城市空间结构进行合理布局，遵循中华营城理念、北京建城传统、通州地域文脉，统筹城市副中心生产、生活、生态三大空间，构建蓝绿交织、清新明亮、水城共融、多组团集约紧凑发展的生态城市布局，形成"一带、一轴、多组团"的城市空间结构。

5. 雄安新区更强调构筑现代化城市安全体系

《北京副中心控规》以城市安全运行、灾害预防、减灾救灾、公共安全、综合应急等体系建设为重点，构建健全坚韧稳固的传统公共安全体系。《雄安总体规划》在构建城市安全和应急防灾体系、水安全、抗震能力、能源供应安全等方面作出周密部署，除防灾、减灾、救灾等传统方面外，结合地域资源本底情况，更强调对于新区水安全和能源供应安全的保障。国务院对《雄安总体规划》批复中也特别明确提出确保城市安全运行，牢固树立和贯彻落实总体国家安全观。

7.2.2　《白洋淀生态环境治理和保护规划（2018—2035年）》

7.2.2.1　编制背景及过程

白洋淀是华北平原最大的淡水湿地生态系统，也是雄安新区蓝绿空间的重要组成部分。长期以来，由于水资源不合理利用和气候变化导致了白洋淀水资源不足、水污染较重以及淀泊生境破碎化等问题已严重影响白洋淀"华北之肾"功能的发挥。为做好白洋淀生态环境治理和保护工作，由中国科学院生态环境研究中心牵头，组织国内水利、环境保护等多个领域的研究机构共同编制了《白洋淀生态环境治理和保护规划（2018—2035年）》（以下简称《白洋淀规划》），明确了白洋淀生态环境治理和保护的基本方向、路径和具体措施。

《白洋淀规划》编制注重规划的可操作性和可落地性，并与新区规划纲要、总体规划、专项规划等进行衔接。规划编制过程分为3个阶段：（一）2016年8月至2017年4月，重大问题研究与规划初步方案形成阶段；（二）2017年4月至8月，规划深化细化与多规衔接阶段；（三）2017年8月至2018年11月，规划持续完善阶段。

7.2.2.2　规划概要及目标

《白洋淀规划》共9章27节，对白洋淀生态空间建设、生态用水保障、流域综合治理、水污染治理、淀区生态修复、生态保护与利用、生态环境管理创新等进行了全面规划。

白洋淀生态环境治理和保护工作是一项长期任务。《白洋淀规划》在对白洋淀生态环境现状进行评估、对重点生态环境问题进行大量研究的基础上，遵循生态系统恢复的自然演替过程，科学制定了近期、中期与远期目标。规划要求：

至2020年，白洋淀环境综合治理和生态修复取得明显进展；

至2022年，白洋淀环境综合治理取得显著进展，生态系统质量初步恢复；

至2035年，白洋淀综合治理全面完成，淀区生态环境根本改善，良性生态系统基本恢复；

到21世纪中叶，淀区水质功能稳定达标，淀区生态系统结构完整、功能健全，白洋淀生态修复全面完成，展现白洋淀独特的"荷塘苇海、鸟类天堂"胜景和"华北明珠"风采。

《白洋淀规划》在恢复白洋淀"华北之肾"功能的总体要求上提出生态系统优化重构、生态用水保障、水环境改善与污染防治、淀区生态修复4大系统性目标任务。

该规划注重流域统筹协调，将规划范围分为三个层级：一是环淀重点治理区，包括白洋淀及其周边，约600平方公里；二是修复控制区，为雄安新区范围；三是流域协调区，包括大清河流域白洋淀上游河北的部分，约3万平方公里。

7.2.2.3　规划特点

《白洋淀规划》坚持生态优先、绿色发展理念，秉持尊重自然、顺应自然和保护自然原则，统筹城水林田淀草系统治理。从流域治理角度出发，统筹考虑了水量、水质、生态三大要素，以白洋淀水质、水生态恢复目标为抓手，通过补水、治污、清淤、搬迁等措施综合治理，全面恢复白洋淀"华北之肾"功能。在此，对《白洋淀规划》从生态空间建设、生态用水保障、水环境改善与污染治理、淀区生态修复及生态保护与利用等方面进行重点内容介绍。

（1）生态空间建设

《白洋淀规划》在对新区生态空间质量和生态空间格局进行分析研究的基础上，对建设高质量生态空间、构建雄安新区生态空间格局做了详细规划。雄安新区蓝绿生态空间占比要达到70%，其中湿地、河道等面积占比不低于21%，构建"一淀、三带、九片、多廊"生态空间格局，打造蓝绿交织、清新明亮、水城共融的生态城市。

生态空间的恢复和管控是《白洋淀规划》的一大亮点。《白洋淀规划》把环境管理上升到生态空间管控的高度，按照不同的空间管控要求，实施不同的生态环境管控层次，分为一级、二级、三级等，提出生态空间分级管控，一级管控区属于生态保护红线区，红线区域内实施最严格的生态保护管控措施，禁止一切开发利用行为；二级管控以保护鸟类迁徙通道、减少干扰为主等。

（2）生态用水保障

《白洋淀规划》提出的生态用水保障策略遵循习近平总书记"节水优先、空间均衡、系统治理、两手发力"的新时代治水精神，根据白洋淀生态环境治理和生态修复的阶段性工作重点，结合流域水资源空间分布格局，经过流域统筹，以跨流域调水为补充，形成独具特色的白洋淀生态修复多源补水机制。

白洋淀生态修复首先面临的是水资源匮乏问题，基本思路是在深入挖掘和优化利用本地水资源的前提下，适量引入外调水作为白洋淀的补充水资源。据测算，白洋淀要恢复到适宜的生态状况，每年需要有3亿～4亿立方米的来水。为此《白洋淀规划》提出了建立多水源补水机制、优化补充淀区生态用水的思路。

1）近期通过适当延长引水时间或提高入淀流量实现引黄入冀补淀每年引2亿立方米的黄河水入白洋淀。除了加大引黄水量，白洋淀生态需水还依托流域上游水库和非常规水再生利用来解决。根据估算，白洋淀上游水库每年大约有7亿立方米水量。在河北省南水北调中线配套工程达到效果后，原来供给城市和工业的部分水量置换出来用于生态用水，经河道或渠道补给白洋淀。另外，府河、孝义河每年约有5000万～8000万立方米的城镇排水和工业污水入白洋淀，这些水经提标再生，可成为优质的生态水源进入白洋淀。

2）中远期随着流域和淀区污染治理目标逐步实现，生态用水会略有下降，生态用水量将视白洋淀自身水循环的恢复状况而定。通过以上措施，最终恢复淀区至360平方公里左右，淀区正常水位稳定保持在6.5～7.0米。

（3）水环境改善与污染治理

在水环境改善与污染治理方面，《白洋淀规划》从流域治理角度出发，提出了河、淀协同治理策略，分别对上游8条入淀河流和白洋淀淀区进行综合治理。针对入淀河流，开展入淀河流综合治理，通过控源截污、内源治理、入淀河流环境流量保障、河道生态治理等系统工程，实施"一河一策"和流域水质目标管理，有效削减入河污染负荷，确保入淀河流水质达标。针对白洋淀淀区，进行科学合理清淤、消除内源污染；同步引导纯水村居民分批次逐步外迁，杜绝入淀污染，提升淀泊水环境质量。

（4）淀区生态修复

《白洋淀规划》提出通过生态空间治理、生境建设、生态水文过程调控、生物多样性修复等工程措施，系统修复白洋淀生态系统。

1）生态空间治理。实施退耕还淀，恢复生态水位，扩增淀泊水面；有序清除淀内不符合相关要求的围堤围埝及道路；分类处置淀内鱼塘、荷塘及部分淀泊的污染底泥。

2）生境建设。修复鸟类栖息地，栖息地高程宜在7.5米以上；实施台田生态景观建设；因地制宜营建多元生境，形成适宜水生动物生长、繁殖的栖息地。

3）生态水文过程调控。合理调控白洋淀水位，在植物生长季，保持生态水位在6.5～7.0米，非生长季水位可适当调低；根据各淀泊之间的自然连通特点，实施水道疏通，恢复淀泊之间的水动力连通。

4）生物多样性修复。恢复白洋淀退化区域的原生水生植被，恢复或重新引入珍稀濒危物种和环境指示种，提高水生植被覆盖率，重建白洋淀水生植物群落；鱼类生物多样性恢复方面，促进渔业资源的自然繁殖，恢复水生生物生态系统，严防外来物种入侵；底栖动物方面，以自然恢复为主，适当增加土著种类，增强生态系统水质净化能力；通过繁殖期休渔、人工育苗、增殖放流和孵育场建设，增殖青虾等自然繁殖种群数量；鸟类恢复方面，以标志性物种恢复和保护为主要目标，营造鸟类栖息生境。

（5）生态保护与利用

为全面保护白洋淀湿地生态系统，提升白洋淀生态服务功能，《白洋淀规划》依据淀区生态系统敏感性，把淀区划为生态功能区和生态服务功能区两类。生态功能区面积约96平方公里，主要保护白洋淀重要的动植物资源及其自然环境，实施严格的生态保护管控措施；生态服务功能区为淀内其他区域，主要展示自然风光和人文景观。

白洋淀连山通海，是大清河流域重要的蓄滞沥洪区，也是大清河流域的中心。同时大清河流域在京津冀生态安全格局中具有重要地位。《白洋淀规划》的编制实施对于雄安新区绿色发展和生态文明建设、维护京津冀生态安全格局、促进京津冀生态环保协同发展意义重大，同时该规划在规划理念、生态空间分级管控、流域综合治理、河湖目标水质管理、生态修复等方面，可为其他流域或区域的生态环境治理和保护规划提供借鉴和参考。

7.2.3 《河北雄安新区起步区控制性规划》和《河北雄安新区启动区控制性详细规划》

7.2.3.1 编制背景及意义

雄安新区起步区西依萍河、北靠荣乌高速、东接白沟引河、南临白洋淀，规划面积198平方公里，其中建设用地约100平方公里。起步区作为雄安新区的主城区，是北京非首都功能疏解集中承载区和贯彻落实新发展理念的创新发展示范重点区。

雄安新区启动区属于起步区的一部分，位于起步区的东北部（图2-7-4）。启动区规划面积38平方公里，规划建设用地26平方公里。启动区是新区率先建设区域，承担着首批北京非首都功能疏解项目落地、高端创新要素集聚、高质量发展引领、新区雏形展现的重任，肩负着在深化改革、扩大开放、创新发展、城市治理、公共服务等方面先行先试，在新区开发建设上探索新路的重要使命。

落实《规划纲要》《雄安总体规划》和《白洋淀规划》的规划要求，统筹衔接各专项规划，《起步区控规》和《启动区控详规》由中国城市规划设计研究院等单位组织编制，编制过程中多次组织京津冀协同发展专家咨询委员会、雄安新区规划评议专家组开展咨询论证和评审评议，广泛征求中央和国家机关有关部委意见，体现了高起点规划、高标准建设雄安新区的要求。两部规划于2019年6月1日至6月30日期间向社会公示。

《起步区控规》是在《规划纲要》和《雄安总体规划》蓝图指导下对起步区布局建设要求的进一步深化和细化，是一个建构于现有城市总体规划和城市控制性详细规划之间的策略性管控型规划，具有承上启下的作用；《启动区控详规》是为了建设启动区，在充分满足《起步区控规》管控要求的基础上，为启动区建设进行详细管控的规划。

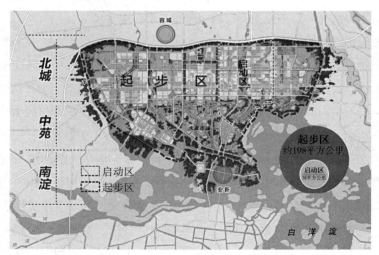

图2-7-4 雄安新区起步区和启动区位置示意图
（来源：根据《河北雄安新区规划纲要》改绘）

7.2.3.2　规划概要及目标❶

《起步区控规》对起步区的规划范围、发展定位、发展规模和建设目标做了整体布局，在集中承接北京非首都功能疏解、构建城市空间格局和功能布局、塑造城市特色风貌、打造优美自然生态环境、建设安全绿色城市水系统、推动高端高新产业创新发展、提供优质共享公共服务、建设绿色高效交通体系、建设绿色智能市政基础设施、构筑现代安全保障体系和保障规划实施等方面提出了规划管控要求。

《启动区控详规》对启动区的总体要求、空间布局与土地利用、蓝绿空间、城市设计、高端高新产业和智能城市、公共服务与住房保障、交通体系、基础设施、城市安全体系、全生命周期开发管理和规划实施等进行了详细规划。在充分体现《起步区控规》结构性要素管控要求的基础上，《启动区控详规》在总体要求、城市设计、公共服务与住房保障、全生命周期开发管理等方面对启动区进行了更为详细的规划设计。

在目标设定方面，两部规划坚持生态优先、绿色发展理念，遵循生态系统和基础设施先行建设原则，有序疏解北京非首都功能。《起步区控规》提出2020年、2022年、2035年和21世纪中叶四个阶段的建设目标，其中2020年和2022年两个阶段的建设目标特别对启动区建设目标进行了布局。《启动区控详规》主要提出2022年和2035年两个阶段的建设目标，其中强调到2022年启动区生态系统骨架基本成型，在呼应起步区相应阶段建设目标的基础上，对启动区城市生态结构构建、市政基础设施建设、公共服务设施等进行了详细规划安排。

同时，两部规划都提出，到2035年起步区基本建成绿色低碳、节约高效、开放创新、信息智能、宜居宜业、具有较强竞争力和影响力、人与自然和谐共生的高水平社会主义现代化城市主城区；把启动区全面建成创新智能、绿色生态、幸福宜居、韧性安全的北京非首都功能疏解首要承载地、雄安新区先行发展示范区、国家创新资源重要集聚区和国际金融开放合作区。

在发展规模方面，起步区着眼城市可持续发展，以资源环境承载能力为刚性约束，以承接北京非首都功能疏解和人口转移为重点，科学确定起步区城市规模，市政基础设施和公共服务设施规模预留一定弹性，形成规模适度、空间有序、用地高效、战略预留的城市发展格局，城市地上建设规模约1亿平方米；启动区人口规模原则上按照新区规划建设区1万人/平方公里控制，地上总建设规模控制在2860万平方米，通过承接北京非首都功能存量，有效吸引北京人口转移，集聚优秀人才，逐步形成与创新智能等新区功能定位相适应、满足高端高新产业发展需求的人口结构。

7.2.3.3　规划特点

以下从指标落实、空间布局、蓝绿空间、城市设计、公共服务、绿色交通、公众参与

---

❶　本节根据以下链接整理：https://mp.weixin.qq.com/s/DfuH1xC-TVThMNGeqFTKcQ

等方面对《起步区控规》和《启动区控详规》中的规划理念、指标和措施展开分析与解读。

（1）落实并深化《规划纲要》指标要求

《起步区控规》和《启动区控详规》在绿色生态、基础设施、宜居宜业、绿色交通体系及韧性安全方面提出了相应的规划指标（表2-7-2）。部分指标与上位规划保持一致。

表2-7-2 《规划纲要》《起步区控规》和《启动区控详规》指标对比

分项	指标	规划纲要	起步区控规	启动区控详规
绿色生态	起步区城市绿化覆盖率（%）	≥ 50	≥ 50	> 50
	起步区人均城市公园面积（m²）	≥ 20	≥ 20	> 20
	起步区公园300米服务半径覆盖率（%）	100	100	100
基础设施	居民生活用水定额［L/（人·天）］	—	≤ 100	≤ 100
	公共建筑节水型器具普及率（%）		100	100
	雨水年径流总量控制率（%）	≥ 85	≥ 85	≥ 85
	中小降雨自然渗透、积存、净化（%）	—	—	100
	污水收集处理率（%）	≥ 99	100	100
	污水资源化再生利用率（%）	≥ 99	100	100
	污水处理后水质	—	地表水准IV类标准	地表水IV类标准
	生活垃圾无害化处理率（%）	100	100	100
	医疗废物无害化处理率（%）		100	100
	城市生活垃圾回收利用率（%）	≥ 45	45	45
	城市生活垃圾分类收集覆盖率（%）		100	100
	清洁能源供热比例（%）		100	100
	新区供电可靠率（%）		99.999	99.999
	综合管廊规模（km）		—	85
宜居宜业	15分钟生活圈覆盖率（%）	100	100	100
	规划建设区人口密度（人/km²）	≤ 10000	≤ 10000	≤ 10000
绿色交通	起步区路网密度（km/km²）	10～15	10～15	整体路网密度12 km/km²，核心区路网密度15 km/km²
	道路宽度及道路横断面设计要求	—	—	城市道路红线15～45米；道路横断面慢行和景观空间整体控制在50%左右
	起步区绿色交通出行比例（%）	≥ 90	≥ 90	≥ 90
	起步区公共交通占机动化出行方式比例（%）	≥ 80	≥ 80	≥ 80
	起步区公共交通站点服务半径（m）	≤ 300	≤ 300	≤ 300

续表

分项	指标	规划纲要	起步区控规	启动区控详规
绿色交通	起步区市政道路公交服务覆盖率（%）	100	100	100
	公交专用道及轨道交通廊道指标（km）	—	—	各类公交专用道总长约100km；规划轨道交通廊道约25km，远景预留廊道15km
	起步区范围内区域和城市绿道总长度（km）	300	300	规划骨干绿道总长约110km，密度达4km/km²
韧性安全	人均应急避难所面积（m²）	2～3	室内≥2m²，室外≥3m²	室内≥2m²，室外≥4m²
	固定避难场所服务半径（m）	—	≤1000	≤1000
	城镇防洪标准	—	200年一遇	200年一遇
	城镇排涝标准	—	50年一遇	50年一遇
	抗震标准	—	基本设防烈度8度，生命线系统等关键设施按基本烈度8度半设防，避难建筑等城市要害系统按基本烈度9度设防	抗震基本烈度8度设防，生命线系统等关键设施按基本烈度8度半设防，避难建筑等城市要害系统按基本烈度9度设防

（来源：根据网络公开资料整理自绘）

在落实《规划纲要》对起步区和启动区的规划要求前提下，两部规划分别对相关指标进行了深化和细化，如提出了公共建筑节水型器具普及率、污水处理后水质、医疗废物无害化处理率、城市生活垃圾分类收集覆盖率、清洁能源供热比例等新指标，为绿色基础设施建设进行了详细规划。同时，还对人均应急避难场所面积、抗震烈度等指标进行了细化，为城市韧性安全建设提供保障。

《启动区控详规》与《起步区控规》充分衔接，在满足《起步区控规》在供热、供电、水资源利用与海绵城市建设、无废城市及地下空间开发方面的管控要求的基础上，《启动区控详规》在海绵城市建设方面提出中小降雨100%自然渗透、自然积存、自然净化，更强调利用城市自然生态系统削减城市建设对水文循环的不良影响，同时指出地下空间开发中综合管廊建设规模约85公里。在绿色交通体系方面，对路网密度控制要求进行了细化，并提出道路宽度及道路横断面设计要求、公交专用道及轨道交通廊道指标（公里）等更为细化的指标，为启动区绿色交通管控提供了依据。

（2）空间格局和功能布局顺应自然、尊重规律

《起步区控规》和《启动区控详规》按照生态优先、绿色发展的理念，对起步区与启动区的空间格局和功能布局进行相应规划，形成了起步区和启动区独具特色的生态空间结构、城市空间结构和功能布局等（表2-7-3）。

表2-7-3　起步区与启动区生态空间结构与城市功能结构特征

	起步区	启动区
生态空间结构	北城、中苑、南淀	秀林、绿谷、淀湾
城市功能结构	· 五片：五个组团片区； · 三带：城市北部、中部、南部功能发展带； · 多中心：各类重要城市功能节点	· 一带：中部核心功能带； · 一环：城市绿环； · 六社区：六个综合型城市社区

1）起步区

空间格局是城市的骨骼框架。起步区传承中华营城理念，借鉴当代城市规划建设经验，创新未来城市发展模式，顺应自然、尊重规律、平原建城，综合考虑地形地貌、水文条件、生态环境因素，充分利用北高南低的现状地形，随形就势，精巧布局，形成"北城、中苑、南淀"的总体空间格局（图2-7-5）。

图2-7-5　雄安新区起步区城市空间格局
（来源：《河北雄安新区起步区控制性规划》公示稿）

为突出绿色、智能、创新，统筹布局生产、生活、生态，起步区形成"五片、三带、多中心"的城市功能结构（图2-7-6）：五片即五个组团片区，坚持产城融合、职住均衡，布局优质高效的公共服务、高品质的生活居住，创新高效的产业发展功能；三带即城市北部、中部、南部功能发展带，结合承接北京非首都功能疏解，融合布局科技创新、高端高新产业、绿色生态功能，引导特色产业适度集聚；多中心，即各类重要城市功能节点，由科技创新、现代金融、企业总部、公共服务等构成特色鲜明、布局均衡、辐射全域、便捷高效的多中心体系。

图2-7-6 起步区"五片、三带、多中心"的城市功能结构
（来源:《河北雄安新区起步区控制性规划》公示稿）

2）启动区

《启动区控详规》顺应自然，随形就势，依托淀泊、绿廊、水系，构建"秀林、绿谷、淀湾"为骨架的生态空间结构（图2-7-7）。北部为环城林带，以植树造林为主；中部双谷生态廊道，中央绿谷和东部溪谷交汇的"双谷"生态空间；南部临淀湾区，为城淀相望、城绿相融、城水相依的自然开敞空间。

启动区延续起步区"北、中、南"功能分区结构，通过南北向中央绿谷串联，集中布局城市核心功能，以城市绿环串联六个社区，形成"一带一环六社区"的城市空间结构。"一带"即中部核心功能带。"一环"即城市绿环，融合城市水系和慢行系统，串联各复合型社区中心，形成环形城市公共生活休闲带。"六社区"即六个综合型城市社区。

（3）蓝绿空间打造深化上位规划要求

《起步区控规》充分考虑区域水资源条件，统筹生态功能修复和城市景观建设，整合各类生态资源要素，强化用地管控，构建以生态绿环、绿心、绿廊、绿网为支撑的绿色空间架构，形成功能多元、

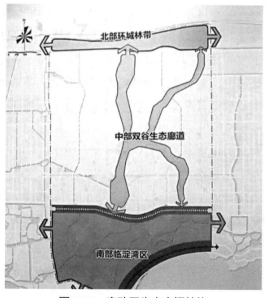

图2-7-7 启动区生态空间结构
（来源:《河北雄安新区启动区控制性详细规划》公示稿）

布局合理的生态空间系统。立足起步区生态本底，构建宜人便民的公园体系，实现300米进公园，1公里进林带，3公里进森林，城市干路林荫化率100%。同时，突出安全韧性、绿色低碳，坚持以水定城，以水定人，强化节约优先、科学开源、循环利用，保障高品质供水，完善防洪排涝安全体系，保护水生态环境，营造城市滨水景观，建设安全绿色的城市水系统。

启动区蓝绿空间打造主要分为四个方面：①保护自然生态系统及其生物多样性；②构建启动区绿地系统，城市绿化覆盖率大于50%；③建设启动区公园体系，规划荣乌生态公园、坑塘谷底公园、环金融岛公园和生态堤公园，人均城市公园面积大于20平方米；④构建纵横相连的启动区水系，综合考虑水系雨水滞蓄、休闲游憩、水质净化和景观塑造等功能（图2-7-8），根据分级调控水位水量，全过程保障水系水质，城市水质主要指标不低于地表水Ⅳ类标准。其中，启动区水系水量和水质保障方面，充分利用城市再生水系统，充分体现了《起步区控规》在水资源利用方面节约优先、循环利用的管控要求。

图2-7-8 多功能复合的水网系统
（来源:《河北雄安新区启动区控制性详细规划》公示稿）

（4）城市设计体现中华传统营城与自然生息之城理念

1）起步区：一方城❶

起步区明确了"北城、中苑、南淀"的总体空间格局，并把"方正形制""中轴对称""街巷里坊""高台组团低地环绕"等空间基因落实在城市空间发展蓝图框架中，形成了"一方城、两轴线、五组团、十景苑、百花田、千年林、万顷波"的空间意向。方城规整居中，集中体现中华传统营城理念；两轴延展，融会当代城市精神；各组团因势利导，规范中又有灵动，这些空间组织方式，共同构成了"中华风范、淀泊风光、创新风尚"的城市风貌。

方正形制、蓝绿环绕。"一方城"坐落于起步区北部高地之上，处于五组团中心，南北中轴和东西轴线交汇于此，方城约3公里见方，周边环绕着由林带、水系、古淀洼所构成的自然低地系统。方城之内，是典型的人性化密路网组织方式，方城之外，自然低地系统环绕的空间竖向组织方式充分吸收了华北平原近淀城市营城的宝贵经验，是传承空间基因，实现在地性的重要措施。

两轴交汇、开放共享。方城的南北中轴和东西轴线彼此正交，向外延伸，锚固五大组

---

❶ https://mp.weixin.qq.com/s/QspagKeQsVCq_zii-Hd_Mg

团，形成新区起步区的结构骨架，并进一步在宏观上形成北枕燕山山脉，南临白洋大淀，西望太行群峰，东通渤海雄湾的大山水格局，中心方城和正交轴线体系共同在宏观尺度上体现了雄安新区对中国传统营城智慧的传承，另一方面结合当代中国的价值观，突出了生态性、人民性和开放性。

2）启动区：生息之城❶

38平方公里启动区城市设计，邀请世界顶级专家参与，从报名的213家设计机构中遴选出来自9个国家的12家优秀团队，由国际知名大师领衔设计，吸收和借鉴世界各国规划领域最先进的理念和标准，结合启动区规划建设实际进行系统研究与设计。最终胜出的设计方案，体现由自然韵律所启发的城市、建筑和景观，引入中国的二十四节气作为景观规划的文化理念，打造可感知、可体验的生息之城。

优先考虑生态可持续和人性化体验：尊重自然环境，构建完善的蓝绿系统，引入绿色基础设施；塑造适宜的城市尺度，整合先进技术和多模式的公共交通系统。雄安的开放空间犹如一棵大树扎根于白洋淀畔，并在城市之中开枝散叶（图2-7-9），回归到基于自然韵律的生活方式，为居民提供一个健康、幸福和高品质的全新都市生活。

图2-7-9　启动区公共空间总平原图（左）；开放空间意向图（右）
（来源：https://mp.weixin.qq.com/s/nHNsIN1QL9p3SNfilJV5KA）

以二十四节气景观设计回应中国文化对自然物候的微妙感知：二十四节气是中国人对自然最细腻的表达，是一种植根于故土的文化基因。启动区的景观设计应对自然物候变化有敏锐而独特的表达，一个节气一种设计，一个节气一种景观，通过场所特质与氛围、植被设计、户外活动规划、栖息地的塑造、景观元素设计及其文化意义，凸显节气的物候特征（图2-7-10）。将与节气相关的独特生活经验，结合到现代城市的休闲活动与游憩需求

---

❶ https://mp.weixin.qq.com/s/ZNGQgce4ri-bGfAvxPRroA

中，让自然变化对城市生活重新产生意义丰富的影响，为道法自然的中国城市景观提供新的范例。

（5）明确15分钟生活圈规划，提供优质共享公共服务

两部规划都提出要合理构建城市生活圈。分级配置公共活动空间和公共服务设施。建设社区中心、邻里中心、街坊中心，为居民提供文化、体育、教育、医疗、商业等公共服务，打造生活便利、开放共享、邻里和谐、多元共治、富有凝聚力和归属感的城市社区和生活圈，实现步行5分钟送孩子到幼儿园、10分钟送到小学、15分钟到中学，日常生活基本需求都能在15分钟步行范围内解决（图2-7-11）。以15分钟生活圈为基础，起步区规划了28个社区中心，启动区6个社区中心。

图2-7-10　启动区城市设计二十四节气景观设计

（来源：https://mp.weixin.qq.com/s/nHNsIN1QL9p3SNfilJV5KA）

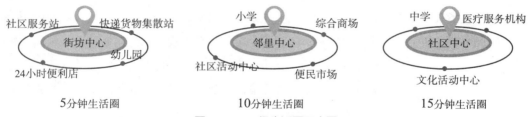

图2-7-11　三级生活圈示意图

（来源：https://mp.weixin.qq.com/s/tFEw9cCqvEzSA3PbLQGlQA）

（6）绿色高效交通体系建设提出细化管控目标

《起步区控规》提出打造便捷、安全、绿色、智能、高效的交通体系，具体表现在：

1）以服务人为中心设计街道，满足交通出行，构建小街区、密路网的路网体系，路网密度10～15公里/平方公里；

2）建设智能公共交通系统，可实现通过手机APP，通过智能公交系统，根据每人需要，做到点对点对应；

3）规划预留"一主多支"的城市轨道线网，与起步区空间布局相适应、与土地利用相协调，规划2035年轨道交通占起步区机动化出行比例达到30%～40%；

4）建设高质量的步行和自行车交通系统，营造舒适宜人的步行和自行车环境，保障"公交+自行车+步行"的绿色出行模式；

5）建设区域绿道、城市绿道、社区绿道，构成起步区步行和自行车系统骨架，为市民健身休闲和举办赛事活动创造条件。

《启动区控详规》落实《规划纲要》和《起步区控规》等规划提出的绿色交通出行比例90%、公共交通占机动出行比例80%的目标，在绿色交通方面提出更细化的目标，如整体路网密度12公里/平方公里，核心区路网密度15公里/平方公里；城市道路红线15～45米，道路横断面慢行和景观空间整体控制在50%左右；各类公交专用道总长约100公里，公交站点300米服务半径覆盖率100%；规划轨道交通廊道约25公里，远景预留廊道约15公里；规划骨干绿道总长约110公里，密度达到4公里/平方公里等。

（7）汇众智、聚众力，公众积极参与

2019年6月1日至6月30日，两部规划在雄安设计中心现场和雄安官网等平台向社会公示。在雄安设计中心的规划公示现场，公众可以通过动画视频、图文展示、规划专家现场讲解等形式全方位、多角度地了解规划的具体内容，还可以通过现场填表格、网络等渠道表达自己的意见和建议。

雄安新区规划研究中心和规划承编单位中国城市规划设计研究院共同组建设40余人的规划讲解技术团队，在公示期间现场驻守，全面深入介绍规划并听取意见。

公示期30天内，吸引了新区居民、规划建设行业从业者、参与雄安建设者等44790人次到现场参观（图2-7-12），网上公示平台浏览量达193万次，共征集公众意见建议11512份，其中纸质意见表10585份。后续将通过专家解读等形式进行公开回复；对建设性意见和需进一步研究的意见，要深入研究论证，并对规划提出修改建议❶。

---

❶ https://mp.weixin.qq.com/s/SQ4tueO-qx2ceFIB5vwZVg

图2-7-12　规划公示现场

（来源：https://mp.weixin.qq.com/s/8W9V_chJaUUyb6f-pE27Vw）

7.2.4　容东片区控制性详细规划及专项规划

7.2.4.1　规划概要

（1）雄安容东片区概况

雄安容东片区位于容城县城以东、启动区和现状荣乌高速以北、津保铁路以南、张市村以西，规划用地面积约12.7平方公里，是雄安新区先期启动建设的片区之一。作为雄安新区开发建设的先行区，容东片区不仅要保障首期居民征迁安置任务，为起步区、启动区开发建设提供重要功能支撑和基础设施配套，还要充分发挥先行先试的样板作用，在土地供应、地下空间开发利用、城市公共设施建设、智慧城市建设、实现职住平衡等方面进行开发模式创新和积极探索实践，为打造高质量高水平社会主义现代化城市积累宝贵经验。

（2）容东片区规划体系组成

容东片区按照"坚持先规划后建设的原则，把握好城市定位，把每一寸土地都规划得清清楚楚后再开工建设"的要求，编制完成了《河北雄安新区容东片区控制性详细规划》（以下简称《容东控规》），并配套进行了地下空间、公共服务设施、轨道交通、绿地、综合交通、竖向、综合能源、电力、供热、燃气、通信、物流、综合管廊、环卫、排涝、水景水系、雨水、给水、海绵城市、综合防灾、管线综合和污水等22个相关专项规划，区域规划体系完善，为容东片区高标准建设奠定了基础。

7.2.4.2　规划特点

《容东控规》以《雄安总体规划》为指导，由上海同济城市规划设计研究院编制完成，对接雄安新区起步区、启动区相关规划，实现与起步区、启动区及周边组团的融合发展。主要包括总则、定位目标与发展规模、空间布局与土地使用、公共服务与住房保障、综合交通、绿地水系、城市设计、市政公用设施、城市安全与防灾、建设控制、规划实施11章，以及附则、附表、附图与图则等内容。

容东片区按照城市规划的创新理念，坚持生态优先、绿色发展，传承礼序营城、灵动自然的中华传统，统筹生活、生态、生产三大空间，尊重平原建城规律，科学利用场地现状，随形就势，构建"一园四区"（"一园"，即在片区中心规划建设约100公顷的生态人文公园，围绕公园打造生态与文化相兼容的公共活力空间；"四区"，即依托生态人文公园延展蓝绿交织的生态网络，形成四个职能各有侧重的生活居住区）的空间布局。《容东控规》总体呈现出"组团式发展、文化传承、韧性预留、包容复合、低碳智能"等特点。

（1）组团式发展

实行组团式发展布局，各组团之间既相对集中、特色鲜明，又紧密联系、功能互补，使生产、生活、教育、医疗等有机衔接，实现创业就业与居住功能均衡。坚持公交优先、绿色低碳的出行方式，以"公交+慢行"为主导，构建由步行系统、骑行系统、公交系统及轨道交通系统共同组成的复合型绿色智能交通体系。

（2）文化传承

弘扬中华优秀传统文化，保留中华文化基因，彰显地域文化特色，运用当代建筑设计手法，塑造片区的建筑风貌。传承传统民居院落空间形式和富有活力的传统街巷空间体系，采用现代院落式街坊布局，形成方正灵动、城园共生的城市空间形态，内院外街的城市肌理，层次分明、错落有致的城市天际线。

（3）韧性预留

高标准规划建设重大防灾减灾基础设施，全面提升监测预警、预防救援、应急处理、危机管理等综合防范能力。同时为应对未来发展的各种不确定性，开展空间的立体开发利用和综合利用，规划留有弹性，适当留白。形成现代化的安全保障系统，保障城市安全。

（4）包容复合

鼓励多元化的土地复合使用，突出城市功能的复合化、多样化的基本属性，为产城互动、职住均衡创造条件，营造富有活力的城市生活。如居住复合商业、产业用地30%左右的建筑量用于商业服务、商务办公服务等其他公共服务设施建设；商业用地约25%建筑量用于商务办公及其他服务设施建设。

（5）低碳智能

采用先进、环保、节能材料和绿色、数字技术标准建构绿色市政设施体系，同步规划建设数字城市，加强地下空间和综合管廊建设，打造低碳生态、智慧泛在的绿色智能示范区，并按照绿色、智能、创新要求，推广绿色低碳的生产生活方式和城市建设运营模式。

（6）创新保障

完善规划体系，创新体制机制，率先试行区域总规划师单位负责制、市政设计单位负责制和建筑师负责制。利用数字规划管理控制平台（CIM），加强城市规划编制、审批及批后管理工作，同时加强专项工程实施设计、建筑方案设计等层次的规划实施工作，落实控规的管控要求，确保一张蓝图干到底。

通过对《容东控规》及专项规划的编制成果的评估分析可见，《容东控规》及相关专项规划中关于绿色生态方面的内容较为全面，相关指标要求达到较高的绿色发展水平，充分体现了坚持生态优先、绿色发展理念和将新区建设成为绿色生态宜居新城区的发展定位。但同时还应加强对相关专项规划间的融合对接和有关指标的一致性管理控制，以及从后续规划执行落地层面进行统筹考虑和有效把控，如出台绿色生态专项规划编制管理办法，规范和指导绿色生态专项规划编制和管理工作，统一专项规划的内容、深度、技术要求以及成果形式及应用，提高专项规划编制的科学性、针对性和可行性，确保后续的实施落地。

7.2.5　雄安新区"记得住乡愁专项行动计划"❶

党的十八大以来，习近平总书记先后在中央城镇化工作会议和中央城市工作会议上强调，城镇建设要"让居民望得见山、看得见水、记得住乡愁"。《规划纲要》明确提出，"保护与发展历史古城、传统村镇。将标志性历史遗存的保护与城市公共空间的建设有机结合，保护传统村镇内历史空间格局清晰、传统风貌较为完整的核心地段，传承与展示水乡生产习俗和民俗文化活动。"雄安新区文化积淀深厚，地方特色鲜明，具有独特的乡愁文化，应在发展建设中充分发挥其历史、社会、文化和情感的复合价值。

雄安新区党工委、管委会认真贯彻习近平总书记"让居民望得见山、看得见水、记得住乡愁"重要指示精神，在新区规划建设中，高度重视保护弘扬中华优秀传统文化，延续历史文脉，保留中华文化基因，提出"无文化传承，无雄安未来"的理念，开展文物普查工作，组织开展"记得住乡愁专项行动计划"（以下简称"乡愁行动"），组建雄安新区"记得住乡愁"专项行动计划领导小组，并完善建立"记得住乡愁"专项行为计划长效机制。现已完成新区乡愁文化遗产白皮书和专项保护规划的阶段成果，同时针对近期即将征拆迁的村庄涉及到的乡愁点编制了应急保护措施，为新区传承文化，记住乡愁奠定了坚实基础。

从2018年初开始，在新区全域组织开展"乡愁行动"。截至目前，已圆满完成新区全域乡愁遗存调查登记工作，并将"乡愁"遗存点纳入规划建设体系。在新区全域（含新托管4乡镇）共发现登记不可移动乡愁遗存点2446处，其中，雄县526处，容城851处，安新1069处。如容城县南阳遗址和雄县宋辽边关地道（图2-7-13、图2-7-14）。一批承载着新区人民集体记忆，饱含新区传统文化基因的老房子、老树、老井、老磨盘、坑塘沟渠、寺庙、老厂房等"乡愁"遗存被登记造册，辛璞田故居、雁翎队文化等一批红色文化遗存被发现。同时，"乡愁"遗存的目录清单已经移交规划建设部门和规划设计单位，并将不可移动的"乡愁"遗存点在控详规上落坐标点，在修详规上落方案图，在建设方案中落计划书，并纳入CIM平台，作为规划建设的重要参考，以便在今后的建设中将分门别类采取措施进行保护、发掘。

---

❶　关于在雄安新区开展乡愁文化保护与利用示范的建议——闫傲霜。

图2-7-13 雄安新区容城县南阳遗址
（来源：http://www.rmxiongan.com/n2/2019/0426/
c383557-32882248.html）

图2-7-14 雄安新区雄县宋辽边关地道
（来源：http://www.rmxiongan.com/n2/2019/0426/
c383557-32882248.html）

在新区后续工作中，将加强对已申报乡愁遗产的遗产点的管理和必要保护，抢救即将或正在变为废墟的乡愁遗产。在后期利用中着重保存建筑的原有功能与原始风貌，让仍能发挥作用的遗产继续履行其职责，融入居民的日常生活，保证其能富有活力地将村、乡镇、城市的文脉延续下去。

（1）**开展"乡愁"遗存保护和展示**。根据乡愁行动所调查登记的乡愁遗存情况，建立"乡愁"分类分级保护制度，并通过在"乡愁"集中片区建造特色小镇、文化街区，将有雄安特色的老民居改造成个人博物馆、民宿酒店、茶馆、咖啡馆等方式承载乡愁，留住记忆，让乡愁文化得以延续。

（2）**加强"乡愁"宣传和推广工作**。通过各媒体对乡愁成果进行宣传，建立"乡愁"影像资料馆，进行记载和传播。利用各种新媒体平台，及时推出相关融媒体产品，开发APP，运用VR/AR技术，建立网上虚拟展馆、线上体验馆等，不断创新传播形式，以多种形式传播新区的特色传统文化。

（3）**强化"记得住乡愁"资金保障**。本着初期政府主导，逐步过渡到社会参与的原则，探索设立"记得住乡愁"专项基金，用于雄安历史文化保护传承和开发利用工作的调研、重点保护项目的普查论证，出版系列丛书，组织珍贵资料与实物的征集和收购，对工作人员进行专业培训等。

第八章　标准体系

8.1　技术导则和标准体系

好的规划需要有创新的思路、科学的方法来指导，一张蓝图必须有一套科学的标准相适应。雄安新区规划编制过程中，始终注重遵循规律，建立标准，目前已完成了10多项技术标准和导则的制定，包括《雄安新区规划技术指南》《雄安新区绿色建筑设计导则》《雄安新区绿色建材导则》等（图2-8-1）。这些规划建设技术标准和导则将服务于新区的规划、设计、建设、管理和运营，为城市全生命周期的绿色、创新、协调管控提供指导性和实用型文件，为落实雄安质量提供技术支撑与保障。

雄安新区已有相关规划技术导则和标准：

- 《雄安新区规划技术指南》
- 《雄安新区绿色建筑设计导则》
- 《雄安新区绿色建造导则》
- 《雄安新区绿色建材导则》
- 《雄安新区控规成果技术标准》
- 《雄安新区街道树种选择和种植设计导则》
- 《雄安新区城市设计导则》
- 《雄安新区建筑风貌导则》
- 《雄安新区规划建设标准导则》
- 《雄安新区城市家具导则》
- 《雄安新区社区生活圈功能构成和规划建设导则》
- 《雄安新区规划建设BIM管理平台数据交付标准》
- ……

图2-8-1　雄安新区已有相关规划技术导则和标准

8.2　重点导则和标准概览

8.2.1　《雄安新区规划技术指南》

（1）编制背景及概况

《雄安新区规划技术指南》（以下简称《技术指南》）是雄安新区规划体系的重要组成部分，《技术指南》承接和深化《规划纲要》《雄安总体规划》的有关要求，是战略性引领落实到实施层面的技术文件，旨在为雄安新区控制性详细规划、修建性详细规划、城市设计以及各类专项规划的编制提供技术依据。《技术指南》坚持横向全覆盖、纵向全贯通的空间资源配置原则，响应自然资源统一管理新形势，变革国土利用大框架体系，对践行空间规划体系改革具有先行创新意义。

《技术指南》由中国城市规划学会牵头，组织国内北京、上海、天津、深圳、杭州等六大城市的规划设计院以及清华、同济等六所国内知名大学共同编制完成。《技术指南》

组建了"1+3"的组织机构，"1"为中国城市规划学会，是《技术指南》编制的支撑平台，起到牵头与组织协调作用；"3"为专家团队、研究团队和咨询团队等3个支撑团队，研究团队为编制主要团队，专家团队进行审核，咨询团队进行应用并实施校核。

《技术指南》的编制坚持全面提升规划编制的科学性、统一性和规范性的原则，旨在为新区辖区范围内各项规划编制及管理实施提供技术性规定。为保障其适用性和适度超前性，《技术指南》实行动态维护和修订，每年进行实施评估，不断完善，以期成为引领全国乃至全球城市发展、可复制、可推广的经验、标准和示范。

（2）内容概要

《技术指南》分为4个部分12个章节2个附录。

总则部分介绍了编制目的和依据、适用范围、编制原则、主要内容、动态修订和解释权等。

主要内容部分从土地使用与开发强度、城市设计与历史文化保护、生态环境与蓝绿空间、创新产业空间、住房保障与宜居住区、公共服务设施、综合交通、市政公用工程与地下空间、城市安全保障与防灾减灾10个方面分别阐明原则，针对具体规划编制和管控要素，按照"标准—准则—指引"的三层级分类，提出从刚性到弹性、标准到引导性要求的技术指南。

规划执行部分从执行效力、动态维护、执行适用和执行保障等方面对《技术指南》的实施管理进行阐释。

附录部分包含规划技术指南要素索引表和强制性控制指标，规划技术指南要素索引表指出了不同规划要素如地块容积率等，在不同规划层次和分布空间及形式的适用情况，以便规划编制者更便捷地开展规划编制。

（3）特点

高点定位，对标全球。为保障《技术指南》的科学性、全面性和先进性，《技术指南》内所有的标准和指标都进行了国内外对标，形成"5+5+1"的对标体系，即选取个5个国内和5个国外的先进案例，形成《技术指南》的一套标准体系。

全域统筹，管控分级。与以往一些规划技术标准或导则不同，《技术指南》衔接国土空间规划管控原则统筹城乡建设用地与非建设用地，统筹公共服务与市政等各类设施，做到空间上全覆盖、设施上全贯通。针对规划编制和管控要素，分"标准—准则—指引"三个层级，提出不同层面的控制要求。

功能复合，共建共享。鼓励各类用地类型的综合和兼容，研究创新产业空间、居住宜居空间等的产城融合，探索各类设施的集约、高效和资源合理利用。

前瞻未来，弹性预留。每个规划要素都预留弹性空间，以引导采用最为合理的规划设计方法为目标。《技术指南》建立动态更新机制，每年进行评估，不断更新与完善。同时，也为对接新区CIM平台预留接口。

8.2.2 《雄安新区绿色建筑设计导则》

（1）编制背景及概况

绿色建筑是构建绿色生态宜居新城区的重要基础单元。《规划纲要》提出"推广绿色建筑。全面推动绿色建筑设计、施工和运行，开展节能住宅建设和改造。新建政府投资及大型公共建筑全面执行三星级绿色建筑标准。新建民用建筑的绿色建筑达标率达到100%。"

绿色建筑设计是绿色建筑技术与性能落地的基本保证，是雄安新区绿色建筑高质量发展的先决条件。以雄安新区绿色发展定位为目标，以创造"雄安质量"为落脚点，结合雄安新区区位特点，因地制宜构建雄安新区绿色建筑设计技术要求，对雄安新区绿色建筑高质量的设计、建设和发展均具有重大意义。2018年，根据《规划纲要》《雄安总体规划》，参照现行国家标准《绿色建筑评价标准》GB/T 50378、现行行业标准《民用建筑绿色设计规范》JGJ/T 229等有关标准规范，由中国建筑科学研究院牵头，启动《雄安新区绿色建筑设计导则》（以下简称《设计导则》）的编制工作，包括雄安新区规划建设局规划研究中心、中国城市科学研究会、深圳市建筑科学研究院股份有限公司等13家单位参与编制。

（2）内容概要

《设计导则》遵循因地制宜的原则，结合雄安新区的气候、环境、资源、经济及文化等特点，共分为总则、术语、基本规定、目标与策划等12章，并通过场地规划、建筑、结构、材料、暖通空调、给水排水、电气、智能化8个方面的关键性指标进行表征和控制（表2-8-1）。每类指标分为"约束性要求"和"提高性要求"。"约束性要求"为雄安新区绿色建筑应达到的基本要求，若符合约束的条件要求，可达到《绿色建筑评价标准》GB/T 50378—2014版的绿建二星级标准；"提高性要求"为根据项目条件引导选用的技术条件。

表2-8-1　《雄安新区绿色建筑设计导则》架构

序号	章	节
1	总则	
2	术语	
3	基本规定	设计原则、设计管理、设计流程、设计审查、设计交付
4	目标与策划	总体目标、绿色建筑策划
5	场地规划	选址与规划、地下空间、场地环境、生态保护与资源利用、交通设施与公共服务
6	建筑	建筑与装修设计、建筑物理环境、延长建筑寿命、维护结构与超低能耗设计、人性化
7	结构	主体结构、基础与地下结构
8	材料	设计选材、绿色建材

续表

序号	章	节
9	暖通空调	冷热源、输配与末端系统、室内热湿环境、室内空气质量
10	给水排水	给排水系统、节水器具及设备、非传统水源利用、雨水控制利用
11	电气	供配电系统、照明系统、电气设备
12	智能化	建筑智能化系统、监测与计量、建筑信息模型应用

（3）特点

相比于德国建筑可持续评价标准DGNB、美国健康建筑评价标准WELL、美国绿色建筑评价标准LEED、新加坡绿色建筑评价标准GREEN MARK、英国绿色建筑标准BREEAM（1990）等国际绿色建筑标准体系，《设计导则》对环境空气质量、室内外声环境、能耗及能效指标、用水品质、建筑风貌协调设计等指标提出全面且更高的要求，具有国际领先性。

与国家现行《绿色建筑评价标准》GB/T 50378及各省市的地方标准相比，《设计导则》充分考虑了雄安新区的发展定位和地域特点，扩展了绿色建筑内涵，规范和引导雄安新区的绿色建筑高质量设计，具有突出的先进性及创新性，表现在目标、管理、理念和技术四个方面：

1）目标先进性：《设计导则》强调以建筑低能耗、低排放为发展目标，并对绿色建筑进行重新定义，强调绿色建筑的高质量性能，旨在全寿命期内，节约资源、保护环境、减少污染，为人们提供健康、适用、高效的使用空间，最大限度地实现人与自然和谐共生的高质量建筑。

2）管理先进性：《设计导则》提出绿色建筑设计应全专业配合，且贯穿整个工程建设全过程，从前期策划阶段、方案设计阶段、初步设计与施工图设计阶段、施工配合阶段、竣工验收阶段到运营维护阶段实现共享、协调、集成的设计理念，同时，实现建设方、使用方、设计、咨询、施工、监理及物业管理等相关单位的全主体统筹管理。

3）理念先进性：《设计导则》引导建筑的超低能耗设计，使用长寿命建材、倡导智慧化管理，并将建筑的人性化设计作为指标要求，对场地全龄友好设计、无障碍设计、垃圾回收处理区、场地吸烟区等提出约束性的设计要求。

4）技术先进性：《设计导则》提出营造便利的生活环境，结合项目场地，构建社区、邻里、街坊三级生活圈；以人体的热适应性特征和自我调节功能为前提，营造室内外健康舒适的声环境；此外，《设计导则》提出智能化感知系统的应用，并实现与建筑信息模型、智能控制技术的有效结合。

《设计导则》编制同期，国家《绿色建筑评价标准》GB/T 50378—2019（简称"新国标"）也在进行新一轮的修编工作，《设计导则》的编制充分考虑了新国标的新体系及新导向，并与新国标的五大评价指标（安全耐久、健康舒适、生活便利、资源节约、环境宜居）一一对应，实现了同步衔接，见表2-8-2。

表2-8-2　《设计导则》及新国标指标对应表

《绿色建筑评价标准》 GB/T 50378—2019	《雄安新区绿色建筑设计导则》
安全耐久	场地安全、结构安全、长寿命产品、防水管线分离、空间可变
健康舒适	室内空气舒适品质、水质、室内隔声、天然采光、热湿环境、可调节外遮阳
生活便利	公共服务区设置、公共空间和街坊空间的无障碍的畅通、全龄友好、公共交通、健身场地
资源节约	地下空间利用，可再生能源利用、节水器具、绿色建材、材料的循环利用
环境宜居	室外环境、公共绿地、场地风环境、场地声环境、雨水设施、海绵城市、降低热岛强度

8.2.3　《雄安新区绿色建造导则》

（1）编制背景及概况

绿色建造是指在工程建造全过程中，在保证质量和安全前提下，充分体现绿色发展的理念，通过工业化建造方式和信息化技术手段，使用绿色建材和先进技术工艺标准，最大限度地节约资源和保护环境，并生产绿色建筑的工程活动。绿色建造对于贯彻创新、协调、绿色、开放、共享的发展理念，加快形成节约资源和保护环境的空间格局、产业结构、生产方式、生活方式，具有重要意义。

雄安新区的建设坚持高起点、高标准、高质量，建设工程项目必须要采用绿色建造的方式。《雄安新区绿色建造导则》（以下简称《建造导则》）以雄安新区的建设目标为出发点，以"绿色营城、匠心营城、中华风范、以人为本"为工作原则，着眼于建筑工程绿色建造全过程而编制。本导则以信息化、工业化为主要手段，以工程建造全过程的绿色化为目标，对雄安新区建造活动进行合理引导，助力创造"雄安质量"，打造新时代高质量建造的全国样板。本导则由中国建筑股份有限公司主编，中建科技有限公司等19家单位参与编制工作。

（2）内容概要

《建造导则》绿色建造涵盖了绿色策划、绿色设计、绿色施工和绿色交付等全过程，统筹规划，一体化实施，以绿色化、信息化、工业化为代表的科技创新贯穿绿色建造的全过程。

在工程策划阶段，《建造导则》提出要进行总体统筹，为绿色建造提供基础条件，包括绿色建造目标、管理策划、绿色设计策划、绿色施工策划以及绿色交付策划。项目牵头单位需要在立项阶段编制项目绿色建造策划方案，并在建造过程中严格执行。

在设计阶段，《建造导则》应遵循策划方案要求，保证绿色设计协同以及BIM在全过程中的应用。

在施工阶段，《建造导则》应用先进技术工艺，落实绿色建造方式，加强管理和监督。应进行绿色施工策划，编制绿色施工专项方案，内容涵盖绿色施工及环境保护、职业健康与安全等内容，以保证绿色施工的落实。

在交付阶段，《建造导则》通过数字化交付和综合效能调适，保证运营阶段绿色建筑性能的实现。

（3）**特点**

全过程覆盖。《建造导则》涵盖了绿色策划、绿色设计、绿色施工和绿色交付等全过程，通过策划先行，前期设定定量化的目标与指标。同时，将绿色建造的要求延伸到构件工厂生产制造之中，要求工厂节能环保生产、智能化生产，同时与建造过程其他环节相协同。

智慧建造。《建造导则》推广装配式建造方式和全装修模式，推行全过程智慧化，通过推动智慧建造平台实施，实现建造全过程智慧化管理。全面推行工程项目全生命期各方参与的BIM技术应用，满足工程建设不同阶段对质量控制、工程进度和投资控制的需求；系统引入智慧工地技术，对绿色施工进行量化监督考核，实施掌控现场各类信息，通过信息化手段助力绿色建造管理，提高管理效率。提出数字化交付要求，确保设计施工阶段各类信息有效留存交接，实现数字孪生城市同步建设，为建设全维度大数据平台提供支持。

绿色低碳。《建造导则》在传统绿色施工基础上为新时代绿色施工提出了更高标准要求。助力城区碳排放控制，提出碳排放测算要求，在建造全过程中合理规划碳排放指标和实现路径，助力新区碳排放目标的实现。以人为本，注重施工过程中环境保护、控制废气、扬尘等污染物排放，加强职业健康管理和人文关怀等。

8.2.4 《雄安新区绿色建材导则》

（1）编制背景及概况

为高起点、高标准、高质量推进雄安新区建设，按照打造绿色生态宜居新城的要求，切实提升雄安新区建设工程水平，聚焦建筑材料行业这一制造建设领域的基础支撑产业的绿色发展，由住房和城乡建设部科技与产业化发展中心作为牵头单位，中国建筑科学研究院和中国建筑集团有限公司等单位参编，开展《雄安新区绿色建材导则（试用）》（以下简称《建材导则》）编制工作。《建材导则》共由5个成果构成，即《雄安新区绿色建材导则》《雄安新区适宜的绿色建材目录清单》《雄安新区建材产品负面清单》《雄安新区推进数字建材监管的实施办法》以及雄安新区数字建材管理平台。

《建材导则》通过项目研究阶段、编制阶段、征求意见、试点验证和专家审查等工作，形成了包括承重结构、围护结构、装饰装修、设备设施在内的共涉及41个品类的建材标准要求。为新区工程建设中设计、选材、施工、管理和维护提供科学合理的指导和依据，引导新区选用绿色建材，提升新区建筑工程品质，深刻理解绿色建筑内涵。本导则对推动绿色建筑和建材工业转型升级，提升新区建筑工程质量和居民生活品质建设具有重大意义。

（2）内容概要

《建材导则》包括范围、规范性引用文件、术语和定义、基本要求、技术要求和测试方法等内容，是指导新区范围绿色建材使用和管理的重要依据。导则分别对32种材料和9类设备进行规定，包括建筑陶瓷、卫生洁具、金属复合装饰材料、水性墙面涂覆材料、建筑密封胶等装饰装修材料，预制构件、预拌混凝土、预拌砂浆、混凝土外加剂、现代木结构用材、钢结构房屋用钢构件等承重结构类材料，砌体材料、建筑防水材料、遮阳制品、石材、门窗幕墙型材、玻璃、密封胶、胶条等围护结构类材料，以及新风净化系统、建筑用蓄能装置、空气源热泵、地源热泵机组与系统等暖通空调类设备和光伏组件、太阳能光伏发电系统、导光管、LED照明、隔振降噪装置等声学和光学类设备。

（3）特点

《建材导则》具有理念领先、系统思维和全面创新三大特点。在编制过程中对标国际先进技术标准理念，并立足全生命期综合评价理念。面向应用，分别从宏观层面形成完善的开放式标准体系；从中观层面建立建材产品综合性评价标准；从微观层面拟定建材产品的使用性能与环保性能相融合的绿色度指标，来制定整个导则，实现了方式创新、内容创新、指标创新、协调创新。

8.2.5 《雄安新区街道树种选择和种植设计导则》

（1）编制背景及概况

雄安新区将打造绿色生态宜居新城区，要求统筹绿色廊道和景观建设，构建蓝绿交织、清新明亮、水城共融、多组团集约紧凑发展的生态城市布局，通过植树造林和城市绿化达到3公里进森林、1公里进林带、300米进公园、街道100%林荫化、绿化覆盖率50%等目标。

街道绿化是反映街道空间品质重要的因素。通过《雄安新区街道树种选择和种植设计导则》（以下简称《街道导则》）的编制，探讨和研究新时代背景下街道空间绿化树种选择方向，明确种植设计指引，共同塑造"中华风范、淀泊风光、创新风尚"的新时代城市风貌，确保高起点、高标准、高质量地建设雄安新区，完善"雄安质量"标准体系。同时，《街道导则》的编制对于践行绿色、创新、协调、开放、共享发展理念，打造"绿色生态宜居新城区"具有十分重要的意义。

《街道导则》的编制坚持"专家领衔，多方协同"，自2018年4月开始，由中国风景园林学会牵头，包括北京林业大学、清华大学等五所高校以及中国风景园林规划设计研究中心、中国城市建设研究院等五家机构共同编制完成。按照尊重自然、创造历史、追求艺术的总体编制思路，坚持科学性、系统性、针对性的编制原则，《街道导则》旨在突出地域生态特征，满足街道空间功能需求，提升街道空间品质，提升生态服务价值，彰显城市文化特色，塑造独特的城市精神面貌。

（2）内容概要

《街道导则》共分为7个篇章和9个附录。第一、二章对《街道导则》出台的背景与定位进行阐释；第三章到第五章关注街道景观建设的全周期指导，研究新时代背景下街道空间绿化的树种选择方向，明确种植设计指引，制定施工建设和养护管理标准；第六、七章是《街道导则》的规范化实施策略和术语库。附录包括国内外街道绿化种植空间要求等对比分析、雄安新区起步区道路断面种植空间分类、相关生态效益评价方法、参考依据等为导则提供数据支撑与内容补充等方面（图2-8-2）。

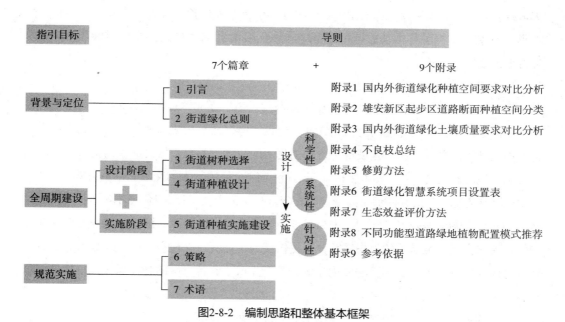

图2-8-2 编制思路和整体基本框架

《街道导则》是雄安新区范围内新建、改建、扩建及绿化维护改造的各类街道绿化种植工程的指导性文件，贯穿从规划、设计、建设到维护的全过程管理。根据雄安新区不同街道类型、特色区域道路和特殊区域道路的划分（图2-8-3），从街道树种选择、街道种植设计、智慧街道、海绵街道等方面进行分类控制与指引，提出流程与成果要求，同时针对街道种植工程的建设及维护管理提出相应建议。各类街道绿化实施过程中，针对特殊路段及特殊立地条件，可结合自身实际情况对相关指标与标准进行适度调整。

根据《规划纲要》等宏观要求、雄安新区自身特点以及未来街道生活空间的发展要求，雄安新区街道与绿化将呈现以下6个特点：道路主导划分街区、绿化配置道路设计、公共汽车交通主体、保障慢行系统路权、宜人生活交通组织、营造街道活力空间。根据以上6个特点，雄安新区街道绿化设计以慢行交通和公共交通为主体，符合街区制、窄路密网的城市道路布局理念，形成"安全街道、生态街道、活力街道、示范街道、特色街道"的绿化设计目标。

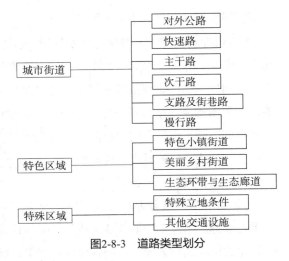

图2-8-3　道路类型划分

按照雄安新区相关规划，参照《城市园林绿化评价标准》与《国家生态园林城市标准》的相关要求以及国内外先进经验，《街道导则》确定两大类指标，包括种植设计方面城市街道绿化普及率100%、林荫路比例大于85%等5个指标和树种选择方面本地木本植物指数不小于0.9和长寿树种种类及数量比例等2个指标。指标设置上体现出主要对宏观整体要求进行把控，同时，预留弹性引导空间。

（3）特点

强调完整街道绿化空间设计。 该导则强调"街道"而非"道路"，道路更关注以机动车为主的通行功能，而忽视附属设施、沿线建筑等诸多元素构成的完整街道空间，街道作为城市最基本的公共产品，是城市历史和文化空间载体，是城市居民的生活交流场所。从道路到街道的转变需从"主要重视机动车通行"向"全面关注人的交流和生活方式"转变，从"道路红线管控"向"街道空间管控"转变，从"工程性设计"向"整体空间环境设计"转变，从"强调交通效能"向"促进街道与街区融合发展"转变。因此，雄安的街道绿化是体现人居生活环境品质的生态绿廊，是提供交通、交流、交往空间的交通绿道和景观绿廊，是体现城市历史人文界面的文化绿脉，是彰显城市监管水平的管控绿带，是伴随城市自然生长的生命绿线。

关注规划设计、施工建设、管理维护的全周期建设管理过程。 以往编制的街道相关的导则往往只针对规划、设计、建设和维护中的某一些方面，优秀的街道绿化景观塑造需要城市规划、街道种植设计、交通设计、道路工程设计、沿街建筑设计、城市家具设计及相关施工、养护和管理等各个环节的紧密配合。《街道导则》贯穿于设计、施工、养护及管理的全周期各个阶段，在设计阶段明确了街道树种选择和种植的技术要点，如构建了总数量达255种的树种库，从观赏特性、应用特征、生境条件、生态功能等方面给出专类树种选择指引；在实施阶段提出了落地性较强的种植建议，如针对不同道路类型和不同道路板带提供种植策略等。

通过有宽度、有广度的国内外对标，保障《街道导则》编制的先进性。系统比照《国际树木协会树木种植标准》等26项国际标准，衔接《城市绿地设计规划》等57项国内行业标准，研究《新加坡开发控制手册》《美国街道树基金会导则》等100余项国内外创新实践案例，凝练先进经验，充分体现"国际标准、中国特色"，落实街道绿化的雄安质量。

注重街道绿色空间的营造。提出完整林荫道的概念，通过种植冠大荫浓乔木，形成林荫完整、连续的林荫道，道路岔口在行车视线安全前提下将乔木连续种植至道路交叉口区域至绿带结束；重点提出街道的绿视率、林荫覆盖率等指标，通过绿化设计对街道环境进行再创新，将绿色和生态引入街道空间，在提高街道绿色生活空间品质的同时满足视觉舒适性与景观性要求。

提出宏通集萃、宜道如斓的街道植物整体景观风貌特征。宏观上，在轴线等特定场所利用街道植物营造气势恢宏、连续贯通的景观效果，体现雄安新区的精神风貌；微观上，注重对街道植物景观细节的处理和考量，如植物的色彩、质感、气味和姿态等，做到景观的精细化和精致化。

8.2.6 其他规划建设标准

（1）《雄安新区建筑风貌导则》

《雄安新区建筑风貌导则》由中国建筑学会牵头，组织清华大学等5所建筑类院校、上海建筑设计研究院有限公司等10家建筑设计院，共同编制完成。该导则根据《规划纲要》中提出的"中西结合、以中为主、古今交融"建筑风貌设计要求，聚焦3个维度、6类建筑、12个风貌要素，提出新区建筑风貌的意愿引导，制定建筑风貌管控的机制与策略，形成建筑风貌引导与管控的依据。

该导则构建建筑风貌全要素管控体系，涵盖城市风貌、建筑本体及建筑效能3个维度，重点对建筑本体类的布局、界面、场所等12项要素进行引导与管控。同时，该导则注重新区建筑风貌的整体性与全面性，针对新区居住及社区配套类、综合办公类等6大类建筑的特色及其在城市整体风貌中的作用，分别提出分类引导管控。

（2）《雄安新区城市家具导则》

《雄安新区城市家具导则》由国际设计协会和深圳市工业设计协会牵头组织编制，参编单位包括上海交通大学等5所院校、北京洛可可设计集团等6家设计行业公司。

与传统城市家具惯有的模式、常态不同，该导则注重创新、绿色、生态、设计与艺术的结合，注重人性化的设计体现，将雄安新区未来的城市家具按照交通服务、公共服务、观赏小品以及安全防护功能细分为4个大类、13个中类、41个小类，全面提升城市街道空间的品质、环境、人性化和公共艺术性。

（3）《雄安新区规划建设BIM 管理平台数据交付标准》

《雄安新区规划建设BIM管理平台数据交付标准》（以下简称《数据交付标准》）由中国城市规划设计研究院等14家单位共同编制，旨在推进BIM技术在雄安新区的广泛应用，统一雄安新区BIM 技术应用要求，维护数据存储与传递的安全性，支撑数字化、智能化工程建设审批制度改革的推进实施。《数据交付标准》分别从规划、市政、地质、建筑、城市家具、物联网（IOT）等专业对项目成果的编制提出标准及交付要求。

《数据交付标准》以空间为核心，与城市生长规律相契合，对项目现状空间信息模型（BIM0阶段）、总体规划信息模型（BIM1阶段）、详细规划信息模型（BIM2阶段）、设计方案信息模型（BIM3阶段）、工程施工信息模型（BIM4阶段）到工程竣工信息模型（BIM5阶段）六大环节的交付成果实施统筹管理，如图2-8-4所示，实现项目全过程的信息循环迭代与数据的互通共享，提高信息技术应用效率和效益，提升城乡规划和工程设计的实现程度，助力建设数字雄安。

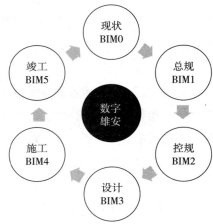

图2-8-4 《数据交付标准》管理模型

第九章　政策体系

9.1　"1+N"的政策体系

支持河北雄安新区全面深化改革和扩大开放，要牢牢把握北京非首都功能疏解集中承载地这个定位，围绕创造"雄安质量"，赋予雄安新区更大改革自主权，在创新发展、城市治理、公共服务等方面先行先试、率先突破，构建符合高质量发展要求和未来发展方向的制度体系，打造推动高质量发展的全国样板。

2018年1月3日，河北省委召开常委会扩大会议，通过河北省委、省政府《关于推进雄安新区规划建设的实施意见》。2018年7月6日，中央全面深改第三次会议通过《中共中央 国务院关于支持河北雄安新区全面深化改革和扩大开放的指导意见》。随着中共中央、国务院《关于支持河北雄安新区全面深化改革和扩大开放的指导意见》和河北省委、省政府《关于深入推进雄安新区规划建设的实施意见》相继出台，财税、金融、雄安质量等配套文件相继制定，支持新区深化改革和扩大开放的"1+N"政策体系初步形成。

雄安新区"1+N"政策体系中，"1"是指中共中央、国务院《关于支持河北雄安新区全面深化改革和扩大开放的指导意见》，"N"包括相关的配套实施方案，第一批已经出台了12个，主要包括《雄安新区土壤污染综合防治先行区建设方案（2018—2022年）》和《关于河北雄安新区建设项目投资审批改革试点实施方案》等。

9.2　重点政策创新导读

9.2.1　《中共中央 国务院关于支持河北雄安新区全面深化改革和扩大开放的指导意见》

（1）主要内容

《中共中央 国务院关于支持河北雄安新区全面深化改革和扩大开放的指导意见》（以下简称《指导意见》）主要把握"一个初心"、围绕"一条主线"、坚持"四项原则"、通过"九大重点任务"和"四项保障措施"，阶段性实现"三个目标"。其中：

"一个初心"，就是始终坚持世界眼光、国际标准、中国特色、高点定位，建设北京非首都功能疏解集中承载地，是雄安新区规划建设的初心，不能偏离。

"一条主线"，就是创造"雄安质量"，建设"廉洁雄安"，打造推动高质量发展的全国样板。

"四项原则"，就是坚持党的集中统一领导，坚持高点站位、统筹谋划，坚持大胆探索、先行先试，坚持立足当前、着眼长远。

"九大重点任务"，就是明确了九个重点领域，提出了若干重点任务和政策举措。九个重点领域是：创新驱动、城市治理、公共服务、选人用人、土地人口管理、生态环保、扩大开放、财税金融、治理体制机制。围绕这九个重点领域部署了具体任务和政策举措，目的是构建符合高质量发展要求和未来发展方向的制度体系，推动新区在承接中提升，在改革创新中发展（表2-9-1）。

表2-9-1　九大重点任务及其主要内容

重点任务	主要内容
强化创新驱动，建设现代化经济体系	坚持把创新作为引领雄安新区高质量发展的第一动力，以供给侧结构性改革为主线，系统推进有利于承接北京非首都功能、集聚创新要素资源的体制机制改革，着力建设具有核心竞争力的产业集群，培育新增长点、形成新动能，努力构建市场机制高效、主体活力强劲的经济体系，并提出具体要求：深入推进疏解到雄安新区的国有企业和事业单位改革；推动高端高新产业发展；加强创新能力建设和科技成果转化；充分激发市场主体活力；构建现代产权保护体系；深入实施军民融合发展战略
完善城市治理体系，建设现代智慧城市	坚持以人民为中心的发展思想，按照强化服务、源头治理、权责一致、协调创新的要求，把智能治理思维、手段、模式贯穿雄安新区治理始终，创新城市规划设计模式，推进住房供给体系建设，提高城市管理科学化、精细化水平，建设高质量高水平的社会主义现代化城市，并提出具体要求：建立科学高效的城市规划设计机制；探索智慧城市管理新模式；构建新型住房供给体系；推进社会治理现代化；强化城市安全稳定保障
创新公共服务供给机制，提高保障和改善民生水平	坚持以满足人民日益增长的美好生活需要为根本出发点和落脚点，围绕有效吸引北京非首都功能疏解和人口转移，加强雄安新区与北京在教育、医疗卫生、社会保障等领域合作，形成优质高效、保障多元、城乡一体、开放共享的公共服务体系，创造高品质的生产生活环境，并提出具体要求：推进现代教育体系建设；创新医疗卫生体系和制度；推进文化领域改革创新；完善社会保障和就业创业体系
创新选人用人机制，建设高端人才集聚区	坚持聚天下英才而用之，深入实施人才优先发展战略，建立适应雄安新区开发建设与高质量发展的选人用人机制，建立高层次人才引进与激励政策体系，优化就业创业、成长成才环境，形成具有国际竞争力的人才制度优势，并提出具体要求：构建灵活高效的用人制度；建立科技人才激励机制；优化境外人才引进和服务管理
深化土地和人口管理体制改革，推进城乡统筹发展	坚持保障经济社会发展、保护土地资源、维护群众权益，创建产权明晰、配置有效、节约集约的土地管理和利用体制，创新以服务为导向的人口管理机制，推进城乡统筹发展综合配套改革试验，建设宜居城市、特色小镇、美丽乡村，保障雄安新区城乡居民共享改革发展和现代文明成果，并提出具体要求：创新土地管理制度；深化人口管理服务制度改革；大力实施乡村振兴战略
推进生态文明改革创新，建成绿色发展城市典范	贯彻习近平生态文明思想，践行生态文明理念，实行最严格生态环境保护制度，将雄安新区自然生态优势转化为经济社会发展优势，建设蓝绿交织、水城共融的新时代生态文明典范城市，走出一条人与自然和谐共生的现代化发展道路，并提出具体要求：创新生态保护修复治理体系；推进资源节约集约利用；完善市场化生态保护机制；创新生态文明体制机制
扩大对内对外开放，构筑开放发展新高地	坚持全方位对外开放，支持雄安新区积极融入"一带一路"建设，以开放促发展、以合作促协同，着力发展贸易新业态新模式，加快培育合作和竞争新优势，构筑我国对外合作新平台，打造层次更高、领域更广、辐射更强的开放型经济新高地，并提出具体要求：加强引智引技引资并举；建立扩大开放新机制；深化区域交流合作

续表

重点任务	主要内容
深化财税金融体制改革，创新投融资模式	加快建立有利于创新驱动发展、生态环境保护、公共服务质量提升的现代财税制度，建设现代金融体系，为雄安新区经济社会发展提供有力支撑，并提出具体要求：加大财政支持力度；推进税收政策创新；多渠道筹措资金；有序推动金融资源集聚
完善治理体制机制，打造服务型政府	坚持人民主体地位，深入推进政府治理体系和治理能力现代化，深化简政放权、放管结合、优化服务改革，加快转变政府职能，优化雄安新区机构设置和职能配置，建设让人民满意、让群众放心、运行高效的新时代服务型政府，并提出具体要求：科学设置雄安新区管理机构；推动行政管理体制创新；构建事中事后监管体系

"四项保障措施"，就是要全面加强党的领导，完善实施机制，狠抓督促落实，加强协调配合。

"三个目标"，就是明确了到2022年、2035年和21世纪中叶的主要目标，即：

到2022年，适应雄安新区定位和高质量发展要求、使市场在资源配置中起决定性作用和更好发挥政府作用的制度体系基本建立，重点领域和关键环节改革取得明显成效，优质宽松的发展环境和活跃高效的创新氛围基本形成，对北京非首都功能和人口吸引力明显增强，改革开放作为雄安新区发展根本动力的作用得到显现。

到2035年，雄安新区全面深化改革和扩大开放各项举措得到全面贯彻落实，构建形成系统完备、科学规范、运行有效的制度体系，疏解到新区的非首都功能得到进一步优化发展，"雄安质量"标准体系基本成熟并逐步推广，对推动高质量发展的引领带动作用进一步凸显。

到21世纪中叶，雄安新区社会主义市场经济体制更加完善，治理体系和治理能力实现现代化，经济发展的质量变革、效率变革、动力变革基本完成，社会充满活力又和谐有序，改革开放经验和成果在全国范围内得到广泛推广，形成较强国际影响力。

（2）主要特点

《指导意见》最大的特点就是要牢牢把握北京非首都功能疏解集中承载地这个初心，紧紧围绕创造"雄安质量"、建设"廉洁雄安"、打造推动高质量发展的全国样板这条主线，提出了一揽子的支持政策。简而言之，《指导意见》的改革亮点多，政策含金量高，内容非常丰富，且在政策文件里做了很多考虑和设计，概括起来具有三个注重：

一是注重全面深化改革，把雄安新区打造成为制度创新的高地。借鉴深圳特区、浦东新区开发开放的经验，着力在改革创新上下功夫，力求设计出适应雄安新区发展需要，又能够引领全国高质量发展的体制机制。《指导意见》有针对性地提出一批政策举措。比如下放管理权限、创新编制管理等，目的就是为了给新区更大的改革自主权，充分调动新区的积极性，在全国深化改革扩大开放的大棋局中蹚出一条可复制、可推广的道路。

二是更加注重智能、绿色、创新，建设高水平的社会主义现代化城市。"智能、绿色、创新"这六个字不仅是"雄安质量"的重要内涵，也是时代发展的潮流、必然要求。

《指导意见》提出了要建设"城市大脑"，建立城市治理管理的新模式，在新区城市化治理方面力求突破，为全国提供示范。《指导意见》特别强调新区要在绿色发展、集约节约方面给全国带头。把"华北之肾"白洋淀治理好，在城市建设一开始就下力气做好节约用地、用水、用能的工作，将来绿色节约成为雄安新区突出的特色。创新是引领高质量发展的第一动力。为此，《指导意见》从一开始就强调雄安一定要有创新的理念，首先是制度创新，用创新出来的制度推动科技创新、产业创新、管理创新，为新区创新发展营造良好的环境，形成良性循环。

三是注重处理好政府和市场的关系，充分发挥市场主体的活力和作用。《指导意见》明确指出政府要把对经济活动的干预减到最少，该政府做的事情一定要好好作为，但是不该政府做的事，政府坚决不要插手，要让市场机制最大程度地发挥作用❶。

9.2.2 《关于河北雄安新区建设项目投资审批改革试点实施方案》

为加快河北雄安新区发展步伐，有效推进投资项目建设，全面深化建设项目投资审批改革，2019年1月，河北省人民政府印发《关于河北雄安新区建设项目投资审批改革试点实施方案》（以下简称《实施方案》）。

《实施方案》提出了总体要求：探索建设项目投资审批制度改革创新，精简审批事项和办事环节，提高审批效率，构建决策科学、责任清晰、运行高效、监管到位的投资管理体制，保障雄安新区建设有序发展，发挥试验和示范作用。明确了试点范围：新区区域内的建设项目以及服务雄安新区的区域外交通、水利、能源等重大基础设施类建设项目。同时，提出雄安新区企业分支机构、事业单位、社会团体等非企业组织、个人投资建设的项目，可参照执行。

《实施方案》针对新区建设项目投资审批改革试点工作提出了以下6方面的主要措施：

（1）下放审批权限，扩大雄安新区审批自主权

对雄安新区区域内建设的内外资投资项目，国家层面审批的事项要根据"放管服"改革的要求，不断适时下放或委托授权雄安新区审批和管理，通过"互联网+政务服务"实现联网审批办理。省级层面审批的事项除国家明确要求省级政府审批、需要省级以上平衡要素条件、跨区域（流域）的基础设施项目外，一律下放或委托授权雄安新区审批和管理，通过投资项目在线审批监管平台联网审批办理。

（2）实施审批制度改革，提高科学决策水平

分别针对新区区域内政府投资项目、企业投资核准类项目、企业投资备案类项目和服务雄安新区的区域外交通、水利、能源等重大基础设施类建设项目进行了决策审批流程的

❶ https://baijiahao.baidu.com/s?id=1622510775534891637&wfr=spider&for=pc

分类优化。

（3）强化规划标准约束，取消部分评估审批事项

对在雄安新区内控制性详细规划阶段和土地整理储备阶段，进行气象、压覆矿产、地震安全、交通、水务、文物等方面影响评估审查，且相关部门出具意见的，取消单个项目的评估审查；对符合雄安新区总体规划环境影响评价报告及审查意见的建设项目，实施差别化清单式管理，列入正面清单的项目实行环评文件备案，不再实施审批；对符合雄安新区绿色城市标准的项目，取消节能评估和审查。

（4）简化审批手续，精简审批环节

主要结合新区实际，对建设项目前期工作手续、项目立项及财政评审手续、规划许可手续、用地报批手续、施工招投标手续和施工审批手续进行简化。

（5）创新审批方式，探索实行有关事项承诺制

对雄安新区内的政府投资项目和企业核准类项目，积极探索开工备案制、规划单位和建筑师负责制。对有关审批环节也可积极探索承诺制，有关行政主管部门一次性告知项目单位应具备的条件和标准等要求，项目单位书面承诺按照标准和要求执行后，即可开展所申请事项的全部实施工作。同时，行政主管部门要对项目单位承诺事项的落实情况加强监管，对于确按标准和要求实施的，予以发放证照或通过审批。

（6）建立联动机制，加强事中事后监管

坚持放管结合，建立协同联动监管机制，实施好"双随机、一公开"监管，对已取消下放的行政审批事项进一步明确事中事后监管措施，确保监管到位，监管全覆盖。同时依托"互联网+政务服务"平台和雄安新区智能化服务平台，建立雄安新区城市信息模型（CIM）和基于建筑信息模型（BIM）的三维报建平台，实现审批和监管的信息共享，各有关部门加强协调联动，确保审批与监管无缝对接。同时，对项目安全设施、消防设施的设计依法严格进行评价和审查。强化涉及安全的强制性评估，严格建设项目安全预评价，对建设项目安全设施和消防设施要与主体工程同时设计、同时施工、同时投入生产和使用。

9.2.3　《雄安新区土壤污染综合防治先行区建设方案（2018—2022年）》[1]

2019年1月，雄安新区党工委管委会党政办公室印发《雄安新区土壤污染综合防治先行区建设方案（2018—2022年）》（以下简称《土壤污染防治方案》），提出雄安新区将强化涉重金属行业企业污染防控和企业拆除活动全过程监管，加快整治固体废物堆存场所，推进"智慧土壤"建设，开展重点区域试点示范，改善老河头镇、芦庄乡等局部区域土壤污染问题，提升大河镇、大王镇、平王乡、三台镇等区域土壤生态系统质量，探索建立具

---

[1] https://finance.sina.com.cn/roll/2019-01-08/doc-ihqhqcis4138317.shtml

有雄安特色的"健康土壤"先行区，促进土壤资源永续利用。

新区土壤污染综合防治先行区建设将遵循三项基本原则：

一是保护优先，防控新增污染。紧密结合雄安新区发展规划，加强空间布局管控和产业发展导向性设计。建立重污染企业退出机制，有效切断土壤污染来源，切实防范新增土壤污染。通过建立土壤环境准入负面清单等方式，强化环境准入和日常监管，严格落实现状调查、总量控制、达标排放。

二是分类施策，实行精细化管理。将先行区划分为清洁区、风险区、污染区，实行土壤环境分区精细化管理。对风险区，集中开展土壤污染隐患排查和整治，管控重点区域土壤环境风险；对污染区，优先开展风险管控或治理与修复，降低农产品超标风险，管控再开发利用污染地块环境风险，探索区域"健康土壤"管控模式，为土壤环境质量改善和生态系统良性循环提供先行实践。

三是夯实基础，创新管理模式。强化雄安新区土壤环境长效监管机制建立，设立土壤环境管理专门机构，推进"智慧土壤"建设，提升土壤环境监管监测能力，探索建立污染地块联合监管、土壤污染防治项目规范化管理、土壤保护生态补偿、投融资创新等机制，全方面探索符合雄安新区实际、可复制、可推广的土壤污染综合防治模式。

《土壤污染防治方案》指出要在以下三方面加快推进土壤污染综合防治：

（1）实施土壤环境分区管理，打造"健康土壤"先行区

探索"健康土壤"防治模式。实施土壤环境"一张图"管理，对清洁区，以维护和提升土壤生态系统为核心，开展耕地质量保护与提升，促进土壤生态系统良性循环；对风险区，以控制污染传输途径为核心，严控工业、农业、生活污染源；对污染区，以改善土壤环境质量为核心，开展污染土壤风险管控或治理修复，探索"健康土壤"防治模式。

（2）开展集中排查整治行动，管控重点区域污染风险

结合农用地土壤污染状况详查，以土壤污染问题突出区域为重点，开展土壤污染隐患排查，通过现场勘查，明确周边环境状况、现有和历史遗留工业企业基本情况、农业生产情况、主要污染类型、影响范围等信息，建立在产和关闭搬迁历史遗留污染源整治清单。对土壤污染重点区域隐患进行排查，开展土壤污染重点区域周边污染源整治。

（3）加强固体废物污染防治，有序推进"无废雄安"建设

探索"无废雄安"长效监管机制，优化新区固体废物管理体制机制，建立相关部门责任清单，进一步明确各类固体废物产生、收集、转移、利用、处置等环节的部门职责边界，加强协同监管能力。以源头管理精细化、贮存转运规范化、过程监控信息化、设施布局科学化、利用处置无害化为要求，探索新区固体废物全程管理模式。健全新区固体废物统计制度，统一工业固体废物数据统计范围、口径和方法，建立完善农业废弃物、建筑垃圾统计方法。推动形成绿色生产和生活方式，鼓励工业企业采用先进生产工艺，促进固体废物减量和循环利用，严格控制新（改、扩）建固体废物产生量大、难以实现有效综合利用和无害化处置的项目。

　　按照方案，到2020年，新区启动区和起步区土壤环境风险得到全面管控。先行区土壤环境监管机制基本建立，完成一批风险管控、治理与修复典型示范工程和现有固体废物堆存场所整治，问题突出区域和在产企业环境风险得到基本管控，"智慧土壤"基本建成，实现"一张图"管理。到2022年，先行区土壤环境监测体系建立健全，土壤环境质量得到初步改善，土壤环境风险得到全面管控，"智慧土壤"全面建成，"健康土壤"先行区初步建立。到2035年，先行区土壤环境质量全面改善，生态系统实现良性循环，土壤资源得到有效利用，"健康土壤"先行区全面建立。

第三篇
先行实践

第 十 章　自然友好

第十一章　低碳循环

第十二章　智慧高效

雄安新区设立以来，在完善顶层规划的同时，率先实施了一批绿色发展探索项目，如白洋淀环境治理和生态修复；土壤、大气、水污染综合治理；打造近自然森林的"千年秀林"植树造林；水、电、路、气、信、热等基础设施完善；构建快捷高效的交通网及城市安全和应急防灾体系等，这些先行先试项目为新区大规模开工建设打好基础、做好准备。本篇将从自然友好、低碳循环和智慧高效三个维度介绍新区当前所开展的重点工程项目的主要内容，分析其技术特点和创新模式。

　　与一些城市先选择开发建设用地，再挤出剩余空间作为生态保障的做法不同，新区坚持生态优先、绿色发展的理念，突出强调"生命共同体""淀水林田草"要统一保护和统一管理。因而，新区首先划定了以白洋淀、森林斑块、生态廊道为核心的"生态保护红线"，生态空间由城市"底线"转变为发展的"前提"。第十章自然友好，重点从千年秀林植树造林工程、白洋淀生态环境治理、容东片区截洪渠一期工程和土壤资源保护与利用四个方面，聚焦新区环境治理和生态建设类项目的绿色实践探索。

　　绿色低碳，是新区发展的新动能。按照绿色、低碳、智能、创新要求，新区将推广绿色低碳的生产生活方式和城市建设运营模式。第十一章低碳循环，将围绕优化新区能源结构，推进资源节约和循环利用，倡导低碳出行模式，打造便捷安全、绿色智能的交通体系，全面推动绿色建筑设计、施工和运行等方面介绍新区能源、交通、公共建筑等基础设施建设，以及固废利用、城市改造等领域的重点项目建设情况，推动新区绿色低碳高质量发展。

　　与以往城市建设的一大不同，新区规划建设与数字中国、数字经济的兴起同步，新区在谋划过程中不仅关注传统基础设施与公共服务，也探索数字化、智慧化的城市发展新机遇。第十二章智慧高效，按照打造数字孪生城市和智慧城市总体要求，从数字政府、数字经济和数字生活三个方面阐述"数字雄安"的基本框架和主要构成，以新区智能基础设施建设、智能公共服务体系、民众智慧生活感知等方面的工作开展情况，体现"适度超前布局智能基础设施，推动全域智能化应用服务实时可控，建立健全大数据资产管理体系"的规划要求。物理城市与数字城市同步规划、同步建设，是雄安新区最大的亮点和特色，未来，"数字雄安"将成为新区规划、建设、管理和智慧高效服务的重要手段和载体。

Part Ⅲ : Leading Practice

While improving the top-level planning, Xiongan New Area also took the lead in implementing several green development projects, such as environmental governance and ecological restoration of Baiyangdian Lake; comprehensive governance of soil, air and water pollution; large-scale afforestation of Millennium Forest Project; infrastructure improvement for water, electricity, roads, gas, communications, heating, etc.; construction of fast and efficient transportation network; and creation of urban safety and emergency disaster prevention system. These pilot projects have prepared Xiongan for further large-scale construction. Part III will elaborate on those projects, analyze their technical characteristics and innovative models from three dimensions: natural-friendly, low-carbon cycle, intelligent and efficient.

Traditionally, cities will develop land for construction, and then squeeze out the remaining space for ecological usage. However, Xiongan New Area insists on giving priority to ecological protection and green development, highlighting a concept of "shared community of life" where lake, water, forest, field, and grass must be protected and managed uniformly. To this end, Xiongan has delineated the "red line of ecological protection" with Baiyangdian Lake, forest, and ecological corridors as the core, shifting the role of ecological space from the "bottom line" to the "prerequisite" of urban development. Chapter 10, "Nature Friendly", explores the environmental governance and ecological construction of Xiongan New Area through four aspects, namely the large-scale afforestation of Millennium Forest Project, the ecological-environment governance of Baiyangdian Lake, the first-stage flood interception project in Rongdong area, and the protection and utilization of soil resource.

Green and low-carbon development is the new driving force for Xiongan New Area. Therefore, Xiongan encourages to build the city in a green, low-carbon, intelligent, and innovative pattern. Chapter 11, "Low-carbon and Cycling", describes a series of measures related to energy, transportation, public buildings, and urban renewal, such as optimizing the energy structure, advocating conservation and recycling, creating a convenient, safe, green and intelligent transportation system, calling for green building design, sustainable construction and operation, and solid waste recycling.

Echoing the rise of digital economy in a digital China, Xiongan not only pursues traditional infrastructure and public services but also explores digital and intelligent urban development. Chapter 12, "Smart and Efficient Society" emphasizes Xiongan's efforts in building a digital government, digital economy, and digital living focusing on smart infrastructure, public service systems, and perception. According to its planning, Xiongan is expected to realize a moderately advanced layout of intelligent infrastructure, real-time and controllable global intelligent application services, as well as mature big data asset management system. In the future, the signature philosophy of "Smart Xiongan" will continue to contribute to its planning, construction, management and services.

第十章 自然友好

10.1 "千年秀林"奠定生态之基

10.1.1 项目概况

"千年秀林"植树造林项目于2017年11月启动，目标是打造异龄、复层、混交的近自然林为主的森林体系，是雄安新区坚持"生态优先、绿色发展"理念的生动实践，是新区设立以来率先实施的重大基础建设项目，将为新区城市建设打好"蓝绿交织"的底色。

"千年秀林"与白洋淀生态治理和环境修复共同构成新区"一淀、三带、九片、多廊"的生态安全格局，构建蓝绿交织、水城共融的城市空间，蓝绿空间占比稳定在70%。其中，"三带、九片、多廊"即指主要由"千年秀林"构成的绿色空间，"三带"即建设环淀绿化带、环起步区绿化带、环新区绿化带，优化城淀之间、组团之间和新区与周边区域之间的生态空间结构；"九片"即在城市组团间和重要生态涵养区建设九片大型森林斑块，增强碳汇能力和生物多样性保护功能；"多廊"即沿新区主要河流和交通干线两侧建设多条绿色生态廊道，发挥护蓝、增绿、通风、降尘等作用（图3-10-1）。

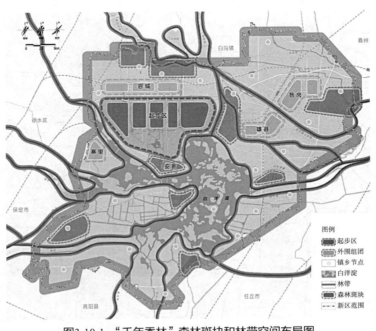

图3-10-1 "千年秀林"森林斑块和林带空间布局图
（来源：《河北雄安新区规划纲要》）

雄安新区通过以"千年秀林"为代表的大规模植树造林，实现未来的森林覆盖率由现状的11%提高到40%。根据规划性质、空间分布及空间形态，"千年秀林"可分为生态防护林和景观生态片林两种类型，其中生态防护林包括环白洋淀及入淀河流的护岸防护林、环起步区和环新区的生态防护林以及沿新区河流和主要交通干道的防护林；景观生态片林为规划的9片大型森林斑块。

截至2019年春季，雄安新区"千年秀林"（图3-10-2）已建设完成四个项目，包括大清河片林一区造林项目、10万亩苗景兼用林建设项目、2018年秋季植树造林项目和2019年春季植树造林项目，累计完成新造林17万多亩，植树1200万余株。

图3-10-2　雄安新区"千年秀林"
（来源：中国雄安集团生态建设投资有限公司）

（1）**大清河片林一区造林项目**。项目于2017年11月开工，2018年4月底完成苗木栽植工作，共栽植苗木55万余株，栽植56个树种，其中常绿乔木6种，落叶乔木33种，亚乔木17种，灌木24种，常绿落叶比为4∶6。

（2）**10万亩苗景兼用林建设项目**。项目于2018年3月开工，4月底完成春假栽植工作，12月底完成秋季栽植工作。春秋两季共栽植苗木830万余株，栽植94个树种，其中常绿乔木14种，落叶乔木61种，亚乔木19种，针阔叶树种比例为3∶7。

（3）**2018年秋季植树造林项目**。项目于2018年11月开工，12月底基本完成栽植任务，共栽植苗木86万余株，栽植64个树种，其中常绿乔木5种，落叶乔木17种，亚乔木9种，果树9种，灌木15种，实验林9种，常绿落叶比约为3∶7。

（4）**2019年春季植树造林项目**。项目于2019年3月开工，4月底基本完成栽植任务，共栽植苗木240万余株，栽植114个树种，其中常绿乔木8种，落叶乔木53种，亚乔木29种，灌木14种，地被8种，常绿落叶比约为3∶7。

10.1.2　绿色创新

"千年秀林"项目从规划统筹、开发建设模式及数字管理三个方面体现了生态优先、绿色发展理念，并在科技创新和践行"雄安质量"方面起到示范作用。

（1）科学规划、尊重自然

新区尊重苗木自然本性和生长规律，坚持"增绿不移绿"，创新采用原生冠苗和苗圃苗，因地制宜地选择适应雄安新区自然环境条件的长寿且珍贵的乡土树种，采用自然随机散布和曲线栽植方式，营造异龄、复层、混交的近自然"千年秀林"。

为最大程度保障"千年秀林"形成稳定的生态系统，实现森林自我调节、自我更新、自我演替，营造舒适宜人的森林休憩空间，"千年秀林"的树种选择遵循以下原则：

1）以适应雄安新区自然环境条件的长寿、珍贵的乡土树种为主；

2）选择抗逆性强、长势好且树体美观的树种；

3）遵循生物多样性原则，增加食源、蜜源植物，引入在当地或气候相似地区有长期（10年以上）栽培历史、适应性好、表现优良的外来种源；

4）综合考虑树种的生态效益，避免种植飘絮树种和易导致过敏的树种；

5）大量选用灌木树种和藤本植物。

（2）模式创新、专群共建

作为新区重大绿色基础设施工程，"千年秀林"项目采用大型工程建设模式推进，公开招标选取大型施工企业和专业造林公司，强强联合、共同推进植树造林工作。这种模式在保证植树造林工作专业性的同时，导入高效的工程项目管理机制，实现了整个工程的安全、质量、进度和后续管理维护，避免出现部分地方"层层分解任务、化整为零"所导致的"年年造林不见林"的现象。

此外，"千年秀林"项目创建合作造林、森林管护及用工机制。村民提供土地、每年获得稳定的土地收益金。同时，采用"专群结合，以专业队伍为主"的机制，即由三县政府统一组织当地群众参与造林施工及后续森林管护，创新劳务用工和建设者工资保障机制，设立可穿透式发放工资的建设者公司保障金，从源头杜绝拖欠工资现象。截至2019年春季造林项目，约有5万名当地群众参与新区植树造林建设，为当地群众增收近2亿元。

（3）数字森林、雄安质量

新区建设森林大数据系统，打造具有雄安特色的"数字森林"。新区运用大数据、区块链、云计算等高科技搭建的智能平台，对"千年秀林"的树木实现种植、管护、成长的全生命周期管理，为"千年秀林"的工程管理、质量控制、后期养护、综合效益评估以及资产多元化开发与利用提供了海量基础数据。

"森林大数据"平台为秀林的每棵树设置了二维码身份证（图3-10-3）。基本信息包括二维码、树木株高、胸径、地径、冠幅、苗圃产地、树种简介及所在位置（地块、区

图3-10-3　"千年秀林"二维码身份证及信息

块、小班和细班编码）等。此外，每棵树的种植、养护等信息被录入进雄安森林大数据系统中，苗木从孕育到出生、成长的每一个过程信息都可被查询，为"千年秀林"的数字化管理与服务提供了数据基础。

新区采用多种措施并举，打造植树造林的"雄安质量"。结合雄安新区植树造林新理念、新标准、新实践、新探索，组织专家和团队编制并不断完善《雄安新区造林工作手册》等标准，从规划设计、技术要点、工程管理、远期经营、档案管理、安全文明施工等方面全面梳理、总结、提升，为新区植树造林提供全新的技术和施工标准。新区积极借鉴吸收国内外植树造林成功经验，建设伊始就与院士领衔的专家咨询团队、国内著名的林业科研院校开展共建合作，并多次邀请德国、法国等国际林业专家进行现场指导，专题研讨。同时，科研与造林同步推进，在造林局部地块采用籽播造林法、日本宫胁造林法等，对比不同方法的造林效果，择优适地选用；开展新优品种苗木的引种、驯化等工作。

专栏3-1　"千年秀林"生态效益评估[1]

　　"千年秀林"的建设项目推进，将有效改善雄安新区的生态环境，发挥重要的生态、经济和社会效益。依托森林大数据平台提供的树木信息数据，参考国家

---

[1]　本文选自《雄安绿研智库观点》2018年第9期："千年秀林"助力雄安绿色生态建设——大清河片林一区为例的项目生态效益评估。

林业行业标准《造林项目碳汇计量与监测指南》及北京市地方标准《林业碳汇计量检测技术规程》，采用国际通用模型软件i-Tree Tools，以"千年秀林"大清河片林一区造林项目为例，对"千年秀林"的森林生态效益进行量化评估，具体结果见表1。

表1　大清河片林一区森林总生态效益

名称	截留雨水		净化空气		固碳释氧		
单位	m³/年	万元/年	t/年	万元/年	吸收二氧化碳（t/年）	释放氧气（t/年）	万元/年
数值	64295.80	304.08	318.92	1374.39	2858.00	2077.65	57.86

一、研究概况

　　大清河片林一区造林项目，位于雄县雄州镇和容城县平王乡，总面积约1万亩，如图1所示。项目选择高比例的常绿树种，营造了一个生物多样、四季有景、四季常绿的优美自然生态系统。雄安森林大数据显示：大清河片林一区共种植有56种、约55万株植物，其中常绿乔木6种，落叶乔木33种，亚乔木17种，灌木24种及少量草本植物。乔木层以油松、国槐、银杏等为主，灌木层以丁香、锦带、连翘、沙地柏等为主；乔灌层中常绿针叶树种株数占比为42.6%，落叶阔叶树种株数占比为57.4%。

图1　大清河片林一区现状（左）；大清河片林一区区位（右）

二、研究结果

1. 雨水截留

在城市森林覆盖较好的地区仅有5%～15%的降水形成地面径流，其余的降水均被拦截，通过植物蒸腾和下渗消耗掉。根据计算，大清河片林一区起到较好的减少地表径流作用，每年可截留雨水6.4万立方米。不同树种的雨水截留效益明显不同，山荆子、油松、国槐、白皮松的截留效益较好，单株年截留雨水量达到140升以上，见图2。

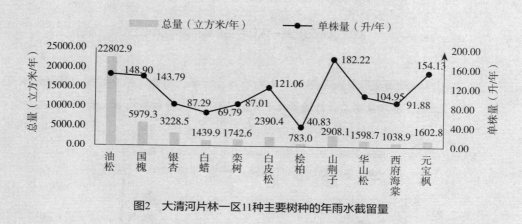

图2　大清河片林一区11种主要树种的年雨水截留量

2. 净化空气

计算结果表明，大清河片林一区11种主要树种每年可通过微粒吸附和污染物沉积降解作用拦截大气中的O_3、CO、NO_2、SO_2和$PM_{2.5}$等大气污染物318.9吨，其中可拦截$PM_{2.5}$ 272.2吨（相当于9万辆小汽车一年的排放量），O_3 17.2吨；拦截NO_2 15.8吨（相当于544辆小汽车一年的排放量），SO_2 10.7吨；拦截CO 3.2吨（相当于20辆汽车一年的排放量）[1]。

净化空气效益较好的树种依次为山荆子、元宝枫、国槐、油松，单株吸收空气污染物量大于0.7千克/年，见图3。

3. 固碳释氧

根据研究结果，大清河片林一区森林当前每年可吸收二氧化碳2858吨，可抵消0.87万成人一年所呼出的二氧化碳总量，释放氧气2077.7吨，可为0.76万成人提供一年所需氧气量[2]。至2035年，随着森林的养成，预测项目年均碳汇达1.4吨/（公顷·年）。

---

[1] 根据环保部《中国机动车环境管理年报2017》的汽车年CO、PM和NOx排放量进行换算。PM和NOx在此报告中无再进一步细分，仅用作对比换算，不作为准确数值。

[2] 成人一天呼出约0.9kg二氧化碳，需氧气约0.75kg。

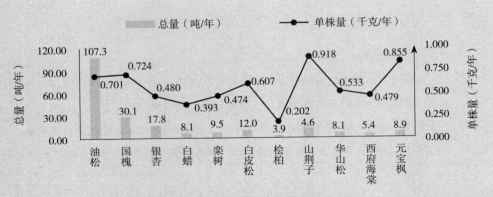

图3　大清河片林一区11种主要树种的年净化空气量

不同树种固碳释氧效益不同，山荆子、元宝枫、国槐、银杏的固碳释氧效益最好，见图4，单株吸收二氧化碳量大于5千克/年，单株释放氧气量大于4千克/年。

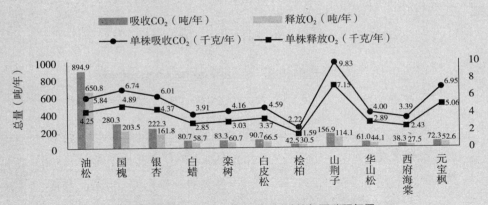

图4　大清河片林一区11种主要树种的年固碳释氧量

"千年秀林"项目同样发挥了巨大的社会效益。"千年秀林"建设以来已形成良好的群众基础，往来考察调研、参观旅游等人数络绎不绝，当地居民也将此作为休闲、交流等的绿色空间。目前，"千年秀林"已成为展示雄安新区蓝绿交织、清新明亮生态环境的重要窗口。2018年雄安新区联合中华环境保护基金会成立千年秀林项目公益基金，开展"千年秀林与小鸟的家"儿童创意绘画比赛、雄安新区常驻鸟类沙龙系列公益活动，构建雄安与社会公众的长期互动关系。以公益项目为拓展，基金将拓展围绕"千年秀林"的扶贫、教育、爱幼等更多类别的公益项目，带动新区社会公益事业的发展，树立正向的社会价值导向。

专栏3-2　"千年秀林"林业碳汇工作开展建议

一、森林大数据平台数据体系更新与数据质量维护

森林大数据为"千年秀林"项目的工程管理、质量控制、后期养护及综合效益评估提供了大量基础数据。建议大数据平台中可在现有数据架构基础上,进一步加强数据体系更新与数据质量维护。一方面结合林业碳汇本底调查工作,为实施林业碳汇提前收集碳汇本底数据资料;另一方面,结合监测和综合效益评估系统,对森林关键数据如关键树种树木的胸径、株高、冠幅等可表征树木生长质量的数据信息进行定期更新与维护,增加林地关键的生态环境数据(如气温、湿度、降水及$PM_{2.5}$浓度等),做好林地抚育期灌溉、施肥等养护信息记录与维护,增加与遥感信息的数据交互功能。

二、与林业、气象监测等部门的联系,建立完善的智慧化监测系统,进一步丰富森林大数据内涵

结合雄安新区智慧气象示范区建设,建立"千年秀林"国家标准气象观测与生态监测站,纳入国家林业生态监测评估体系,逐步提高"千年秀林"基础科研设施建设水平。项目生态效益监测系统具体包括:气候调节、净化大气环境和涵养水源3个方面7项具体内容,同时加强"千年秀林"生态监测技术创新研究,实现"千年秀林"树木生长量智慧化监测,建立体系完善的"千年秀林"区域水文过程及影响等专项智慧化监测系统。

三、与高校和相关科研机构合作,逐步建立"千年秀林"碳汇计量及生态效益评估等技术、规程,为后续项目碳汇交易提供技术储备

围绕"千年秀林"项目,与国内外科研单位合作,形成"千年秀林"科研合力,为"千年秀林"建设与养护、碳汇等提供理论指导与技术支持支撑,如开展《"千年秀林"碳汇评估技术规范》《"千年秀林"碳汇创新方法学研究》《森林大数据与林业碳汇创新发展研究》等工作。

四、全面做好"千年秀林"的生态效益评估,推行林业碳汇试点项目

根据对现有"千年秀林"大清河片林一区的调研与预测的基础上,将森林碳汇等生态效益评估工作扩展到"千年秀林"项目其他地块,提前布局林业碳汇,推行一批储备试点项目。

五、积极开展雄安新区林业碳汇管理创新研究，积极纳入河北省碳普惠试点工作

推进开展新区林业碳汇的创新管理政策研究，包括对资金管理、林地养护、项目监测与管理、碳汇交易等相关的管理办法，出台《雄安新区林业碳汇交易试点方案》，并积极对接河北省碳普惠试点工作，将"千年秀林"项目碳汇方法学研究与交易纳入河北省相关政策支持范围。

六、以森林碳汇为契机，推行雄安新区绿色低碳政策与机制创新

以"坚持深化改革，打造体制机制新高地，为新区建设发展创造良好条件，发挥对全国全面深化改革扩大开放的引领示范作用"为目标，以"千年秀林"碳汇应用为开端进行绿色低碳政策创新，包括绿色建筑、绿色交通、创新产业领域的减碳技术、方法与政策研究，研究并推动新区企业与个人的碳中和、碳积分应用，通过碳汇、个人及企业节能减排项目，推动技术产业升级，真正降低雄安新区的碳排放，推动在雄企业、个人的绿色生活实践。

10.2 白洋淀治理恢复华北之肾

自新区设立以来，白洋淀生态环境治理方面的体制机制逐步完善，工程项目实现稳步推进（图3-10-4）。

2017	2018	2019
• 5月10日，为期10天的《白洋淀生态环境治理和保护规划》工作营开营 • 6月16日至7月10日，保定市开展白洋淀上游流域环境综合整治集中行动，重点对8条入淀河道及河道流域1公里范围内的区域进行综合整治 • 7月10日，环保部将白洋淀、洱海、丹江口定义为"新三湖" • 9月8日，河北省印发《雄安新区及白洋淀流域水环境集中整治攻坚行动方案》	• 5月16日，河北雄安新区生态环境局挂牌成立；9月11日，新区容城、安新、雄县生态环境分局挂牌成立 • 9月3日，中共河北雄安新区工委委员会、河北雄安新区管理委员会发布《河北雄安新区实行河湖长制工作方案》 • 10月10日-2019年1月20日，开展为期100天的"走遍雄安"新区环境综合管理计划 • 11月6日，河北雄安新区党工委管委会党政办公室发布《河北雄安新区生态环境损害赔偿制度改革实施方案》	• 1月初，河北省正式印发通知，部署《白洋淀生态环境治理和保护规划（2018—2035）》组织实施工作 • 3月，河北省生态环境厅明确提出要在2019年建立白洋淀水环境质量目标考核评价机制和扣缴生态补偿金制度 • 2019年将推进淀区面源污染治理、淀区水产养殖、畜禽养殖、新区工业固废和医疗废物、白洋淀旅游餐饮污染管理、柴汽油船舶等13项管控措施
白洋淀流域环境综合整治开局之年 • 紧紧围绕《雄安新区及白洋淀流域水环境集中整治攻坚行动方案》，开展纳污坑塘、河道垃圾、农村生活垃圾等十项专项整治行动 • 开展洗脸工程 • 引黄入冀补淀工程开始试通水	**环境综合整治攻坚年** • 唐河污水库污染治理与生态修复工程纳污坑塘治理 • 继续推进洗脸工程 • 白洋淀生态补水：白洋淀上游水库为白洋淀补水；引黄入冀补淀工程补水；南水北调中线工程通过瀑河水库为白洋淀补水；白洋淀上游王快、西大洋水库为白洋淀补水 • 开展"走遍雄安"生态文明教育实践活动	**《白洋淀规划》实施首年** • 2019年白洋淀生态环境治理将实施6大类47项工程： ①唐河污水库污染治理与修复项目（2个） ②白洋淀上游入淀河流环境综合整治（8个） ③淀区内环境综合治理（8个） ④淀外环境综合治理（25个） ⑤生态补水配套工程（2个） ⑥生态环境监测能力建设（2个）

图3-10-4 2017—2019年新区白洋淀生态环境治理体制机制建立与工作开展大事记

2017年是白洋淀流域环境综合整治的开局之年。河北省印发《雄安新区及白洋淀流域水环境集中整治攻坚行动方案》，提出要切实改善雄安新区及白洋淀流域水环境质量，确定了纳污坑塘、河道垃圾等10项专项整治行动。重点进行新区乡镇及村庄生活垃圾无害化处理、新区及白洋淀流域上游两侧城乡垃圾无害化处理工作，全面开展"洗脸工程"，聚焦入淀河流两岸和三县村庄各类垃圾，采用无人机航拍和组织力量现场摸排相结合，大力实施河道清洁专项行动。

2018年作为环境综合整治攻坚年，重点推进了白洋淀流域水环境综合治理。雄安新区在唐河污水库一期工程污染治理、纳污坑塘、整治"散乱污"企业等方面，聚焦突出问题，精准施策，使新区生态环境取得明显改善。与2017年相比，白洋淀淀区（湖心区和南刘庄综合评价）水质有所好转，主要污染物总磷、氨氮浓度同比分别下降35.16%、45.45%，完成606个纳污坑塘和5条黑臭水体治理，强化133家涉水企业监管，封堵入河入淀排污（排放）口11395个，清理河道垃圾约130.9万立方米，并深入开展对13531家"散乱污"企业再排查、再整治，切实抓好378家畜禽养殖综合整治工作，持续开展固废风险隐患排查和集中清理，稳步推进围堤围埝清理工作，白洋淀生态环境改善效果明显。同时，深入开展了"走遍雄安"生态文明教育实践活动，走访村庄2万余个次，共发现整改问题11210个，推动改善城乡环境。

2019年是《白洋淀规划》实施的开局之年。年初河北省委、省政府下发《关于印发〈白洋淀生态环境治理和保护规划〉的通知》，对《白洋淀规划》的各项组织实施工作进行安排部署。根据《白洋淀规划》提出的近期治理目标，2019年白洋淀生态环境治理将实施唐河污水库污染治理与修复、白洋淀上游入淀河流水环境综合整治、淀区内环境综合治理、淀外环境综合治理、生态补水配套工程、生态环境监测能力建设等6大类47个治理项目❶。

与一般的生态环境治理或河湖治理项目不同，白洋淀生态环境治理具有以下特点：

首先，白洋淀生态环境治理强调流域综合治理。白洋淀不只是雄安新区的白洋淀，还是大清河流域的白洋淀，包括白洋淀淀区、8条入淀河流和1条出淀河流。白洋淀生态环境治理是流域层面上的综合治理，需要流域协同。

第二，白洋淀生态环境治理是一项系统性工程。白洋淀生态环境治理包括生态需水保障、水环境综合治理和水污染防治、水生态修复等，同时也需要创新生态环境管理机制，加强流域生态环境监测预警能力建设，强化科学管控，建立遵循自然规律的生态保护制度，重视公众参与。

第三，白洋淀生态环境治理以相应的规划为指导。《白洋淀规划》作为白洋淀生态环境治理工作的顶层设计，为白洋淀生态环境治理和修复工作制定了近远期目标、主要任务、战略部署等，为白洋淀生态环境治理提供科学的保障。

---

❶ https://mp.weixin.qq.com/s/T8QaP9gdk2rR64mcUO8tWg

第四，白洋淀生态环境治理以先进理念、技术创新为支撑。白洋淀生态环境治理坚持生态优先、绿色发展理念，在工程项目设计、实施、管理以及管控机制建立等方面需要因地制宜，不断创新。新区设立以来，国家和新区相关部门和科研机构联合开展了水体污染控制与治理重大专项"白洋淀与大清河流域（雄安新区）水生态环境整治与水安全保障关键技术研究与示范"、白洋淀水生生物资源环境调查及水域生态修复试验示范工程等科研及示范项目等，为白洋淀生态环境治理工作的大规模建设实施及相关政策机制的建立提供了理论基础和技术支撑。同时，国内相关领域先进企业踊跃参与白洋淀生态环境治理和生态修复工作，并引入先进理念和最新专利技术，为这一工作注入了创新活力。

本节分别从白洋淀生态环境科学管控、生态需水保障、水环境综合治理与水污染防治、生态修复等四个方面探讨白洋淀生态环境治理方面的绿色实践探索。

10.2.1 生态环境科学管控

自雄安新区设立以来，相关部门颁布实施了一系列政策法规，加强白洋淀生态环境治理创新，具体体现在以下几个方面：

（1）政策制度体系

1）2018年9月3日，中共河北雄安新区工作委员会、河北雄安新区管理委员会发布《河北雄安新区实行河湖长制工作方案》，结合雄安工作实际，提出雄安新区实行河湖长制工作的总体目标、基本原则、组织体系、主要任务、保障措施等，为雄安新区推行河湖长制，建立科学高效的白洋淀河湖管理体系奠定了基础。

2）雄县、安新县分别于2018年9月9日和9月17日发布关于禁止白洋淀水域水产养殖的"禁令"。

3）2018年11月6日，河北雄安新区党工委管委会党政办公室发布《河北雄安新区生态环境损害赔偿制度改革实施方案》，结合雄安工作实际，明确了雄安新区生态环境损害赔偿制度改革工作的总体要求、适用范围、主要任务、保障措施，推动了雄安新区生态环境管理体制机制的建立与完善。

4）根据《白洋淀规划》，结合白洋淀生态环境治理和修复工作实际，河北省生态环境厅明确提出要在2019年建立白洋淀水环境质量目标考核评价机制和扣缴生态补偿金制度，构建入淀河流跨省界、市界、县界断面水质监测体系，建立白洋淀水环境质量目标考核评价机制和扣缴生态补偿金制度，严格考核、及时扣缴、按月通报、按季奖惩。

（2）治理政策及实施情况

2017年9月河北省政府办公厅印发《雄安新区及白洋淀流域环境集中整治专项行动方案》，提出对淀区纳污坑塘、白洋淀上游入淀河流河道垃圾、农村生活垃圾、淀区村庄周边水面漂浮物及垃圾、城市和县城黑臭水体、入河排污口、工业企业污水达标排放、畜禽养殖、城镇污水处理厂污泥处置、运行监管和管网雨污分流、工业固体废物规范化管理等10个专项整治行动，并提出相应管控要求。

2018年雄安新区生态环境局组织制定了《雄安新区及白洋淀流域2018年生态环境治理工作方案》，随后，雄安新区相继印发《河北雄安新区白洋淀综合整治攻坚行动实施方案》和《河北雄安新区白洋淀流域环境污染状况大排查实施方案》。重点开展白洋淀流域入河入淀排污口整治、工业污染源达标排放、农村生活污水排放整治和厕所改造及垃圾清运处理、入淀口生态湿地建设、水产和畜禽养殖清理、纳污坑塘整治等六大专项攻坚任务。全面开展河湖库淀、工业企业、农村环境、畜禽养殖、坑塘和黑臭水体、固体废物、医疗废物、城镇无污水和垃圾八大排查行动，全方位摸清白洋淀环境状况，并制定整治计划，明确整治目标、时间节点和验收标准。

2019年以来，雄安新区严格实施白洋淀水生态环境保护政策，集中开展推进13项管控措施：淀区面源污染治理、彻底清理白洋淀淀区水产养殖设施、全面清理已有畜禽养殖设施、加强新区内的工业固体废弃物和医疗废物管理、加强旅游餐饮污染管理、严格管控汽柴油动力船舶、谋划开展水污染预警指纹溯源研究、统筹科学补水和放水、加强生态环境监测、提升水环境质量监控预警和应急响应能力以及加大自然保护区监管力度。

2019年上半年雄安新区着力开展了涉水工业企业整治、加油站防渗改造、淀中村小型污水站整治、旅游餐饮治理、水污染应急和饮用水水源地保护6项工作，收效明显[1]：

1）开展涉水工业企业达标整治。制定《河北雄安新区涉水工业企业达标排放专项整治方案》，对新区涉水工业企业和污水处理厂进行全面排查。截至6月底，涉水工业企业及污水处理厂出水稳定达到《城镇污水处理厂污染物排放标准》一级A标准。整治方案提出，2020年底前，新区所有涉水工业企业和城镇污水处理厂提标改造完毕，出水一律执行《大清河流域水污染物排放标准》核心控制区排放限值。

2）加快推进加油站防渗改造。3月6日，新区生态环境局联合新区改革发展局、综合执法局、规划建设局、安全监管局和公安局印发《河北雄安新区推进加油站地下油罐防渗改造工作的指导意见》，对三县129座加油站454个油罐进行防渗改造，于6月25日全部完成。

3）开展淀中村小型污水站达标整治。对安新县113座（其中入淀98座）淀中村小型站再次开展全面取样监测，不达标的污水站立即停止检修，对排污口进行规范化建设改造，严禁污水入淀。

4）加强饮用水水源地保护。全面开展饮用水水源地违规项目清理，督促尽快完成雄县、安新县水源地划分工作；组织开展村、镇"千吨万人"饮用水水源地基础信息填报工

❶ https://mp.weixin.qq.com/s/hXz4qaLNqXdShsY8w8Kg9A

作，摸清底数；组织容城县开展2019年度已划定县级饮用水水源地保护区的状况评估，编写评估报告。

5）加强淀区旅游餐饮污染治理。制定《安新县农家乡村酒店综合整治提升实施方案》，对安新县范围内的临河、临淀、临沟渠、淀中及重点区域周边一公里范围内的所有农家乡村酒店进行环境治理，重点治理农家乡村酒店污水和垃圾餐厨等污染问题。

6）开展水污染应急处理工作。查处白洋淀上游入淀河流府河水质污染事件，及时启动应急响应并发布应急预警，根据水质变化情况，按时撰写水质应急监测专报，及时掌握上游来水水质变化情况，迅速采取截污、分流、治理、补水、监测等应急处置措施。撰写水质快报、上游来水水质异常专项报告，避免了上游污水流入白洋淀，有效防范了水污染事故发生。

10.2.2　生态需水保障

恢复淀泊水面，使白洋淀正常水位保持在6.5 ~ 7.0米，需要建立多水源补水机制，统筹引黄入冀补淀、上游水库及本地非常规水资源，合理调控淀泊生态水文过程，并通过建设水系连通工程，联合调度安格庄、西大洋、王快、龙门等上游水库水量，恢复淀泊水动力过程。

2017年，白洋淀上游的王快、西大洋水库联合向白洋淀补水2次，白洋淀收水近9000万立方米。2018年实现4次补水，入淀水量达到1.72亿立方米，其中南水北调中线工程通过瀑河水库为白洋淀补水1.12亿立方米，西大洋和王快水库联合向白洋淀补水2800万立方米。根据雄安新区生态环境局相关资料显示，2018年12月，白洋淀实时面积达到310平方公里，比2017年4月时增加约47平方公里。

根据《白洋淀规划》，综合生态用水、水资源平衡及区域水资源状况等因素，确定近期白洋淀生态需水量为每年3 ~ 4亿立方米，主要通过内部节水挖潜、外部调水补充、区域优化配置、建立多水源补水机制，统筹引黄入冀补淀、白洋淀上游水库、南水北调中线工程补水及再生水利用等水源补水。在此重点对引黄入冀补淀线路、南水北调中线补水线路和白洋淀上游水库补水线路等工程进行介绍。

（1）引黄入冀补淀线路

引黄入冀补淀补水线路包括引黄入冀补淀工程及白洋淀引黄大树刘泵站工程。

1）引黄入冀补淀工程

引黄入冀补淀工程旨在为沿线地区农业供水和向白洋淀实施生态补水，缓解沿线农业灌溉缺水及地下水超采状况，改善白洋淀生态环境，并可作为沿线地区抗旱应急备用水源，河北省按冬四月（11月至来年2月）引水，年均引黄水量6.2亿立方米，可向白洋淀生态补水1.1亿立方米。引黄入冀补淀工程跨越黄河、海河两大流域，自河南省濮阳县渠村引黄闸取水，途经河南河北两省的濮阳市、邯郸市、邢台市、衡水市、沧州市、保定市6市26个县（市、区），最终进入白洋淀。线路总长482公里，其中河南境内为84公里，河北境内为398公里。工程于2015年10月26日开工，共计疏挖河渠195.02公里，疏挖后衬砌120.60公里，局部复堤段58公里，新建、改造巡视路33.60公里，整治引水闸、分水枢纽、沉沙池、节制闸、引排水建筑物、桥梁、倒虹吸等各类建筑物518座。2017年11月16日，引黄入冀补淀工程开始试通水。

为了解决黄河水含沙量大问题，保障输入水质，该工程设计了2600亩的沉沙池截住黄河泥沙（图3-10-5），输入线路沿途设了多个水质监测点。2018年11月29日至2019年3月16日，引黄入冀补淀工程圆满完成并实现首次正式向雄安新区输水，渠首闸共引黄河水约3.5亿立方米，其中，向河北沿线提供生产、生态补水约2.7亿立方米，向白洋淀提供生态补水约8000万立方米。

图3-10-5　引黄入冀补淀工程沉沙池
（来源：https://mp.weixin.qq.com/s/RVDg_GPDs9jXwgfMGwZF3A）

引黄入冀补淀工程作为国务院确定的172项节水供水重大水利工程之一，是国家战略工程，也是雄安新区生态水源保障项目，对保障雄安新区水资源、白洋淀水环境质量及水生态恢复具有重要作用。

2）白洋淀引黄大树刘泵站工程

白洋淀引黄大树刘泵站工程位于雄安新区雄县七间房乡大树刘庄村引黄入冀补淀工程末端的入淀口处（图3-10-6）。作为雄安新区设立后第一个开工建设的永久性水利工程，该工程泵站设计流量30立方米/秒，设计扬程2.7米；布置7台立式潜水轴流泵，总装机容量1540千瓦，总投资1.49亿元。

该工程于2018年10月10日开工建设。2019年1月21日，泵站的主体泵房施工全部完成，7组水泵机组安装到位，具备了临时通水条件。2019年2月1日零时起，泵站三台水泵

图3-10-6　白洋淀引黄大树刘泵站工程效果图（左）和施工现场（右）

（来源：左：https://mp.weixin.qq.com/s/-XTwRPblabE49_qcdQvuZA；右：https://mp.weixin.qq.com/s/JLKUFtuxLKHfAMwQAcFqwg）

陆续启动，至2月28日，不间断运行657小时，圆满完成向白洋淀进行生态补水3500万立方米的既定目标。

白洋淀引黄大树刘泵站工程对于建立引黄补淀工程线路常态化稳定补水机制意义重大，是实现白洋淀多水源补水机制、保证实现淀区正常水位6.5~7.0米目标的关键。

（2）南水北调中线工程补水线路

2018年4月中旬至6月中下旬，南水北调中线一期工程通过北易水退水闸、瀑河退水闸、郑家佐分水口，向相关河道及白洋淀实施生态补水。本次是南水北调中线工程首次向白洋淀实施生态补水，白洋淀及其上游河道共获生态补水1亿立方米。从补水线路里程方面考虑，从瀑河水库到白洋淀只有50公里，相较于其他补水线路，南水北调总干渠通过瀑河水库经瀑河河道向白洋淀生态补水为最近的补水方案。南水北调中线总干渠经瀑河、一亩泉河和北易水河向白洋淀适当补水，一方面增强了白洋淀生态需水保障，同时也促进了白洋淀水环境质量提升和水生态恢复。

（3）白洋淀上游水库补水线路

综合考虑补水线路距离、河道丰枯变化，并统筹流域河道生态补水，白洋淀上游水库向白洋淀补水一般包括以下几种：1）利用王快水库通过沙河总干渠—月明河—孝义河向白洋淀补水；2）利用西大洋水库通过唐河总干渠经大水系工程向保定市区、白洋淀补水；3）通过王快水库—西大洋水库连通工程把王快水库的水引入西大洋水库，再用西大洋水库通过唐河总干渠经大水系工程向保定市区、白洋淀补水。

2018年4月初至6月初，王快水库和西大洋水库联合调度实施对白洋淀补水，全程150多公里，流入白洋淀的水量约为2800万立方米，补水水质均为地表水Ⅰ类，有助于白洋淀水位提升和白洋淀水质改善。

针对白洋淀生态补水，绿研沙龙第17期主讲嘉宾中国土木工程学会水工业分会理事长张悦教授以《雄安水战略思考》为主题进行分享，其蕴含的"流域统筹、节水优先"等思想与《白洋淀生态环境治理和保护规划（2018—2035年）》相关内容相融相通，并为雄安水域保护及治理提出相关建议。

专栏3-3　雄安水战略思考❶

一、转变白洋淀上游水库功能。白洋淀上游地区农业节水方面通过种植业结构调整及节水灌溉技术应用，上游城市通过合理利用南水北调中线工程调水量，做好节水及再生水循环利用，从而实现上游水库功能由农业灌溉、城市供水逐步向生态修复（生态补水）过渡，以还生态自然之水。

二、统筹流域治污。以入淀河道为脉络，梳理统筹污水处理设施的提标改造和新建污水处理设施；既要着眼新工程规划建设，更要注重发挥现有设施的基础性作用。根据调查，白洋淀流域现有污水厂约58座，设计规模达149万立方米/日，每年实际处理水量超过4亿立方米，这是宝贵的再生水源，应当"有组织"地引入河道，减少渗漏蒸发损失，形成径流不息的生态基流。

三、再造优质水源。做好白洋淀水污染防治工作，探索相应机制，从流域、区域统筹考虑雄安新区的污水处理及资源化再利用问题，做好白洋淀上游特别是保定市每天一百多万吨污水的资源化再利用，严禁污水超标排放。

四、实现双源补水。双源补水主要是指天然径流和再生水两种水源为河流补充生态基流，实现双源补水。目前北京和广州再生水为河湖生态补水效果不错。雄安应做好"自然水+再生水"双源补水入淀，补充白洋淀生态需水。

五、构建复式景观。雄安水面蒸发量约为降水量的两倍多，在规划建设过程中要顺应严重缺水的自然条件，避免无谓的蒸发蒸腾消耗，反思与生态优先理念相悖的大水大绿，量入为出，细水长流，水景观不靠大水面。适当营造适应丰枯变化的双层景观，做到生态功能和视觉效果的统一。构建自然滞蓄的海绵体系，自然海绵和人工海绵有机结合。

> 河水潺潺蒸发减，景观不靠大水面；
>
> 流苏提高水深浅，透光增氧水草现；
>
> 生态护坡双景观，绿道建在坡中间；
>
> 平日骑车加休闲，汛时禁行任水淹；
>
> 本土植物循环水，生态恢复要为先；
>
> 滞蓄净绿顺自然，天人合一乐其间！

❶ 更多专家观点详见：https://mp.weixin.qq.com/s/ODl3C3LmqxxaPSkwt3Y1pA

六、推行分类供水。一是优质的饮用水系统，以南水北调中线为水源，采用先进的深度处理工艺，配套高品质饮用水管网，提供与国际标准接轨的直饮水。二是最安全的再生水系统，利用河（湖）岸过滤，这一强大、自然、可持续的水处理工艺，实现水的健康循环。具体来讲，经污水处理厂处理后的再生水接入河道，既能帮河道恢复生态基流，河道又能净化水质。先把它放回自然，这些再生水经河道汇入白洋淀后不是直接取白洋淀的水，而是取白洋淀周边侧渗的浅层地下水，一年四亿立方米的再生水量只取两个亿。通过岸边侧渗取水，再通过膜渗透处理工艺，两个人工处理过程加上自然的协同形成高质量的再生水系统，以再生水为资源可节约调水量约50%。

10.2.3　水环境综合治理与水污染防治

根据白洋淀流域水环境综合治理与水污染防治方面工作的开展情况，在此重点介绍纳污坑塘治理、淀区农村环境问题一体化综合治理项目和白洋淀上游入淀河流水环境综合治理项目三个方面的工作。

10.2.3.1　纳污坑塘治理

新区开展了三县纳污坑塘的排查治理工作，共排查出纳污坑塘810个，其中有水纳污坑塘606个（雄县143个，安新县381个，容城县82个），分为畜禽养殖污水型、生活垃圾堆积污染型和工业废水污染型三种类型，新区为全部有水纳污坑塘逐一建立台账，实行一坑一策整治。三种纳污坑塘的治理过程大致包括生活垃圾清理、源头截污处置、污水和底泥污染治理或资源化利用、水生生态系统构建等四个阶段的工作，具体见图3-10-7。截至2018年底已完成606个有水纳污坑塘的治理工作。

经过治理后的坑塘水和底泥将分别达到正常水体和土壤功能区标准。此外，对于治理后的纳污坑塘，因地制宜实施生态修复，如种植本土湿生植物芦苇、荷花等水生植物，同时坑塘边坡种植草皮、花草及固土效果明显的本土植物，以达到稳固坑塘坡面、净化水质、修复水体生态和美化景观等目的。

根据雄安新区纳污坑塘治理工作开展情况，在此以四个典型案例来介绍雄安新区纳污坑塘治理方面的绿色理念及绿色实践探索。

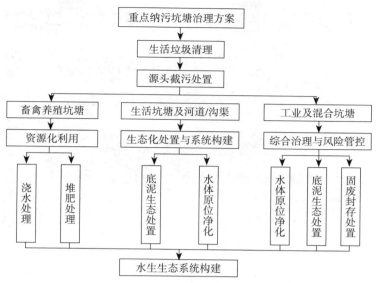

图3-10-7　重点纳污坑塘综合整治技术方案❶

（1）唐河污水库污染治理与生态修复一期工程

唐河污水库位于安新县西南部，是1975年国家第一次大规模治理白洋淀水污染问题建设的重点工程之一，库尾距离白洋淀只有2.5公里，总容量1350万立方米。唐河污水库在唐河行洪主河道内，距两侧堤岸150米分别加筑小堤，形成"三河四堤"狭长的南北两库，是为处理保定市区工业污水而采取的临时性措施。北库于1977年11月投入使用，计划于1979年停用，但是直到2017年6月底才实现彻底截污，超期运行近40年。

为解决唐河污水库多年来历史遗留污染问题，通过对库内余存污水和固体废物的治理，消除库内污染物下泄对白洋淀带来的污染风险隐患，雄安新区启动唐河污水库污染治理与生态修复一期工程。

一期工程包括两部分：一是污染治理部分，包括库内疑似爆炸物探测、挖掘及外运处置，存余污水治理、固体废物清理、外运与处置（含约1万吨疑似危险废物），地下水污染监测、库区隔离维护、信息化大数据平台应用等工程；二是生态修复部分，通过生物措施恢复污水库库区生态系统，构建南北库生态对照组。

项目方案设计和实施全过程坚持污染治理和生态自我修复相结合的理念，并分两阶段实施：第一阶段治理北库上游约7.5公里，第二阶段治理北库下游和南库约27.5公里，主要以"草花植被"为主开展生态修复与恢复。

工程技术路线如图3-10-8所示，其中存余污水处理过程为库区1号、2号、3号、4

---

❶　高云亮，邵成. 纳污坑塘的综合整治——以雄安某重点纳污坑塘综合整治项目为例［J］. 黑龙江生态工程职业学院学报，2019，32（02）：12-14.

图3-10-8　唐河污水库污染治理和生态修复一期工程技术路线图

号、5号坑塘存余污水统一抽排至6号坑塘调节池，采用原位处理方式，经模块化成套污水处理设备处理达到《城镇污水处理厂污染物排放标准》GB 18918—2002一级A标准，作为库区生态修复用水。

该工程采用生态修复的方式，通过植物修复技术降低库区内高浓度污染底泥的生态风险的同时，提升了库区景观品质，成为新区典型的环保教育基地。

（2）纳污坑塘及重点支干渠治理项目——坑塘一标段温泉湖治理项目

坑塘一标段温泉湖位于雄县，原来的温泉湖污染严重，黑臭水里杂草丛生，水体富营养化严重，蚊虫滋生，见图3-10-9（左），严重影响了城区景观效果。温泉湖治理项目为雄县纳污坑塘治理的重点工程之一，工程内容包括积存垃圾清理（已完成）、围挡建设（已完成）、污染水体治理30000立方米和治理污染底泥30000立方米。治理后，底泥达到《土壤环境质量标准》GB 15618—1995二级标准，水质达到《地表水环境质量标准》GB 3838—2002V类标准，治理后效果见图3-10-9（右）。

图3-10-9　雄县温泉湖治理前（左）后（右）对比图
（来源：http://www.casic.com.cn/n103/n135/c10529633/content.html）

（3）雄县马务头村"纳污坑塘"治理工程

雄县马务头村"纳污坑塘"污染史长达30年，污染源主要是养猪场废物、生活垃圾、生活污水等（图3-10-10），坑塘内水污染非常严重，恶臭味遍布整个村庄。2018年6月，在雄县政府的支持和协调下，北京京海创能科技有限公司自行出资170余万元，以马务头村"纳污坑塘"水污染治理为试点，进行"石墨烯光催化氧化污水净化技术"示范性作业（图3-10-11）。

图3-10-10　坑塘治理初期布满垃圾的水面
（来源：http://www.xiongan.gov.cn/2018-07/26/c_129921213.htm）

图3-10-11　"石墨烯光催化氧化污水净化技术"示范性作业
（来源：http://www.xiongan.gov.cn/2018-07/26/c_129921213.htm）

由于该村没有地下排水管廊，村民的生活污水仍然要排入坑塘内，石墨烯治水技术将有效解决该坑塘水质长期保持的难题。相比其他水体净化技术，石墨烯治水技术最大特点是具有持久的净化效果，而且操作维护简单、成本低，适合农村纳污坑塘和沟渠的治理。

（4）安新县西马三村畜禽养殖污水型纳污坑塘治理工程[1]

雄安新区安新县寨里乡的西马三村，由于当地养殖户常年排放养殖粪污到坑塘中，造成坑塘污染，严重影响了当地生态环境。对此，北京碧水源科技股份有限公司采用碧水源智能一体化污水净化系统（CWT），对该纳污坑塘进行了成功治理。该工程将治理污染、净化环境、回收能源、综合利用、改善生态环境有机结合，污水经处理和污泥堆肥后作为农灌水、有机肥物料使用，有效减少了农田化肥施用量，降低了地表水和地下水污染风险，恢复了周边生态环境，不但解决了当地坑塘内的养殖污水问题，还进一步实现了资源化利用。

---

[1]　http://huanbao.bjx.com.cn/news/20181207/947395.shtml

10.2.3.2 淀区农村环境问题一体化综合系统治理先行项目

白洋淀水域污染40%为内源污染，为实现到2020年白洋淀水质逐步恢复到Ⅲ～Ⅳ类的目标，农村污水、垃圾和厕所等环境污染问题的治理是当务之急。2018年7月，新区成立了白洋淀农村污水、垃圾、厕所等环境问题一体化综合系统治理工作专班，召集专班成员研究加快推进项目进展，并制定了《白洋淀农村污水垃圾厕所等环境问题一体化综合治理项目攻坚实施方案》。同时，新区调动各级干部群众积极性，鼓励引入各种先进治理技术，参与治理农村环境问题，形成政府支持、社会参与、群众响应的共同治理格局。2019年初，雄安新区以白洋淀78个淀中、淀边村污水、垃圾、厕所等环境问题综合系统治理先行项目为抓手，全力推动农村村容村貌改善，为后续农村生态环境综合系统治理提供经验和样本。

邵庄子村是典型的纯水区村，作为一体化综合系统治理项目首批入驻的淀中村❶，现已完成污水收集管网铺设工作并启动了应急一体化处理站，实现了污水的及时妥善处理。

邵庄子村采用两种污水收集方式：一是利用原有管网进行输送，二是对没有管网和集中收集的村户铺设临时收集桶（图3-10-12），在不影响村民正常生活的情况下进行生活污水的收集，并保障污水稳定地进入一体化装置。应急一体化处理站建成后，将分预处理、深化处理和后端膜处理三个步骤来处理污水，并引入生态处理体系，利用水葱、菖蒲、金鱼藻等当地常见水生植物的根系再次吸附处理后的水中污染物。该项目的实施，使邵庄子村生活污水得到有效治理，生活污水达标排放，并降低淀区水质污染风险（图3-10-13）。

图3-10-12 邵庄子村目前的污水收集设施（上）与生态净化系统（下）
（来源：https://mp.weixin.qq.com/s/NeWhYci6_v6evi-P6idasg）

图3-10-13 邵庄子村生活污水处理前后与河水水质直观对比
（来源：https://mp.weixin.qq.com/s/NeWhYci6_v6evi-P6idasg）

---

❶ https://mp.weixin.qq.com/s/NeWhYci6_v6evi-P6idasg

在收集污水的同时，邵庄子村推进实施智慧运维监视系统，实现设备无人值守，且可通过手机中的APP客户端，实时监控污水处理状态及各项指标情况。

10.2.3.3　白洋淀上游入淀河流水环境综合整治项目

白洋淀上游入淀河流水环境综合整治项目包括府河入淀口湿地水质净化工程、孝义河入淀口湿地水质净化工程、白洋淀退耕还淀生态湿地工程、唐河入淀口湿地建设与生态修复工程以及府河、孝义河、瀑河、萍河（新区段）河道综合治理项目和导污治污渠建设等8个工程项目，是雄安新区2019年白洋淀生态环境治理重点推进项目。在此重点介绍府河河口湿地水质净化工程和孝义河河口湿地水质净化工程。

（1）府河河口湿地水质净化工程

府河河口湿地水质净化工程位于府河、漕河、瀑河河口地区，主要任务是净化府河、漕河、瀑河入淀水质。工程设计净化处理规模为25万立方米/天，总占地面积约4.0平方公里，主要包括引配水工程、湿地水质净化工程、物联网工程及配套设施。预计2020年6月底工程完工。

（2）孝义河河口湿地水质净化工程

孝义河河口湿地水质净化工程的主要任务是削减孝义河污染物、提升入淀水质，兼顾改善白洋淀区域生态环境，提升生态景观品质。工程位于安新县同口镇南、龙化乡北，建设范围涉及同口镇的同口四村、郝关村以及龙化乡的拥城村，工程永久占地1.98平方公里，设计净化处理规模为20万立方米/天。工程包括引配水工程、水质净化工程、物联网工程及配套设施等，预计2020年6月底工程完工。

府河河口湿地水质净化工程和孝义河河口湿地水质净化工程是白洋淀水环境治理和水污染防治重点工程，是落实《规划纲要》，加强水环境治理，坚持流域"控源—截污—治河"系统治理思路，实施入淀河流水质目标管理的标志性工程。两工程均采用"前置缓冲/沉淀生态塘+潜流湿地+表流湿地"相结合的方式，用矿化法（或物化法）结合生物法去除污染物，削减总磷和化学需氧量，出水保证总磷和化学需氧量去除率达到50%以上，其他污染物去除率达到40%以上。工程建成后，将有效削减府河、孝义河、瀑河和漕河等入淀河流污染物，提升入淀水质，确保入淀水质达标，对改善白洋淀区域生态环境，提升生态景观品质具有重要生态意义。

10.2.4　生态修复

新区在白洋淀生态修复工作方面已开展了白洋淀水生生物资源环境调查、水域生态修复试验示范工程及唐河入淀口湿地生态保护项目等。

10.2.4.1　白洋淀水生生物资源环境调查及水域生态修复示范项目

"白洋淀水生生物资源环境调查及水域生态修复示范项目"由农业农村部设立，中国水产科学研究院负责组织实施，河北省海洋与水产科学研究院、河北大学等单位参与课题研究，在对白洋淀及上游水系水生生物资源和生态环境全面调查的基础上，利用"水生生物生态屏障构建、栖息生境营造、区域分级养护"三大技术，在白洋淀进行恢复水生生物资源种群结构、修复水域生态系统的示范。

该项目于2018年6月12日启动，于2019年初项目取得了阶段性成果。项目在鲥鱼淀淀区基于对水产保护区、草型淀区和藻型淀区3种生态修复模式的研究，集成水生生物养护、生态预警和栖息生境营造技术，优化鱼类增殖放流和繁殖群体结构，并已建成200亩白洋淀水域生态修复试验区和1500亩白洋淀水域生态修复示范区（图3-10-14）。

图3-10-14　白洋淀水域生态修复示范区
（来源：https://mp.weixin.qq.com/s/ecrCcnOzF_fBHiAA-YtkmA）

该项目通过系统调查白洋淀流域75个站位的水生生物资源和环境，获得浮游动植物、水生植物、鱼类资源等数据8万条，29个水质及沉积物等环境指标数据6500条，初步掌握调查区域水生生物资源与环境现状，并制作形成白洋淀湿地、水生植被等专题图件36张，为白洋淀增殖放流研究和生态系统服务功能评价奠定重要基础。目前，项目初步形成了适用于白洋淀水域生态环境治理的"以渔净水、以水养鱼"模式，探索形成白洋淀水域生态修复的新技术、新方法和新模式。

10.2.4.2　唐河入淀口湿地生态保护项目

唐河入淀口湿地生态保护项目位于白洋淀南侧唐河入淀口区域，西至唐河大桥，北接北曲堤村，南邻现状油井设施，东至现状挡水埝，占地面积约470公顷。

项目以生态优先、最小干预为原则，在统筹规划、合理布局、尊重现状的基础上，实施生态基底工程、生态水文工程、水质净化工程、水岸构建工程、植物群落恢复工程、动物生境营建工程、湿地景观构建工程与科研宣教工程，恢复湿地生物多样性，为鸟类、鱼类、底栖动物等生物提供栖息地，致力于打造低影响、近自然、可持续发展的湿地生态系统恢复示范区。

白洋淀生态环境治理和修复工作是实现雄安新区以城兴淀、城淀共融的基础。在此通过《创新白洋淀治理效果评估机制，推进白洋淀健康管理》《基于区块链技术的白洋淀生态价值实现路径研究》两篇专栏文章，探讨白洋淀生态环境治理和修复工作管理机制创新，研究新技术在白洋淀生态价值市场化方面的应用可能。

专栏3-4 创新白洋淀治理效果评估机制，推进白洋淀健康管理[1]

《河北雄安新区规划纲要》提出要优化完善白洋淀及上游生态环境管理机制，加强生态空间管控体系建设，实施智能生态管控，全面建成与生态文明发展要求相适应的生态环境管理模式。本文试图从河湖健康角度探讨实施白洋淀生态环境治理的目标、白洋淀生态环境治理工程管理过程中的效果评估机制及创新白洋淀生态环境管理模式的关键点。

2017年底，水利部发布的《河湖健康评估技术导则》（征求意见稿）（以下简称"导则意见稿"）提出河湖健康是指河湖自然生态状况良好，同时具有可持续的社会服务功能。自然生态状况包括河湖水体的物理、化学和生物3个方面，用完整性来表述其良好状况；可持续的社会服务功能是指河湖不仅具有良好的生态状况，而且还具有可以持续为人类社会提供服务的能力。

科学合理的指标体系是河湖健康评估研究工作的核心。表1为水利部发布的《湖泊健康评估指标、标准与方法（试点工作用）》和导则意见稿中的湖泊健康评估指标体系。国内湖泊健康评估包括水文水资源、物理结构、水质、生物和社会服务功能五个准则层。从两者的对比分析可看出：导则意见稿基于对数据可获得性、指标测算难易程度及与河（湖）长制衔接等方面的考虑，在增加河长制任务准则层的同时，对早期部分指标进行了修改和调整，增加了水土流失治理程度、入湖排污口布局合理程度、供水指标等偏河湖管理性质指标，把之前社会服务功能准则层中的水功能区达标指标和水资源开发利用率分别调整到了水质准则层和水文水资源准则层，同时对水质准则层指标进行了部分简化，并增加了底泥污染状况指标。因为全国不同流域湖泊状况各异，拟定统一的指标体系并不容易，且导则意见稿中的指标体系对同一准则层评估指标空间尺度不统一等问题欠考虑，会在一定程度上影响湖泊健康评估结果空间表达的准确性。

[1] 本文选自《雄安绿研智库观点》2018年第23期：创新白洋淀治理效果评估机制，推进白洋淀健康管理。

表1 《湖泊健康评估指标、标准与方法（试点工作用）》与《河湖健康评估技术导则》（征求意见稿）中的湖泊健康评估指标体系对比

目标层	《湖泊健康评估指标、标准与方法》			《河湖健康评估技术导则》（征求意见稿）			
	准则层	指标层	指标类型	完整性准则层	指标层	河长制任务准则层	指标类型
湖泊健康	水文水资源	最低生态水位满足状况	必选	水文水资源	最低生态水位满足程度	水资源保护	必选
		入湖流量变异程度	必选		入湖流量变异程度	水资源保护	备选
		流域自选指标	备选		水资源开发利用率	水资源保护	必选
		—	—		水土流失治理程度	水生态保护	必选
	物理结构	湖滨带状况 湖滨带稳定性	必选	物理结构	湖岸带状况 湖岸带稳定性指标	水域岸线保护	备选
		湖滨带植被覆盖度			湖岸带植被覆盖度指标	水域岸线保护	必选
		湖滨带人工干扰程度			湖岸带人工干扰程度	水域岸线保护	必选
		河湖连通状况	必选		湖库连通指数	水域岸线保护	必选
		湖泊萎缩状况	必选		湖泊面积萎缩比例	水生态保护	必选
		流域自选指标	备选		—	—	—
	水质	溶解氧水质状况	必选	水质	入湖排污口布局合理程度	水污染防治	必选
		耗氧有机污染状况	必选		水体整洁程度	水污染防治	必选
		富营养状况	必选		水质优劣程度	水污染防治	必选
		流域自选指标	备选		富营养化状况	水污染防治	必选
		—	—		底泥污染状况	水污染防治	备选
		—	—		水功能区达标率	水资源保护	必选
	生物	浮游植物数量	必选	生物	浮游植物密度	水生态保护	备选
		浮游动物生物损失指数	备选		浮游动物生物损失指数	水生态保护	备选
		大型水生植物覆盖度	必选		大型水生植物覆盖度	水生态保护	备选
		大型底栖无脊椎动物生物完整性指数	备选		大型无脊椎动物生物完整性指数	水生态保护	备选
		鱼类生物损失指数	必选		鱼类保有指数	水生态保护	必选
		流域自选指标	备选		—	—	—

续表

目标层	《湖泊健康评估指标、标准与方法》			《河湖健康评估技术导则》（征求意见稿）			
	准则层	指标层	指标类型	完整性准则层	指标层	河长制任务准则层	指标类型
湖泊健康	社会服务功能	公众满意度	必选	社会服务功能	公众满意度	社会服务	必选
		防洪指标	必选		防洪指标	社会服务	必选
		水功能区达标指标	必选		供水指标	社会服务	必选
		水资源开发利用指标	必选		航运指标	社会服务	备选
		流域自选指标	备选		—	—	—

　　河湖健康标准是河湖健康评估中最基本的问题。通常以同一生态分区不受人为干扰或人为干扰程度较轻，或历史时期同一河湖不受人为干扰或人为干扰程度较低的状态作为河湖健康评估的参考系。河湖健康评估指标的赋分标准一般通过历史状态法、专家判断法、模型推算法、管理预期目标、问卷调查和现有标准等确定。

　　河湖健康评估是河湖健康管理的基本依据。河湖健康评估虽然以科学研究和监测为基础，但是最后的评价结果却通俗易懂（图1），可作为河湖管理者与社会公众进行沟通的桥梁，促进一种协商机制的建立，寻找开发与保护之间利益冲突的平衡点。图1展示了河湖健康评估与河（湖）长制结合的一种方式，也从侧面反映了河湖健康评估在河湖健康维护与管理工作中的作用。

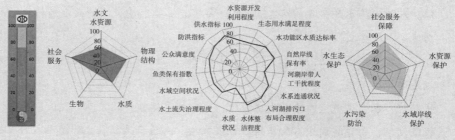

河湖健康赋分　完整性准则层赋分　　河湖健康评估指标赋分　　河长制任务分类赋分

图1　河湖健康评估结果展示及应用（引自《河湖健康评估技术导则》（征求意见稿））

一、影响白洋淀健康状况的主要问题分析

　　白洋淀位于大清河水系的九河下梢，淀区总面积366平方公里，其中沼泽面积

32960公顷。淀内纵横沟壑3700多条，共有大小淀泊143个，其中比较著名的大淀泊有白洋淀、烧车淀、捞王淀、藻苲淀、马棚淀等。水域内有苇田、园田台地、洼地和村庄，其中苇田占白洋淀总面积的26.6%，园田台地占7.4%，洼地占11.5%，淀泊沟壑占52.3%。白洋淀作为北方地区典型的草型浅水湖泊其健康状态面临严重退化的威胁。

水文水资源方面，入淀流量减少，淀泊水位下降，最低生态水位满足程度较低。入淀流量减少，一方面是由于降水减少等自然因素，另一方面是人为活动影响。白洋淀上游水库、堤坝等水利设施截留了绝大部分地表径流，只有大清河北支拒马河有少量天然入淀水流。到目前很长一段时间，白洋淀水量几乎都是靠人工调水补给来维持。

水生态方面，自1980年以来，长期干淀和严重水体污染，特别是1983—1988年连续5年干淀和1997—2004年连续8年干淀，淀区生态环境遭到毁灭性破坏。据资料显示，近50年来淀区浮游植物和浮游动物分别由129种和95种减少为99种和37种；底栖无脊椎动物由35种减少为17种；鱼类资源由63种减少为25种；而野生鸟类和哺乳动物也分别减少为190种和14种。白洋淀生物多样性降低，水生态系统结构受损。白洋淀湿地生态系统自然保护区内，现存47种大型水生植物、197种栖息鸟类（含国家一级重点保护鸟类4种、国家二级重点保护鸟类26种）的繁育生长遭受不同程度威胁，重要生物栖息地遭到破坏或面临威胁。

水质方面，根据《河北省环境状况公报2017》，白洋淀水质为V类，中度污染，其中南刘庄由于氨氮超过地表水V类标准，端村由于化学需氧量超过地表水V类标准，水质为劣V类，其他断面水质在IV类到V类之间，主要污染物为化学需氧量和总磷。入淀河流水质常年劣V类。可见，白洋淀主要水质监测断面水质不满足所在水功能区水质要求。

物理完整性方面，由于入淀河流上游水利工程阻隔，白洋淀入淀水量骤减，河湖连通状况不佳；另一方面，因为入淀水量减少，淀泊水位降低，水域整体呈破碎化趋势，水生生境空间格局发生变化，生物栖息地破碎化严重；同时，随着工农业经济发展，白洋淀周边畜禽养殖、垃圾堆放、网箱养殖、农业种植等人为干扰情况严重。

社会服务功能方面，一是较为集中的白洋淀生态环境综合整治行动，特别是严禁高污染、高排放的生产性经营，以及畜禽养殖和网箱养殖，除了短期的经济利益权衡，更重要的是能否实现白洋淀及周边居民生产生活方式的良性转变问题；二是白洋淀历来承担着大清河水系缓洪、治涝和蓄水等任务，目前的白洋淀是否还能持续提供缓洪、滞沥、防涝、供水等社会服务功能。白洋淀作为华北地区最大的浅草型湖泊，除了调节小气候、改善温湿状况、补充地下水、维持生物多样性、维护河北平原的生态平衡等生态系统服务功能之外，也具有独特的景观文化价值，白洋淀作为著名的旅游区和湿地自然保护区，存在发展旅游与生态保护之间的权衡。

总体而言，在自然因素（气候变化）和人为不合理开发利用的联合作用下，经历多次干淀过程破坏后虽然进行了多次生态补水和水污染治理，白洋淀健康状况仍然不容乐观。针对白洋淀水文水资源、水质、物理结构、生物和社会服务功能五个准则层存在的主要问题，实施白洋淀生态环境综合治理，创新白洋淀生态环境管理模式，是进行白洋淀健康恢复与维持的关键。

二、白洋淀生态环境治理目标设定

基于对白洋淀健康状态及现存主要问题的分析，结合《规划纲要》对白洋淀生态修复的相关要求，可明确白洋淀生态环境治理的目标是恢复并维持白洋淀健康状态，即自然生态环境良好，同时具有可持续的社会服务功能。白洋淀生态环境问题的复杂性决定了需要系统统筹白洋淀流域中上游，分阶段地做好白洋淀健康管理工作。白洋淀生态环境治理不同于单一的污水处理项目，不能单从水质达标衡量其治理效果。在白洋淀生态环境治理规划和工程实施备受关注的情况下，科学设定白洋淀生态环境治理的阶段性目标，建立白洋淀生态环境治理工程效果评估机制，创新白洋淀生态环境管理模式，可有效促进恢复和维持白洋淀健康状态。

三、创新白洋淀生态环境管理模式

建立白洋淀生态环境治理目标设定与工程效果评估机制，创新白洋淀生态环境管理模式，建议重点做好以下五个方面的工作：

1. 开展白洋淀健康评估相关研究，建立白洋淀健康评估机制。可实地考查、收集文献及资料，并积极跟踪白洋淀最新开展的研究项目（特别是白洋淀水生生物资源调查与水生态修复示范）与治理工程，尽可能全方位获取白洋淀健康评估所需资料，开展白洋淀健康评估工作，并在此过程中研究白洋淀健康评估指标体系，筛选关键指标，科学设定白洋淀健康标准，力求形成兼具实操性、科学性与准确性的白洋淀健康评估机制。

2．践行河湖健康理念，科学设定白洋淀生态环境治理目标。白洋淀生态环境治理总的目标是恢复并维持白洋淀健康状态，既要自然生态环境良好，同时也要求能持续提供社会服务功能。白洋淀生态环境治理是一项长期性的系统工程。生态系统的恢复有一定的演进过程，尽管可以采取人为强化修复措施，但也需要一定时间才能恢复达到理想状态。因此，需要在充分了解白洋淀生态系统恢复/修复工程阶段特征的基础上，科学设定白洋淀生态环境治理的阶段性目标，从水质、水文水资源、物理结构、生物和社会服务功能5个方面对白洋淀生态环境治理提出阶段性的要求。

3．创新白洋淀生态环境管理模式，建立白洋淀生态环境治理工程效果评估机制。白洋淀流域生态环境治理规划及已经实施和正在实施的生态环境治理工程包含防洪、生态补水、水生态修复、水污染防治、滨岸带植树造林、水环境综合治理等多个方面，需要根据规划目标、工程任务及具体的工程内容，梳理白洋淀生态环境治理工程的管理重点，并针对不同性质的治理工程，筛选关键指标，兼顾实操性和科学性，制定基于河湖健康理念的专项工程效果评估指标体系、标准及评估方法，建立白洋淀生态环境治理工程效果评估机制，可在一定程度上提高白洋淀生态环境管理的有效性和科学性。

4．加强河湖健康评估与白洋淀生态环境管理的融合，促进形成白洋淀健康管理维护机制。河湖健康评估是河湖健康管理的基础，目前国内部分省市和地区已经建立河湖健康评估定期制度，并把河湖健康评估与河（湖）长制、生态补偿机制等结合，形成了相对有效的河湖健康管理机制。白洋淀是雄安新区最重要的湿地生态系统，建立白洋淀健康评估定期制度，并结合雄安新区河湖长制的实施，把白洋淀健康评估结果纳入河湖长制考核体系，作为河湖长制管理目标设定的主要依据。另一方面定期的白洋淀健康评估结果，可反映一定时期内白洋淀健康状态的变化，根据关键指标变化，可快速锁定影响白洋淀健康状况的主要原因，为生态补偿机制的完善和实施提供量化依据。

5．创新生态环境管控与监测体系，提高白洋淀健康管理的智慧化水平。充分利用白洋淀现有国控和省控断面水质监测数据，完善入淀排污口污染物排放在线监测系统，利用无人机、遥感、GPS等技术优化白洋淀生态环境管控，结合数字白洋淀建设，完善白洋淀健康评估数据库建设及评估结果共享机制，提高白洋淀健康管理的智慧化水平。

专栏3-5 基于区块链技术的白洋淀生态价值实现路径研究❶

区块链技术作为升级版的互联网技术，可以有效解决信息不透明、监管难度大等问题，已被广泛应用于社会经济生活的各个领域。在白洋淀项目生态价值实现方面存在政策缺失、管理分散、权责界定不清晰和信息不透明等诸多痛点，而区块链技术可有效解决这些问题，因此，应用区块链技术助力雄安新区生态价值实现有着重要的实践和示范意义。

一、区块链技术在白洋淀修复项目中的应用

白洋淀修复项目在开发和生态价值实现过程中存在监管难度高、信息不对称和机制不完善等诸多问题，而区块链技术具有数据分布式存储、去中心化、不可篡改、开放性和透明化等特征，可有效解决以上痛点。本文从场景描述、解决方案和配套政策制度三个方面详述区块链技术在白洋淀项目中的应用。

1. 场景描述

白洋淀是华北地区最大的湿地，在维持区域生态平衡方面发挥着重要的作用。但其上游及周边乡镇遍布造纸、毛纺印染和皮革制造等高耗能、高污染企业，此外圈地养殖和旅游业的发展也导致大量未经处理的污水直接进入淀内，总体水质一直处于劣V类到V类的严重污染状态，远达不到水功能区域要求。《河北省生态环境保护委员会办公室关于印发推进雄安新区生态环境保护工作战略合作协议重点工作分工方案的通知》的第七条23款指出，要共同推进生态环境管理机制创新。在新区实施特殊资源环境经济政策，以入淀河流水质水量目标为基础，研究建立生态保护补偿机制，加大对淀区上游给水区及新区调水区域生态保护补偿力度。探索建立生态环境损害补偿、生态产品市场交易与生态保护补偿协同推进机制。

白洋淀湿地生态系统提供的最终服务主要有三大类，分别是供给服务、调节服务和文化服务，在供给服务方面，主要有淡水产品、原材料和水资源供给等；在调节服务方面，主要包括调蓄洪水、固碳释氧和纳污；在文化服务方面，主要有休闲娱乐和其他非使用价值。这些生态价值的量化和实现主要存在以下问题：第一，污染排放主体权责不清晰；第二，化学需氧量和氨氮等污染物排放量不易量化；第三，污染主体与污染损害主体身份不易确认；第四，生态保护补偿标准不易确定，上下游及周边区域间协调成本过高；第五，用水权和排污权交易机制不完善；第六，对白洋淀的文化服务价值重视程度不足等。

---

❶ 管志贵，孔佑花，河北环境能源交易所。本文图表除标明来源之外，其余均为约稿作者提供。

2. 解决方案

在"白洋淀"生态项目中，运用区块链技术搭建和串联生态修复服务平台、生态价值量化平台和生态产品及生态服务交易平台，将生态修复的技术提供方、资金提供方、生态环境主管部门和淀区民众等进行有机结合，生态价值量化公开透明，对于生态损害补偿和生态保护补偿的主体和补偿标准落实到位，在此基础之上，确保用水权和排污权交易机制的有效运转，进而将白洋淀的生态价值实现拓展到其调节服务和文化服务层面。

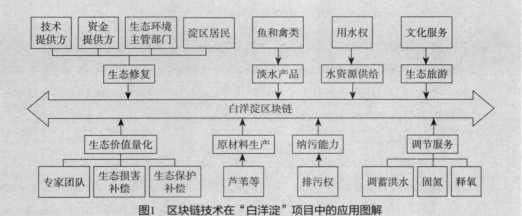

图1 区块链技术在"白洋淀"项目中的应用图解

如图1所示，白洋淀区块链有效地串联了生态修复、生态价值量化、生态产品交易、淀区农产品和生态服务等多种价值实现模式中的各参与主体，该链条可无限外扩，为白洋淀生态价值实现提供分布式、去中心化、不可篡改、可追溯和可信任的解决方案。

3. 配套政策制度

为保障区块链技术在"白洋淀"项目中的实践应用，需要有相应的政策制度支持。在生态损害补偿方面，可由相关部门共同牵头，委托权威的专家团队和实力雄厚的第三方公司，通过明确淀区生态环境损害赔偿范围、责任主体、索赔主体、损害赔偿解决途径等，形成相应的鉴定评估管理和技术体系、资金保障和运行机制，逐步建立淀区生态环境损害的修复和赔偿制度，加快推进淀区生态文明建设。在生态保护补偿方面，同样由相关部门共同牵头，制定淀区上游水区和新区调水区域的生态保护补偿管理办法，明确补偿范围和补偿标准，委托相关单位协调申领补偿区域主体和主管部门，收集整理和上报相应的证明文件，最后由主管部门进行生态保护补偿划拨。在用水权交易方面，严格按照雄安新区的用水总量红线，兼顾新区现时的实际用水量、用水效率、未来经济社会发展的需求等因素，通过水权流转实现节水升级。在排放权交易方面，可开展淀区排污权交易。明确淀区排污权的参与主体，出台相应的法律法规，制定公开、公平、公正、透明的交易规则，通过市场化手段推进淀区生态产品的交易，实现淀区生态环境目标。除了要建立完备的生态损害补偿、生态保护补偿、用水权和排污权交易相关政策法规外，也要为淀区生态服务产品和农副产品的上链交易提供政策支持，激励多元市场主体参与白洋淀项目的相关产品和服务交易，为其生态价值实现提供更多的渠道和路径。

二、白洋淀项目生态价值实现路径

基于区块链技术的白洋淀生态价值实现共分为三个层次，第一，对淀区生态服务价值进行量化并将数据全部上链，为确定生态损害补偿和生态保护补偿标准提供数据支撑；第二，搭建淀区生态产品交易平台，推行用水权和排污权交易长效机制；第三，搭建淀区生态服务价值实现综合平台，将交易标的物拓展至除生态产品以外的农产品和其他生态服务等，同时纳入多元主体参与交易。淀区生态价值实现路径如图2所示。

在此基础之上，为保障雄安新区生态价值的实现，还需要不断完善生态立法、拓宽融资渠道、搭建绿色信用体系以及拓展雄安生态区块链条等。

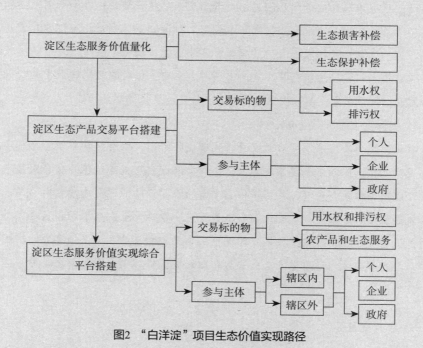

图2　"白洋淀"项目生态价值实现路径

1. 白洋淀生态价值量化

对于白洋淀湿地补水的生态效益和湿地生态系统总体服务价值的量化评估是白洋

淀生态价值得以实现的基本前提。综合已有研究和白洋淀湿地生态系统的具体情况，对于不同生态价值的量化采用不同的方法。具体来讲，生态保护补偿标准宜采用支付意愿法；生态损害补偿标准宜采用收入损失法；生态产品的价值量化则在明确产权和交易规则的情况下直接交由市场供需情况决定；生态服务价值量化宜采用包括贴现率的生态服务价值量化法。本文在借鉴张素珍（2005）、张赶年（2013）和江波（2017）等学者研究的基础上，将白洋淀生态价值划分为供给服务价值、调节服务价值和文化服务价值三个部分，其中供给服务价值为淀区淡水产品供给价值、原材料生产价值和水资源供给价值总和。

2. 白洋淀生态产品交易

白洋淀湿地生态系统具有淡水供给和纳污的功能。随着雄安新区建设提速和不断发展，会有越来越多的企业和人员进驻，淀区也将承受巨大的供水和排污压力。在已有的生态治理市场化手段中，可进行用水权和排污权等生态产品交易。淀区生态系统的核心是水域系统，为便于淀区的用水监管和污染控制，可搭建涵盖雄安新区个人、企业和政府等多元主体参与的生态产品交易平台，交易的标的物包括用水权和排污权两大类。其中，用水权交易是指上下游地区为保障本地区的用水需求及生产安全用水而采取的市场化手段，根据用水红线设定总的用水规模，然后参照一定的标准进行用水指标分配，通过市场化手段鼓励节约用水和提高用水效率。排污权交易则是指对化学需氧量、氨氮等各类污染物设定总量排放标准，鼓励排污主体通过市场化手段减少污染物排放的机制设计。通过用水权和排污权交易，提高上下游各参与主体对淀区水域保护的积极性并加大治污力度，增强白洋淀湿地生态系统的自我修复和良性循环能力。

3. 白洋淀生态产品交易拓展

白洋淀生态价值不仅可以通过进行生态损害补偿、生态保护补偿和生态产品交易得以实现，还可以探索建立涵盖淀区农产品和白洋淀生态服务价值的综合交易平台。淀区除了可以提供莲藕、鱼虾、芦苇等种类丰富的农副产品，还有非常重要的调蓄洪水和固碳释氧等生态服务功能，这些产品和服务可进一步延伸至生态旅游和湿地生态系统的非使用价值领域。运用区块链技术，为淀区生态服务和农产品提供强有力的信用背书，激励更广泛的参与主体通过综合交易平台为白洋淀提供各项付费服务，助力淀区生态价值全方位实现。

三、结论与建议

运用区块链技术保障雄安新区生态价值实现的主要举措有：第一，不断完善生态立法，强化监督约束。"白洋淀"项目生态价值实现在与区块链技术进行结合时都需要相应的政策法规支撑，因此要不断完善雄安新区生态管理立法。除此之外，主管部门、责任主体、企业和个人之间要建立完备的相互监督约束机制，并且要随着雄安新区生态价值实现路径的拓展不断完善；第二，拓宽资金渠道，鼓励纳入更多的交易标的物和参与主体。雄安新区生态价值实现的资金来源主要有政府和社会两个渠道，政府资金支持仅可满足其短期生态价值实现，为建构起生态价值实现长效机制，必须引入社会资本，同时也要鼓励企业、个人等多元主体参与生态商品和生态服务交易；在白洋淀生态服务等交易平台运行成熟后，鼓励更多的生态交易标的物通过该平台进行交易，同时将参与主体扩展至辖区外，形成在全国范围内有引领示范意义的综合生态产品交易平台；第三，搭建绿色信用体系。由于雄安生态项目的各个环节是由区块链技术进行串联，其具有公开透明和易监督的特点，因此可以将生态价值实现的落实情况纳入到本地区政府的绿色政务考核、企业的绿标考核以及个人的绿色低碳行为考核，并针对考核结果给出相应的奖惩措施；第四，不断拓展雄安生态区块链条。在"白洋淀"区块链上，可将该链条拓展至生态修复技术的来源、绿色信贷、湿地保护基金和游客等多个方面。

10.3 市政工程保障城市韧性安全

为有效解决容城县内涝问题，缓解城市"看海"现象，按照海绵城市建设理念，打造集"水、岸、滩、堤、路、景"于一体的大型开放式生态风光带，充分展现人与自然和谐共处的城市风貌，雄安新区于2018年启动了"容东片区截洪渠一期工程"项目，于2018年7月建设完工。

容东片区截洪渠一期工程位于荣乌高速北侧，西起容城大水大街，东至市民服务中心东段，为地下箱涵形式，断面为单孔至四孔，流向自西向东，远期与下游规划的景观明渠相接，最终排入白沟引河。截洪渠一期工程的主线长5.7公里、支线长985.6米，地下箱涵的断面从西至东逐渐变宽变高，单孔处断面为2500毫米×2000毫米，四孔处断面为3400毫米×2500毫米，整个涵道可以积蓄的雨水容量至少10万立方米（图3-10-15）。

项目将容城城西污水处理厂的升级改造同步纳入实施计划，改造后的处理厂规模为每天4万立方米，污水处理厂将每天产生1.5万～2万立方米的空余量，处理储存在箱涵内的收集雨水。一期工程箱涵内雨水由提升泵站至津海大街新建泵站出水管线，管线上游与泵站出水管线相接，下游接入释放井后由DN800管线接入津海大街现况DN1200管线内，最终经污水泵站抽升后排入城西污水处理厂进行处理，实现了雨水资源的综合循环利用（图3-10-16）。

　　后续新区将进行容城截洪渠二期工程，项目起点为市民服务中心，终点为白沟引河，计划新建约10千米截洪干渠（包括景观明渠段3.5千米、郊野明渠段6.5千米）、泵站及相关配套设施等。通过二期工程的实施，将进一步有效解决城市内涝及雨污水处理回用等问题。二期项目建设后，截洪渠不仅可以作为容城道路初级雨水存储处理设施，处理后的水还可作为景观用水，排入下游区域的景观明渠内，打造水城共融的城镇空间。

　　另外，新区容城县政府开展了"容城县2018年环境整治提升工程"，主要包括了城区主干道排水管网疏浚工程、上坡菜市场雨污管网提升工程和道路容貌及排水设施整治工程等。工程的实施有效提升了县城整体面貌，并改善了道路环境（图3-10-17）。

　　容东片区截洪渠一期工程、县域地下排水管网疏浚、污水处理厂等工程实施，践行了雄安新区海绵城市建设理念，有效地解决了县域城市内涝问题，提高水资源综合利用效率。2018年8月5日8时到6日8时，雄安新区容城县出现大范围集中降雨，最大降水量达到209.3毫米，占到全年平均降水量的40%以上，容城县没有出现大面积路段积水情况，"城市看海"现象得到有效缓解。同时，截洪渠工程上预留空间建设城市绿道和景观节点，为

图3-10-15　容东片区截洪渠一期工程现场图

（来源：http://www.xiongan.gov.cn/2018-08/06/c_129927771.htm）

图3-10-16　容东片区截洪渠一期工程提升泵站现场图

（来源：http://www.xiongan.gov.cn/2018-08/06/c_129927771.htm）

图3-10-17　新区积水路段提升前后

（来源：左：https://mp.weixin.qq.com/s/KeOx9z3h3ZxrirHhjvzdaQ；右：http://www.xiongan.gov.cn/2018-08/06/c_129927771.htm）

城市居民提供休闲娱乐活动的场所，节约了土地利用资源的同时，营造了人与自然和谐共生的城市空间。

10.4　土壤资源管理保护生息之地

自然表土中含有丰富的植物生长所需的营养要素，形成1厘米厚的表土需要100～400年时间，表土资源具有一定的不可再生性。随着雄安新区城市建设的大规模开展，建设生产活动会扰动地表，占用优质土地资源，破坏表土和地表植被，导致土壤资源更加稀缺。因此，雄安新区在规划建设之初把表土资源保护利用工作提上日程，作为建设前期生态保护的重要内容。

10.4.1　雄安新区表土资源保护与利用初步框架

针对先期启动的大规模项目建设，雄安新区组织相关研究机构，提出雄安新区表土资源保护与利用的初步框架，其主要思路及内容如下：

（1）出台表土剥离与综合利用管理办法，建立健全新区表土资源保护和利用管理体系

雄安新区将根据自身实际，出台表土剥离和综合利用的相应管理实施办法，细化表土剥离标准规范、管理机制、资金使用等具体要求，使其管理在实施过程中更具针对性、科学性、规范性和可操作性。同时，新区将加强表土保护和利用全过程管理监督，对表土剥离质量、堆储运过程及回覆利用等关键节点进行有效监控管理，并配套相应奖惩措施。此外，在项目资金来源、使用管理等方面将制定相关配套政策及制度，确保表土剥离利用工作有序开展。

（2）根据上位相关规划，开展雄安新区耕作层表土调研，明确表土剥离利用技术标准规范要求

因地制宜，细化相关技术规范，保证新区表土剥离利用工作有据可依。雄安新区将推动制定表土剥离利用技术规范及指南，明确实施耕作层土壤剥离利用条件、项目类型和剥离原则，完善土壤调查评价和规划程序，科学制定剥离利用实施方案，合理划分主要环节并规定相关工艺流程技术规范，包括土地清理、表土剥离、运输、临时堆放、储存保育、改良、利用等，同时对验收与评价、环节影响评价等做出说明和要求。

（3）创新建立"政府主导+企业主体+市场化运作"的表土剥离再利用模式

雄安新区将加大政府统筹力度，推动相关部门合力参与，积极构建表土剥离再利用的共同责任制度。如将表土剥离工作纳入年度耕地保护目标考核，在安排土地整治项目资金时，对耕作层土壤剥离利用实施较好的主体给予适当支持与补贴；如将耕作层土壤剥离再利用作为用地审批前置条件，并将实施成效与年度用地计划分配、土地整治项目安排等挂钩。同时，在理顺管理体制前提下，综合运用法规、行政和经济等手段，完善激励机制，激发企业主体内生动力，探索市场化的运营机制，鼓励社会资金的参与，推动建立保证金制度和专项基金制度，按照项目开工建设需求，建设新区表土堆存场，对表土资源进行统一管理调配。

（4）积极引入开发建设中表土剥离和再利用先进工艺与技术，并推进相关技术不断革新

将土壤剥离、土壤修复以及土壤改良技术相结合，综合提升表土剥离再利用技术体系。在项目开发建设中，新区将尽可能减少不良生态环境影响，对开发建设中表土剥离再利用的技术工艺严格要求，不断推进相关技术革新，积极引导相关工艺方法和设备技术专利申请，包括表土剥离、储存、回覆以及土壤改良恢复的技术标准等。比如，利用白洋淀清淤底泥以及新区污水处理厂处理过程中产生的污泥（污泥中丰富的氮、磷、钾等是植物和农作物生长不可缺少的营养物质），对表土质量进行改良，提高土壤活性和土壤品质，改良土可用于农田土和绿化种植土。

10.4.2　容东片区表土剥离再利用示范

基于上述表土资源保护与利用的初步框架，新区以容东片区项目建设为试点，开展新区的表土剥离再利用示范工作。

（1）表土剥离量估算

根据容东片区整体开发建设规模，对片区表土资源剥离量进行估算。容东片区规划用地面积12.7平方公里，规划建设用地面积12.10平方公里，其中规划范围内76.70%的现状面积为农林用地，具有表土资源保护利用价值。根据规划，约有7.33平方公里的现状农林用地将被构筑物压占，需进行表土剥离工作。其中，约有2.41平方公里的现状农林用地规划用于城市绿地，建议先进行表土剥离工作，待开发建设完成后进行表土回覆工作。

通过对容东片区拟剥离区土壤进行调查采样和检测，0～20厘米表土层有机质含量1.52%，土壤pH、EC、土质状况均满足标准要求，建议剥离（有机质大于1%满足标准要求）；20～30厘米表土层有机质均值0.85%，可视情况剥离；30厘米以下表土层因有机质急剧下降，保护意义不大。因此，容东片区区域0～30厘米深度表土具有保留和再生价值，需剥离保护表土总量约290万立方米。

（2）表土回覆利用形式

容东片区耕作层表土剥离后，可有以下几种资源化利用方式：

1）用于容东片区绿化种植用土。容东片区未来绿地率将达到50%，项目剥离的表土可优先用作城市重要生态景观带、主干路两侧的绿地和公共绿地等工程的绿化种植土。

2）用于容东片区周边水利工程绿化用土。新区目前正在开展多条水道河道治理工程，如南拒马河防洪治理工程、截洪渠二期工程等。容东片区表土剥离存在多余的土方时，可用作周边水利工程的景观种植土。

3）用于周边保留农田的土壤恢复。利用千年秀林枯叶、白洋淀清淤底泥等对现有表土进行改良，提高土壤活性。改良土用作农田土和绿化种植土，尤其是部分高品质苗木的栽植用土。

（3）临时堆土场建设机制

建立容东片区表土剥离工作统一调配机制。在容东周边范围选取合适区域，采用市场化的运营机制，建设表土临时堆放场，对容东表土资源实施统一调配，包括剥离表土的堆放及后期项目建设过程中的应用。同时，通过对表土剥离利用技术规范研究及编制，明确表土临时堆放场的设计标准与相关技术要求，规范过程的技术管理与后续使用。

第十一章 低碳循环

11.1 优化城乡能源结构

11.1.1 煤改电和煤改气工程

2016年9月23日，河北省人民政府发布的《关于加快实施保定廊坊禁煤区电代煤和气代煤的指导意见》中提出，对禁煤区农村严格控制范围、统一相关政策，不加重群众负担、尊重群众意愿，加快推进实施"电代煤""气代煤"，力争用一年多的时间实现禁煤区除煤电、集中供热以外的燃煤"清零"目标任务，大幅降低区域燃煤污染。

2016年以来，雄安新区三县全面推进清洁能源替代工作。2017年10月13日，雄安新区党工委、管委会印发《关于全面禁烧劣质煤统筹做好群众冬季取暖工作的通知》，对全面推进禁煤区气代煤、电代煤、地热代煤，非禁煤区全面禁烧劣质煤，统筹做好群众冬季取暖等工作进行部署，确保群众安全、温暖过冬以及空气质量持续改善。

（1）工作成效

以容城县为例[1]，容城县范围内需进行清洁能源改造74812户，截至2018年底，已进行电代煤、气代煤双代改造48292户。其中，2017年煤改电15004户、煤改气32551户，同时配套建设液化天然气（LNG）撬装站11座；2018年煤改气1037户。此外，2019年容城县计划对荣乌高速以南约26520户进行气代煤改造。

（2）相关补贴

给予农村居民相应支持政策主要包括设备补贴+工程补贴+运行补贴：

电代煤按设备购置安装（含户内线路改造）投资的85%给予补贴，每户蓄热式电暖器最高补贴金额不超过7400元，空气源热泵最高补贴金额不超过16700元；给予采暖期居民用电0.2元/千瓦时补贴，每个采暖期每户空气源热泵最高补贴电量1万千瓦时，蓄热式电暖器最高补贴电量2万千瓦时；采暖期执行峰谷电价。

气代煤按燃气设备购置安装投资的70%给予补贴，每户最高补贴金额不超过2700元；给予建设村内入户管线户均4000元投资补助；给予采暖用气1元/立方米的气价补贴，每户每年最高补贴气量1200立方米，补贴政策及标准暂定3年。

以容城县为例，2017年，电代煤设备补贴15021.36万元，运行补贴1356.54万元，合计补贴16377.90万元；气代煤设备补贴10345.46万元，运行补贴1347.66万元，合计补贴

---

[1] 数据来源：容城县气代煤电代煤办公室。

11693.12万元。2018年，仅设备补贴336.81万元。

（3）碳减排评估

以容城县为例进行碳减排量测算。截至2018年底，容城县已改造48292户，以每户每年2吨原煤采暖能耗估算，全县每年可节约消耗原煤9.66万吨。按照原煤碳排放因子1.9003千克二氧化碳/千克测算[1]，容城县每年可减少18.35万吨二氧化碳排放。此外，2019年容城在全面完成清洁能源改造后，预计每年可减少28.43万吨二氧化碳排放。

11.1.2 地热能资源利用

11.1.2.1 新区地热资源情况

雄安新区地热资源属高潜山地热类型（50～89摄氏度），区域内分布有牛驼镇、高阳和容城三大中型地热田（图3-11-1），地热田分布面积为500.81平方千米，具有分布广、埋藏浅、温度高、储量大、水质优、易回灌等特征[2]。目前已开发的雄县和容城县地热主要位于牛驼镇地热田南部及容城地热田东部，资源开发利用量仅占可采资源总量的6%，开发潜力巨大。

根据勘察，新区地热资源分布范围占区域总面积约93%，岩溶热储丰富，热流值为冀中凹陷最高的位置，最高达96兆瓦/平方米[3]。其中，牛驼镇地热田和容城地热田以基岩热储为主，高阳地热田馆陶组和基岩热储均有分布。

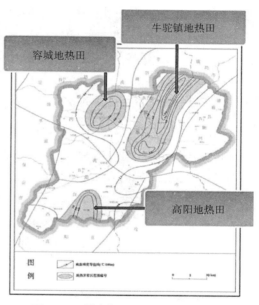

图3-11-1 雄安新区三大地热田分布图
（来源：http://www.cndire.com/ttxw/724.html）

新区中深层地热能热储面积达到1605.22平方公里。其中，雄县热储面积320平方公里（约占牛驼镇地热田面积的50%），容城县热储面积219.5平方公里，安新县热储面积1065.72平方公里[4]。水热型地热资源量约为1.28×10^{14}兆焦，折合标准煤43.6亿吨，可开采

❶ 数据来源：根据《省级温室气体清单编制指南（试行）》中原煤单位热值含碳量约26.37tC/TJ换算。

❷ http://www.sohu.com/a/229371580_99915713

❸ http://k.sina.com.cn/article_6429410794_17f3905ea00100bnf5.html

❹ 数据来源：中石化绿源地热能开发有限公司。

资源量2.3×10^{13}兆焦，折合标准煤7.84亿吨，可满足3000万平方米的建筑物供暖需求[1]。

另外，根据自然资源部中国地质调查局勘察评估结果，新区全区普遍适于浅层地温能开发利用，初步评估年可开采量折合标准煤400万吨，可满足约1亿平方米建筑物供暖制冷需要，在核心区192平方公里面积上，支撑面积在35000平方米左右[2]。新区自南西向北东，地下水源热泵适宜性逐渐变好，核心区均为适宜区和较适宜区；土壤源热泵仅在北部部分区域出现较适宜区，核心区大部分为适宜区[3]。

11.1.2.2 地热能利用"雄县模式"

（1）雄县模式

雄县作为"温泉之乡"，是华北乃至全中国地热资源最丰富的地区之一，全县六成面积蕴藏地热资源。雄县中深层地热水储量达822亿立方米，热储埋深500～1200米，便于开发利用，出水温度55～86摄氏度，地热水为碳酸钠型热水，矿化度在0.5～2克/升。

地热能"雄县模式"，即由政府主导地热能的规划、管理，授权企业特许经营权、整体开发，并利用先进的技术体系实现城市的清洁采暖和节能减排。

1）统一管理

雄县政府对全县地热资源实行"四个统一"，即统一规划、统一开发、统一政策、统一管理，实现企地合作，政府主导，市场运作的地热产业规范化发展。雄县制定了《地热开发利用专项规划》《雄县地热资源管理办法》《雄县人民政府关于加强地热资源开发利用管理工作的意见》等相关政策，并纳入城市建设和经济发展总体规划，规范和指导地热工作有序开发。雄县成立地热管理办公室并理顺管理机制，在征地、市政工程、税收、环保、水电价格等方面给予科学、持续的政策优惠。政府将雄县地热资源授权中石化绿源地热能开发有限公司（以下简称绿源公司）整体开发，由企业在政府主导下按照"整体规划、分步实施、综合利用、良性开发"的原则，采用"投资—建设—运营"的模式保障投资，及时配套建设地热供暖设施，科学、合理开发地热资源。

2）先进技术

雄县地热坚持在开发中保护、在保护中开发，采取热储评价、采灌均衡、定向钻井、间接换热、梯级利用、动态监测、高效运营等先进技术，极大提高了热利用效率，降低了运营成本，推动产业发展，初步建立了具有地区特色的地热资源勘探开发、利用技术体系，实现了在国内的技术领先。

地热发展"雄县模式"已经得到国家能源局、各级政府以及社会各界的广泛认可，2014年2月"雄县模式"在全国首次地热工作会议上正式推广。2017年2月，国家能源局赴

---

[1] http://www.sohu.com/a/229371580_99915713

[2] https://www.nengapp.com/news/detail/1115525

[3] http://www.cgs.gov.cn/zdjh/zyjj/xmjz/201711/t20171102_443001.html

雄县调研清洁取暖和地热资源开发利用工作时指出，"雄县模式"技术上成熟、经济上可行，可推广、可复制。2018年，雄县模式地热造就"无烟城"，成功入选庆祝改革开放40周年大型展览（图3-11-2）。2019年3月5日，全国政协十三届二次会议举行记者会，全国政协常委、国务院发展研究中心主任李伟提出"综合考虑城市区域的发展和能源结构的调整优化"，并指出"要大力推广节能建筑、发展建筑节能，利用燃煤电厂等产生的余热替代散煤为城市供暖，有条件的地方可以加大地热能的开发和利用"。同时，点名表扬雄县地热利用情况，并指出"2018年底，雄县地热能的供暖面积已经达到了870万平方米（包括住宅、办公楼），可替代标准煤22.6万吨，每年减少碳排放近60万吨。雄安新区的目标提出以后，按照规划地热能的利用将会大幅度提升"。

合理开发利用地热资源，地热发电效益显著提升。中国石化在河北雄县实现地热供暖能力530万平方米，满足县城95%以上的供暖需求，雄县已成为全国首座"无烟城"。图为工人在检查雄县地热循环装置

图3-11-2　国家博物馆展览"雄县模式"

（2）案例分析[1]

雄县鑫城小区总建筑面积50.8万平方米，已建成供暖建筑面积为21.2万平方米，采用2口地热井供暖（图3-11-3）。根据2017年供暖季换热站的运行数据，地热井的供/尾水温度保持65/34摄氏度左右，地热井出水流量取平均值100立方米/时，采暖供/回水温度分别为45/35摄氏度，采用梯级利用技术，实现100%自然回灌，用户末端采用地热供暖形式。

项目初投资约5000万元，近两年平均年运营费用为约350万元。按总建筑面积50.8万平方米计算，运行成本为16元/平方米，静态投资回收期约为11年。考虑开发商返还建设运营机构的供热接口费后，静态回收期约为7年左右。相比于燃气锅炉，中深层地热系统初期投资略高，但后期运行费用低，且回收期短。

---

❶　本节数据和图表来源：中石化绿源地热能开发有限公司。

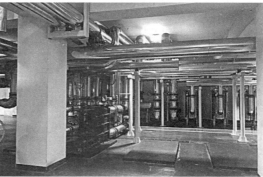

图3-11-3　雄县鑫城小区和换热站

通过测算，每年地热资源可提供热量7.1万吉焦，满足小区供热需求。地热系统年耗电量为82.4万千瓦时，相当于燃烧标准煤254.5吨/年，排放728吨二氧化碳/年，相比燃气锅炉系统，在提供等量热量的条件下，地热系统可节约标准煤2168吨/年，减排3215吨二氧化碳/年。

11.1.2.3　容东片区地热能利用与供热规划[1]

根据《容东片区供热专项规划》，容东片区供热规划以集中供热、制冷为主，建立区域能源站、街区能源站、用户能源站三级互联的能源系统（图3-11-4），满足外部能源的接入和本地清洁能源的取用，实现多能互补、协同供能、分层分区调度控制。

（1）区域能源站

结合容东片区建设时序、水系绿带分隔、供电分区划分，共建设四个区域能源系统，

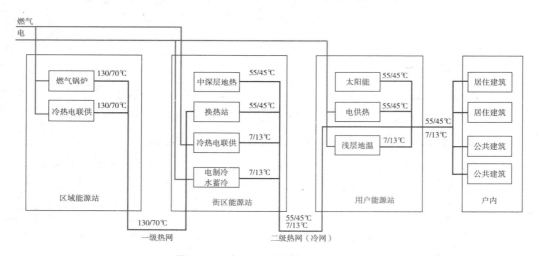

图3-11-4　容东片区三级能源系统示意

---

❶　本节内容根据《容东片区供热专项规划》整理。

各能源网络互联互通。区域能源站安装燃气锅和天然气冷热电联供，由于中深层地热建设滞后，燃气锅炉和燃气冷热电联供可满足100%供热负荷需求。一级供热管网运行温度为130/70摄氏度，热源为燃气锅炉和燃气冷热电联供，作为基本保障热源和调峰热源，各能源网络互联互通。直供范围内用户基础冷、热、电需求优先由区域能源站天然气分布式能源系统供应，不足部分由燃气锅炉及电制冷等方式补充，其他用户纳入街区能源系统供应范围。

（2）街区能源站

街区能源系统承担能源调节转换和分配功能，以及可相对集中利用的本地能源（如中深层地热、余热等）的就近接入。根据用地布局、地下空间及道路布局，考虑供能系统输送经济半径，划分为35个街区能源系统，单个服务建筑面积宜控制在50万平方米以内。

街区能源站安装电制冷+水蓄能、中深层地热及换热站，其中中深层地热独立建设或者并入城市二级供热管网，作为城市一级区域能源系统的有效补充，并需在取得政府管理部门核定后的地热资源总量和可采量后，重新计算供热能力，然后进行工程实施。二级供热管网冬季运行温度为75/50或50/40或55/45摄氏度，热源为中深层地热、换热站、浅层地温和太阳能光热；夏季运行温度为7/13摄氏度，冷源为燃气冷热电联供、电制冷+水蓄能和浅层地温。

（3）用户能源站

用户能源站满足集中供能系统用户接入和浅层地热、太阳能、电能等适宜靠近用户端应用的能源就地转换利用。结合地下空间开发单元及街坊布局，将容东片区划分为174个用户能源系统，单个服务建筑面积宜控制在10万平方米以内。具体系统形式可以包括土壤源热泵系统、太阳能热水系统以及分布式能源系统等，可根据地块用户的需求确定。

在《容东片区供热专项规划》编制阶段，由于容东片区未完成地热资源勘探，政府管理部门未发布资源总量和年可开采量，供热系统中预留了中深层地热资源接入的条件。

2019年6月13日，自然资源部中国地质调查局公布了雄安新区地热资源勘察一期评价报告[1]。勘察结果显示，容东片区深部水热型地热资源赋存条件较好，年可采量折合标准煤3.71万吨，供暖总能力约300万平方米，为容东片区科学合理的开发使用地热资源提供了依据。

以下专栏《雄安新区地热能资源利用建议》对新区地热能利用持续开展跟踪调研，同时结合新区规划要求，对未来地热资源开发利用提出相关建议。

---

[1] http://www.stdaily.com/zhuanti01/jqr/2019-06/13/content_772143.shtml

专栏3-6　雄安新区地热能资源利用建议[1]

一、加强政策扶持，统一规划管理

加强新区地热能政策落实，统一规划管理，并采取必要政策措施与扶持资金。由政府主导，鼓励企业积极参与，逐步形成并发展绿色地热能源产业，将地热能开发利用的"雄县模式"转型升级为"雄安模式"，为实现多能协同互补的绿色能源发展目标提供有力支撑。

二、加强地热资源开发的全过程监管

建议政府及相关单位加大地热资源开发的全过程监管力度：前期理顺审批机制，精准前期地质勘查，为新区规划建设提供有力的能源数据支持；中期加强开发与监管，实现地热工程的高标准、高质量开发建设；后期开展持续的运行监测及后评估，保障安全舒适性，实现清洁供暖。

三、合理规划，能源综合开发保障能源安全

采用"地热+"的梯级利用方式，实现地热能资源的最大化利用，替代天然气提供区域采暖基础负荷，节约建设投资和运营费用，实现节能减排，绿色发展。

四、统一开发建设与运营管理模式

鉴于中深层地热管理已纳入矿产资源管理范畴，其开采利用技术的专业性，以及城市供热的公共服务属性，建议片区的中深层地热开发采用统一规划、合作投资、统一开发、平台化管理的模式，推广新区的地热资源综合利用。通过采用共同投资建设的模式，将地热资源利用纳入新区能源系统设施统一开发建设，并纳入城市级统一能源管理平台，打造新区地热资源开发建设管理的新模式。

五、建立地热动态监测系统，同步接入数字雄安CIM平台

建立新区地热监测集成一体化系统，监测地热井出水水温、水量、水质、回灌水质、回灌量及中深层地下水水位、温度和压力等数据，同步接入数字雄安CIM平台，打造新区智慧能源系统，实现互联互通的数字城市建设。

---

[1] 本节选自《雄安绿研智库观点》2018年第5期：高质量开发利用地热能——雄安新区地热能利用调研分析。更多研究观点详见：https://mp.weixin.qq.com/s/l3kQU0BZDkQqQa3UC3XweQ

11.1.3 低压直流配电应用❶

雄安新区坚持绿色供电，形成以接受区外清洁电力为主、区内分布式可再生能源发电为辅的供电方式。依托现有冀中南特高压电网，完善区域电网系统，充分消纳冀北、内蒙古等北部地区风电、光电，保障新区电力供应安全稳定、多能互补和清洁能源全额消纳。与华北电网一体化规划建设区内输配电网，配套相应的储能、应急设施，实现清洁电力多重保障。

低压直流配电网是采用直流配电系统运行控制与保护、灵活直流电压变换、直流变压隔离、用户侧直流用电等关键技术，直接为负荷提供直流电源运行的配电网络，支持新能源、储能接入及能量双向互动。

国家电网雄安新区供电公司在新区积极开展低压直流配电技术研究与探索，通过构建拓扑灵活、高效、稳定的交直流配电网，搭建包含"绿色清洁能源接入—分布式储能—直流家用电器"的全谱系低压直流配用电网生态系统。目前在新区已实践的应用场景主要包括楼宇供电、分布式绿色能源、车辆直流充电桩、储能系统、直流家用电器等。

（1）绿能魔盒

"绿能魔盒"是国家电网雄安新区供电公司在雄安市民服务中心采用集装箱房屋形式，建立的包含"源–网–荷–储"的完整低压直流生态示范系统（图3-11-5），全面展示低压直流生态系统的绿色、安全、经济、高效、智能等特性。

利用集装箱自由移动和快速布置特点，"绿能魔盒"外壳采用40尺集装箱进行改造，面积约29平方米，构建了一个融合了高效发电、安全储电、可靠变电、高效用电、实时能源控制、能源信息集中管理和轻量化交互的完整系统生态。

屋顶安装太阳能光伏组件，为屋内设备提供清洁电能；屋内布置低压直流电力设备和纯直流家用电器。同时，采用智慧能源管控系统（CIEMS）实现太阳能发电、储能、用电一体化管理，并对整个低压直流生态系统进行精细化能源管控。

图3-11-5 市民服务中心绿能磨盒图

---

❶ 侯磊，刘洋，佘家驹，国家电网雄安新区供电公司。本文图表除标明来源之外，其余均为约稿作者提供。

（2）直流公寓

为验证公寓全直流供电情况下的生活方便性，国家电网雄安新区供电公司对容城县平安小区租三套公寓进行直流改造，单套公寓面积约110平方米（图3-11-6）。公寓采用交直流混合供电方式，对儿童易接触的带电插座、空调、家用电器等末端设备进行直流供电。项目成功验证了居民侧低压直流的可行性，对未来推广起到良好示范作用。

（3）光储充一体化车棚

光储充一体化站依托市民服务中心停车场建设，包含6个直流快充车位，配置180千瓦群控双向充放电终端，车棚顶部安装光伏发电系统（图3-11-7）。电气设备的安装布置与光伏车棚一体化设计，支持与电网的互动、有序充电、智能运维等功能。可为电动汽车提供直流充放电、充电引导、智慧照明等服务。

（4）容和绿道直流景观路灯

容和绿道直流景观路灯项目包含直流路灯（436盏）和创意广场直流景观灯两部分，全部采用低压直流供电，并提供智能路灯照明方案，重点测试低压直流供电系统的安全、耐久、高效、智能等特点（图3-11-8）。

图3-11-6　直流公寓图

图3-11-7　市民服务中心光储充一体化车棚图

图3-11-8　容和绿道直流景观路灯图

国家电网雄安新区供电公司在研究探索低压直流配电网基础上提出了"泛在电力物联网"概念，并在专栏文章《泛在电力物联网核心技术赋能雄安智慧城市》详细介绍了相关概念与核心技术，供读者延伸阅读。

专栏3-7　泛在电力物联网核心技术赋能雄安智慧城市[1]

"泛在电力物联网"，是将电力用户及其设备、电网企业及其设备、发电企业及其设备、供应商及其设备以及人和物连接起来，产生共享数据，为用户、电网、发电、供应商、政府和社会服务；以电网为枢纽平台，发挥共享作用，为全行业和更多市场主体发展创造更大机遇，提供价值服务。

国家电网公司将在新区统筹推进智能电网和泛在电力物联网建设，打造能源流、业务流、数据流"三流合一"的能源互联网，通过将泛在电力物联网技术基础设施化，从规划、设计、建设到运营进行全生命周期最优的成本设计，为新区绿色智慧城市应用迭代、广泛赋能提供全方位支撑。以下从绿色智慧能源和绿色智慧交通两个层面介绍泛在电力物联网核心技术。

1. 绿色智慧能源

（1）城市智慧能源管控系统（CIEMS）

城市智慧能源管控系统（City Intelligent Energy Management System）通过采用"集中+分散"的分层逻辑，建设本地+云端的城市能源管理系统，探索能源互联网与数字智能相结合的数字化城市模型，打造智慧能源云网，形成"城市大脑"的能源区块，如图1所示。

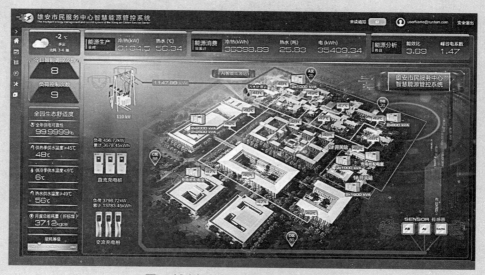

图1　城市智慧能源管控系统（CIEMS）

---

[1]　侯磊，刘洋，佘家驹，国家电网雄安新区供电公司。本文图表除标明来源之外，其余均为约稿作者提供。

本地CIEMS依托于区域性的综合能源，管理该区域的供能设施与用能设施（如智慧楼宇、智能家居、充电设施等），构建多能流管理、灵活需求响应、智能管理调控、规划运行一体化决策的智能服务体系。其次，充分利用能源与人、场景、城市的强耦合特性，以开放的系统架构兼容各类通信技术，构建能源信息神经感知网络，将能源信息末梢延伸到城市中的每个人，实现"源-网-荷-人"全要素感知。云端CIEMS集中管理城市多个本地组团，并与城市信息模型（CIM）和智能电网调度系统集成，实现信息智联与协同运行；不仅实现多个能源站的协调互济、全局优化，还以数字信息的融合促进物理资源的整合，优化基础设施资源配置，凸显城市核心竞争力。CIEMS利用多源异构能源数据进行实景建模、迭代演算，构建城市数字镜像，创新数字服务应用，响应城市变化中的需求，助推城市持续发展。

（2）低压直流生态

低压直流配电网具有控制简单、传输容量大、重构能力灵活、供电质量可靠等特点，易于发挥分布式电源的价值，具有较大的发展潜力，而低压直流供电系统可以确保用电的安全性、可靠性，减少因人身触电事故造成的伤亡，所以低压直流生态是未来终端用电的发展趋势，如图2所示。

户外安全直流—浮地运行，永不触电　　　　高效与高经济性直流　　　　储能调峰

户内低压直流—接触无危险　　　共享UPS—敏感负荷永不停电　　　可再生能源灵活接入

图2　全谱系低压直流生态图

通过低压交直流配电网的建设，将减少分布式电源、储能装置接入电网的交直流转换环节，实现分布式电源和直流负载的灵活接入，提高供能可靠性和供能品质；利用直流配电网实现直流负载直配直供，减少电网运行的相位和频率控制环节，降低网侧电压和电流纹波，提高供电质量；同时，在楼宇、居民侧引入柔性直流技术，直流电器用能端实现分布式电源直接使用，减少交直流转换环节，营造低成本、高效率、灵活接入的低压直流用电环境。

（3）多表集抄

"多表集抄"是在智能电表集抄的基础上接入冷/热表、水表、燃气表等，并将采集的数据通过有线/无线方式远程传递到管理平台，实现公共抄表联合收费、智能用能管理和综合能源服务，如图3所示。"多表集抄"实现缴费资源共享与互通，避免各自采集带来的重复建设，节省人力成本，提升用户智能化服务体验；同时，建立用户碳账户，通过对用户能耗分析，引导绿色用能。

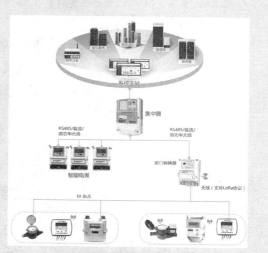

图3 多表集抄示意图

（4）智能楼宇

智能楼宇以建筑物为平台，兼备信息设施系统、信息化应用系统、建筑设备管理系统、公共安全系统等，集结构、系统、服务、管理及其优化组合为一体，向人们提供安全、高效、便捷、节能、环保、健康的建筑环境，如图4所示。

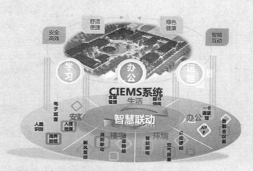

图4 智能楼宇示意图

另外，基于物联网、大数据、移动互联、信息通信等技术，通过CIEMS系统集成智慧楼宇、智慧安防、智慧办公、智慧环境、智慧生活等多个子系统，打破信息孤岛，实现信息共享互通，使楼宇内的电力、空调、防灾、防盗、机电设备等协同工作，实现园区、楼宇的高效率办公、高质量生活、高品质运维，最终建设成为安全高效、舒适便捷、智能互动、绿色健康的智慧园区。

（5）光伏云网

光伏云网以雄安新区客户需求为导向，以全面提升分布式光伏运营效率为目的，整合技术、信息、数据等分布式光伏全产业链资源。光伏云网实现信息发布、在线交易、智能管理、金融服务、大数据分析5大板块的16项功能，提供集信息发布、咨询评估、方案推荐、设备采购、安装调试、并网接电、电费结算及补贴代发、金融服务、运行维护等全流程一站式服务，实现分布式光伏线上线下全业务全流程贯通，满足分布式光伏业主、投资商、生产商、运营服务商、金融机构，以及各级政府服务需要。

（6）储能云网

储能云网是利用云大物移智等新信息化技术，搭建资源优化配置的储能平台，实现清洁能源消纳、碎片化储能资源利用及削峰填谷等能源优化调配，构建多能融合、开放共享的储能云服务新生态，推动清洁低碳、安全高效的现代能源体系的发展，如图5所示。

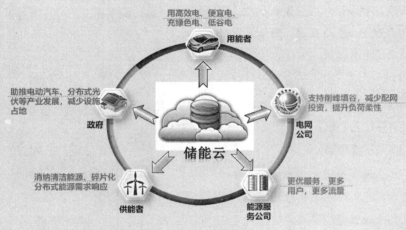

图5　储能云网示意图

（7）能源块数据

能源块数据支持海量能源数据通过与云大物移等先进信息通信技术的结合，与数字城市公共服务信息交互共享，将信息延伸到城市中的每个人，通过丰富数据信息的聚类，高度镜像城市生成与发展轨迹，支撑城市智能化建设，如图6所示。

图6　光伏云网示意图

基于能源数据的高覆盖性、高渗透性、高镜像性的特点，实现对用户360度的精确镜像，面向政府（EtoG）、城市（EtoU）、企业（EtoB）、个人（EtoC）等行业内外提供大量高附加值的服务，并辅助城市管理，实现能源数据跨行业应用，让城市发展更智慧、企业管理更高效、人民生活更美好。

2．绿色智慧交通

（1）电动汽车有序充电及V2G

电动汽车有序充电及V2G（Vehicle-to-Grid）是在满足电动汽车用户正常使用的前提下，运用实际有效的经济或技术措施引导、控制电动汽车在峰谷时段进行放电或者充电，对电网负荷曲线进行削峰填谷，促进清洁能源消纳，降低对配网负荷的冲击影响，减缓配网建设投资，保证电动汽车与电网的协调互动发展，如图7所示。

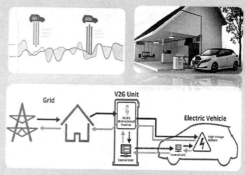

图7 电动汽车V2G示意图

（2）无线充电公路

电动汽车无线充电公路是在路面下层分段铺设发射线圈（导轨），利用磁场感应耦合原理，通过车体上的接收线圈和电力电子变换电路接收电能，为行驶中的电动汽车实时补充电能，如图8所示。无线充电公路将提升未来电动汽车充电设施的

图8 无线充电公路示意图

灵活性、便利性、通用性和智能性，实现永恒续航，彻底摆脱电动汽车的里程焦虑问题。

（3）无线充电桩

电动汽车静态无线充电是在地表面或地下铺设发射线圈，利用磁场感应耦合原理，通过车体上的接收线圈和电力电子变换电路接收电能，为电动汽车补充电能，如图9所示。无线充电相比于有线充电不需要插拔充电枪，整个过程人无需接触电枪，不受雨雪天气影响，安全性高；占地空间小，建站不需要单独征地；自动充电，无需操作，用户体验高。

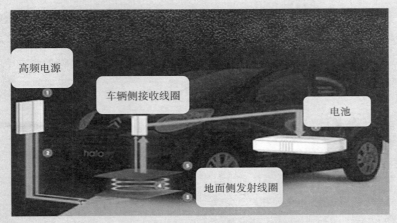

图9　无线充电桩示意图

（4）大功率充电弓

通过下压式充电弓与车辆自动连接，与车辆智能快速建立点对点的连接方式，为电动车车主提供大功率（480kW）直流充电服务，充电弓具有输出功率大、功率密度高、占地面积小、效率高、噪声低、自动化连接、一键式充电等功能。

充电设备采用"RFID+WIFI"智能通信解决方案，实现车桩之间的智能、快速通信连接建立，智能化GPS定位系统实现设备的精准定位，无线通信（4G）方式快速接入平台，实时设备自身状态信息实时上送，如图10所示。

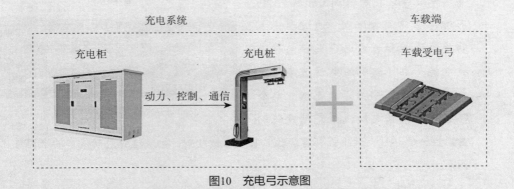

图10　充电弓示意图

（5）车路协同

智能车路协同系统（IVICS）是智能交通系统（ITS）的最新发展方向。车路协同是采用先进的无线通信和新一代互联网等技术，全方位实现车车、车路动态实时信息交互，并在全时空动态交通信息采集与融合的基础上开展车辆主动安全控制和道路协同管理，充分实现人车路的有效协同，保证交通安全，提高通行效率，从而形成安全、高效

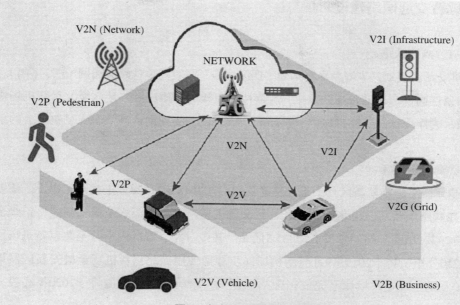

图11　智能车路协同系统示意图

和环保的道路交通系统，如图11所示。

（6）车桩源一体化平台

车桩源一体化平台是一种构建交通、电动汽车、充电桩、电源联动机制的系统平台，以城市动态客流为基础，对公共交通运营计划进行动态编排，在满足公交运营调度的前体下，对公交实时运营数据的分析运用，再结合区域电网负荷情况，通过对车辆及充电桩的控制，实现公交有序充电，如图12所示。

图12　车桩源一体化平台示意图

11.2　构建绿色交通体系

过去两年来，新区在城市综合交通网络设施建设、慢行交通系统打造、城市绿色交通系统出行管理与引导、城市交通工具与设施提升等方面开展了一系列工作。

11.2.1 综合交通网络建设

11.2.1.1 高速铁路

根据雄安新区规划，雄安新区将构建"四纵两横"区域高速铁路交通网（图2-6-6）。"四纵"为京广高铁、京港台高铁京雄—雄商段、京雄—石雄城际、新区至北京新机场快线，"两横"为津保铁路、津雄城际—京昆高铁忻雄段，实现新区高效融入"轨道上的京津冀"。

（1）京雄城际铁路

京雄城际铁路是雄安新区首个重大交通项目，于2018年2月28日正式开工建设。该铁路起自京九铁路李营站，经北京大兴区、北京新机场、霸州市，终至雄安新区，正线全长92.4公里，共设5座车站，总投资约335.3亿元。其中，北京城区内李营至北京新机场段设计时速250公里，将于2019年9月与新机场同步开通使用；北京新机场至雄安新区段设计时速350公里，雄安站枢纽已完成国际招标评选，新机场至雄安段将于2020年底投入使用。

京雄城际铁路是联系雄安新区、北京新机场和北京城区最便捷、高效的重大交通基础设施，可实现新区20分钟到北京新机场，30分钟到北京、天津，60分钟到石家庄，将为新区集中承接北京非首都功能疏解提供有力支撑，对促进京津冀协同发展具有重要作用。

（2）高铁雄安站[1]

高铁雄安站是京雄城际铁路沿途规模最大的新建车站，于2018年12月正式开工（图3-11-9）。该项目位于雄县城区东北部昝岗镇佐各庄村和关李马浒村西侧、221乡道南侧，距起步区20公里，项目计划建设工期为24个月，将于2020年底投入使用。

雄安站采用水滴状椭圆造型，地上三层，地下二层，站房面积约13万平方米，总建筑面积45.29万平方米。项目规划设计地上、地面、地下立体化交通布局，地上

图3-11-9　雄安高铁站规划效果图
（来源：http://wemedia.ifeng.com/90841805/wemedia. shtml）

一层是地面候车大厅和配套公共场站，二层是铁路站台层及轨道交通R1、R2线预留站台层，三层是高架候车大厅，地下是商业开发区域和地铁M1线。雄安站充分利用了桥下候车的优势和地铁换乘的条件，最大限度地降低旅客的换乘时间，达到现代、便捷、人性化

---

❶ http://wemedia.ifeng.com/90841805/wemedia.shtml

的综合交通枢纽。

雄安站为高架站，规划引入京雄城际线、京港台高铁线、津九联络线、津雄城际、石雄城际、雄忻铁路线等，车站总规模达到11台19线，将成为京津冀地区路网性的主客站、新交通枢纽。

（3）城市轨道

雄安至北京大兴国际机场快线是唯一一条不同于高铁、由雄安和北京两地调度和收费的城际轨道快线。该线路轨网由一条快线R1线和四条普线（M1～M4）组成，"一干"为起步区—雄安高铁站—北京新机场，"多支"为连接徐水、保定、白沟以及霸州等周边地区。

结合新区城市组团式发展的实际情况，新区轨道交通的建设时序不同于一般城市，采用先建快线、后建普线的模式，以及新区提出"一干多支、互联互通、灵活编组、不断生长"的新区新型城市轨道交通建设模式。

轨道交通直达雄安、北京两地功能区，无缝衔接两地轨网。在互联互通、灵活编组的模式下，让线网在不同时间段适应不同客流的需求特征，增加了线网的客流弹性，实现线网中各种资源的共享、集约用地和节约能源。这种环保、生态、智慧、高效的网络化运营理念，满足新区绿色发展的需求，契合新区规划纲要提出的打造贯彻落实新发展理念创新发展示范区的部署。

11.2.1.2　高速公路

高速公路方面，雄安新区将构建"四纵三横"高速公路网（图2-6-6）。"四纵"指：京港澳高速、大广高速、京雄高速、新机场至德州高速；"三横"指荣乌高速新线、津雄高速（原荣乌高速）、津石高速，实现新区60分钟到北京、天津，90分钟到石家庄，加强新区与天津港、黄骅港交通联系，畅通新区出海通道。

荣乌高速公路新线作为新增高速公路，是雄安新区"四纵三横"区域高速路网的重要组成路段，项目于2019年5月24日正式获得批复，力争2019年上半年开工建设。项目起自廊坊市永清县南大王庄村南，与京台高速交叉，途经永清县、霸州市、固安县、高碑店市、白沟新城、定兴县，终于保定市定兴县柳卓乡东侧，与京港澳高速相接，路线全长约73公里。全线采用双向八车道高速公路标准建设，设计时速120公里。建成后，项目将对完善雄安新区对外骨干交通路网，推动京津冀协同发展交通一体化进程，具有非常重要的意义。

京雄高速位于京港澳高速和大广高速之间，在雄安界内与津雄高速相交，项目计划2019年开工。其中，北京段全长约32公里，向南延伸与河北段相接；河北段全长约76公里，途经河北保定白沟新城、高碑店等区域。在设计特点上，京雄高速将贯穿智慧创新理念，内侧两条车道作为智慧驾驶专用车道，能够实现车路协同和自动驾驶，同时进行基础设施数字化和智慧收费方面的研究应用。

11.2.2　慢行交通系统打造

根据雄安新区规划，雄安新区将构建内外衔接的绿道网络，形成城乡一体、区域联动的城市绿道体系。同时，营造独立舒适的绿道环境，设置适宜骑行、步行的慢行系统，承载市民健身、休闲、娱乐功能。

"容和绿道"项目，即容东片区截洪渠景观一期工程，主要利用容东片区截洪渠箱涵上方的土地资源，打造服务市民健身、休闲、娱乐的城市公共空间（图3-11-10）。容和绿道总长7.5公里，绿化面积30.49万平方米，沿途设置过街人行天桥以及相关配套服务设施、电气工程、绿化灌溉、景观小品及城市家具等，项目总投资约2.22亿元，并于2018年12月底完成了绿道和相关配套服务设施的施工任务。

图3-11-10　雄安新区容和绿道
（来源：https://mp.weixin.qq.com/s/miG18LPYRV0e3iRHt3aN5g）

该慢行绿道连接雄安市民服务中心和容城县大水大街，为市民提供了适宜骑行、步行的绿道环境，成为容城县市民跑步健身、散步休闲等各类活动的空间载体，也是市民自行车通勤的交通要道。

另外，新区开展高品质慢行示范，在容城县奥威东路南北两侧辅以非机动车专用路，形成连续、安全、舒适、全天候、有吸引力的慢行交通环境。

11.2.3　绿色交通出行引导

11.2.3.1　提倡使用新能源交通工具

雄安新区将构建以"公交+自行车+步行"为主的绿色出行模式，未来绿色交通出行比例达到90%，公共交通占机动化出行比例达到80%。

作为前期探索，雄安市民服务中心（以下简称园区）率先推行绿色出行理念，已于2018年4月起禁止燃油车驶入。针对外部工作人员和参观市民，开展城市交换中心（City

Exchange Center，CEC）示范（图3-11-11）。通过CEC提供高水平公交接驳换乘，降低小汽车出行占比，通过片区级CEC和街区级CEC的差异化收费、差异化政策，展示雄安新区鼓励公交的绿色出行理念。CEC除了具备截流（非清洁能源车辆）和换乘功能之外，还具有商业、休闲、物流、公交服务等综合化功能，实现信息交换、智慧交换、物流交换、文化交换。

图3-11-11　市民服务中心P1停车场及市民换乘接驳公交车现场图

（来源：左：https://mp.weixin.qq.com/s/Ztq6yqYUwr6fRm6AOeqCLQ；右：http://mini.eastday.com/a/180727181943701-2.html）

雄安新区提倡使用新能源汽车，减少私家车燃油车的使用。根据相关机构研究，未来容东片区按照汽车拥有量30%人口测算，在绿色交通出行比例达到90%情景下，容东片区小汽车碳排放量为2.1万吨，公交车碳排放量为4.9万吨（无轨道交通测算），总计7.0万吨，与绿色交通出行比例达到70%情景相比减少碳排放2.7万吨，与无绿色交通出行相比减少碳排放12.2万吨。

另外，在白洋淀生态环境综合整治中，还重点对白洋淀水域现存的1000余艘汽油和柴油机动船舶，进行油改气、油改电等清洁能源改造，极大提升了白洋淀水域及空气环境。

11.2.3.2　大力构建公共交通系统

雄安新区开展公共交通示范，积极构建新能源公交系统，重点打造绿色、多样化、高品质的公共交通服务，率先试运行需求响应型公交，以雄安市民服务中心及容城县内多个站点为基础，示范一人一座、免换乘、快响应的公共交通服务（表3-11-1、图3-11-12）。

表3-11-1　雄安新区公交系统开通时序表

开通日期	开通路线
2017 年 11 月 24 日	保运集团在雄安新区雄县开通了雄安公交一号线，上线 10 辆纯电动公交车，往返于雄县和保定
2017 年 12 月 1 日	雄安新区雄县公交公司在县内区域开通运营 101 至 106 共 6 条线路，新增 40 辆新能源公交车辆

续表

开通日期	开通路线
2018 年 4 月 11 日	雄安新区智慧公交"保定东专线（H1）"正式开通，往返于容城奥威大厦和保定东站，全部为新能源公交车
2018 年 12 月 6 日	保运集团雄安业务发展事业部开通雄县至安新、雄县至容城 2 条客运班线，全部为新能源客车
2018 年 12 月 10 日	由保运集团第四运输公司开通的保定至雄安新区容城的往返定制班车正式开通，始发站保定客运中心，终点站雄安奥威大厦，全部为新能源客车。此路线的开通极大地方便了保定在雄安工作的新区建设者

图3-11-12　雄安新区新能源公交系统

（来源：左：http://dy.163.com/v2/article/detail/DF4C4JDQ0517RM9S.html；中：https://baijiahao.baidu.com/s?id=1618950517091381062&wfr=spider&for=pc；右：http://www.sohu.com/a/206509718_768367）

11.2.3.3　积极引入多种共享交通工具

雄安新区积极引入智慧公交、共享单车及电动车等多种交通工具，助力绿色出行（图3-11-13）。新区政府联合滴滴出行运用大数据、机器学习和云计算等技术，推出了"雄安智慧公交"，力争构建实时感知、瞬时响应、智能决策的新型智能公共交通体系。其中，智慧中巴服务公共交通主干线网，智慧小巴通过运力资源调配进行灵活补充，为新区建设者提供更加便捷、有效的公共交通出行。另外，摩拜已在新区投放2000余辆共享单车及部分共享电动车，同时改造了5个摩拜智能车吧，为市民出行提供了方便。

图3-11-13　雄安新区共享交通工具

（来源：左：http://www.xiongan.gov.cn/2018-04/26/c_129860243.htm；右：https://tech.qq.com/a/20181212/010136.htm）

11.3　推进"无废城市"建设

推进固体废物源头减量和资源化利用，最大限度减少填埋量，是绿色生态城市发展的重要体现。为统筹经济社会发展中的固体废物管理，大力推进源头减量、资源化利用和无害化处置，2018年12月，生态环境部印发《"无废城市"建设试点工作方案》，确定将深圳、包头等11个城市作为无废城市试点，并将雄安新区作为特例之一，参照无废城市建设试点一并推动。2019年4月1日，河北省人民政府办公厅出台《关于加强城市生活垃圾分类工作的意见》，提出雄安新区要建立具有国际先进水平的生活垃圾强制分类制度，按照"无废城市"标准规范做好规划设计和建设。

作为全国"无废城市"建设试点，新区未来将对标"无废城市"建设指标体系，结合规划建设特点，加快编制"无废城市"建设试点方案和各项指标体系，探索"无废城市"建设综合管理体系，形成一套有特色、可推广、可复制的"无废城市"建设示范模式。

在试点建设过程中，雄安新区将"无废城市"的先进城市管理理念，融入总体发展规划、产业发展规划、环卫建设规划、污水垃圾设施建设规划、垃圾分类方案等之中，持续推进固体废物源头减量和资源化利用，最大限度减少填埋量，将固体废物对环境的影响降至最低。

通过高质量发展、高水平保护，新区将统筹协调推动形成绿色发展方式和生活方式，探索建立一整套适合新区发展的综合管理制度和技术体系。探索"无废雄安"长效监管机制，优化新区固体废物管理体制机制，建立相关部门责任清单，进一步明确各类固体废物产生、收集、转移、利用、处置等环节的部门职责边界，加强协同监管能力。

按照源头管理精细化、贮存转运规范化、过程监控信息化、设施布局科学化、利用处置无害化等要求，探索新区固体废物全程管理模式。鼓励工业企业采用先进生产工艺，促进固体废物减量和循环利用，严格控制新（改、扩）建固体废物产生量大、难以实现有效综合利用和无害化处置的项目。探索构建畜禽粪污、农作物秸秆全量利用的治理模式，切实提高废旧农膜、废弃包装物的回收利用水平。践行绿色生活方式，实现生活垃圾分类全域覆盖，新区拆迁和建设过程中的建筑垃圾全量利用处置。

同时，以"无废城市"建设为抓手，立足试点、规划长远，计划用3~5年的时间，通过形成绿色的生产、生活方式，从源头上减少废物产生量，实现工业固体废物综合利用以及重点产业危险废物减量化，推动生活垃圾减量化、资源化水平全面提升。

现阶段，新区从建筑垃圾处理与资源化利用、农村生活垃圾专项处理整治两方面开展了固体废弃物循环利用的研究及实践。

11.3.1　雄安新区建筑垃圾资源化利用研究

雄安新区大规模建设将产生大量建筑垃圾，为全面做好建设期准备工作，新区将房屋绿色拆除与构建建筑垃圾管理及资源化利用体系作为当前固体废弃物利用工作的重点。

针对房屋绿色拆除及建筑垃圾资源化利用，雄安新区组织相关研究机构提出建筑垃圾资源化利用初步框架，主要思路及内容如下：

（1）强化组织领导，构建区域合作协调机制

为进一步强化组织领导，统筹管理并协调推进雄安新区建筑废弃物资源化综合利用工作，同时实现与新区周边建筑废弃物综合处理工作的对接与区域合作，根据《城市建筑垃圾管理规定》等相关要求，成立雄安新区建筑废弃物资源化综合利用工作领导小组，并设立领导小组办公室，负责日常管理与联络协调工作。领导小组与新区附近地区（如保定市）建立建筑废弃物综合处理的区域合作对接协调机制，全力支持并配合雄安新区开展建筑废弃物资源化利用工作。

（2）统筹规划布局，建立完善特许经营制度

根据雄安新区建筑废弃物产生量及其周边建筑废弃物资源化综合利用相关设施建设情况，结合新区范围内现有建筑垃圾消纳场所布置与运营，以及建筑废弃物资源化利用现状，以资源就近利用为原则，统筹规划新区建筑废弃物综合利用设施建设，编制《雄安新区建筑废弃物综合利用专项规划》，建立新区建筑废弃物综合利用网络体系，使其基本实现新区自身范围内建筑废弃物资源化利用的能力。同时，在具体项目投资、建设、运营管理方面，建立建筑垃圾特许经营制度，将适度的市场竞争与政府规章制度结合，鼓励和引导社会资本参与建筑废弃物资源化利用项目建设运营，由政府主导并支持企业发展，形成政府提供生产用地、建筑垃圾集中分类排放、运营企业特许经营、运输补贴及税收优惠相结合的模式。

（3）严格源头控制，实行全过程全方位管理

从建筑废弃物产生源头抓起，严格按照建筑拆除垃圾、建筑施工垃圾和工程弃土进行分类处置，如按工程弃土、可回用金属类、轻物质料（木料、塑料、布料等）、混凝土和砌块砖瓦类等分别投放管理，积极推进建筑垃圾分类集运，严禁将生活垃圾、危险废物与建筑垃圾混合处置。利用新一代信息技术建设雄安新区建筑废弃物综合利用信息监管平台，对新区范围内的建筑废弃物产生、运输、暂存、处置等实行实时在线监测，规范建筑废弃物产生点和终端处理点的"点对点"信息对称模式，便于主管部门对各主体管理单位预估申报的垃圾产生量、运输单位申报的运输量、消纳场所实收的消纳量进行对照核实，做到产生量、承运量、消纳量的"三统一"。同时，打击无证无照、非法经营、乱倒垃圾的运输游击队，最大限度地杜绝随意乱倒现象。采取集中整治与机动巡查相结合，增加夜间管理力量，对违法现象频发、违法行为恶劣的运输车辆坚决依法整治。

（4）健全监管体系，完善管理制度运行机制

为建立健全雄安新区建筑废弃物资源化综合利用监督管理体系，有效推动并促进建筑废弃物资源化利用水平和产业发展，建议制定并出台《雄安新区建筑绿色拆除管理办法》

《雄安新区建筑废弃物运输和处置管理办法》《雄安新区建筑废弃物综合利用企业监督管理办法》《雄安新区建筑废弃物减排与利用配套专项资金管理办法》《雄安新区建筑废弃物综合利用产品认证办法》等政策文件，从而建立从规划、立项、勘察、设计、施工、竣工、综合利用等各个环节的建筑废弃物减排与利用全过程、多方位闭合监管机制。同时，完善雄安新区建筑废弃物综合利用监管保障制度，形成闭合运行管理机制。制定《雄安新区建筑废弃物管理考核办法》，加强对新区范围内建筑废弃物日常管理情况进行考核，并纳入新区生态文明城市建设考核，作为城市管理的考核目标。建立各类保障制度，编制《雄安新区建筑废弃物综合利用行政执法指导手册》，便于后续联合执法和综合管理；制定《雄安新区建筑废弃物综合利用管理信息监管平台使用指导手册》，规范使用程序，提高管理部门操作使用能力。

（5）加强政策扶持，推动政产学研资一体化

加强雄安新区建筑废弃物综合利用的激励政策扶持，从土地支持、税收优惠和资金补助等方面制定相关优惠政策措施，促进资源化利用，如对建筑废弃物资源化利用设厂项目实行"零地价"，免收增值税和所得税免减等政策支持；对建筑垃圾资源化处置企业和建筑垃圾再生新型墙体材料的生产项目与应用工程，优先纳入相应专项资金补贴范围；将建筑垃圾再生产品列入绿色建材目录、政府采购目录，促进再生产品规模化使用。在满足相关标准规范的前提下，优先将建筑垃圾再生骨料用于公路建设，并在城市道路、河道、公园、广场等市政工程中优先使用再生产品。另外，应以政府牵头，积极整合行业重点企业、科研院所、社会资本等资源推动政产学研资一体化发展模式，发挥乘数效应，加速区域创新能力的提升，从建筑废弃物综合利用技术、装备，建筑废弃物再生产品与应用标准规范，以及建筑废弃物资源化处理厂建设、运营、管理模式等方面进行创新发展，提高产业科技含量，促进产业的转型升级。

11.3.2 容东片区建筑垃圾资源化利用初步方案

容东片区作为雄安新区第一个大规模建设项目，雄安集团组织相关部门编制了《容东片区房屋拆除与建筑垃圾管理工作方案》，探索房屋拆除、建筑垃圾运输、处置管理和资源化利用新模式。

（1）房屋拆除建筑垃圾总量预测

根据《容东片区环卫专项规划》，容东片区房屋拆除及建设期间建筑垃圾产量约140万吨（不含工程槽土）。

（2）房屋拆除与运输管理

新区实行绿色拆除，容东片区村庄房屋拆除工作主要包括房屋拆除、建筑垃圾运输及处置、历史文化遗迹保护管理等。房屋拆除实施分类拆除、绿色拆除，全部建筑垃圾资源利用。采用移动处理和固定处理设施相结合的技术路线，减少处理成本。另外，采用分类计价、按量收费的方法，促进建筑垃圾源头减量。拆除过程中，采用新能源运输工具，严格控制拆除、处理过程中的粉尘，确保环境质量。现场拆除设备选择低噪声设备，拆除、处理过程采取必要的隔声措施，最大程度降低噪声对周边村民的影响。

（3）处理场站和资源化利用

容东片区建筑垃圾处理方式以回填为主，其次为制备再生建材。当前容东片区建筑物以砖混结构为主，建筑再生产品适宜制成无机回填料，用于场地修复；余量制成再生砖等建筑材料，主要回用于容东片区的开发建设，实现循环再利用。

针对容东片区建筑垃圾处理，计划在片区以东、留村以北建设一座资源化处理设施，用地面积约300亩，包括建筑垃圾堆场、建筑垃圾处理设施、再生建材生产设施及配套环保、生产生活设施等。资源化处理设施计划于2019年6月开工，2019年12月竣工，其中，建筑垃圾堆场于2019年7月投入使用，场地待容东片区建设完成后恢复原状。

11.3.3　农村环境一体化综合治理❶

针对农村生活垃圾、生活污水等污染问题，雄安新区以78个淀中、淀边村为试点，开展农村垃圾、厕所、污水等环境问题一体化综合系统治理项目，全力推进新区农村村容村貌改善工作，试点成功后将面向新区全域农村推广，提升农村环境治理水平。此次项目工作范围内主要包括以下三项：

（1）对农村生活垃圾（含水面垃圾）清扫、保洁、收集、处理、外运，提倡垃圾分类和就地减量化、资源化，实现农村生活垃圾全域全收集、全处理，在雄安新区具备处置能力前实行全外运；

（2）根据实际需求改造和新建农村公共厕所，并实现农村公共厕所无害化、卫生化、生态化运营；

（3）对原有污水处理设施和污水管网进行升级改造，根据实际需求新建污水处理设施和污水管网，并进行有效的运营维护，实现全收集、全处理、全达标。处理后的污水达到《河北省农村生活污水排放标准》DB 13/2171—2015中一级A标准，污泥无害化处置。

项目采用ROT（改建—运营—移交）+BOOT（建设—拥有—运营—移交）运作方式，对项目范围内的治理内容，自主投资、设计、改建、新建、运营等，达到政府方环境治理要求后，使用者或政府向其支付环境综合治理服务费。2019年6月，雄安新区管委会印发《雄安新区农村人居环境集中整治专项行动实施方案》，新区将用一年的时间扎实有序推进农村人居环境整治，全面推进农村生活垃圾治理。重点工作包括：全面推进农

---

❶　http://www.xiongan.gov.cn/2018-09/01/c_129944908.htm

村生活垃圾治理、清除历史积存垃圾、建立垃圾分类收集和转运体系、抓好垃圾终端处理等，实现垃圾减量化、资源化、无害化处理，确保100%的村庄生活垃圾得到有效治理（图3-11-14）。

图3-11-14　白洋淀农村环境治理前后对比（上：农村垃圾污水直排❶；下：垃圾整治后效果）❷

11.4　打造绿色园区示范

雄安新区将全面推行高标准绿色建筑，开展节能住宅建设和改造，目前已实施了雄安市民服务中心和雄安城乡服务管理中心等具有亮点与特点的绿色园区及绿色建筑项目。

11.4.1　雄安市民服务中心

雄安市民服务中心（以下简称"园区"）是雄安新区首个高起点规划、高标准建设的

❶　http://finance.sina.com.cn/zl/china/2017-06-08/zl-ifyfzhac0424034.shtml?cre=financepagepc&mod=f&loc=3&r=9&doct=0&rfunc=82

❷　http://www.xiongan.gov.cn/2018-09/01/c_129944908.htm

成规模大型建筑群项目（图3-11-15）。园区总建筑面积9.96万平方米，规划总用地24.24公顷，由公共服务区、行政服务区、生活服务区、企业临时办公区四大区域建筑群组成，共同承担着新区公共服务、规划展示、临时办公、生态公园等多项服务功能。园区于2017年12月初开工，2018年3月完工，建造仅历时112天，并于2018年5月正式投入运营并向公众开放。

截至2019年1月，园区已入驻26家办公企业，包括中国三大电信运营商、阿里巴巴、腾讯、百度、360集团等高端企业。绿色、开放、宜人的园区环境吸引越来越多的游客，雄安市民服务中心已成为雄安新区参观的必到之处（图3-11-16）。

作为雄安新区规划建设的重要起步项目，园区践行了《规划纲要》中关于"构建科学

图3-11-15　雄安市民服务中心鸟瞰图
（来源：http://www.xiongan.gov.cn/news/dmxa.htm）

图3-11-16　市民中心入驻企业标牌及游客合影照
（来源：左：http://hebei.hebnews.cn/2019-05-28/content_7408367.htm；右：http://www.xiongan.gov.cn/news/dmxa.htm）

合理空间布局、发展高端高新产业、建设绿色智慧新城、提供优质共享公共服务"的相关要求，整体规划设计充分体现创新、共享、生态等绿色发展理念，具体设计建设创新亮点如下：

（1）**建筑师负责制**。项目创新性的采用建筑师负责制，设计团队派驻驻场代表全程提供支持。项目实施采用设计总承包管理的模式，实现了在极短时间内高效率提交多专业综合的领先示范园区设计成果。

（2）**集成化预制装配式结构应用**。园区建设采用了装配化、集成化的建造技术，建筑构件工厂预制生产，现场组装，装配化、现代化程度高，使得建筑在短时间高质量完成。尤其是北部企业办公区，采用集成化装配式建筑体系，使用632个类似集装箱的集成化房屋进行拼装，用时一个月完成了约3万平方米的一体化企业办公场所。

（3）**践行绿色理念**。一是采用可循环的建筑空间与材料，企业办公区采用了整体式的集成化单元，可调整、易拆卸、能够重复利用，达到了建筑材料充分的利用。其他单体建筑的墙体、门窗等材料均采用了装配式材料，均可重复利用，更充分实现全周期的可循环使用；二是复合能源系统，园区内能源供应采用"再生水源+浅层地温能热泵+蓄能水池冷热双蓄"复合能源系统设计。充分利用建筑现有的中水等可利用能源，打造项目供暖、制冷、生活热水一体化系统，实现地热能源多层利用；三是被动式超低能耗建筑设计，政务服务中心采用了超低能耗建筑做法：降低建筑体形系数，控制建筑窗墙比例，完善建筑构造细节，设置高隔热隔声、密封性强的建筑外墙。使建筑在冬季充分利用太阳辐射热取暖，尽量减少通过维护结构及通风渗透而造成热损失，夏季尽量减少因太阳辐射及室内人员设备散热造成的热量；四是场内土方自平衡，项目所在的场地原标高低于红线外道路标高约4.0米，项目采用了底层架空层、下沉式停车场等设计、施工方式，减少了现场的土方回填量，通过土方的场内接驳减少外运土方对环境的影响。

（4）**综合管廊示范**。园区综合管廊位于园区主要道路下方，总长3.3公里，将电力、通信、燃气、供热、给水排水、消防等各种工程管线集于一体全部被收进管廊中，并在管廊中创新的安装智能化机器人和监控设备，实现管廊的有效监测和管控，为未来新区的管廊应用做出了尝试和积累。

（5）**海绵城市技术实践应用**。园区践行"海绵城市"的理念，将雨水作为宝贵资源进行引导、存储、净化与利用，形成了一个完备的雨水管理体系，发挥合理利用水资源、净化污水、防洪排涝的作用。因地制宜地设计种植草沟、雨水花园、砾石雨水花园、人工湖、生态净化群落、地下蓄水方沟等，步道砖、停车位的植草砖均采用透水砖，进行雨水收集和调蓄。园区的海绵城市措施与景观工程有机结合，可实现8000立方米的雨水调蓄容积，加上地下雨水管涵12000立方米的调蓄容积，总雨水容纳量超20000立方米，可满足30年一遇的特大暴雨而不内涝。

（6）**共享、智慧园区**。园区内建立了共享会议室、共享公交、共享单车、共享生活空间等设施，通过手机即可与各功能区域相连，充分发挥信息互联的特点，充分利用园区内每一个设备和空间。同时，园区采用CIM（城市信息模型）平台进行建筑设计和施工过程管理，运用IBMS（基于实时数据库的智能建筑管控平台）实现建筑全生命周期的数字化管理。

总体来说，园区分别从生态环境、绿色交通、绿色建筑、能源系统、水资源、信息化和人文关怀七个维度进行绿色设计、建造及运营。项目集成地下综合管廊、零污水排放、装配式建筑、被动式建筑、浅层地温能+中水能再生水源+冷热双蓄技术、CIM平台等先进技术应用，为构建绿色低碳、创新智能、宜居宜业的园区提供重要的技术支撑，为雄安新区后续建设树立了样板示范，成为未来绿色智慧园区的典范（图3-11-17、图3-11-18）。

基于绿色生态园区技术体系，园区较好地承载了新区创新发展理念的体验与传播、城市公共空间、政务服务平台等功能，同时，结合当地文化特色及生活模式，开展开放性的人文活动，促进"新雄安人"和本地居民的交流，形成宜居友好的新城区（图3-11-19）。

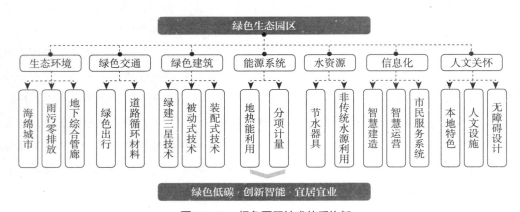

图3-11-17　绿色园区技术体系构架

图3-11-18　绿色园区技术体系

雄安新区嘉年华活动

市民全龄化参观

人与自然和谐共生

市民健步走活动

图3-11-19 雄安市民服务中心人文活动
（来源：http://www.xiongan.gov.cn/news/dmxa.htm）

在园区运行近六个月后，对园区访客开展调研分析收集园区运营及改进建议。通过对5000多份有效问卷进行分析，结果显示访客对园区的整体评价积极，17项评价指标均在4分以上，其中评价最高的前五项分别为优美的绿化环境、充足的换乘停车场车位、态度良好的工作人员、充足的摆渡车及雨天不积水的路面，同时，在趣味场所、公共厕所及共享单车投放点配置方面仍有提高的空间（表3-11-2）。

表3-11-2 雄安市民服务中心访客评价表

排名	内容	评价分值
1	有优美的绿化环境	4.51
2	换乘停车场停车位充足	4.47
3	工作人员服务态度好	4.47
4	摆渡车班次充足	4.44
5	下雨天路面不积水	4.44
6	室外空气清新	4.44
7	厕所干净整洁	4.43
8	建筑节能环保	4.43
9	夜间照明充足	4.42

续表

排名	内容	评价分值
10	到达停车场的公共交通便捷	4.41
11	建筑内无异味	4.41
12	餐饮场所充足	4.41
13	夏天遮阴乘凉空间充足	4.4
14	无人超市操作简单易懂	4.4
15	共享单车投放充足	4.39
16	公共厕所充足	4.39
17	有趣好玩的场所多	4.33
	平均评分	4.42

注：评分最小值为1，代表"完全不符合"，最大值为5，代表"完全符合"，评分越高，代表居民对该选项越认同。

为科学规范、客观公正地评估园区等重点工程项目建设，有力支撑项目后期的宣传扩散，并为其他工程项目实施提供经验借鉴与参考，结合现场调研走访，完成对雄安市民服务中心项目的绿色生态园区后评估，具体详见专栏文章《雄安市民服务中心项目绿色生态园区评估》。

专栏3-8　雄安市民服务中心项目绿色生态园区评估

一、评估背景

基于《河北雄安新区规划纲要》提出的绿色生态规划主要指标要求，雄安绿研智库参考国内外现有标准中关于绿色生态低碳园区、社区、城区的评价指标体系内容，研究确定了雄安新区社区级绿色生态园区评估体系，对雄安市民服务中心（以下简称"园区"）的绿色生态建设情况以及绿色建筑、海绵城市、智慧园区等方面进行全面综合评估。评价指标体系具体包括用地布局、生态环境、绿色建筑、绿色交通、能源系统、水资源利用、固废利用、信息化和人文关怀9大类，如图1所示。

二、评估情况

基于园区前期规划资料和绿色生态设计方案，通过后期建设资料收集和现场走访调查，对园区开展评估工作，具体结果见表1。

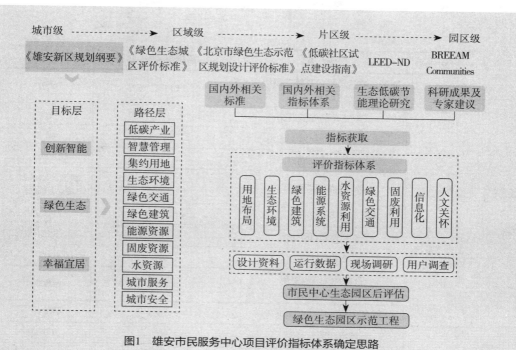

图1　雄安市民服务中心项目评价指标体系确定思路

表1　雄安市民服务中心生态评估得分汇总表（2018年8月）

一级指标	二级指标	目标参考值	评价值
1 用地布局	建设用地综合容积率	≥ 0.5	0.54
	公共服务用地比例	≥ 20%	35.86%
	混合用地比例	≥ 50%	36.44%
	充分利用地下空间	协调地下空间与公共服务、交通、市政、商业设施等用途，与雨水下渗设施的综合布局	有
2 生态环境	绿地率	≥ 35%	35%
	本地植物比例	≥ 40%	≥ 40%
	绿化覆盖面积中乔灌木比例	≥ 25%	≥ 25%
	热岛强度	≤ 3℃	≤ 3℃
	有调蓄雨水功能的绿地和水体面积之和占绿地面积的比例	≥ 40%	≥ 40%
	硬质铺装地面中透水铺装面积的比例	≥ 60%	≥ 60%
	年径流总量控制率	≥ 80%	85%
	室外声环境质量	满足 GB 3096	满足
	室外光环境质量	满足 JGJ/T163	满足
	室外空气质量	满足 GB 3095	满足

续表

一级指标	二级指标	目标参考值	评价值
3 绿色建筑	新建公共建筑绿色建筑二星级达标率	100%	100%
	装配式建筑面积占比	≥ 30%	44%
	被动房及低能耗技术应用	有	有
	新建精装修建筑面积占比	≥ 50%	100%
4 能源系统	可再生能源替代率	≥ 8%	需统计能源站冷、热量等
	能源分类分项计量率	≥ 80%	100%
	低能耗建筑面积占比	≥ 20%	38%
	集中供热率	100%	100%
	道路景观照明采用高效灯具比例	≥ 80%	≥ 80%
	太阳能光电、光热利用替代率	≥ 20%	不参评
5 水资源利用	节水器具普及率	≥ 90%	100%
	非传统水源利用率	≥ 10%	≥ 10%
	实现雨污分流区域占比	≥ 90%	100%
	污水收集处理率	100%	100%
	污水资源化再生利用率	100%	100%
	园区雨水收集利用设施容量	≥ 3000 立方米 / 平方公里	49504 立方米 / 平方公里
	高效节水灌溉绿化面积	≥ 50%	100%
	无需永久灌溉绿化面积	≥ 50%	≥ 50%
6 绿色交通	路网密度	≥ 3 公里 / 平方公里	14 公里 / 平方公里
	自行车停放站点	≥ 1 个	6 个
	电动车公共充电站	≥ 1 个	4 个
	道路循环材料利用率	≥ 10%	≥ 10%
	公共服务新能源汽车占比	≥ 30%	100%
	绿色交通出行比例	≥ 65%	100%
	场地内人行通道无障碍设计	有	有
7 固体废弃物	生活垃圾分类收集率	100%	100%
	生活垃圾资源化率	≥ 50%	不参评
	生活垃圾社区化处理率	≥ 10%	不参评
	餐厨垃圾资源化率	≥ 10%	不参评
	危险固体废弃物	100%	不参评

续表

一级指标	二级指标	目标参考值	评价值
	项目园区统一门户网站或 APP	有	有
	交通管理信息系统	具有交通管理信息、道路监控与停车管理信息系统	有
8 信息化	各类信息系统规划	具有水资源、能源、交通、消防、卫生、环境监测等信息管理系统的规划	有
	综合数字园区管理平台	具有综合数字园区管理平台	有
	园区无线网络覆盖率	≥ 95%	99%
	市民信息服务系统	具有市民信息服务系统，提供公众日常服务，并可受理投诉	有
	人性化和无障碍的设施	设置人性化和无障碍的设施	满足
	林荫路	项目内至少 60% 的道路两侧种有行道树，平均间隔不超过 12 米	满足
9 人文关怀		树木或其他遮荫设施至少提供 40%人行道长度的阴影	满足
	相互联系且开放的园区	建设公共交流空间	满足
	历史资源保护利用，体现当地文化与特色	体现地方特色与文化	满足
		对有历史文化街区或文物保护单位的区域，制定保护策略	不参评

　　园区采用地源热泵、雨水回收、建筑智能化等30项绿色生态技术，绿色设计水平较高，整体应用效果较好，运营管理水平较高。

　　鉴于园区正式投入运营时间较短，通过本次评估分析也发现一些可以继续提高和改善的内容，主要表现在：1）能源利用方面，复合能源系统运行尚未完全结合实际需求进行调整及优化，未能实现最优运行和发挥最大效能，同时可再生能源利用还有提升的空间；2）水资源利用方面，高效节水灌溉系统有待进一步调试完善；3）固体废弃物利用方面，生活垃圾资源化利用率、生活垃圾社区化处理率、餐厨垃圾资源化率和危险固体废弃物处理均有不足；4）人文关怀方面，对于慢行道设施的遮荫有所欠缺，园区内适合室外短暂休憩的地方不足，人性化、公共艺术化设施有待增加等。

11.4.2　雄安城乡管理服务中心❶

雄安新区城乡管理服务中心，是北京市支持雄安新区建设的超低能耗装配式绿色示范项目。该项目承担了政务服务、展示交流、企业办公、会议培训等多项功能。项目总用地面积13000平方米，总建筑面积5173平方米，地上3层，局部5层，建筑高度为22.8米。2018年5月开始进行主体结构施工，当年11月交付（图3-11-20）。

图3-11-20　综合服务中心效果图

项目践行"以人民为中心"的根本理念，突出开放式公共空间、互动式体验交流、园林式人居环境、未来式生活场景等鲜明特色，激发人民群众对未来生活美好畅想，助力新区征迁安置工作的顺利推进。

雄安城乡管理服务中心打造了四个方面的集成优势，即：装配式钢结构与超低能耗建筑的集成；内装工业化与智能家居的集成；BIM智能制造与EPC全产业链实施的集成；模拟城市与实体城市的集成。

项目集成了超低能耗、钢结构、装配式、铝板幕墙等多种技术体系（图3-11-21），满足"绿色建筑三星""住建部超低能耗被动式示范项目"要求，同时满足"德国能源署示范项目"要求，践行了雄安标准与国际标准的对接，为新区钢结构装配式超低能耗项目提供了参考示范，将对新区建设起到积极推进作用。

专栏《雄安新区超低能耗绿色建筑示范项目实践》，介绍了雄安城乡管理服务中心以降低建筑能耗值为导向，通过建筑性能设计，优化保温、断热桥处理、门窗、新风、气密性及可再生能源利用等技术，同时还对项目进行了技术经济分析，供读者进行延伸阅读。

图3-11-21　项目外遮阳板、采光顶被动窗、顶层太阳光伏板

---

❶ https://mp.weixin.qq.com/s/SViamWwDckDCEvFZ-d3Ovg。本节根据该网页内容整理修改，文中图表除标明来源之外，其余均来自于该网页。

专栏3-9　雄安新区超低能耗绿色建筑示范项目实践❶

一、项目建设目标及规范要求

城乡管理服务中心项目所属的气候区为寒冷（B）区，建筑目标为被动式超低能耗绿色建筑，满足住建部被动式超低能耗绿色建筑示范工程的性能指标要求。同时，建筑能耗标准要求在现行国家标准《公共建筑节能设计标准》GB 50189—2015基础上节能60%以上，并且满足北京地区标准要求；室内环境达到现行国家标准《民用建筑供暖通风与空气调节设计规范》GB 50736—2012中的Ⅰ级热舒适度。

该项目在目标确定的基础上，实现建筑整体达到被动式超低能耗建筑的要求，同时对功能空间进行新的设计，赋予建筑既能充分展示被动式超低能耗建筑技术与相关产品部件，同时又能够体验被动式超低能耗建筑的舒适性与先进性。项目以体验式、绿色化、智能化为主要特色，集中展示了钢结构与被动式超低能耗建筑体系的结合，以及光伏发电系统、净水系统、地源热泵系统、节能环保材料、智慧门禁以及智能安防等先进技术。

二、项目建筑节能设计

1. 建筑节能规划设计

该项目在被动式超低能耗基础上又创新加入了"钢结构＋装配式"。被动式超低能耗关键技术包括：高效保温隔热系统、无热桥构造系统、高性能保温门窗系统，以及良好气密性及高效热回收系统。采用钢结构装配式超低能耗体系将钢结构、装配式体系与被动式超低能能耗技术融为一体，推动未来节能技术与装配式绿建技术结合的发展。

2. 围护结构节能技术

（1）非透明围护结构措施。外墙采用300毫米厚岩棉条；屋面采用400毫米厚挤塑聚苯板；地面采用200毫米厚挤塑聚苯板；与土壤接触的地下外墙基础、柱子基础外粘贴200毫米挤塑聚苯板保温。

（2）外窗及外门措施。外窗采用木索结构窗，三层玻璃加暖边充氩气双LOE；铝包木窗加暖边。使用木材作为窗户的框材，绿色环保、自然美观，且属于可再生材料；木材导热系数低，窗户的保温性能与隔声性能优异；木材表面采用水性环保

---

❶ 刘郁林. 北京市住宅建筑设计研究院有限公司. 本文已在《绿色建筑》（CN31-2040/TU）2019年第4期（2019年7月20日出版）上刊登，已获得作者授权。本文中图表，除标明来源之外，其余均为约稿作者提供。

涂料涂刷，没有甲醛、苯等有害物质。

依据国家标准《建筑外门窗气密、水密、抗风压性能分级及检测方法》GB/T 7106—2008，外门窗气密性等级不应低于8级、水密性等级不应低于6级、抗风压性能等级不应低于9级。

南立面遮阳采用带光感追踪、自动调节的机翼遮阳板，机翼遮阳板可以根据太阳高度角的变化自动调节进入室内的太阳能量，降低空调能耗。东、西外窗均设置可调节的电动活动铝合金百叶外遮阳。可调节外遮阳和外窗间距大于100毫米，以免外窗玻璃被加热，导致热传导，增加能耗。屋顶采光窗部分采用遥控活动外遮阳系统。

（3）关键热桥处理措施。①外墙保温采用单层岩棉条保温粘贴加断桥锚栓固定施工体系；②屋顶采光棚采用的节点进行断桥处理；③外窗、外门均采用悬挂式外挂安装方式，在门窗洞口处采取方钢或槽钢与主体固定，门窗断热桥的锚固件与钢窗固定，并尽量采用减少接触面积、增加隔热间层及使用非金属材料等措施降低热损失；④管道穿外墙部位预留套管并预留足够的保温间隙；⑤开关、插座接线盒等不应置于外墙上。

（4）屋面保温层处理措施。女儿墙构造柱之间填充300毫米厚岩棉，伸入屋面长度不小于500毫米，确保外墙与屋面的保温层连续；屋面保温层靠近室外一侧设置防水层，防水层应延续到女儿墙顶部盖板内，使保温层得到可靠防护；屋面结构层上、保温层下设置隔汽层；屋面隔汽层设计及排气构造设计应符合现行国家标准《屋面工程技术规范》GB 50345—2012，保证屋面与外、墙保温层的连续。

（5）气密性处理措施。该建筑为钢结构，内部抹灰层可作为气密层，不同构件连接处采用特殊的密封胶带粘贴，如外窗与墙体连接部位、穿墙管道处等。

3．自然通风节能技术

本建筑设置新风系统，提供24小时不间断新风。建筑坐北朝南，使得过渡季能够有效利用自然通风。

4．高效热回收新风系统

该项目暖通空调设计共采用2台立式新风机组、1台组合式空调机组设备，3台主机均安装在五层新风机房内。新风热回收系统拥有高效的全热回收装置。可以对新风起到冬季加热、夏季除湿的功能。热回收装置的显热回收效率为75.76%。

考虑到噪声及舒适性问题，设备均采用低噪声型，并设减震装置；风机等设备设在单独机房内，机房设吸声减噪隔震措施；机组与风管连接处采用柔性接管；土建风井由建筑专业做好消声处理；所有吊装风机均采用弹性吊杆，柔性连接。

5. 暖通空调和冷热源及系统形式

（1）空调系统。该项目采用集中新风+风机盘管的空调系统，其中新风系统能够承担部分室内冷热负荷，风机盘管作为辅助供冷供暖方式，在夏季及冬季极端天气下开启。

（2）冷、热源系统。新风和风机盘管的冷热源均由动力中心的地源热泵机房供应，具有高效节能的特点。

（3）自动控制系统。自动控制系统采用直接数字式监控（DDC）系统进行集中远距离控制和程序控制。水泵、风机等采用高效节能产品，并采用变频控制等节电措施。

6. 照明及其他节能技术

光源均选高效LED节能光源和灯具，比普通节能灯节能50%以上；公共楼梯间等公共照明采用声光控灯，火灾时强启；展厅、电梯厅、走廊等采用LED节能灯；照度标准按现行《建筑照明设计标准》GB 50034—2013执行。

7. 监测与控制

本监测平台利用BIM技术，把精细化设计、施工的理念运用到精细化运维管理中。本监测平台通过监测空调系统（冷热源系统、输配系统、末端系统）、照明系统以及电气设备用电情况，各项用水指标情况，同时监测室内外各项舒适性指标（温度、相对湿度、CO_2浓度、$PM_{2.5}$浓度等），综合判断各项用能指标，诊断能源状况，制定节能策略，最终保证被动式超低能耗建筑真正落地。

8. 可再生能源利用技术

在被动式超低能耗建筑供冷供热能耗大幅下降的情况下，该项目使用可再生能源光伏发电系统（光伏年发电总量约110376千瓦时）和地源热泵系统作为清洁能源抵消一部分能源消耗，清洁能源利用率占建筑总能耗的54%左右。

三、项目能耗指标计算

该项目根据住建部被动式超低能耗绿色建筑示范工程技术要求与德国被动房的性能指标要求进行设计，结合项目实际情况，综合考虑技术指标和经济指标，采用DeST建筑能耗模拟软件，根据河北省保定市典型气象年的气象数据，对项目能耗指标进行模拟计算，如图1所示。

根据测算，该项目年一次能耗指标为42.69千瓦时/（平方米·年）（包括供冷能耗+供暖能耗+照明能耗），与满足《公共建筑节能设计标准》GB 50189—2015的参照建筑相比，年一次能耗节能率为63.10%。

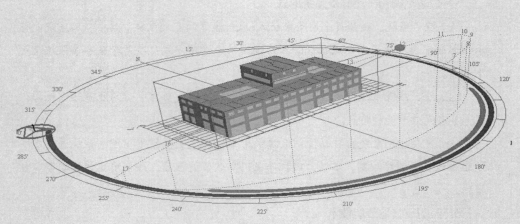

图1　模拟建模示意图

四、项目技术创新点

　　该项目总投资9000万元，与我国公共建筑65%节能设计标准相比，按照被动式超低能耗建筑技术标准进行设计与建造。项目增量成本约为1480.71元/平方米，总增量成本765.95万元。作为钢结构的装配式被动式超低能耗项目，为今后的钢结构装配式被动式超低能耗项目积累了经验，有助于推动未来节能技术与装配式绿建技术结合的发展，技术创新点如下：

　　（1）在被动式超低能耗的基础上加入"钢结构+装配式"，在独立基础上组装钢结构框架，用现浇混凝土将压型钢板和钢结构框架浇筑成装配式结构一体化；采用锚栓与辅助焊接方式加强预制构部件结构强度，由专业密封胶密封缝隙。采用钢结构装配式超低能耗建筑系统将钢结构与装配式体系与被动式超低能耗建筑的优良品质技术融为一体。

　　（2）按照保温技术、断桥处理技术、高效节能门窗技术、新风技术及建筑气密技术等技术要点进行设计和施工。

　　（3）采用被动式木索结构门窗，提高建筑南侧外窗采光的通透性。高效节能的外保温系统和外门窗，对所涉及的热桥部位和气密性措施进行精细化设计，以保证节能效果性、安全性、耐久性及室内舒适性的实现。

　　（4）采用特殊的钢结构断热桥节点连接幕墙与主体，在保证结构稳定性的基础上减少热桥损失。

　　木结构建筑作为绿色建筑推广的一种形式，具有其独特的发展优势。鉴于新区全面推广绿色建筑和装配式建造方式，专栏文章《雄安新区推广装配式木结构建筑研究》详细介绍了装配式木结构建筑的发展背景、技术体系以及新区推广装配式木结构的相关建议，为新区绿色建筑全面推进提供另一种视角。

专栏3-10　雄安新区推广装配式木结构建筑研究❶

　　装配式木结构建筑具有环境友好且利于可循环、可再生的特性，有着广阔的发展前景与发展潜力。目前，国家层面已出台相关政策，鼓励因地制宜推进装配式木结构建筑的发展。

　　基于木材自然可再生、固碳、节能等特征，装配式木结构建筑在舒适宜居、节能环保、绿色低碳、防震减灾、工厂化预制、施工效率等方面具有诸多优势，非常有利于实现绿色生态环保的发展目标，适宜在雄安新区推广和应用。鉴于雄安新区示范引领作用，在雄安新区发展木结构建筑将有助于引导全国范围内装配式木结构建筑的推广与应用。

一、推进雄安新区木结构建筑发展的意义

1. 装配式木结构建筑发展现状

（1）政策现状

　　在国家大力推动装配式建筑发展的大背景下，装配式木结构的发展也迎来了较好的发展机遇。重要的装配式木结构相关政策包括：2015年由工业和信息化部、住房和城乡建设部发布的《促进绿色建材生产和应用行动方案》，2016年2月由国家发展改革委、住房城乡建设部发布的《城市适应气候变化行动方案》，2016年9月由国务院办公厅发布的《关于大力发展装配式建筑的指导意见》，2016年12月由中共中央国务院发布的《中共中央国务院关于进一步加强城市规划建设管理工作的若干意见》，以及2017年住房城乡建设部发布的《"十三五"装配式建筑行动方案》。此外，多地也出台多项政策文件对装配式木结构发展给予明确的政策导向。

（2）标准规范和科研现状

　　近年来，我国制订和完善了一系列与木结构建筑和木材产品相关的标准规范，已逐渐形成较完整的技术标准体系。目前木结构建筑涉及的设计、施工、检测、试验、材料等类相关的国家标准有近百部。此外，多地也颁布了地方标准，对促进装

---

❶ 本专栏由加拿大不列颠哥伦比亚省林业创新投资中国代表处、住房和城乡建设部科技与产业化发展中心供稿。文中图表除标明来源之外，其余均为约稿作者提供。

配式木结构建筑的发展起到了重要的作用。

国内有关高等院校、消防、林业研究院所等有关科研机构和专家开展了多项木结构相关的技术研究，也为装配式木结构建筑的稳步发展提供了可靠的技术支撑。

（3）项目建设情况

目前，我国已建成了一些装配式木结构示范项目。如上海加拿大木结构房屋中心梦加园办公楼、四川汶川都江堰向峨小学、绵阳市特殊教育学校、北川县擂鼓镇中心敬老院、河北建筑科学研究院综合办公楼、天津泰达悦海酒店式公寓、北京密云和怀柔木结构农房试点、天津中加生态城区试点木结构项目等，这些项目建设为探索和推广适合我国发展的装配式木结构建筑技术，完善木结构相关技术标准规范，开展多层木结构住宅建筑技术应用都做了有益的尝试，积累了宝贵的工程实践经验，为在雄安新区进一步推广装配式木结构奠定了良好基础。

2. 推进雄安装配式木结构建筑发展的意义

装配式木结构建筑从环境保护、节能降耗、结构安全、技术创新、文化传承、提档升级、舒适宜居等角度都会对雄安新区建设产生积极影响。

（1）营造良好生态环境

木材可自然生长且能吸收和固化二氧化碳，是天然绿色的建筑材料。木材在生产、施工过程中能耗较低，且木结构建筑在达到生命周期终点后，其建筑材料可以被循环利用，作为其他建筑材料或燃烧材料。我国政府提出到2030年单位国内生产总值二氧化碳排放比2005年下降60%～65%的目标，推广木结构建筑将有助于这个目标的实现，并能降低经济发展对环境、气候的影响，创造美好的居住环境。

（2）具有较好的抗震性能

装配式木结构建筑的高强度、轻质量、高柔韧性等特点使得其具有较好的抗震性能。在同等面积情况下，装配式木结构建筑相比其他结构建筑质量小，地震时吸收的地震力也相对较少。装配式木结构的韧性大，对于瞬间冲击载荷和周期性疲劳破坏有很强的抵抗能力，可以吸收并消散能量。同时，木结构构件采用销钉连接，可设计成多次超静定结构，结构安全冗余度高，抗震性能好。木材和金属连接件形成的节点具有弹性和一定的变形能力，通过自身变形有效消耗地震力，从而确保建筑框架的整体安全性。

（3）建造方式具有优势

装配式木结构构件通常在工厂预制加工，运送到施工现场后进行组装。这种建造方式可推进大批量、标准化、工厂化生产，提高生产效率，保证质量，符合雄安新区"把创新作为高质量发展的第一动力"的定位。木构件质量轻，现场作业时间短，安装方便快捷，受施工季节影响小，还可大大延长北方寒冷地区的有效工期，对周边环境影响较小。装配式木结构建筑快速施工的特点也契合了地处北方的雄安新区的建设需求。

（4）传承传统建筑文化

木结构建筑是我国古代建筑辉煌成就。早在3500年前，我国就基本形成了榫卯、斗拱等传统木结构体系，部分数百年甚至上千年的古代木结构建筑依然保留至今。当前，木结构建筑在世界范围已形成成熟的技术体系与多样化的建筑形式，推广已融入现代新技术、具有中国特色的木结构建筑，是传承古代匠心智慧，延续历史文脉，弘扬中国传统文化，拓展全球视野的重要途径。

二、适宜雄安发展的木结构建筑技术体系

装配式木结构类型主要分为轻型木结构、木框架支撑结构、木框架剪力墙结构、正交胶合木剪力墙结构、木混合结构等几种结构类型（表1）。《多高层木结构建筑技术标准》GB/T 51226—2017对不同类型木结构建筑的允许高度和层数进行了规定。

表1　多高层木结构建筑适用结构类型、总层数和总高度表

结构体系		木结构类型	抗震设防烈度									
			6度		7度		8度				9度	
							0.20g		0.30g			
			高度（m）	层数	高度（m）	层数	高度（m）	层数	高度（m）	层数	高度（m）	层数
纯木结构		轻型木结构	20	6	20	6	17	5	17	5	13	4
		木框架支撑结构	20	6	17	5	15	5	13	4	10	3
		木框架剪力墙结构	32	10	28	8	25	7	20	6	20	6
		正交胶合木剪力墙结构	40	12	32	10	30	9	28	8	28	8
木混合结构	上下混合木结构	上部轻型木结构	23	7	23	7	20	6	20	6	16	5
		上部木框架支撑结构	23	7	20	6	18	6	17	5	13	4
		上部木框架剪力墙结构	35	11	31	9	28	8	23	7	23	7
		上部正交胶合木剪力墙结构	43	13	35	11	33	10	31	9	31	9
	混凝土核心筒木结构	纯框架结构	56	18	50	16	48	15	46	14	40	12
		木框架支撑结构										
		正交胶合木剪力墙结构										

（1）轻型木结构

轻型木结构是指用规格材、胶合板、定向刨花板或石膏板等材料制作的木骨架墙体、楼板和屋盖系统构成的单层或多层建筑结构。具有安全可靠、保温节能、设

计灵活、取材方便、建造快速、建造成本低等特点。轻型木结构常用于6层以内的低层和多层住宅建筑和小型办公建筑等。如图1所示。

图1　轻型木结构示意图（左：建造中的轻型木结构；右：中加低碳生态示范区）

（2）木框架支撑结构

木框架支撑结构是指在胶合木框架中设置（耗能）支撑的一种结构体系。该结构体系具有传力明确、用料经济、性价比高等特点，常应用于6层以内的多、高层木结构建筑。如图2所示。

图2　木框架支撑结构示意图（挪威卑尔根TREET项目）

（3）木框架剪力墙结构

木框架剪力墙结构是在胶合木框架中内嵌木剪力墙的一种结构体系。该结构体系既改善了胶合木框架结构的抗侧力性能，又比剪力墙结构有更高的性价比和灵活性。常应用于10层以内的低层和多高层木结构。如图3所示。

图3　某木框架剪力墙结构构造图

（4）CLT剪力墙结构

CLT剪力墙结构是以正交胶合木（CLT）作为剪力墙的一种结构体系。该结构以CLT木质墙体为主承受竖向和水平荷载作用，保温节能、隔声及防火性能好、结构刚度较大。剪力墙结构常应用于12层以内的多、高层木结构建筑。如图4所示。

图4　CLT剪力墙结构示意图（英国伦敦Murray Grove项目，共9层）

（5）大跨空间结构

大跨空间结构主要包括网壳结构、拱结构、张弦结构和桁架结构等。该类结构体系主要以胶合木为代表的工程木作为主要承重构件，结构体系构件尺寸与形状多变、设计灵活、外形美观、安装便捷，根据设计需要选择合适的结构形式。常应用于跨度200米以内的体育馆、游泳馆、桥梁（人行桥或公路桥）、图书馆、教堂和展览馆等公共建筑。如图5所示。

图5　大跨空间结构示意图（左：日本大馆树海棒球馆，跨度178米；右：挪威Tynset桥，跨度70米，总长125米）

（6）木混合结构

木混合结构可细分为水平混合结构与竖向混合结构。水平混合结构主要包括核心筒-木结构或钢木混合结构，竖向混合结构主要是指底部采用混凝土或钢结构、上部采用木结构的结构形式。木混合结构充分结合木结构与混凝土结构或钢结构的优势，结构体系的性价比高，有效提升了施工效率，大大拓展了木结构的应用范围。如图6所示。

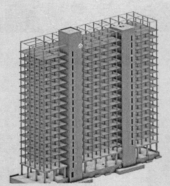

图6　木混合结构示意图（左：加拿大UBC大学校园公寓；右：澳大利亚墨尔本Forte公寓）

三、雄安新区装配式木结构发展政策与保障措施建议

结合新区发展要求及其他城市木结构建筑发展经验，提出新区装配式木结构建筑发展的相关建议：一是完善新区木结构建筑发展的配套政策；二是推进新区木结构发展规划研究；三是完善新区装配式建筑建设管理模式；四是确定新区木结构技术体系，建立上下游产业生态链；五是加强木结构建筑相关人才培养；六是加强木结构建筑国际交流合作；七是加强木结构建筑宣传推广。

11.5　探索城市"微改造"

根据雄安新区建设时序，未来新区将在较长一段时期内面临新城建设与旧城改造相辅相成的过程。根据相关城市案例分析研究，雄安新区新城建设下的旧城转型升级主要存在以下3个特征：

（1）人口大量涌入，现有城市管理水平与公共服务面临较大压力。新区基础设施建设、拆迁安置、环境治理、产业搬迁转移等工程，将会带来包括建设者、征迁安置人员、疏解产业导入人员等大量外来人口。在一定时期内，容城县等既有城区不会衰退与萎缩，并且短期内将会有爆发式的市场发展需求，三县公共配套服务的规模、功能、品质、管理等方面将面临提质升级要求。

（2）**产业转型发展面临机遇与挑战，须有序组织与引导。**在新区整体规划和环境保护等宏观环境下，原有高污染、高能耗等产业陆续关停或外迁，刺激了就业市场，而规划导入的高新技术产业尚未形成规模，仍需要时间孵化，短期内只有建设工程相关产业对既有城区空间与服务有更大需求。新城整体产业转型发展机遇与挑战并存，须结合城市更新计划有序组织与引导。

（3）**开展城市更新与绿色化改造，提升居民幸福感。**新区将"生态优先、绿色发展"作为城市空间组织和规划建设的首要原则。既有城区也应当以绿色、低碳、生态设计的相关要求进行提升改造，一方面为今后新城绿色生态技术的大规模推广应用积累经验，另一方面避免新城建立起来之后与既有城区形成鲜明对比，缓解原有居民的心理落差，提升居民幸福感。

因此，处理好新城建设和旧城改造的关系，对于支撑城乡空间结构布局完善、保障公共服务供给、促进新旧城协调发展、延续历史文化传承等具有重大意义。

新区设立后，相关团队积极推动以"微改造"为模式的绿色发展实践，循序渐进地修复、活化、培育既有城区活力，补充绿色元素、改善居住生活环境，同时播种绿色理念的种子。本节以伊街坊、伊工社等"微改造"更新案例为研究对象，介绍新区既有城区提升改造的实践与成效。

11.5.1　伊街坊[1]

"伊街坊"是深圳市建筑科学研究院股份有限公司（以下简称深圳建科院）在新区围绕"伊系列"开展的第一项绿色改造实践工作。项目位于奥威大厦对面的国土巷，原为县政府有关部门家属院，入住率不高且巷子年久失修。深圳建科院入驻国土巷后，联合巷内入驻的其他几家企业，发起国土巷环境提升工作，通过"低成本、众合作、快速见效、高度感知"的方式对巷子进行绿色微改造。

（1）**公共空间营造**

公共空间营造主要包括了街巷改造和公共绿地改造两部分。

1）街巷改造——步行道+伊美术馆室外展厅

国土巷原始状态不宜居住，下雨天气路面泥泞不堪，严重影响巷内居民的生活品质。项目对巷子水电进行改造，室内厨卫管线接通主干道市政管网；用较低的成本开展了巷道

---

❶ 本节图表除标明来源之外，其余均为深圳市建筑科学研究院股份有限公司提供。

路面翻修、两侧浅草沟海绵示范工作，主要路面铺设透水砖，便于雨水下渗。空间营造上通过墙面整体设计，利用连续的折线色块涂刷，形成连贯交通流线。巷内设置统一的标识导向系统，并巷道改造成"伊美术馆"室外展厅，充分利用室外空间进行艺术品展示和文教普及。通过绿色微改造的方式，提升街巷空间承载力和利用率，打造为向公众传播绿色生活理念和公共艺术的场所（图3-11-22、图3-11-23）。

2）绿地改造——伊尚园-居民休闲空间

"伊尚园"改造工作主要分为两期：第一期，将原有无人治理的建筑垃圾堆放场进行清理整治，种植景观植物和蔬果；第二期，2019年初春完成土建工作，春夏交替时节种植景观植物，营造公共休憩空间（图3-11-24）。

图3-11-22　伊街坊改造前后（左：改造前；右：改造后）

图3-11-23　伊街坊巷道改造成伊美术馆室外展厅

图3-11-24　伊尚园改造成果

（2）院落改造

深圳建科院在伊街坊共改造5座院落，包括绿舍（F3、F4）、淡食（E3）、雅居（D3）、德居（D2），涵盖了会议、接待、办公、餐饮、住宿、会客、展览、艺术创作等多重功能，强调空间的复合利用（图3-11-25、图3-11-26）。

伊街坊院落改造积极采用绿色微改造的方式，充分利用旧物，80%的旧物在改造中得到利用，浴缸变花池、废弃水暖管变企业标识牌、旧砖变步行道、旧门变公约牌、旧雕刻花床板变门口装饰，既节省了成本，又留存了历史记忆；充分使用绿色建材，包括环保水漆、铝包木门窗、欧松板等；同时，改造中避免过度硬装，减少不必要的拆除，降低对环境的影响（图3-11-27）。

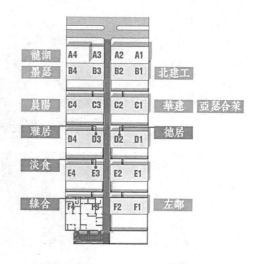

图3-11-25 伊街坊院落平面图分布图

会议空间

接待空间

展示空间

艺术创作空间

图3-11-26 伊街坊院落内空间利用

图3-11-27　伊街坊旧物利用

　　在伊街坊改造过程中，项目利用低成本绿色微改造的方式，快速集聚资源提升城市空间承载力，营造多样、复合的办公、休憩与交流空间；同时，创新探索城市更新组织模式与投资模式，以社区为单位，联合街巷内多家企业共建公共空间，以共赢共享的方式进行改造；另外，伊街坊为高性能绿色建材、智能产品等提供展示平台，引导新产业元素与城市发展功能相适应，为企业的孵化提供了空间载体。

11.5.2　伊工社❶

　　伊工社是深圳建科院在新区"伊系列"实践的第二个绿色改造项目，旨在为新区打造一个绿色研究和低碳生活体验基地。

（1）既有建筑绿色化改造示范

　　伊工社原为服装加工厂，改造后为办公及科研建筑，总建筑面积约2000平方米，改造投资额约360万，改造工期不到4个月（图3-11-28）。项目以维持原貌和减少拆除为改造原则，同时运用太阳能光伏、室内垂直绿化、可变式多功能外墙、装配式构件、多能互补

---

❶　本节图表除标明来源之外，其余均为深圳市建筑科学研究院股份有限公司提供。

暖通空调系统、多功能天窗、环保家具等20多项绿色节能技术，集中展示了既有建筑绿色化改造成果（图3-11-29）。同时，项目融入了共享办公、无界交流等理念，开敞弹性的办公空间有利于协同工作，注重员工身心健康。这种"针灸式"的绿色改造方式，无需改动建筑主体结构，工期短、成本低、见效快，使建筑可以迅速达到绿色建筑基本性能，为新区规模化推广应用绿色建筑起到中试和示范作用。

新区既有城区大量既有建筑，短期内不会拆迁，且普遍存在资源消耗水平偏高、环境负面影响偏大、室内环境有待改善、功能和品质有待提升等方面的问题，采取绿色微

图3-11-28　伊工社改造前后（左：改造前；右：改造后）

可变式外墙　　　　　　　　　　　　　　　　垂直绿化

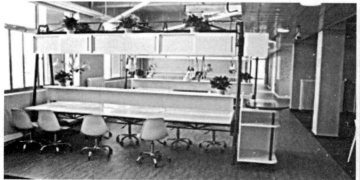

共享办公空间　　　　　　　　　　　　　　　多功能天窗

图3-11-29　伊工社绿色改造技术

改造更新，既是体现绿色、低碳的发展理念，也是探索既有城区空间及建筑品质提升的良好实践。

（2）共享、绿色生活的交流空间与平台

伊工社一层改造为绿色展厅及低碳生活体验馆。主要面向公众展示绿色技术，如家居医生最新科研成果、民用建筑直流电理念及应用、室内垂直绿化实验等。同时，作为活动宣传场所，在新区建设初期，为建设者和当地居民提供了专家学术交流、绿色理念传播、高端智力交流、公众绿色生活教育及体验等的公共空间和活动平台（图3-11-30）。

家居医生科研成果展示空间　　　　　　　　公共交流空间

公共艺术品展示空间　　　　　　　　建筑直流电应用展示空间

图3-11-30　伊工社各层功能展示

11.5.3　伊邻苑[1]

伊邻苑位于雄安新区容城县白塔村东侧，是深圳建科院在雄安新区"伊系列"实践的第三个绿色改造项目，以党群共建的方式整体改造了白塔村5套院落和1个厂房，共有近200名本地村民和新区居民、20多家高校和企事业共同参与了社区的共建活动。

伊邻苑改造项目定位为乡村微改造体验街区，全面开启五感社区的生活体验，包括活力共建工程活动、艺术活动、园艺活动和教育活动（图3-11-31～图3-11-34）。农田相

---

[1]　本节图表除标明来源之外，其余均为深圳市建筑科学研究院股份有限公司提供。

邻的街巷墙绘是由海外艺术家与孩子共同绘制，地面的四季苗圃与废木处理后的有机覆盖物融为一体，树林子底下放置着各类用工地材料制作的城市家具，村民、孩子参与艺术家、美院高校驻地工作坊、活动；街巷旁的蜂窝墙有各个建设、赞助企业的寄语，蜂窝墙的空白处留下了村民、建设者、孩子感恩的留言。伊邻苑的改造体现了以企业与居民社区共建为核心的新社区邻里融合模式，以公共艺术融入社区文化，软化物理空间，温暖人心，创新城市活力。

改造前　　　　　　与当地村民合作改造　　　　　改造后

图3-11-31　伊邻苑活力共建·工程活动

改造前　　　　　　　与公众互动完成　　　　　　改造后

图3-11-32　伊邻苑活力共建·艺术活动

改造前　　　　　　与当地村民合作改造　　　　　改造后

图3-11-33　伊邻苑活力共建·园艺活动

改造前　　　　　　　　　与公众互动完成　　　　　　　改造后

图3-11-34　伊邻苑活力共建·教育活动

11.5.4　雄安设计中心❶

雄安设计中心是由既有厂区改造成的设计企业聚集区，为设计单位提供集中的办公场所与交流平台，目前入驻雄安设计中心的单位有中国建筑设计研究院、同济大学设计研究院等31家企业。

雄安设计中心位于容城县的西侧，改造区域用地面积约1万平方米，改扩建后总建筑面积1.24万平方米，包括设计中心（改造，原为澳森制衣工厂）、东配楼员工餐厅（改造）、东侧会议中心（扩建）和南侧零碳展示办公区（扩建）（图3-11-35）。

以"绿色生长·活力社区"为设计主题，雄安设计中心采用"少拆除、多利用、快建造、低投入、高活力、可再生"的"微介入"式改造方式，分别从场地生态与景观、低能耗改造、结构与材料、倡导绿色行为四方面进行微改造，打造绿色生态、智慧共享的绿色社区，实现城市更新（表3-11-3、图3-11-36）。

图3-11-35　雄安设计中心改造前后

（来源：左：https://mp.weixin.qq.com/s/AJfSbPG9XKxMO2Mp8Wmd4A；右：https://mp.weixin.qq.com/
s/29Gwe8GmGquQ7d9zBKDJmw）

❶ https://mp.weixin.qq.com/s/AJfSbPG9XKxMO2Mp8Wmd4A，本节根据该网页整理。

表3-11-3　设计中心微改造技术表

分项	类别	措施
场地生态与景观	雨水基础设施	PC 透水砖
		蓄水景观一体化水池
低能耗改造	自然通风	设置外走廊
	围护结构保温	北立面：节能外窗
		南侧隔断：高性能双层玻璃幕墙
		内墙岩棉保温
	自然采光	导光管
	可再生能源利用	光伏景观照明
		光伏玻璃
结构与材料	灵活使用空间	装配式隔墙
	建筑废料与再生材料的循环利用	废砌块再生墙
		再生玻璃混凝土地面
		废石粉人造花岗石
	构造一体化	装配式钢结构
		框架式玻璃幕墙
		实木栏杆扶手
倡导绿色行为	绿色交通	共享电动车
		电动车停车场，配置充电桩
	绿色科技展示	零碳办公展示
	倡导健身	屋面活动场地
	共享开放空间	室外公共交流平台、共享办公、会议室、书吧
		屋顶温室（无土栽培）

废砌块再生墙

废弃玻璃再生墙

开敞空间设计

二层屋面活动场地

共享办公空间

入驻设计单位

图3-11-36　设计中心绿色改造技术

第十二章　智慧高效

雄安规划建设最重要的创新，是在建设物理城市的同时，通过万物互联感知，汇集多方数据搭建城市智能模型，形成与新区同生共长的数字孪生城市，使雄安新区成为世界上第一个从城市原点就开始构建全数字过程的城市。雄安新区数字城市的顶层设计，也为弥合新区现有的数字鸿沟指明了方向。新区按照"坚持现实城市与数字城市同步规划、同步建设，适度超前布局智能基础设施，推动全域智能化应用服务实时可控，建立健全大数据资产管理体系，打造具有深度学习能力、全球领先的数字城市"的要求，结合现阶段实际，在数字政府、数字经济和数字生活三个方面开展具体实践，探索建立全生命周期的数字赋能城市❶。

12.1　"数字政府"提升治理水平

政府是弥合数字鸿沟的责任者、主导者和组织者，通过强化技术创新和制度创新，以数字赋能，提升政府治理能力和水平。雄安新区正在着力打造政务服务综合平台和数字雄安CIM平台等数字政务一体化平台，通过全力部署信息基础设施，推动政务数据开放共享，推进政务服务平台优化再造，建设线上线下一体化的政务服务资源体系。

12.1.1　数字政务

（1）网上政务服务综合平台

雄安新区政务服务中心于2018年5月启动运行，提供办理企业登记注册业务，气象、海关、国家安全、地震、税务等垂管部门的行政审批和政务服务，以及电力、通信、邮政等部门的公共服务咨询（图3-12-1）。

以政务服务项目"快办结、优体验、全透明"为目标，政务服务中心聚焦审批

图3-12-1　雄安新区政务服务中心现场图

❶　http://www.xiongan.gov.cn/2018-11/09/c_129990351.htm

流程优化，打破部门壁垒，通过提供"一对一"全程帮办、综合窗口一窗受理、全程网络流转审批、一口统一出证等全流程服务，提升公众的办事体验，努力实现"六个一"审批服务全贯通。同时，网上政务服务综合平台同步上线。按照"数字城市、智慧政务"的理念，将实现更多审批在网上办理，更多数据在云上共享，打造"流程最优、服务最便、体验最佳"的智慧型政务服务平台（图3-12-2）。

图3-12-2　雄安新区政务服务网站
（来源：http://xaxq.hbzwfw.gov.cn/）

此外，新区将进一步完善政务服务功能，重点围绕新区层级登记、注册服务，加快承接和落实行政许可事项，系统推进网上政务服务系统建设，坚持正面清单管理，提升工商注册服务效率，服务好新区规划建设、北京非首都功能疏解项目等工作。

（2）三维报建平台

根据河北省人民政府2019年1月印发的《关于河北雄安新区建设项目投资审批改革试点实施方案》所提出的要求，对雄安新区区域内建设的内外资投资项目，国家层面审批的事项要根据"放管服"改革的要求，不断适时下放或委托授权雄安新区审批和管理，通过"互联网+政务服务"实现联网审批办理。省级层面审批的事项除国家明确要求省级政府审批、需要省级以上平衡要素条件、跨区域（流域）的基础设施项目外，一律下放或委托授权雄安新区审批和管理，通过投资项目在线审批监管平台联网审批办理。同时，新区将依托"互联网+政务服务"平台和雄安新区智能化服务平台，建立雄安新区城市信息模型（CIM）和基于建筑信息模型（BIM）的三维报建平台，实现审批和监管的信息共享，各有关部门加强协调联动，确保审批与监管无缝对接。

12.1.2 数字雄安

（1）CIM（城市信息模型）平台

城市信息模型（City Information Modeling，CIM），即以城市信息数据为基础，建立起三维城市空间模型和城市信息的有机综合体。

CIM平台从范围上讲，是大场景的GIS（地理信息系统）数据+小场景的BIM（建筑信息模型）数据+IOT（物联网）的有机结合，实现对新区真实环境的数字映射。通过汇聚各方数据，将新区规划蓝图进行数字化，结合人口总量上限、生态控制线、城市开发边界"三条红线"的划定，形成多规合一的数字化规划体系，将蓝图导入到BIM中，再生成具有智能调控属性的CIM。目前，雄安CIM平台已完成全部航测及模型输出工作，搭建了1988平方公里高精度的三维实景模型。

新区通过应用CIM平台将实现规划、建设、验收、管理、运营全生命周期数字化管理，坚持数字城市和现实城市同步规划，同步建设，创造城市建设发展过程的"雄安质量"。同时，基于CIM平台创新城市管理模式，建设智能、高效、宜居新型城市，实现城市管理网络化、数字化、智能化，探索建立基于全面感知的数据研判决策治理一体化智能城市管理模式，为交通、安全、环卫等精细化管理提供瞬时反应、高效联动的解决方案。

（2）森林大数据系统

"千年秀林"项目配套的雄安森林大数据系统是"数字雄安"的组成部分，可实现线下每种下一棵树，线上就对应一棵树。从森林大数据系统中可了解已种植苗木总数，以及每一棵树苗的顺序码、位置、树种和验收时间。点击查看其中任一株，可以了解完整的树苗信息，包括地理信息（地块、区域、小班、标段等）、苗木信息（高度、冠幅、地径、土球直径厚度等），并配有测量的实时图片。另外，在每棵树木上都挂有二维码"身份证"，用安装了雄安森林大数据系统APP的手机扫描就能详细了解苗木的来源、树种、规格、产地等情况（如图3-12-3所示）。

图3-12-3　森林大数据APP功能示意（左）苗木二维码"身份证"（右）

森林大数据系统目前主要用于对苗木质量、施工进度和工程质量的精准管控以及科研评估。未来，随着大数据、区块链、云计算等数字技术搭建的智能平台运行成熟，森林大数据系统可在"千年秀林"的工程管理、质量管控、后期养护及综合效益评估等发挥数据支撑及智能优化作用。

12.2 "数字经济"推动科技发展

数字经济是高质量发展的重要推动力，雄安新区设立两年以来，大力发展数字经济，加快建设数字雄安，在5G网络覆盖、人工智能、区块链、IoT等新领域抢先布局。

12.2.1 5G网络[1]

雄安新区2019年进入5G部署的快车道，在全国率先试用5G网络。目前，各大互联网平台和科技公司在雄安新区开始布局。

（1）中国移动：发布"城市超脑"行动计划

2018年12月，中国移动在雄安发布了"城市超脑"行动计划。计划是基于中国移动5G网络、边缘计算、大数据、人工智能等核心优势能力，赋能城市全域感知、智能触达、数字运营和智能决策，助力城市管理数据协调，打造完善的城市神经网络和大脑系统。

（2）中国电信：在雄安建设5G创新示范网

2017年8月，中国电信在雄安启动国家级骨干网络以及5G创新示范网建设，同时发布《中国电信5G创新示范网白皮书》，重点推动如基于5G的无人驾驶示范、5G网络环境下的移动远程医疗、5G支撑的城市级别物联网等应用。

截至2019年4月底，雄安电信在新区已建成100座5G基站，并基于5G网络完成对白洋淀5G智慧治水项目及自动驾驶项目的测试。接下来将深入探索5G技术与垂直行业的融合创新，协同构建从CT（通信技术）、IT（信息技术）到DT（数据技术）的多层次、立体化的DICT生态圈，助力新区数字城市建设，为新区高质量发展服务。

（3）中国联通：建设雄安5G精品网络

2018年，中国联通在雄安规划建设了100站左右规模的5G试验网，形成对三县县城区域、白洋淀核心景区的覆盖并开展相关网络测试。2019年，中国联通将在雄安开展5G大规模建设和预商用，对于目标区域做到5G连续覆盖，保证用户第一时间享受到高质量的

---

[1] http://finance.eastmoney.com/a/201901041019450258.html

5G服务，打造雄安5G精品网。

雄安规划5G基站建设将超270个，目前已完成170多个。随着5G商用进程的不断推进，各大运营商以雄安为5G试验场，有利于雄安推动5G技术逐步进入到城市建设、群众生活等各方面应用场景当中，助力智慧雄安建设（表3-12-1）。

表3-12-1 三大通信运营商雄安新区5G实验

中国移动	
2017 年 10 月	中国移动雄安分公司首批 5G 试验站在雄安开通
2018 年 3 月	中国移动雄安分公司完成雄安首次 5G 自动远程驾驶启动及行驶测试
2018 年 10 月	中国移动雄安分公司调测开通市民服务中心 5G 端到端业务系统
2019 年 3 月	雄安站 5G 智慧车站正式投入使用，未来的 5G 车站除了能满足大量人群的高速上网需求，还可以支持 4K 高清视频通话超高清多路视频回传等业务
2019 年 4 月	河北移动携手华为在雄安新区拨出河北省内首个 5G 电话，实现新区与石家庄跨地市间 5G 通话
中国联通	
2018 年 6 月	中国联通的准 5G 网络测试与体验区对外开放，测试人员带上 VR 眼镜通过 5G 实验网络就能身临其境地看到几十公里之外白洋淀景区内的 360 度实时场景
2019 年 1 月	基于 5G 技术的"天地一体化"生态环境监测体系演示环境搭建测试工作在雄安新区安新县同口镇孝义河入淀口成功完成
2019 年 3 月	河北联通在雄安 5G 网络测试中心成功实现了"VR 智慧监理系统"实时远程质量管控，目前河北联通的 5G 试验核心网已在雄安搭建起白洋淀景区虚拟 VR 演示、白洋淀水体无人机检测等试验场景，实现了 3 个县城区域的覆盖
中国电信	
2017 年 9 月	中国电信在雄安新区正式启动 5G 自动驾驶项目
2017 年 11 月	中国电信已率先在雄安新区建成开通了 5G 基站，依托 5G 网络，新区内的多项业务应用探索开始启动
2018 年 4 月	中国电信"云网通"在雄安落地实施，助力新区将"云"技术运用在政务、医疗、教育、金融等领域
2018 年 10 月	中国电信为雄安新区安新县纪律监察委员会搭建了智慧纪检云平台，该平台的搭建采用云网融合方式，使用独有的云专线接入云资源池，在提高纪检工作效率的同时也营造了更为安全的网络环境

（来源：https://mp.weixin.qq.com/s/bnkqJCZStH4ZQNYzilFIpA）

12.2.2 物联网

新区设立以来，积极推进新一代物联网（NB-IoT）实验网络、智能市政管理等新型智慧应用等新一代信息技术在雄安新区的研发、试点、示范及部署。

NB-IoT就是基于蜂窝的窄带物联网（Narrow Band Internet of Things）的简称，是IoT（物联网）领域一个新兴的技术，是全球实现海量连接、万物互联的一种主要技术手段，占到整个物联网总需求60%以上。NB-IoT具有低成本、低功耗、大连接、覆盖广等优势，可广泛应用于智能抄表、智能停车、智能家居、智能城市、智能制造等领域。

2018年2月，雄安新区NB-IoT一期工程完成对县城物联网覆盖，并在此基础上于2018年11月正式完成全网覆盖，支持全网内物联网用户和业务需求。同时，基于新一代物联网的新区管委会智慧停车示范点、奥威路智慧井盖、智慧路灯等示范点也全面建成并投入使用❶。

未来，通过物联网技术的应用和实践，将为打造"数字雄安"、建设智慧新区发挥积极作用。

12.2.3　区块链技术

雄安新区在建设之初就明确了超前布局区块链等高新技术的发展重点。目前新区区块链布局已形成一个完善体系，资金管理、工程管控、土地征迁、房屋租赁等各环节都有区块链技术介入。

（1）建设工程区块链资金管理平台❷

传统工程项目推进中存在违约转包、资金挪用、小微企业账期长、融资难、工人遭遇工资拖欠、维权困难等问题。基于即将进入大规模建设阶段的特点，新区推出了区块链资金管理平台。该平台是国内首个基于区块链技术的项目集成管理系统，具有合同管理、履约管理、资金支付等功能。通过此平台，可以变单方管理为可视化的多方管理，对资金流向进行全程透明监管。

区块链资金管理平台在资金拨付监管板块，创建资金拨付监管账户体系，无论是补偿款还是工人工资，能够按照规定流程自动发放，避免人为因素造成的资金滞留、拖欠等问题，实现资金拨付管控；在线融资板块，为新区项目供应链上下游提供了融资渠道，打破中小企业融资难、融资贵的问题。利用区块链技术，根据适合的应用场景，打造在线融资模块，目前已经有相关金融系统落地，对小微企业融资授信。

该区块链资金管理平台已经接入多项工程，包括大清河片林一区造林、10万亩苗景兼用林、截洪渠、唐河污水库、容西污水厂等项目，实现链上运营企业近700家，累计管理资金达到10亿元，对国内类似业务开展具有极大参考意义。

（2）征拆迁资金管理区块链平台❸

2019年5月，雄安新区征迁安置工作正式启动，雄安新区管委会和雄安集团以征拆迁

---

❶ http://hebei.hebnews.cn/2018-11/29/content_7121617.htm

❷ http://www.xiongan.gov.cn/2018-07/31/c_129923960.htm

❸ https://mp.weixin.qq.com/s/6XRbSIrBD1qTHOkB30nNtA

资金管理为切入点，联合中国工商银行等企业发布了雄安新区征拆迁资金管理区块链平台，首次将区块链技术应用于征拆迁资金管理场景。

利用区块链技术交易可追溯、防篡改等技术特点，征拆迁资金管理区块链平台赋能新区创新政府治理模式，确保征拆迁资金拨付的透明、公正；同时，平台以征拆迁资金拨付为纽带，打通政务与金融数据，联动金融机构进行资源和服务整合，助力数字雄安建设。

征拆迁资金管理区块链平台具有四大创新优势：

1）信息公开透明。通过该平台，可以实现征拆迁测量信息、征拆迁项目与合同信息、征拆迁资金拨付审批、资金支付结果查询等全流程链上管理，使征迁资金拨付工作阳光透明，降低人工操作和校对风险，提升征迁资金拨付效率，增强透明度。

2）数据互联互通。平台通过数据互联互通，打破数据壁垒，打通政府机构、金融机构及相关合作方系统数据交互通道，满足新区数据开放、共享融合的建设理念和要求。

3）金融服务融合。平台与银行金融产品服务实现精准对接，通过量身打造特色化支付结算、供应链融资、信用贷款、个人融资等创新产品，满足新区客户多样化的支付和融资需求。

4）开放生态共享。平台支撑高效协作与信息共享，构建"数字雄安"开放生态建设。区块链平台资金管理模式广泛应用于征拆迁、工程建设、住房租赁等领域，将不断扩展和完善新区1＋2＋N应用场景，融合政府、企业、金融机构，优化政务民生服务、实现产业赋能，助力打造开放、共享的智慧城市新生态。

（3）区块链住房租赁管理平台

为解决未来新区租房市场上最核心的"真人、真房、真住"等问题，雄安新区计划运用区块链技术统一开发建设住房租赁管理平台。该平台以政府为主导，可上传房源信息以及房东、房客身份信息，并保证房屋租赁合同信息得到多方验证，不得篡改。

12.3 "数字生活"提供服务便捷

雄安新区设立以来，以数字基因催生的美好生活已随处可见。从利用智慧路灯、智慧井盖、智慧泊车等数字基础设施改造市容市貌，到如今逐步规划建立全新的智慧交通、智慧物流、智慧生活的数字城市，未来还要打造基于区块链技术的个人与机构诚信账户等技术应用，积极推动区块链全面融入社会、拥抱大众。

12.3.1 智慧交通

新区开展智能交通示范，探索绿色智慧交通出行和交通管理新模式，采用先进的通信技术、传感技术、云控技术及人工智能技术，使人、车、路相互协同，提高交通运营效率、保证运行安全。

（1）Apollo自动驾驶[1]

2017年12月20日，百度与雄安新区管委会正式签署战略合作协议，双方宣布将充分利用双方优势资源技术，共建雄安AI-City，打造智能城市新标杆，将以自动驾驶、对话式人工智能为重点，推动包括智能交通、智能出行、智能家居等智能产业与服务在雄安的试点示范，同时在雄安新区支持下，百度将与雄安共同打造"智能公交+无人驾驶"智能出行试点示范，开展多领域的全方位合作。

2018年5月14日，百度Apollo自动驾驶车队在雄安新区开展了全自动无人驾驶道路测试，展示了百度Apollo开放平台在乘用车、商用巴士、物流车和扫路机等多车型、多场景、多维度的应用（图3-12-4）。未来百度和新区将共同在"Apollo+雄安"模式下建立以智能公交为主、无人驾驶私家车为辅的出行方式，来构成新区的路网结构，为创建未来零拥堵的智慧出行城市贡献力量。

（2）智慧公交

为改善公共交通状况，雄安新区联合"滴滴出行"运用大数据、机器学习和云计算等技术，推出了"雄安智慧公交"，突破了公共交通规划传统模式，构建了实时感知、瞬时响应、智能决策的新型智能公共交通体系。

"滴滴出行"推出智慧中巴和智慧小巴，服务于新区多元化的出行需求。其中，智慧中巴服务公共交通主干线网，基于出行大数据预设虚拟站点，线路根据需求变化迭代更新；智慧小巴具有灵活、便捷、精准匹配的特点，应用人工智能及深度学习算法，快速实现运力资源调配、全局效率最优，为用户带来全新的公共出行服务体验。基于大数据、云

图3-12-4　百度Apollo自动驾驶汽车现场图

（来源：左：http://cyfz.chinadevelopment.com.cn/gyhfwy/2018/07/1315123.shtml；右：http://news.cri.cn/zaker/20180525/8f2cbb35-e8eb-ba2d-b269-b1f4ae365a03.html）

---

[1] https://tech.sina.com.cn/i/2019-03-23/doc-ihtxyzsk9749341.shtml

计算的智慧公交系统，为新区提供了更加便捷、有效的公共交通出行。

（3）需求响应型公交系统

以需求响应型公交为基本模式的新型公交运营体系，是雄安新区绿色智能交通示范项目的主要内容之一。新区利用大数据、云计算等技术手段，开发需求响应型公交平台，打造动态响应需求、动态智能生成线路、动态自动调度的公交系统。目前，已开发的"车路云一体化平台"通过路智能提升车智能，实现车、路、云一体化，最终提升车的自动驾驶水平。

以雄安市民服务中心作为示范区，开展交通信息化、智能化升级改造，包括建立车路协同平台、道路基础设施智慧化升级改造、示范车辆网联化改造，可实现示范区内车辆100%网联，搭建车路协同示范基础环境，支撑各类车路协同、无人驾驶以及车联网的应用示范。

12.3.2　智慧物流[1]

目前智慧物流在雄安正加速落地。与雄安市民服务中心同期启用的雄安菜鸟驿站、无人车配送等，成为雄安智慧物流一大亮点（图3-12-5）。以菜鸟驿站为例，目前每天为市民服务中心园区内200多人提供包裹收寄服务。同时，依托站点和智能柜免费保管包裹之外，还有菜鸟回箱计划设立的回收台，通过纸箱回收循环使用做到绿色环保。并且，通过人脸识别技术，菜鸟驿站和菜鸟智能柜均具备刷脸取件功能，可以数秒内完成刷脸取件，方便快捷。菜鸟推出的快递"最后一公里"派送方案，为新区智慧物流带来新的体验。

图3-12-5　雄安新区智慧物流示意图

（来源：左：http://www.gov.cn/xinwen/2019-04/01/content_5378665.htm#allContent；右：http://www.xiongan.gov.cn/2018-11/09/c_129990365.htm）

---

[1]　http://www.xinhuanet.com//energy/2019-04/09/c_1124340961.htm

另外，新区推进物流共配示范，通过公交运营企业参与物流共配的方式，提高公交车辆利用效率；同时利用公交专用路提供稳定的地面交通，提供资源共享、货运友好、低价高效、全天候的共配运输方式，为公共交通的可持续发展提供进一步的保障，同时降低无序的物流末端配送对于交通路况的干扰。

12.3.3 智慧园区

雄安市民服务中心（以下简称"园区"）是新区第一个建成项目，在建设管理中也融合了多项智慧技术手段，实现智能化管理运营，为新区以数字化建造、数字化管理为理念打造"雄安质量"提供样板。

（1）数字化建造

园区在设计建造中引入BIM（建筑信息模型）技术，基于BIM模型，以大数据中心为枢纽，承载项目建设的所有工程数据，包括监控、进度、质量、安全等数据，建立互联协同、智能生产、科学管理的施工项目信息化平台，实现数字化全过程管控。项目真正实现了从设计、施工到运营管理及数据分析的全过程同期智能建筑模型，做到"数字孪生"的建筑镜像，从而进一步引领从BIM走向CIM的智慧城市规划管理工作（图3-12-6）。

图3-12-6 市民服务中心数字化建造

（来源：http://www.afzhan.com/news/detail/69274.html）

（2）智慧化运营

园区通过物联网管理系统实现建筑内的物与物的互通互联。利用基于实时数据库的智能建筑管控平台（IBMS），结合BIM技术、FM（设备设施管理）技术以及部署的2万多个物联网数据采集设备，对建筑进行全生命周期智能化的管理，打造了园区的"最强大脑"（图3-12-7）。IBMS实现了园区内数据的互通互联、形成了园区内数据的汇集、分析、管理和资源共享。再加上云端IoT技术的应用，将各子系统的实时数据采集上传给IoT云平台。通过云端服务的数据分析，可实现园区内大数据在云端的可视化管理及智慧化应用。

（3）精细化能源管理

基于物联网感知技术，对园区冷、热、电等综合能源进行全景监测，为精细化的能源

图3-12-7　市民服务中心智能建筑管控平台（IBMS）

（来源：http://www.sohu.com/a/279937428_120016297）

管理建立了数据基础。基于全景数据，园区采取暖冷热一体化供应系统，灵活采用"浅层地温能+再生水源+冷热双蓄"模式，以浅层地温能作为冬季供暖、夏季供冷的替代能源，并组合利用雨污水低温热能系统及夜间蓄暖蓄冷的双蓄能系统，大大提高了能源利用效率。

（4）智能化服务

园区建立了"1+2+N"个人数据账户智能服务体系，即单一雄安身份ID，面部识别、声纹识别两项生物识别技术，N项智慧应用，人脸自助通行，为园区入驻者体验各种应用场景创造了便利条件。

智能会议。企业与机构可通过手机客户端进行会议室及增值服务预订，当会议室预订完成后，参会者可通过会议短信密码或人脸识别进入会议室。会议室门口安置显示器，可查询会议信息，参会者可通过二维码在客户端进行签到。在会议室内，无线投屏可实现跨地域、跨空间、多屏幕内容同时投放，智能会议记录可以实时记录会议内容并在会议结束后发给参会人，实现高效快捷的会议体验。

公共服务。利用机器学习数学人脸的检测、分析和比对，毫秒级快速完成身份判断及证件和人像比对，实现无停留快速通行。通过人工智能人脸识别与导航技术，实现访客自助接待与导航，提升市民满意度。

未来酒店。基于人脸识别、信用认知，实现自助入住。酒店每个客房设置人脸识别门禁，无需房卡可直接通过人脸识别进入房间。进入客房后人感开关将自动开启灯光等设备，并结合内外部环境自动调节空调参数。未来还将提供机器人酒店送餐、送毛巾牙刷服务。

环境服务。通过实施检测会议室、办公区域、室外的环境温度、湿度、二氧化碳浓度、甲醛浓度、$PM_{2.5}$浓度数据，对空气进行自助治理。例如，如果某会议室的参加人数较多，二氧化碳检测超标，则会自动调节空调新风末端电动风阀，促进新鲜空气的进入，提升环境安全舒适度。

无人超市。通过人脸识别、3D感测、射频识别等技术，实现超市的自动进出和电子支付。顾客"刷脸"进入超市后，只需选择自己想要的商品并通过出口通道，通道内设置的智能摄像头、智能价签等技术就可以实现全自助电子支付，不仅能给商家节省人工成本提高效率，还能给顾客带来轻松便利的购物体验。

（5）智能化安防

园区通过智能化系统，创新实现了安全防范、灾害预防以及信息安全的一体化保障。引入建筑应力监测、位移监测等建筑安全监测系统，大大增强园区的灾害预防及防灾减灾能力。信息安全方面，对关键性数据采用加密算法进行传输和存储，并用数字签名技术，避免由此带来的信息安全问题。业务系统以及数据服务均采用统一化、精细化的权限认证和授权方案来有效提高信息安全。在智能化安防上，1200路高清摄像机实现了全园区的无死角监控，全部实现自动联动报警，最大限度地消除园区安防隐患。

（6）智能化显示[1]

园区采用多套智能显示系统。规划展示中心L形巨幕一体化系统，总面积654平方米，可呈现近似裸眼3D数字沙盘视觉冲击效果，更加立体地为参观者呈现新区规划方案和蓝图；智能雄安展厅U形LED屏幕，总面积259平方米，分辨率高达14336×2688，可以多种形式显示高分辨率视频图像，并实现多窗口显示的动态效果。基于数据实时渲染技术，实现云数据实时图形可视化、场景化和实时交互，为决策者提供更生动的视觉体验和更便捷的操作界面；会议中心多功能会议室采用"智能会议平台"作为整体会议解决方案，显示终端采用了目前最先进的高清、无缝拼接LED小间距显示屏，显示屏面积超过60平方米，满足新区千人会议的实际需求；政务服务中心的业务显示系统设计按照"数字城市、智慧政务"理念，依循流程简化、服务优化的需求，采用55英寸液晶、LED小间距屏等终端显示系统对接政务大数据，进行实时工作状态展示，为园区各项服务功能带来更好的体验（图3-12-8）。

图3-12-8　规划展示中心（左）和会议中心（右）智能显示系统
（来源：左：上海市城市规划设计研究院；右：中国雄安集团有限公司）

---

[1]　本节内容除标明来源之外，其余均为利亚德集团提供。

12.3.4　智慧体验[1]

（1）智慧生活馆

作为雄安新区首家智慧生活馆，小米智慧生活馆（图3-12-9）是中国移动与小米公司在雄安新区联合打造的智能生活服务门店，内设智能家居产品体验区、智能产品展示区、智能配件展示区等多处用户体验区域，囊括智能手机、智能家居、智能穿戴、配件及生活周边门类商品，给新区人们带来智能生活新理念。

（2）人工智能教育实验室

雄安新区人工智能教育实验室于2018年10月1日在雄县白洋淀高级中学投入使用（图3-12-10）。该实验室是百度人工智能教育建设方案实施示范性基地，由百度教育、北京师范大学智慧学习研究院和白洋淀高级中学三方共建。实验室基于人工智能、机器人、大数据、物联网、AI体验区、AR体验区、脑科学等新兴技术，打造集课程资源、教学平台、硬件教具、实训项目和在线体验等一体化的智慧教育解决方案，助力雄安新区未来AI和新技术创新人才培养。

图3-12-9　中国移动·小米智能生活馆现场图　　图3-12-10　雄安新区人工智能教育实验室现场图

---

[1] http://www.xiongan.gov.cn/2018-11/09/c_129990365.htm。本节根据该网页内容整理修改，文中图表除标明来源之外，其余均来自该网页。

第四篇
创新机制

第十三章　体制机制

第十四章　市场推动

第十五章　人文引导

创新是引领发展的第一驱动力。中国经济已经由高速增长阶段转向高质量发展阶段，正处在转变发展方式、优化经济结构、转换增长动力的攻关期。可以说，高质量发展是新时期国家发展的鲜明特征和根本要求，完善创新机制、激发创新活力、营造有利于创新创业创造的良好发展环境，不断增强城市的影响力、竞争力，对城市发展具有重要意义。

雄安新区作为贯彻落实高质量发展理念的创新发展示范区，机制创新是实现更高水平、更有效率、更加公平、更具可持续发展，促进京津冀协同发展的重要支撑。建设一座融合了绿色、低碳、智慧的城市，要解决好政府与市场、经济与生态、产业与生活的配置问题，通过政府体制机制和管理创新、基于金融手段和科技智力的市场推动及社会人文引导，探索高质量的雄安绿色发展之路，形成可复制、可推广的经验。

第十三章体制机制，重点介绍以新区政府为主导的规划管理和打造"雄安质量"的创新做法，如何更好地发挥政府管理作用，形成高效有序的治理机制。"规划科学是最大的效益，规划失误是最大的浪费，规划折腾是最大的忌讳"，创新规划管理模式是新时期提高城市管理科学化、精细化水平的关键路径，新区的规划管理创新主要从改革城市规划编制方法、建立科学高效的规划设计机制以及全过程城市管理模式等方面进行梳理。创造"雄安质量"是新区为打造高质量发展全国样板的要求，"雄安质量"的内涵与实践通过规划、建设和政府服务三个层面进行阐述。

机制创新的另一大重点在金融和科技领域，第十四章市场推动，阐述雄安新区基于绿色发展的金融市场和科技与智力的创新推动。金融是现代经济资源配置的核心，经济领域机制创新的主要目标就是使市场在资源配置中起决定性作用，让市场机制的作用得以充分发挥，通过金融的有效支持，实现雄安新区产业的绿色升级与转型。科技创新在支撑高质量发展方面起着至关重要的作用，科技领域的体制机制创新，主要着眼于科技与智力产学研生态的完善，破解科技成果转化困难的问题，助力城市低碳、智慧的实现。

绿色城市不仅要提供生态友好、健康舒适、资源循环的空间，还需普及绿色理念，增强公众绿色发展意识。除了归纳总结政府、经济、科技领域的机制创新成果，本篇第十五章展示新区引导公众思维、行为方式的"绿色化"方面开展的人文创新实践。新区通过当前存在的多元化媒体传播、专业化会议和展览、开放型沙龙与社会活动等多种绿色理念宣传方式，以及涵盖体验、感知、实践等全方位的绿色生活引导实践，为雄安新区百姓提供全面认知绿色城市的平台与方法，推动文化创新与繁荣。

Part Ⅳ : Mechanism Innovation

Innovation is the primary driver of development, and China's development has shifted to higher-quality growth. Accordingly, high-quality development has become a distinctive feature and fundamental requirement for urban development. Cities must improve their mechanism, stimulate the vitality of innovation, and create an environment conducive to innovation and entrepreneurship, thereby enhancing their influence and competitiveness.

As a demonstration zone for innovation and high-quality development, Xiongan strives to innovate its mechanism to realize the coordinated growth of Beijing-Tianjin-Hebei region. A green, low-carbon and smart city requires a balance between government and market, economy and ecology, as well as work and life. To this end, Xiongan must explore a high-quality and reproducible way to achieve green development through innovations in government systems, mechanisms, and management, supplemented by financial, technological, market and social means.

Chapter 13, "Mechanism System", describes the innovative approach of government-oriented planning management and creating "Xiongan Quality", and explains how to better play the role of the government to form efficient and orderly governance mechanisms. "Proper planning is equal to the greatest benefit, or it will lead to the greatest waste." Xiongan seeks to innovate its urban planning by establishing an efficient planning and design mechanism, and a whole-process urban management model. In this chapter, the connotation of building a "Xiongan Quality " will be further explained from the perspective of planning, construction and government services.

Another major focus of mechanism innovation is in the fields of finance and technology. Chapter 14 "Market Promotion" goes through the financial, market, technological and intellectual means adopted in Xiongan for green development. Finance is the core of modern economic resource allocation. The Xiongan's main goal of financial mechanism is to make the market play a decisive role in the allocation of resources. The market mechanism plays the role to realize the green transformation of industries through financial approaches. Technological innovation is also crucial in Xiongan high-quality development. The innovation of systems and mechanisms in this field mainly focuses on establishing ecosphere among technology with industries, universities, and research institutes, and boosting the transformation of research achievements and the application in the low-carbon and smart city development.

Green city is not only about eco-friendly, healthy, comfortable, and resource-recycling. Increasing the public awareness of green development is also essential and very important in the process. Therefore, Chapter 15 "Humanized Guidance" reveals the innovative practices of Xiongan that guide the public's green thinking and behaviors. To provide people with a platform and method to fully understand green development and promote cultural innovation and prosperity, Xiongan has adopted various means of media communication, professional conferences and exhibitions, open salons and social activities, to guide people to enhance their experience, perception, and practice.

第十三章　体制机制

13.1　推动城市高效治理

城市规划是政府对城市空间资源进行宏观调控、开发引导的重要手段。在生态文明建设、新城城镇化等背景下，新时期城市规划的关键任务就是要通过规划管理体制创新，更加合理有效地配置利用社会资源、自然资源等各类资源，引导城镇健康发展，减少资源浪费，提升人民幸福感，探索出城镇化下半场的转型发展路径。

《中共中央 国务院关于支持河北雄安新区全面深化改革和扩大开放的指导意见》指出"完善城市治理体系，建设现代化智慧城市"，坚持以人民为中心的发展思想，按照强化服务、源头治理、权责一致、协调创新的要求，把智能治理思维、手段、模式贯穿雄安新区治理始终，创新城市规划设计模式，推进住房供给体系建设，提高城市管理科学化、精细化水平，建设高质量高水平的社会主义现代化城市。

雄安新区规划管理体制创新从改革城市规划编制方法、建立科学高效的城市规划设计机制、探索智慧城市管理新模式等方面开展试点与探索。

13.1.1　规划编制方法

规划体系和规划编制方法的改革发展是我国改革开放以来城市快速发展不断总结经验、不断改革创新提升的结果。按照高起点规划、高标准建设的要求，雄安新区需要在规划建设方面不断创新，不仅体现在城市发展和城市规划的理念、目标和策略上，同时也需要规划编制自身的创新。

（1）起步区控制性规划[1]

《起步区控规》是在现有的城乡规划体系中创新性地建立一个新的规划层次，其创新性主要体现在以下三个方面：

1）控制目标的创新

《起步区控规》是一个建构于现有的城市总体规划和城市控制性详细规划之间的策略性管控型规划。建构这样一个控制性规划的新层次，其核心就是紧紧围绕"一张蓝图干到底"的要求，目标在于以一张控制性的规划蓝图持续管控城市空间格局、结构性功能布

---

[1] 周俭，同济大学建筑与城市规划学院。原文发布于"雄安发布"公众号，经作者授权发布。原文链接: https://mp.weixin.qq.com/s/AiARKbIhX0Lf0ZU5uMARdA

局、城区建设边界、生态空间布局、骨干基础设施布局、公共服务设施标准等涉及经济、文化、环境、民生方面的结构性要素，保障城市发展愿景的实现。而这些目标对于现有的城市总体规划和控制性详细规划在技术方法上都是难以实现的。

另外，对于雄安新区起步区198平方公里的规划范围，以及可能需要十几年甚至更长的建设周期而言，《起步区控规》对城市中的结构性要素具有更强的刚性管控作用，对非结构性要素具有更强的包容性和应对发展变化的韧性。《起步区控规》在雄安规划体系中的新定位使规划更具权威性，也使规划成果更具科学性。

2）管控体系的创新

根据雄安新区的规划体系和技术标准体系，《起步区控规》以实现结构性要素管控为目的建立了一个系统化的管控体系。其中，核心内容是以"土地利用管控"为主脉，以复合型土地利用类型为基石，构建了"土地利用管控""规划建设管控""规划单元管理"和"组团规划指引"等要件组成的具有层次性的管控内容体系，并与现有的总体规划和控制性详细规划顺利实现了承上启下的有机对接。同时，也在此体系框架下，进一步覆盖《起步区控规》中的城市风貌、生态环境、基础设施、公共服务以及规划管理等方面，形成整个管控体系的全新布局。

3）管控方法的创新

《起步区控规》要求"依据本规划编制各组团的控制性详细规划、修建性详细规划、城市设计，制定重大基础设施等建设项目实施方案和工程设计，指导起步区有序开工建设"，在管控方法上强化了有效传导。《起步区控规》以现实的城市复杂性和多样性为规划管控的参照，充分考虑了发展的不确定性和社会的包容性以及风险应对，以科学、合理为标尺确定规划管理单元的规模、土地复合利用的类型，提出的"居住生活与公众服务""产业发展与创新科研""市政交通"和"城市绿地"四类复合型城市建设用地类型及其主导功能类型，以及以"十五分钟生活圈"为原则划定的"规划管理单元"及其管控重点和管控规定，为在这一层次的规划管控中实现高品质的城市生活、富有活力的城市空间和具有特色性的城市景观确定了良好的规划技术条件。

城市社会是一个最为复杂的社会，我们很难准确预测每个个体和群体需求的发展和需求的变化。因此，不论刚性管控还是弹性管控，面对众多的城市要素，用传统的思路确定规划的管控对象和对其的管控尺度很难有一个满意的答案。雄安新区这样一个从零开始的全新城市，其未来的居民结构现在还难以作出准确判断，其未来的社会需求也会随着时代变迁而发生无法预测的变化，科技的发展也必然带来生活方式的改变。

另外，随着雄安新区建设的不断推进，城市不同地段的功能配比也会随着市场、区位、生活方式、人民需求的变化而变化。我们常常看到，城市中的地铁建成后在地铁站周边会聚集更多的商业服务设施和人流，居民的"生活圈"的实际范围也因此发生了改变；原来的居住区因为临近街区开发建设了商务设施等公共设施，也引发了居住区原有公共服务设施等级的升级和规模的扩大……这都是城市建设和发展过程中的客观规律。新区规划建设坚持生态优先、绿色发展，坚持以人民为中心、注重保障和改善民生，对城市发展中不可预见的变化需要采用科学的管控策略。

从《起步区控规》编制的思路可以看出，规划力图以"土地利用管控"类型为核心，建构一个整体的规划控制体系和一套相应的规划管控方法，尝试规划一个"真实的"城市。《起步区控规》是一个十分有益的创新实践，通过对规划管控目标的创新、规划体系和管控方法的创新，必将为解决长期以来我国城乡规划实施管理中存在的难题和困境提供新的路径和宝贵经验。

（2）绿色生态专项规划

除了规划层级的创新，如何系统性落实《规划纲要》的绿色生态指标要求，也是保障新区"一张蓝图干到底"的有力支撑。绿色是雄安新区高质量发展的普遍形态，《规划纲要》等顶层规划文件明确提出了相应的绿色、生态发展的指标，后续规划如何对接《规划纲要》，将绿色生态的要求和指标予以系统的承接和延续，并在相关的规划中予以体现和落实，将成为问题的关键。

目前在现有国家法定规划编制体系中，城市绿色生态规划的地位和界面界定尚无明确规定，包括工作内容、具体要求、成果形式、成果使用等，亟需进一步的探索研究和规范指导。生态环境建设是城市总体建设的重要组成部分，北京、上海、天津、深圳等城市和区域已经积极在探索城市规划编制体系中生态专项规划的编制和指导作用，开展了绿色城市的专项规划研究，并探索生态规划与国家法定规划和其他专项规划间的衔接关系。

因此，建议开展雄安新区绿色生态专项规划编制管理办法及技术要点研究及应用实践，规范和指导城区绿色生态专项规划编制和管理工作，促进新区的多规融合体系的构建，指导后续工程绿色生态建设，实现从规划、设计到建设、管理的全过程的绿色生态。同时，也体现新区规划编制方法的创新，为国内其他绿色生态城市的规划管理工作提供了样板、典范。

以下专栏对绿色生态专项规划编制组织、与其他规划的关系及编制内容进行阐释，为推进新区绿色生态建设提供另一种视角。

专栏4-1　推进雄安新区绿色生态专项规划编制[1]

绿色生态专项规划是雄安新区规划纲要绿色低碳生态建设要求的统筹与细化，以提出绿色生态目标策略、布局方案、设计与指引等为重点，综合统筹与衔接其他专项规划的编制。以衔接宏观层面的理念目标与微观层面的技术应用为目的，分解落实规划纲要确定的各项绿色生态目标，并转化为地块的控制性或引导性指标，用以具体指导地块的开发建设。

一、编制组织

建议由雄安新区规划建设局负责组织雄安新区绿色生态专项规划的研究、编制、协调、审查与报批等工作，并承担对规划的编制、审批、实施进行事前、事中、事后监督管理职责。

建议由雄安新区改革发展局负责做好新区经济和社会发展的宏观指导和管理，在项目管理过程中加强对新区建设项目落实绿色生态建设要求的审核。

建议由雄安新区综合执法局负责做好新区环境质量监测、项目环评审查和环境保护执法工作，以及新区土地开发利用过程中落实绿色生态建设要求的执行情况进行监督。

二、与其他规划的关系

绿色生态专项规划须在总体规划的框架范围内，依据总体规划关于雄安新区绿色生态城市规划建设的理念目标，以及总体规划文本内确定的绿色低碳生态内容等进行编制。专项规划经批准后，编制或修改城市总体规划时，将专项规划中提出的生态安全格局、开发建设适宜性等作为城市总体规划空间开发管制要素之一。

编制或修改控制性详细规划时，应参考专项规划中确定的绿色生态低碳等要求，并根据实际情况，落实绿色建筑、可再生能源利用率、乡土植物指数等指标，并与控制性详细规划整体的编制工作接轨。

编制或修改城市道路、绿地、水系统、排水防涝等专项规划，应与绿色生态专项规划充分衔接。绿色生态专项规划是以绿色、生态、低碳发展理念，通过对目标城区的生态诊断与评估，提出绿色城区建设规划，是其他相关专项规划在绿色生态发展方面的集中体现和硬性要求。绿色城区规划建设应以绿色生态专项规划为引领，各相关专项规划为具体着力点，按照绿色生态专项规划中关于土地利用、绿色

---

[1] 本文选自《雄安绿研智库观点》2018 年第 6 期：推进雄安新区绿色生态专项规划编制与实施。

交通、生态环境、资源利用和绿色建筑等方面的发展目标和指标要求，在相应专项规划中予以明确并落实。

三、编制内容

原则上在总体规划批准实施后，绿色生态专项规划编制应与控制性详细规划同步并轨进行，并以控制性详细规划内的单元规划作为绿色生态城区最直接、最基本的技术管控对象，提出相应绿色生态城区地块建设绿色控制和引导要求。

生态诊断评估。充分解析新区生态资源现状，梳理生态诊断研究的重点诊断要素，分析自然资源与环境容量约束下的新区承载力，寻找新区开发建设的生态制约条件，明确保护与开发利用分区，体现保护与发展的融合，实现城市建设与自然生态和谐发展。包括但不限于自然本底识别、人文现状评估等方面。

指标体系构建。综合考虑雄安新区的现状建设基础、环境资源特点、未来发展机遇及周边城市定位，对国内外著名绿色生态城市/区指标体系进行研究，依据生态诊断结果，形成符合雄安新区环境特点及契合其发展阶段的绿色生态指标体系。明确分解落实路径，包括建立技术实施指引、明确可纳入控制性详细规划的指标、确定控制导则要求、建立动态评估考核办法等。

专项规划研究。可根据项目实际需要，重点开展绿色建筑、能源利用、物理环境、海绵城市等专项研究与规划，另外还可从土地利用、绿色交通、生态环境、水资源利用、固体废弃物综合利用等方面开展专项研究与规划。

13.1.2　规划设计机制

除了建立健全的规划体系和与之相适应的技术标准和导则外，新区的规划同时强化制度保障，同步探索建立了建筑师负责制、规划师责任单位负责制等制度，核心是让专业的事由专业人士来负责。以下以建筑师负责制为例，介绍新区科学高效的城市规划设计机制。

2018年11月30日，雄安新区成为继广西壮族自治区、福建自由贸易试验区厦门片区、上海市和深圳市后，得到住房和城乡建设部批复开展建筑师负责制试点工作的区域。雄安新区将按照《中共中央　国务院关于进一步加强城市规划建设管理工作的若干意见》（中发〔2016〕6号）、《国务院办公厅关于促进建筑业持续健康发展的意见》（国办发〔2017〕19号）要求，改革创新，充分发挥建筑师在民用建筑项目中的主导作用，提高建筑师的地位，保障建筑师合法权益，抓好试点项目落地，积极稳妥地推进建筑师负责制试点，提升雄安新区工程建设品质。建筑师负责制在雄安新区的试点自2018年12月15日开始，期限3年。

（1）建筑师负责制内涵

建筑师负责制是以担任建筑工程项目设计主持人或设计总负责人的注册建筑师为核心的设计团队，依托所在的设计单位为实施主体，依据合同约定，对建筑工程设计、施工和运行全生命周期（或部分阶段）提供设计咨询管理服务，并将符合要求的建筑产品和服务交付给建设单位的工作模式。

建筑师负责制是国际通行的建筑项目工程管理模式，其初衷是建筑师作为专业技术人员和业主利益的署理人，在业主要求的环境品质和限定的资源条件下，制定建筑的功能和技术性能指标，并创造性地整合各类技术计划和空间支配，通过设计图纸与文件的表达记录方法，向施工方准确转达并监督、协调其实施进程，并以第三方的立场协调建造进程中的各方关系，以达到业主对项目的品质、造价、进度等方面的要求。

（2）建筑师负责制的雄安实践

雄安新区在2018年11月得到住房和城乡建设部批复同意开展试点工作后，于2019年2月发布《雄安新区建筑师负责制试行办法》，提出雄安新区将推行以建筑师负责制为主体的全过程咨询。该办法明确了建筑师负责制的服务内容、权益、政府所承担的职责和实施保障等方面，鼓励设计创新，提升建筑品质，创造"雄安质量"。

《雄安新区建筑师负责制试行办法》主要包含：

1）适用范围：雄安新区规划范围内的新建、改建、扩建民用建筑工程。

2）服务内容：建筑师和所在设计单位依据合同约定，提供参与规划、提出策划、完成设计、合同管理、指导运维、更新改造、辅助拆除等方面的服务内容。

3）建筑师选择：政府投资项目采用公开招标、邀请招标等方式选择；社会投资项目建设单位可自行选定。

4）建筑师权益：合理确定服务报酬，在合同中明确约定并及时支付，服务收费应纳入工程概算；推行建筑师负责制职业责任保险。

5）建筑师责任：因设计缺陷造成的经济损失，由设计单位及建筑师承担赔偿责任；建筑师负责制不免除总承包商、分包商、供应商和指定服务商的法律责任和合同义务。

6）特点：采用建筑信息模型（BIM）技术进行设计，并提交符合雄安新区BIM标准规范要求的成果文件。

目前，已有雄安市民服务中心、城市设计中心、容东片区商务服务中心等项目试点实行了建筑师负责制，充分发挥建筑师（项目总负责人）及其团队在前期咨询、设计服务、建造协同、质量控制和运营维护等方面的技术优势，发扬"工匠精神"，鼓励设计创新，提升建造品质，创造"雄安质量"。

建筑师负责制等机制突出专家在雄安新区规划编制中的基础和关键作用，让专业的人干专业的事，探索建立专家遴选、方案比选、评审决策的工作程序，形成雄安新区专家领衔、政府组织、多方参与、科学决策的规划编制工作机制。

以下通过专栏对我国建筑师负责制的发展历程进行回顾，供读者进行比较阅读。

专栏4-2 建筑师负责制国内发展历程

自2015年1月，住房和城乡建设部建筑市场监管司在2015年工作要点中首次提出"注册建筑师负责制"后，近年来国内关于建筑师负责制的相关政策或相关文件也陆续出台，见表1。2016年，《中共中央 国务院关于进一步加强城市规划建设管理工作的若干意见》提出，要"培养既有国际视野又有民族自信的建筑师队伍，进一步明确建筑师的权利和责任，提高建筑师的地位"。2017年建筑师负责制持续推进，2月份，《国务院办公厅关于促进建筑业持续健康发展的意见》提出"在民用建筑项目中，充分发挥建筑师的主导作用，鼓励提供全过程工程咨询服务"；5月份，住房和城乡建设部印发《工程勘察设计行业发展"十三五"规划》，其中提出试行建筑师负责制。

2017年，住房和城乡建设部委托中国建筑学会继续推进建筑师负责制制度的研究课题，并于同年12月发布了《关于在民用建筑工程中推进建筑师负责制的指导意见》的征求意见稿，明确了建筑师负责制的组织模式、建筑师的服务内容、责任和权益等。该指导意见成为各省市持续推进建筑师负责制的纲领性文件，为鼓励和引导各省市积极开展建筑师负责制试点工作奠定了机制保障。

随着相关政策文件的陆续出台与发布，部分省市积极开展了建筑师负责制试点工作，为国内下一步开展大规模的推广积累经验与数据。

表1 建筑师负责制相关政策或文件

时间	出台政策/文件	相关内容
2015.1	住房和城乡建设部建筑市场监管司2015年工作要点	修订《注册建筑师条例实施细则》，进一步明确建筑师的执业范围和服务内容、责任、权利、义务，逐步确立建筑师在建筑工程中的核心地位，发挥建筑师对工程实施全过程的主导作用
2016.1	住房和城乡建设部建筑市场监管司2016年工作要点	创新发挥建筑师作用机制。完善建筑设计招投标决策机制，修订出台建筑工程设计招标投标管理办法。进一步明确建筑师权利和责任，鼓励建筑师提供从前期咨询、设计服务、现场指导直至运营管理的全过程服务，试行建筑工程项目建筑师负责制。鼓励建筑事务所发展，繁荣建筑创作，加快培养一批既有国际视野、又有民族自信的建筑师
2016.2	中共中央 国务院关于进一步加强城市规划建设管理工作的若干意见	为建筑设计院和建筑师事务所发展创造更加良好的条件，鼓励国内外建筑设计企业充分竞争，使优秀作品脱颖而出。培养既有国际视野又有民族自信的建筑师队伍，进一步明确建筑师的权利和责任，提高建筑师的地位
2017.2	关于促进建筑业持续健康发展的意见	在民用建筑项目中，充分发挥建筑师的主导作用，鼓励提供全过程工程咨询服务
2017.4	建筑业发展"十三五"规划	提升工程咨询服务业发展质量。完善注册建筑师制度，探索在民用建筑项目中推行建筑师负责制

续表

时间	出台政策 / 文件	相关内容
2017.5	工程勘察设计行业发展"十三五"规划	试行建筑师负责制。借鉴国际先进经验，兼顾中国特色，改革创新，逐步建立与国际接轨的建筑师负责制，从设计总包开始，由建筑师统筹协调建筑、结构、机电、环境、景观等各专业设计，在此基础上延伸建筑师服务范围，按照权责一致的原则，鼓励建筑师依据合同约定提供项目策划、技术顾问咨询、施工指导监督和后期跟踪等服务，推进工程建设全过程建筑师负责制。提高建筑师地位，保证建筑师权益，使建筑师设计理念完整实施，提高建筑品质
2017.7	住房和城乡建设部关于促进工程监理行业转型升级创新发展的意见	应发挥建筑师主导作用的改革要求，结合有条件的建设项目试行建筑师团队对施工质量进行指导和监督的新型管理模式，试点由建筑师委托工程监理实施驻场质量技术监督
2017.12	关于在民用建筑工程中推进建筑师负责制的指导意见	推进民用建筑工程全寿命周期设计咨询管理服务，从设计阶段开始，由建筑师负责统筹协调各专业设计、咨询机构及设备供应商的设计咨询管理服务，在此基础上逐步向规划、策划、施工、运维、改造、拆除等方面拓展建筑师服务内容，发展民用建筑工程全过程建筑师负责制

上海市走在建筑师负责制试点前列[1]。2015年11月在上海自贸区保税区（28平方公里），建筑师负责制的试点工作正式拉开序幕。2016年11月，《关于浦东新区推进建设项目建筑师负责制试点工作的实施意见》的发布推进了审批程序上的改革，允许规划审批、施工许可证办理采用告知承诺审批方式。随后，上海市浦东新区规土局发布《关于继续在上海自由贸易区推进建筑师负责制试点工作的通知等文件要求》，将试点工作在上海自由贸易区保税区的基础上进一步在整个上海自由贸易区推广。目前总计有包括前滩莱佛士医院、太古商业广场、浦东美术馆等21个项目纳入试点[2]，项目分布于浦东新区陆家嘴、张江、世博、保税区等多个片区，项目类型包括了医疗、住宅、办公、商业、公共建筑、工业研发、城市更新改造、装修改建等多种类型。

目前由地方省市上报住房和城乡建设部后同意开展试点工作、地方政府部门已明确正式出台试点文件的地域有广西壮族自治区（2017.8.28）、福建自由贸易试验区厦门片区（2017.11.2）、雄安新区（2018.11.30）、上海市和深圳市（2018.7.4）[3]等，在实际建筑项目中已经运用或正在运用"建筑师负责制"的地区包括深圳前海、珠海横琴、成都高新区。在建筑业改革和发展的相关政策文件中提及要推行建筑师负责制的有江苏、浙江等省市。

---

[1] https://mp.weixin.qq.com/s/gTbFrXZSynlkqd7YUVCr5w

[2] 《中央城市工作会议精神落实情况交流第90期》，住房城乡建设部住房改革与发展司（研究室）编。

[3] 《住房城乡建设部办公厅关于同意上海、深圳市开展工程总承包企业编制施工图设计文件试点的复函》。

13.1.3　城市管理模式

13.1.3.1　智慧城市管理

近年来智慧城市的发展影响，信息化集成在城市规划及建设运营中起到至关重要的作用，吴志强院士在2010年提出城市信息化发展要从BIM走向CIM，此时的CIM= City Intelligent Model，城市智慧模型，更多体现的是智慧城市的信息化集成与协同管理，但是随着BIM在城区各专业领域中的技术推广，结合城市地理信息GIS的技术协同应用，逐步形成了基于3DGis+BIM的场景应用。发展到现在，城市信息模型（City Information Modeling，简称CIM）就成为以微观建筑信息模型（Building Information Modeling，简称BIM）+宏观地理空间数据（Geo-Spatial Data，简称GSD）+物联网（Internet of Things，简称IoT）数据进行统一整合模式下的城市动态信息的有机综合体。目前CIM正不断在城区规划建设中成为新兴技术支撑和运营管理的保障[1]。

雄安新区探索智慧城市管理新模式，应用新技术创新城市管理模式，建设智能高效宜居新城市，实现城市管理网络化、数字化、智能化。通过城市感知基础设施，汇聚各方数据，将规划蓝图进行数字化，结合"三条红线"的划定，形成一套"多规合一"的数字化规划体系将蓝图导入到建筑信息模型BIM中，大量的建筑信息模型BIM又独立生成具有智能调控的城市信息模型CIM。通过CIM将实现规划、建设、管理的全生命周期数字化，搭建数字城市和现实城市同步规划，同步建设，确保城市规划的科学性、权威性和执行度，创造城市建设发展过程的"雄安质量"，真正做到一张蓝图干到底，为治理体系和治理能力现代化蹚出新的路径。

以雄安新区市民服务中心为例，每一个钢框架上都有一个独立的二维码，通过扫描这个二维码，可以清楚地知道它的建设施工者、建设施工时间等信息，从而真正达到有效的数字信息追溯，未来如果人们想知道雄安建设初期的城市整体构造模样，也不用翻阅文献和视频资料，通过城市信息模型CIM即可跨区域跨时代了解当时建城的整体构造和规划。在逐步生长形成的数字城市基础上，进一步汇聚物联网、人工智能等方面数据，创新打造一座真正意义上的未来数字智能之城。

雄安新区的智慧城市管理可以从多层次、多角度去实现，以下专栏研究基于CIM（城市信息模型），提出绿色生态城区规划设计、建设施工、运营维护等面向全过程的多维智慧化策略，为雄安新区建设具有国际先进水平的绿色智慧新城提供支撑。

---

[1]　张改景、唐子轶、孙桦，上海市建筑科学研究院，从 BIM 到 CIM—雄安绿色生态城区的智慧实现策略。

专栏4-3 从BIM到CIM—雄安绿色生态城区的智慧实现策略研究[❶]

一、基于CIM的绿色生态城区三维实现策略

面对城区建设中的各种复杂问题，智慧化实现绿色生态城区是我们一直在思考的。在对既有绿色生态城区项目与标准研究工作总结基础上，提出绿色生态城区的规划建设应从空间、时间和技术三个维度去实现，通过多维CIM平台构建，保障在建绿色生态城区的整体提升与评估管理，并对新建绿色生态城区进行全寿命期智慧构建。

1. 空间维度实现探索

通过CIM空间分析技术，突破传统绿色生态规划思路，形成动态规划设计的实现路径，建立空间规划布局的立体数字城市方案，通过对空间内数据分析、生态模拟诊断，实现快速方案优化，为绿色生态城区规划建设发展提供更加可视化、可感知的规划建设方案（图1）。

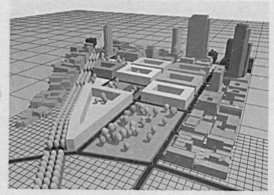

图1 基于CIM的空间布局规划立体数字方案示意

2. 时间维度实现探索

通过构建全过程时间维度的CIM平台，对城区涉及的各个阶段参与的实施主体，提供规划信息流、建设信息流、运营数据流等的快速传递、高效决策和强有力的组织管理，同时建立面向业主需求导向动态的多元化CIM家族模块，实现在绿色

❶ 张改景、唐子轶、孙桦，上海市建筑科学研究院，从BIM到CIM—雄安绿色生态城区的智慧实现策略。本文图表除注明来源之外，均为约稿作者提供。

生态城区全过程不同阶段，一级二级业主间协作、分工、信息集成的CIM平台功能（图2）。

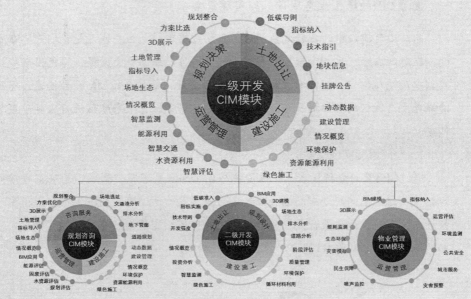

图2　CIM家族功能应用模块

3．技术维度实现探索

通过CIM平台，可以快速浏览技术体系，模拟展现任意阶段多种技术实现情景，根据多种空间规划及技术方案情景，分析绿色生态技术适宜性、成熟性、经济性，并提供标准化预评估，最终实现方案的优化。通过模拟分析，择优城区可再生能源、雨水资源的利用技术方案。对于技术目标落实空间中出现的打架问题，绿地景观与海绵设施、屋顶绿化与太阳能光伏等设施，均可以直观诊断、分析评价等。

二、面向雄安新区的CIM应用设想

1．雄安新区CIM平台方案研究的具体内容

（1）调研新区在规划设计、建设施工、运营管理各阶段信息化监管需求。

（2）研究平台总体框架和技术框架，研究基于云计算数据技术构建监管平台，具备海量数据处理能力和数据分析挖掘能力，为全过程管理提供技术支撑。

（3）研究GIS、BIM集成技术、规划、建设、运营管理各阶段关键参数和指标的多源融合技术，为新区全过程管理提供数据支撑。

（4）详细设计规划功能模块、建设功能模块、运营功能模块各阶段功能，设计

各阶段关键性数据指标和管理流程，在统一的平台上实现对新区规划建设的全过程管理。

2. 平台功能设计

根据调研，在一级开发模块，雄安新区的CIM平台面向的是政府各管理部门，包括雄安新区管理委员会下属的规划建设局、公共服务局、生态环境局等。在二级开发模块，设立如前文所述的规划咨询、二级开发和物业管理三大模块。

（1）规划咨询

本模块利用GIS技术，在雄安新区的行政版图上，展示处于规划设计阶段的总体规划、各类专项规划情况等，并对具体绿色生态技术规划情况，如场地生态、绿色建筑、区域能源、水资源、智慧人文等指标类别进行分层展示，系统以不同颜色的图标及相应的文字，对各项目绿色生态规划设计进行总体展示说明；同时，系统可在GIS地图一侧，展示一系列代表新区的关键生态技术指标以及每个项目的关键指标，使管理者掌握从区域到单个项目的绿色生态规划宏观数据（图3）。当管理者在地图上定位至某项目时，系统将以弹出层的方式进一步显示该项目绿色技术的规划设计状况，包括：太阳能热水、太阳能光伏、地源热泵、雨/污水回用系统等（图4）。

图3 情况概览　　　　　　　　　　图4 绿建项目技术应用示意

（2）二级开发

本模块利用GIS技术，在雄安新区的行政版图上，对各项目在设计与施工过程中的能源节约、水资源利用、材料资源利用、环境性能提升等指标类别进行分层展示，以不同颜色的图标及相应的文字，对各项目绿色技术水平进行总体展示说明，以使得项目开发者总揽新区项目的设计施工进展与实效，为绿色生态目标的实现提供科学管理的手段。

（3）物业管理

本模块会对环境、噪声等进行实时监测，并通过各类指标监测体现新区绿色生态城区建设的概览情况。

13.1.3.2 绿色生态全过程管控

为了使规划管理能更有效地落实雄安新区绿色生态的发展理念，更科学地指导城市可持续建设，除了加强控制性详细规划的编制水平、提升绿色生态专项规划的法定地位、建立完善规划设计机制、应用智慧和信息化的管理模式之外，也需要强化雄安新区从规划编制到项目建设的绿色生态全过程管理水平，重视绿色生态的发展要求在不同层面的实施与管控。

以容东片区为例，雄安绿研智库建议以《规划纲要》为统领，以片区控制性详细规划为重点，以片区专项规划为支撑，开展容东片区绿色生态评估研究，明确绿色生态指标体系总体目标，构建城区级、地块级和建筑级绿色生态三级指标体系，如图4-13-1所示。

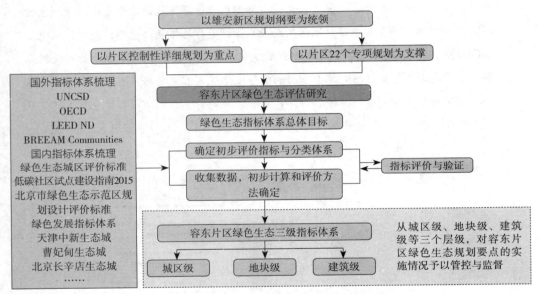

图4-13-1　容东片区绿色生态三级指标体系编制思路

（1）城区级指标体系

1）构建思路

基于《规划纲要》提出的绿色生态指标和容东片区控制性详细规划及22个专项的规划内容，结合国内外现有绿色、低碳、生态评价标准及生态低碳理论研究成果，包括国家《绿色生态城区评价标准》GB/T 51255-2017、《低碳社区试点建设指南2015》、《北京市绿色生态示范区规划设计评价标准》、美国LEED-ND、英国BREEAM Communities等，构建城区级绿色生态评价指标体系。

2）实施建议

出台《雄安新区绿色生态示范区评选管理办法》及申报相关文件要求。通过绿色生态示范区评选，鼓励绿色建筑标识项目和绿色生态城区建设，引导建设单位从规划、建设、运营等环节落实绿色生态指标，并每年提交自评估报告，每年对绩效评价指标落实情况、绿色生态建设工作进展以及奖励资金使用情况进行简要说明。

出台《雄安新区绿色生态专项规划编制管理办法》。统筹协调区绿色、生态等理念及相关规划内容的实施，指导和推进新区绿色城市建设，实现相关法定规划、专项规划与总体规划间的充分咬合对接。

（2）地块级指标体系

1）构建思路

基于雄安规划纲要、控制性详细规划、22个专项规划等规划要求，参考绿色生态城区案例，对接城区级指标体系，从集约用地、能源控制、绿色建筑、海绵城市等角度，结合容东片区自身发展条件与特色，选取地块级生态控制指标。

2）实施建议

选取指标落实到地块，地块指标通过图则控制土地出让和用地规划，做到"规划先行，生态先行"。

（3）建筑级指标体系

1）构建思路

基于《规划纲要》《容东控规》对绿色建筑提出的要求，明确容东片区绿色建筑实现目标：容东片区新建住宅、商业与商务设施等公共建筑等达到绿色建筑二星级要求；标志性建筑、新建政府投资及大型公共建筑应达到绿色建筑三星级要求。

参照国家及地方现行标准《绿色建筑评价标准》GB/T 50378–2019、《雄安新区绿色建筑设计导则》、北京市《绿色建筑评价标准》DB11/T 825–2015、河北省《绿色建筑评价标准》DB13（J）T/113–2015等，结合雄安新区区位特点，因地制宜地构建容东片区绿色建筑二星级及三星级对应的重要技术指标体系，为新区高质量绿色建筑的设计、建设和发展提供引导与借鉴。

2）实施建议

绿色建筑是雄安新区建设绿色生态宜居新城区的重要基础单元。为更好地贯彻实施《规划纲要》《雄安总体规划》中对绿色建筑的要求，以共享、协调、集成为理念，构建雄安新区绿色建筑全生命周期管理流程。

以雄安新区绿色建筑发展定位为目标，统筹政府机构、建设单位、设计单位、施工单位、工程监理单位、运营单位，明确项目管理过程中绿色建筑活动要求，包括管理职责边界、管理流程、管理模式及工作内容等，实现绿色建筑设计、绿色建造、绿色运营阶段的深入融合与协同衔接，保障绿色建筑技术的正确实施，实现绿色建筑项目的规范化、标准化管理。

13.2　建设"雄安质量"体系

高质量发展是新时代我国发展的鲜明特征和根本要求，高品质城市离不开对高质量的追求。2018年2月22日，习近平总书记听取雄安新区规划编制情况汇报并发表重要讲话，提出创造"雄安质量"，在推动高质量发展方面成为全国的一个样板。"雄安质量"的内涵包括牢固树立"雄安标准"、构建"雄安质量"体系、要改革创新❶：

（1）**牢固树立"雄安标准"。** 以新发展理念为引领，科学把握高质量发展的基本内涵，坚持高标准、创造高水平，在建设目标、功能定位、空间布局、城市风貌、生态建设、科技创新、城市安全等各方面强化标准化建设，探索建立城市规划设计建设管理发展的"雄安标准"体系。

（2）**构建"雄安质量"体系。** 率先在推动高质量发展的指标体系、政策体系、标准体系、统计体系、绩效体系、考核体系等方面取得新突破，推动雄安新区实现更高水平、更有效率、更加公平、更可持续发展。

（3）**要改革创新。** 坚持改革创新，大胆探索，先行先试，大力推动各领域改革开放前沿政策措施落实落地、见行见效，为全国提供可复制可推广的经验。

雄安新区将融合土地、资本、人力、信息、技术等各方面要素，构建全生命周期城市规划、建设、运营、管理模式，形成内容丰富、科学规范的"雄安质量"体系，促进城市可持续发展、满足改革创新需求。

13.2.1　高起点规划

（1）**尊重城市发展规律。** 雄安新区的规划设计坚持生态优先、绿色发展，坚持以人民为中心、注重保障和改善民生，坚持保护弘扬中华优秀传统文化、延续历史文脉，对于生态环境、社会民生、历史文化高度重视，对于交通、空间关系的处理手段等等，蕴含着迄今为止中外各方面对于城市规律的共识。

（2）**规划理念先进。**《规划纲要》明确构建科学合理空间布局、塑造新时代城市风貌、打造优美生态环境、发展高端高新产业等八项重要任务，发展定位包括绿色生态宜居新城区、创新驱动发展引领区、协调发展示范区、开放发展先行区等四个方面，包含着创新、绿色、协调、开放、共享等先进的发展理念，这些理念是指导当前及今后一个时期经济社会发展的核心发展理念，渗透在规划建设的各个方面。

（3）**规划编制过程严谨。** 早在2016年5月，按照京津冀协同发展领导小组要求，河北省和京津冀协同发展领导小组办公室、专咨委委托中国城市规划设计研究院、中科院等知

---

❶　http://www.ce.cn/xwzx/gnsz/gdxw/201901/11/t20190111_31237145.shtml

名专家和院士领衔编制框架规划。新区规划编制经历前期筹备、初步方案形成、规划框架稳定和规划体系逐步完善四个阶段，历时20多个月，有1000多名国内外专家、200多个国内外团队、2500多名专业技术人员共同参与规划编制和评审论证工作。新区规划编制始终聚焦世界眼光、国际标准，全球网罗人才，2017年从国内外279家规划机构中优选12家一流团队开展新区城市设计国际咨询。2018年又从全球213家设计机构中遴选组合12家一流团队，由国际知名大师领衔开展城市设计，并形成3家优胜方案❶。

（4）**规划体系不断完善**。从规划框架到规划纲要再到总体规划，从启动区城市设计到启动区控制性详细规划再到起步区控制性规划，从22个专项规划编制和32个专题研究到26个专项规划和N个专题研究，雄安新区的规划体系不断完善，形成了"以规划纲要为统领、以控制性详细规划为重点、以专项规划为支撑"的多规合一规划体系，明晰规划之间的对接，提升规划体系的科学性和可操作性，确保"一张蓝图干到底"。

（5）**高位推动规划编制**。河北省主要领导同志直接上手：省委书记王东峰定期督导规划编制进度，多次主持规划建设工作领导小组会议研究审议各项规划；省长许勤一线协调，组织调配各方面资源和力量，研究协调各类规划问题，对上报的每一个规划都逐章逐节梳理、逐条逐项打磨、逐字逐句推敲；河北省委常委、副省长，雄安新区党工委书记、管委会主任陈刚全程深度参与，全面深入研究，全方位把控方案关键和细节❷。

（6）**建立了多层次、强约束的规划实施制度机制**。以党中央、国务院为领导，京津冀协同发展领导小组综合协调，河北省委和省政府履行主体责任，雄安新区管委会负责规划具体实施，确保规划权威性得到保障。

13.2.2 高标准建设

不同于以往"大干快上"建设新城新区的做法，雄安新区先行开发并划出一定范围规划建设启动区，条件成熟后再稳步有序推进中期发展区建设，既避免了急于求成的工作安排，也体现出对质量的高度重视。在雄安新区建设的工程项目，都应以严格的管理措施规范工程现场，保障工程建设质量，主要体现在以下三个方面：

（1）**业主对工程质量的控制，保证工程项目按照工程合同规定的质量要求达到业主的建设目的，取得项目计划效果**。如为确保植树造林工程质量，中国雄安集团有限公司专门编制《雄安新区造林工作手册》，对苗木选择、运输、进场检验、修剪、种植等一系列工序进行了标准化规定。在"千年秀林"大清河片区一区、10万苗景兼用林、2018年秋季植树造林等项目约1.9万亩造林建设工作中，工作人员按照造林工作手册要求，每个地块每

---

❶ http://www.rmxiongan.com/n2/2019/0330/c383557-32794301.html

❷ http://www.xiongan.gov.cn/2019-04/02/c_1210098263.htm

个点种什么苗木都严格依规。为保证苗木质量，采购人员亲自到产地对每株苗木进行检查，确保进场种植的苗木达到雄安苗木标准，最终用207万余株的合格苗木，让"雄安质量"落在实处。

（2）**政府对工程质量的控制，主要体现在政府监督机构对于建设项目的过程质量控制，其目的在于维护社会公共利益，保证技术性法规的执行。** 如新区管委会为规范工程建设项目招标投标活动印发的《雄安新区工程建设项目招标投标管理办法（试行）》中规定"合同签订后，雄安新区公共服务局应组织评估小组对招标项目的招标组织、招标文件编制、专家评标质量等方面进行评估，评估结果记入信用评价体系；项目竣工验收后，发包人应组织评估小组对招标投标效果、项目实施效果等方面与项目前期可行性研究报告、勘察设计成果进行对比分析评估，评估结果记入信用评价体系；建设以大数据和区块链为基础的企业和个人诚信评价体系，实时公布各方主体信用信息及信用评价指数"。

（3）**承建商对工程质量的控制，其特点是内部的、自身的控制，也是承建商自身企业经营持续改进的基础。** 如雄安市民服务中心项目的承建单位中国建筑集团有限公司为保障项目质量，建立了全员、全过程质量管理体系，从人、机、料、法、环、测等六要素方法制定质量样板引路制度、质量巡检制度等质量管理制度，严格控制过程实体质量标准。此外，对标"鲁班奖"和国家优质工程创优要求，以建筑节能、绿色环保、装配式钢框架、集成房屋为基础，编制了《雄安市民中心项目质量创优策划》，分解任务程序，严控建设质量。

为确保施工安全，还建立了安全培训基地，包括VR虚拟体验、跨步电压体验、人字梯颠倒体验、挡土墙倾倒体验、密闭空间作业体验等20余个体验项目。在工地入口，工人通过"刷脸"进入，工人的单位、工种、考勤、安全教育、个人信息、信用评价等录入系统，方便管理。在现场，无论工人身处何处，在监测屏幕上就能知道。如果有人遇险，可马上求助，加强安全管理。除此之外，项目实行"安全行为奖励卡"制度，改变传统项目"以罚为主"的管理模式。引进安全生产情绪识别系统，有效识别人员面部肌肉产生的微小振幅和频率，经计算机分析后得出建设人员的潜在情绪结论，以此为依据，预防生产安全事故的发生❶。

13.2.3　高水平服务

行政审批和政务服务改革是打造"廉洁雄安"和服务型政府的核心要义，改变了以前以审批代监管，重审批轻监管的现象，是"雄安质量"中政府治理和城市管理创新的重要

---

❶ http://ydyl.people.com.cn/n1/2018/0402/c411837-29902101.html

体现,是新区在高质量发展方面打造全国样板的重要支撑❶。

(1)按照"精简、高效、统一"的原则,从行政管理架构上实施创新,搭建"大部制、扁平化"的高效行政管理架构,设立"精简、高效、统一"的新区党工委、管委会,管理机构工作人员实行聘任制,政事分开、管办分离❷。

(2)推进投资审批改革,加速释放投资活力,营造良好的营商环境。新区创新开展建设项目"一会三函"审批模式,将涉及建设项目投资审批的65个事项,集中到政务中心大厅现场审批,优化为"一会三函"4个环节,明显缩短雄安新区建设项目审批时间。

(3)将不涉及国家安全、生命财产安全、重大资源调配等的事项,如服务于民计民生、经济发展等方面的行政许可事项进行去繁就简,实行以相对集中的行政许可权为突破口的行政审批制度改革,在行政审批和政务服务体制机制改革上构建"雄安质量"。

弱化审批权,变碎片化为集中行政审批,推行"一枚印章管到底"的行政审批局改革模式,搭建"互联网+政务服务"平台,推动事项标准化建设和线上线下"一体化"平台融合发展。创新实施政务服务"四个一"和行政审批"六化"改革政务服务,"四个一",即进政务服务大厅"一扇门"即可办理所有便民服务和行政审批事项,包括一窗受理、一网通办、一帮到底;"六化"审批模式,是指强化行政审批改革顶层制度设计,推进构建事项清单化、许可标准化、人员职业化、审批电子化、平台一体化、审管联动化,实现事项最少、流程最简、审批快、服务优的工作目标。

(4)深入推进"放管服"改革。雄安新区政务服务中心大力精简行政许可事项,将承接的382项行政许可事项,通过取消、下放、改为备案、暂不列入等方式,精简为227项,按照"应放尽放,能放则放"的原则进一步下放到三县实施办理。

---

❶ http://www.xiongan.gov.cn/2019-04/16/c_1210109779.htm

❷ https://weibo.com/ttarticle/p/show?id=2309404317835621967641#_0

第十四章　市场推动

14.1　绿色金融打造新引擎[1]

14.1.1　雄安新区绿色金融发展的必要性

绿色发展是规划建设雄安新区的基本要求，金融是现代经济资源配置的核心。雄安新区要成为中国探索绿色低碳发展的创新试验区和典型样板，需要大力发展金融，通过构建绿色创新的金融体系支持城市绿色发展。

（1）**动员各类资本为新区建设筹资**。政府资金只能满足雄安新区的一小部分绿色融资需求，因此必须通过吸引和动员各类社会资本，尤其是区外的社会资本（包括内资和外资），积极参与新区的绿色投资。

（2）**要通过绿色金融创新保证多数项目的绿色环境效益**。在我国，目前贷款余额的9%为绿色信贷，其余91%的贷款仍不是绿色信贷；近2%的债券为经过认证的绿色债券，其余98%的债券融资还不能保证所投项目是绿色。雄安新区要保证绝大多数新建项目都是符合节能减排要求的绿色项目，需要大规模使用绿色信贷、绿色债券、绿色基金、碳金融等融资工具。

（3）**通过绿色金融创新快速推动绿色技术的发展**。建设雄安新区"绿色生态宜居新城"，绿色基础设施、绿色建筑、环境治理等必须是未来城市投资的主体内容。同时，绿色产业中的许多子行业，包括环保、清洁能源、节能材料、节能技术、资源循环利用等均属于高科技范畴。因此，通过绿色金融支持绿色科技发展将是雄安金融未来必须支持的重要方面。

14.1.2　雄安新区发展绿色金融所面临的挑战

雄安新区的绿色金融发展，面临着经济基础薄弱、产业结构初级、融资缺口巨大、金融总体发展水平低、具体政策支持缺位、外部环境尚不成熟等诸多挑战。

（1）**产业基础薄弱，高污染特征明显**。雄安新区地处京津冀腹地，规划地域包含的雄县、容城、安新三县及周边部分区域现有经济规模小，开发程度低。

---

[1] 马骏（中国金融学会绿色金融专业委员会），王遥（中央财经大学）。本节节选自北方新金融研究院（NFI）绿色金融课题组报告《雄安新区绿色金融发展研究报告》，已获得作者授权。本文图表除标明来源之外，其余均为作者提供。

2015、2016年雄安地区国民生产总值分别仅为212.18亿元、218.30亿元，分别仅占河北国民生产总值的0.80%、0.69%，经济基础薄弱（如图4-14-1所示）。

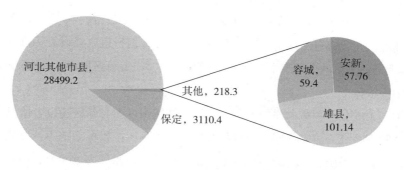

图4-14-1　2016年雄安三县与河北省国民生产总值比较（单位：亿元）

　　雄安新区设立之前产业结构相对落后，中小微企业占比超过95%，且多集中于重污染行业，"小散乱污"的企业格局增加了污染集中治理的难度。可以说，三县高污染、高排放的产业结构现状决定了雄安新区未来绿色转型的必要性和艰巨性。

　　（2）**金融发展水平较低，当地金融机构环境风险敞口较大。**主要体现在三个方面：一是金融结构单一，金融产品和业务种类匮乏。新区设立之前金融机构以国有银行县支行和农信社为主，其他类型的金融机构数量极少。由于当地经济开发程度较低，实体经济对资金的吸纳能力不足，且金融机构业务创新的积极性和能力较弱，资金外流现象严重。二是民间融资多依赖非正规金融渠道，市场监管困难。新区内很多污染型小微企业多依赖民间借贷等形式获取资金，其风险难以得到有效监管和控制。三是当地银行对污染性企业贷款的存量占比较大。截至2016年末，制造业和采矿业企业的银行贷款余额在雄安新区全部企业贷款占比中超过50%，其中不少属于污染性企业。随着雄安新区功能定位的逐步明确和产业结构的优化升级，现有中小微企业大多面临关闭、搬迁、兼并重组和转型升级，如何实现存量贷款从污染行业稳步有序退出、如何应对环保监管升级后的不良贷款上升风险、如何适应新区的定位和拓展绿色环保的金融业务，是雄安新区金融机构亟需解决的重大问题。

　　（3）**绿色金融实现快速跨越发展，亟需外部资源和政策支持。**一方面，雄安新区原有的金融业务和金融资产主要集中于存贷款市场，债券、保险、基金、信托、租赁、期货等金融市场和业态占比很小或基本属于空白。另一方面，新区的快速发展、实体经济在相对较短时间内规模倍增，包括产业结构的快速转型，均会对雄安新区绿色金融体系的建设提出更高更快的要求，必须依靠外部资源和政策支持。

14.1.3　雄安新区绿色金融创新实践探索❶

在雄安新区设立到大规模建设开始启动的这段时期，各家金融企业尤其是银行业依托丰富的人才和技术储备在新区引进新技术、开展新业务，工、农、中、建四大银行的雄安分行获批开业，光大银行、保定银行等商业及城市商业银行也已经设立了雄安分行，这些机构的开业运营为新区的金融产业发展注入新活力，也率先在新区取得了一批金融创新成果。

（1）中国银行

中国银行雄安分行积极参与数字雄安建设，持续深度参与新区建设者信息管理平台、区块链资金管理系统、雄安集团智慧森林系统、雄安集团招投标系统等开发建设。其搭建的区块链资金管理系统已参与新区全部七个招投标项目，累计为近60家总包及分包中标企业开户上链，为中标企业提供优质的账户结算服务。2018年10月28日，该行投产了"雄安建设者信息化综合管理平台"，可实现建设者实名制管理、工资专户、发薪情况的线上监管功能，结合雄安新区保障金管理制度，保障建设者工资不被拖欠。目前平台已在雄安新区大树刘泵站改造项目、截洪渠景观一期项目上试点运行。

中国银行通过手机银行的"来聚财""医达通"等支付环境或场景，与辖内三县医院、公交公司和1300余家商户建立合作关系，通过线上线下双渠道为当地居民提供便捷、高效、优质金融服务。此外，中国银行充分发挥国际化优势，为政府开展国际合作搭建"桥梁"。2018年1月31日，中国银行与雄安集团、英国金丝雀码头集团共同签署《战略合作协议》，合作三方将共同打造金融科技城。

（2）中国农业银行

中国农业银行金融服务主要围绕服务新区重大项目，重点围绕"智慧民生""千年秀林""征迁补偿系统""农村集体资产管理"等信息化项目的建设工作。

目前智慧民生系统一期工程已经在雄县上线，系统涵盖了雄县12万劳动力的信息，后期将在智慧民生系统上加载政策信息、就业招聘、技能培训等功能，进一步增加用户的黏性，完善系统的生态。

2018年初，中国农业银行总行开展与河北雄安分行的业务与技术协作，用现金管理和企业网银接口实现了与雄安植树造林区块链平台的系统对接，满足了植树造林企业上下游之间的资金拨付需求。在发放植树造林劳务人员工资阶段，中国农业银行总行快速研发了支持单批次5万笔工资的发放程序，有效解决了劳务公司大批量集中发放工资的特殊情况。

征迁补偿系统能够实现批量自动拨付和逐笔人工拨付，灵活适应雄安新区管委会的差异化需求，精确到户、精准到人、一分不差、实时反馈，且全流程可追溯、可审计。该系统还可以提供征迁补偿受益人的收款确认函，实现补偿款发放的全流程闭环自动化处理。

---

❶　本小节内容由中国农业银行河北雄安分行提供。

农村集体资产管理平台则是围绕农村三资管理和乡村治理，依托金融科技，创新设计的智能化、数字化管理平台。

同时，中国农业银行已在雄安地区上线了刷脸取款、高柜通、移动超柜、智能厅堂机器人等设备，为新区居民提供更加高效、快捷的金融服务。未来还将参与雄安新区智慧旅游、无感支付等项目的系统开发工作。

（3）中国工商银行

中国工商银行雄安分行主要是为"数字雄安""智慧城市"建设提供技术支持。如工商银行研发投产了"千年秀林"区块链管理平台，支持新区对300余家参建企业和5000多名参建人员全过程资金服务和阳光透明管理。基于区块链技术的工程资金管理系统则已用于雄安集团及其子公司的大部分项目，包括截洪渠、唐河治污等项目，助力资金实现阳光透明运行。

此外，中国工商银行运用人工智能、生物识别、大数据等技术积极服务雄安新区经济社会发展，如以校园一卡通为基础，运用人工智能和生物识别技术开展智慧校园建设，基本覆盖北京及河北重点院校对新区的援建对口学校；针对停车收费、高速通行等场景，协助新区持续推进智慧车管场景共建，设计车管、驾管合一模式等。

2019年5月8日中国工商银行全资子公司工银科技有限公司在雄安新区正式开业，成为银行业首家在雄安新区设立的科技公司。同时，雄安新区管委会正式启动运行雄安征迁安置资金管理区块链平台，将应用工行区块链技术，实现征迁原始档案和资金穿透式拨付的全流程链上管理。

（4）中国建设银行

中国建设银行为契合新区"数字雄安"建设规划，依托ABCD技术（人工智能、区块链、云计算、大数据），为雄安新区提供数字城市所需的各类系统和平台，将金融服务与新区信息化、智慧化城市建设深度融合，研发了征迁系统、"智慧政务"、"智慧教育"平台，推进网点机器人、人脸识别、虹膜识别等智慧银行新技术应用，为打造智慧城市贡献力量。

中国建设银行支持服务雄安新区住房租赁市场发展，协助雄安新区管委会搭建住房租赁监测平台和住房租赁交易平台，目前已完成测试运行。针对新区小企业融资难点，借助大数据和"互联网+"等新技术新手段，推出"税易贷"和"小微快贷"系列创新产品，并通过二者组合创新推出"云税贷"，有效拓宽了普惠金融服务渠道，多措施、多渠道满足了新区小微企业融资需求。未来，中国建设银行还将积极参与、支持雄安新区规划建设金融岛，布局设立建行第二总部，将新业务、新机构疏解落户雄安新区。在雄安新区建设第五代科技园，推进新区科技成果转化。同时中国建设银行金融科技跨省区运维中心、智慧政务北方运维中心布局雄安，并在新区积极推进无人银行、无感支付等先进金融科技成果落地应用。

14.1.4 雄安新区绿色金融发展建议

基于总体战略定位和现状，雄安新区的绿色金融体系建设和发展应着力构建"一中心、一示范、一体系"，将雄安新区打造为国际化、专业化、辐射力强的绿色技术创新投资中心、绿色基础设施和绿色建筑投融资示范区，并构建有地方特色的绿色金融体系。

雄安新区首先应该构建以绿色技术为核心的创新资源平台，吸引世界领先绿色技术企业、研发中心落户雄安新区，形成世界顶级的绿色技术研发、展示与应用的平台，并吸引一批绿色技术领域的投资基金落户，将雄安新区打造为全国乃至国际的绿色技术创新投资中心。绿色技术创新投资中心的建立，将有利于通过资金引导绿色技术流入雄安新区，推动在绿色智慧城市和其他领域的绿色技术创新。

其次，雄安新区应建设绿色技术创新投资中心，有利于汇聚创新要素，实现国外先进的绿色技术向中国的转移，同时带动资本和人才的集聚。绿色技术创新力量的集聚将逐渐吸引资本流入雄安新区。随着大批绿色技术领域的投资基金落户雄安，绿色技术投资集群得以形成，进一步强化绿色技术研发活跃度，并吸引越来越多的绿色企业入驻。

最后，要在雄安创新绿色金融支持模式，保证绿色信贷、绿色债券、绿色产业发展基金等渠道提供的资金重点用于支持绿色基础设施和绿色建筑。具体来说，要通过绿色金融创新，推出一套支持污水和固废处理、清洁能源、地铁轻轨、城市管廊、分布式光伏、绿色建筑等项目的融资模式，将雄安打造成为绿色基础设施和绿色建筑投融资示范区。

14.2　科技创新激发源动力

国内外经验表明，绿色发展是新的经济发展引擎，而科技创新是绿色发展的根本动力。《规划纲要》中提到，雄安新区作为创新驱动发展引领区，要坚持把创新作为高质量发展的第一动力，推进以科技创新为核心的全面创新。绿色雄安的发展离不开科学和技术的创新，根据估算，新区未来在绿色城市产业（如绿色建筑、大数据等）有超过7000亿至1万亿的市场规模容量。智慧化创新技术、高端现代服务业、数字化信用体系是当前雄安为促进绿色发展、提高城市治理水平已开展的具体实践。

14.2.1　智慧化创新技术

围绕建设数字城市，雄安重点发展新一代移动通信、物联网、大数据、云计算等创新技术，实现城市规划、城市建设、城市治理和城市服务的智慧化。

（1）城市大数据

城市大数据的应用能够推进城市智能化由局部水平到系统以及全局水平的发展，使城市智能化与"经济–社会–生态"发展相统一。对于城市大数据的应用需要有一个"集–算–产"的发展过程。"集"就是充分采集城市运行中产生的海量结构化和非结构化数据，并将其汇聚到统一的城市数据平台，形成城市基础数据库和综合数据库；"算"是通过海量数据的关联、融合、清洗、处理、挖掘、分析和可视化，获取可反映客观规律且有价值的数据信息，满足城市政务、商业和城市管理的需求，提高决策能力、知识发现能力和流程优化能力；"产"则是促进各产业的转型升级并带动数据采集、数据分析和数据资产交易等大数据产业的发展，加快城市的信息化和智能化发展。

（2）移动通信技术

在1G到4G时代，移动通信网络主要应用通信连接，而5G通信技术在许多关键技术性能上有了显著提高，应用范围获得了极大的拓展。5G具有低功耗宽连接的特点，适用于分布范围广、数量众多的终端连接，可以开展智慧城市、智能家居等大规模物联网业务；且5G实现了毫秒级的时延，具有更高的可靠性，可以实现无人驾驶、智能工厂等需要低时延、高可靠连接的业务。

5G通信技术使万物互联成为可能，生产设备、车辆、基础设施、公共服务等都将被5G网络连接起来，创造出许多颠覆性应用。首先是提升效率，借助5G技术实现实时感知，使智能监管、智能工厂成为现实，系统将能够随时随地感知设备、产品、物体的位置和状态，及时进行生产任务安排或危险预警，同时进行实时监控、运维等服务。其次是促进技术创新。例如，过去受制于数据规模和传输速度而发展缓慢的一些人工智能模型就可获得优化，促进人工智能应用的发展。未来，5G通信技术将是雄安新区智慧城市运营的重要支撑。

例如，依托5G通信技术建立的白洋淀"天地一体化"生态环境监测体系，改变了传统水质监测费时费力的缺点。通过无人机、无人船将拍摄和采集的环境状况、水质数据通过5G网络实时回传至监测平台，及时对地表水重点监控断面进行水质污染物监测和水污染预警溯源，实施精准治污。通过5G技术的使用，为白洋淀水域建立了"监控–指挥–响应–评估"全流程、线上线下协同的闭环管理模式，实现淀区水环境智慧管理，极大地提高了白洋淀生态修复和保护工作的效率[1]。

（3）无人驾驶

智慧交通是未来雄安新区的一大亮点，新区计划建设数字化智能交通基础设施，通过交通网、信息网、能源网"三网合一"，基于无人驾驶汽车等新型载运工具，实现车车、车路智能协同，建设全国智慧交通样板。其中无人驾驶是智慧交通的重要组成部分。

---

[1] https://mp.weixin.qq.com/s/rg5Y9288b43RKS--mN-rUA

得益于人工智能和5G通信技术的发展，无人驾驶的普及将只是一个时间问题，最大的挑战来自于政策立法的准备和完善，而鼓励无人驾驶汽车道路测试，为路测扫除既有法律政策障碍，是其商业化的第一步。目前，雄安新区积极引进人工智能、自动驾驶等方面的优秀企业进驻雄安市民服务中心进行路测，如百度公司的ApolloL4级别自动驾驶汽车在园区道路展开了持续的昼夜运行测试，美团公司的无人配送车"小袋"，菜鸟物流公司的菜鸟无人车等都在园区道路进行行驶测试（图3-12-4、图3-12-5）。

这种乘用车、商用巴士、物流车和扫路机等多车型、多场景、多维度的应用测试，将大大加快无人驾驶车辆的系统优化和智能调度的成熟度[1]。同时，为了尽快解决产业链、法律法规、基础设施等问题，雄安新区也在积极加强与各级政府、科技公司及科研机构的合作，力求通过各界协作推动自动驾驶规范化标准的建立，加速全自动驾驶时代的到来。2019年2月20日，河北省交通运输厅联合省科学技术厅出台《关于推动全省交通运输科技创新驱动发展的意见》中设置专栏推动雄安新区智能交通规划建设，明确高起点、高标准编制《雄安新区智能交通专项规划》，形成智能雄安交通标准，打造雄安全国智能交通样板[2]。

5G网络覆盖后，雄安新区将进一步探索无人驾驶车辆的联网管控，安全应急管理系统和全局动态管控系统，未来新区的交通系统将是"人–车–基础设施"的广泛联动，实现以智能公共交通为主，无人驾驶私家车个性化出行为辅的出行方式，将城市空间还给居民。

（4）数字建造

雄安新区以BIM+装配式建筑开启数字建造城市建筑的新模式。BIM包括建筑物信息模型和建筑工程管理行为模型，可通过信息共享将两者结合，为设计和施工提供协同工作环境，从而提高施工效率、实现建筑的全生命周期管理。装配式建筑相较于传统施工方式，能够降低50%左右的施工材料消耗，减少20%的用水量，减少80%的施工垃圾和二次装修垃圾，能够大幅节省能源消耗，并且大部分工作在工厂进行，施工现场任务主要是吊装，施工环境大大改善、所产生的噪声和扬尘污染也较少。这两者的结合使雄安新区建筑建造向智能设计、模块组装、全生命周期管理迈进了一大步。

以雄安市民服务中心为例，建设方运用数字建造技术（图4-14-2），仅用时112天，就基本完成了园区10万平方米的建筑功能区建设（装配式钢结构体系6.7万平方米，三维模块化体系3.3万平方米）任务。

BIM+装配式建筑改变了传统建设只能在现场按照流程线性推进的方式，极大地缩短了工期。首先通过BIM设计，预制装配式组件，实现现场施工作业量最小化、最简化和最

---

[1] http://www.sohu.com/a/232575268_143021

[2] http://jtt.hebei.gov.cn/jtyst/jtzx/styw/101551176800250.html

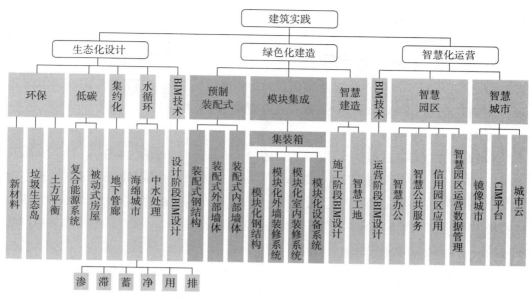

图4-14-2 市民中心建筑实践示意图
（来源：https://www.uibim.com/90491.html）

高效，而且还可通过二维码标签实现对建材的追溯，发生建筑结构问题可以快速检查；然后由预制件根据不同需求组合而成具有建筑集成功能的集装箱空间体，并通过机电深化BIM模型与数字切割、自定焊接安装机电管线；最后，由现场提前施工完成模块基础，待模块进场直接进行吊装安置，模块集成有外墙保温及装饰材料，只需进行屋面防水、室内饰面板等相关收尾工作即可投入使用。

按照《规划纲要》和《河北省装配式建筑"十三五"发展规划》等相关材料进行估算，未来雄安新区的装配式建筑规模高达2342亿～2635亿元，钢结构装配式规模达1171亿～1318亿元（图4-14-3）。未来，在BIM和装配式建筑技术特点的结合下，将逐渐解决传统建筑在效率、质量、成本等方面的痛点，数字建造将在雄安新区发展中发挥巨大的作用。

中期规划（200平方公里）	最低：按河北省规划测算			预计：按80%～90%预测		
	悲观	中观	乐观	悲观	中观	乐观
主要依据	河北省"十三五"规划指出，到2020年全省装配式建筑占新面积的比例达到20%以上，其中钢结构比例不低于10%			中国建筑设计院装配式工程研究副院长、总工程师张守峰透露，雄安新区80%～90%都将是装配式建筑		
建成区面积（万平方公里）	200	200	200	200	200	200
人口密度（万人/平方公里）	1.0	1.3	1.6	1.0	1.3	1.6
常住人口（万人）	200	260	320	200	260	320
人均住宅面积（平方米/人）	36.6	36.6	36.6	36.6	36.6	36.6
住宅面积（万平方米）	7320	9516	11712	7320	9516	11712
装配式建筑占比（%）	20%	20%	20%	80%～90%	80%～90%	80%～90%
装配式建筑面积（万平方米）	1464	1903	2342	5856～6588	7613～8564	9370～10541
装配式建筑每平方米造价（元）	2500	2500	2500	2500	2500	2500
装配式建筑规模（亿元）	366	476	586	1464～1647	1903～2141	2342～2635
钢结构装配式建筑占比（%）	10%	10%	10%	40%～45%	40%～45%	40%～45%
钢结构装配式建筑规模（亿元）	183	238	293	732～824	952～1071	1171～1318

图4-14-3 雄安新区装配式建筑市场规模预测
（来源：https://www.qianzhan.com/analyst/detail/220/170925-c4d2ff64.html）

14.2.2　高端现代服务业

高端现代服务业通常拥有智力化、资本化、专业化、高效率、高科技、高附加值、低资源消耗、低环境污染等特征。加快推进现代服务业创新发展，有利于提升服务业发展质量，增强服务经济发展新动能，提高雄安城市治理发展水平。

（1）第三方智库服务

传统的智库主要通过提供智力服务，以影响和传播公共政策为主要任务，专门从事政策研究建议。雄安新区的智库则需要发挥"智治"，即在社会决策咨询智力支持以外，为新区社会提供价值观塑造和绿色生活能力培养，对绿色、生态、生活等公众问题的密切关注和持续化研究。"智治"是在以知识、信息、技术、方法等以"智"为核心的思想产品和精神产品为基础，在遵循绿色发展原则的基础上，对雄安新区规划、建设、运营中新技术引进、新政策制定、新思想传播等公共问题进行科学化、系统化、创新化研究。其目标是通过发挥"智"在公共治理中的功能，保障公共治理的有序、高效开展，进而实现公共利益与公共福祉。

例如，雄安绿研智库聚焦于雄安新区城市生态建设和绿色发展模式研究，为新区提供绿色发展政策，举办学术交流与公众教育沙龙活动（图4-14-4）。从2017年成立以来，通

政策	研究	项目
• 新区住房租赁管理制度 • 新区建设项目审批管理制度 • 新区创新政策研究工作营 • 新区绿色建筑政策编制建议 • 新区绿色生态专项规划编制管理办法 • 雄安新区绿色建筑发展方案（住房和城乡建设部）	• 新区低碳城市发展路径研究 • 新区绿色建筑标准体系研究（住房和城乡建设部） • 新区低能耗住宅技术体系调研及研究 • 新区安置区样板房公众调研 • 安置区样板房绿色建筑技术体系研究 • 容东片区绿色建筑专项规划 • 容东片区地热能利用规划研究 • "千年秀林"生态效益评估及监测体系搭建	• 保定市新型墙材料转型升级与雄安新区建设供需对接调研研究课题 • 容城县绿色提升三年行动策划咨询

图4-14-4　雄安绿研智库有限公司部分研究成果

过研究报告、研讨会、沙龙及政府内参等形式跟进了雄安新区绿色发展中的多项关键问题，研究成果不仅向政府部门输出，还以多种形式向关心雄安新区发展的群体输出，为社会输送专业知识、过滤多元信息、塑造绿色生态价值观。

　　未来雄安新区的智库发展将融入社会、面向基层，以最为直观的视角审视新区发展和城市治理中的突出问题、潜在问题并厘清其内在关系，起到教育启智功能。首先，通过对政府方针政策进行专业化阐释，实现对公民的启智教育。其次，通过书籍、报刊、电视、广播和网络等媒介以及会议、调研、培训等活动，为社会组织和公民输送知识和技能，培育社会合作共治和自治的能力，提高全社会的知识水平和整体素养，为社会治理能力的形成奠定坚实的基础。最后，通过社会思潮引领以及社会组织和公民价值观的构建，实现他治向自治的转变。

（2）第三方质量服务

　　《规划纲要》提出围绕创新链构建服务链，发展技术转移转化、检验检测认证等科技服务业。河北省人民政府《关于加快推进现代服务业创新发展的实施意见》也提到雄安要建设检验检测认证公共服务平台，引进国家级检验检测认证机构，吸引国内外知名检验检测认证机构，推进国家产业检验检测中心建设。

　　当前，政府、行业和人民群众对建筑工程质量的要求越来越高，建筑工程质量通过第三方检验检测，提供公正、科学和及时的检验检测数据，是雄安新区构筑现代化城市安全体系至关重要的环节。以河北雄安绿研检验有限公司和雄安万科建筑研究中心为代表，雄安新区目前已有相关建筑技术研究和综合检测平台入驻，对建筑建设、材料、结构、装饰、运营等各大板块的绿色、节能、安全性能进行指标认证与评价，量化建筑技术的使用效益和整体效果。

　　河北雄安绿研检验有限公司是新区首家获得检验检测机构资质认定证书（CMA）、实验室认可证书和检验机构认可证书（CNAS）的机构。提供基于土木工程、建筑材料、建筑节能、室内外环境四个领域的公信服务，为城市、建筑、家居等三种应用场景提供一站式检测与解决方案，为新区安全、健康、高效的绿色人居环境提供保障（图4-14-5）。

　　雄安万科建筑研究中心是新区首个投入运营的建筑技术研发实验室，主要进行新型建

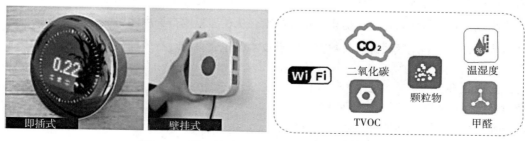

图4-14-5　绿研检验公司MY AIR II室内空气检测仪
（来源：河北雄安绿研检验有限公司提供）

筑材料研究、水环境研究、建材和室内环境检测、建筑性能研究、装配式内装研究、绿色建材研究以及土壤与微生物研究❶，是集科技创新、技术研发与工程检测为一体的研发平台。

14.2.3 数字化信用体系

雄安新区是科技高地、产业高地，更应该是信用高地，依靠大数据建立管征信系统，营造诚信立本的做人做事氛围，是城市精细化、智能化管理的体现。基于绿色发展的要求，新区围绕投资融资、住房租赁、公共服务等应用场景逐步建立以大数据和区块链为基础的政府、企业和个人信用评价体系。

（1）金融信用

信用是金融的基础，金融领域的主要风险皆出自信用风险。雄安新区的金融机构正探索以信用为主线，从识别信用、记录信用、分析信用、应用信用四大方向入手，助力雄安新区金融信用体系建立。信用体系的建立可充分挖掘信用价值，降低社会运营摩擦系数和交易成本，最直接有效的体现就是新区在大规模建设发展阶段就可获得长期且信用成本极低的资金和高效率的交易活动❷。

例如，容东片区截洪渠一期工程采用"区块链+供应链金融"平台实现基础设施建设项目的穿透式管理，并成功实现400万元融资。供应链金融长期因小微企业底层资产的真实性难以有效核实，导致其一直不是传统金融机构主流的业务，而在雄安新区首先要将基础设施建设信息上链，服务实体经济，其次才是商业融资和企业申请贷款。即使不融资，企业也需要上链，这与市场上已有的融资产品有着本质性的差别。此外，如果已上链的分包商施工出现问题，或者总包商的付款没有及时支付，将会被纳入系统黑名单，未来也无法上链参与雄安新区的其他建设❸。

（2）住房租赁信用❹

雄安新区住房保障体系将建立多主体供应、多渠道保障、租购并举、以租为主的住房保障制度，探索长期租赁、租购同权的住房保障体系，构建公共租赁房、机构租赁房、共有产权房和商品房等多元化住房供应体系，保持房价稳定可支付，实现住有所居。其中的一大亮点是新区将探索建立住房租赁积分制度，从住房租赁市场主体属性、政策激励、租赁行为三方面，运用区块链、大数据等前沿技术，建立科学、有效的住房租赁积分全生命

---

❶ https://www.jfdaily.com/news/detail?id=69426

❷ http://wemedia.ifeng.com/90864684/wemedia.shtml

❸ https://www.tmtpost.com/3605561.html

❹ http://www.gov.cn/xinwen/2018-02/11/content_5265712.htm

周期管理机制，营造活力、健康、有序、可持续的住房租赁生态。通过实施住房租赁积分，将政府的管理目的和要求与个人的价值取向、利益诉求相结合，以内在驱动替代外部强制，改变传统的管理模式，以引导激励的手段形成积极向上、公平正义、诚实守信、健康绿色的行为方式和生活方式。

（3）社会信用体系

雄安数字信用体系的建立与完善将以大数据为基础，区块链为保障，合理规划衔接住房租赁积分体系和其他社会信用维度之间有机关系，对当地人群进行社会服务和管理，逐步形成政府主导、社会共建、统筹规划、分步实施的社会信用管理机制，以及与雄安新区经济发展水平和社会发展阶段相匹配的社会诚信评价体系。

第十五章　人文引导

15.1　传播绿色发展理念

　　雄安新区将打造成为以绿色、智慧、创新等为规划建设理念的未来城市样板。落实绿色发展理念，不仅要通过新技术、新方法、新机制将雄安新区建设成为绿色生态宜居新城区，更要通过媒体、会议展览、沙龙、学术会议等多种形式和渠道，展示新区规划建设的主导理念与原则，让世界和公众认识和理解绿色雄安，推动雄安绿色发展。

15.1.1　多样化媒体传播

（1）重大报道

　　在新区设立后，共有三次重大新闻发布活动，2017年4月1日，新华网以《受权发布：中共中央、国务院决定设立河北雄安新区》为题，发布新华社消息：中共中央、国务院印发通知，决定设立河北雄安新区❶，这是雄安新区首次公开展示。

　　2018年5月28日下午，以"新时代的中国：雄安 探索人类发展的未来之城"为主题的外交部河北雄安新区全球推介活动在北京举行（图4-15-1），外交部部长王毅向到场的各国驻华使节、国际组织、新闻媒体代表介绍雄安新区："雄安新区代表了中国的未来，引领了世界的潮流，也预示了人类发展的未来方向。设立雄安新区是中国深化改革的重大决策，大量符合未来发展方向的改革创新举措将在雄安先行先试，为解决大城市病提供'中国方案'，争取走出一条可复制、可推广的新路子❷。"

　　2019年1月11日，国新办举行河北雄安新区和北京城市副中心规划建设发布会，河北雄安新区管委会主任陈刚向到场的全球媒体

图4-15-1　雄安新区全球推介活动现场
（来源：https://www.fmprc.gov.cn/ce/cecz/chn/zxdt/t1563496.htm）

---

❶　http://www.xinhuanet.com/politics/2017-04/01/c_1120741571.htm

❷　http://www.hebei.gov.cn/hebei/11937442/10757006/10757077/14275003/index.html

通报、交流了《河北雄安新区总体规划》和《白洋淀生态环境治理和保护规划》的有关情况❶。

通过这种顶层权威媒体发布的形式，让雄安新区得到了世界的瞩目，展现了国家对未来城市发展的探索，也为世界与雄安新区建立后续交流和合作奠定基础。

（2）专题报道

雄安新区的规划建设汇聚了世界顶级的规划专家、设计师，运用了大量的绿色发展的理念与技术，需要通过深入浅出的介绍与报道将这些思想理念让公众理解与支持，同时，也起到吸引投资者、创业者和高新技术企业家的作用。

中央电视台第一频道的《焦点访谈》栏目作为深入剖析社会重大事件的重要平台，自雄安新区设立后已多次对雄安新区进行专题报道，通过专家视角解读雄安新区设想、规划、实施的方方面面，为观众系统展示雄安新区的建设理念（表4-15-1）。

表4-15-1　《焦点访谈》雄安新区报道专题

日期	主题
2017.5.2	千年大计 国家大事——河北雄安新区规划建设纪实
2018.4.21	雄安新区规划纲要解读（一）
2018.4.22	雄安新区规划纲要解读（二）
2019.1.12	一张蓝图干到底——河北雄安新区

（来源：http://tv.cntv.cn/videoset/C10326）

国外媒体报道比较关注雄安新区建设对北京"大都市病"的疏解作用，及其对当地生态环境可能带来的风险，如BBC在题为《雄安新区成为中国的热门地产》的报道称：雄安新区面积是纽约的三倍，是京津冀区域的关键组成部分。雄安拥有中国最大的湿地之一，将按照世界级标准建设，重视生态保护。《南华早报》援引一份政府报告表示，雄安新区建设将"严格控制土地，房地产开发及周边地区，保护历史文化遗产和生态环境"。

（3）网络传播

随着雄安新区的成立，众多公众和媒体对新区绿色低碳建设理念和建设进度表现了极大的兴趣。目前，国内外两大搜索引擎（百度、谷歌）对"雄安"信息的搜索结果均超过2000万条，利用谷歌搜索英文关键字"Xiong'an green city"结果超过6万条，百度搜索"雄安 绿色城市"结果超过1200万条，大众和媒体对雄安新区的关注热度持续增长。

---

❶　http://www.scio.gov.cn/xwfbh/xwbfbh/wqfbh/39595/39612/index.htm

15.1.2　多种会议展览

新区通过举办一系列国际会议、大型展会和专题会议活动，为不同类型的绿色、智慧理念、技术、实践的交流与融合提供平台，为外界认知与了解新区提供窗口。

（1）国际会议

1）超低能耗建筑国际论坛

2018年9月19日至21日，雄安新区举行了"2018雄安新区超低能耗建筑国际论坛"。本次论坛以"走进超低能耗建筑，引领生态宜居生活"为主题，探索超低能耗建筑在雄安新区的实践，包括一个主论坛、一个企业峰会、三个分论坛、一个闭门会、一个会展以及一系列商务活动等多项活动，来自国内外的知名专家和企业家等近1000名嘉宾出席（图4-15-2）。

本次论坛近50余名国内外专家学者在大会主论坛、分论坛、闭门会以及对话雄安采访等不同场合，发表了关于绿色雄安、生态宜居生活、雄安新区发展超低能耗建筑等精彩观点。

河北雄安新区党工委书记、管委会主任陈刚在主论坛致辞中说：与现有的城市相比，雄安新区具有从零到一的起点优势，全新的城市开发为超低能耗的实践提供了规模化的应用场景，有助于降低成本。雄安新区将始终坚持尊重自然、顺应自然、保护自然的理念，把推广超低能耗建筑作为贯彻落实习近平生态文明思想的实际行动。

北京市住宅建筑设计研究院院长钱嘉宏以北京市住宅建筑设计研究院设计的超低能耗工程实践案例做主题演讲，他谈到超低能耗建筑应遵循三原则：顺应自然、节能和高质量的舒适室内环境。超低能耗建筑以被动优先主动，优化经济适用性为原则，三分设计，七

图4-15-2　2018雄安新区超低能耗建筑国际论坛现场
（来源：https://www.thepaper.cn/newsDetail_forward_2458453）

分施工。综合考虑所在区域的气候特点、建筑性能和经济性，实现最适宜、最合理、最经济的落地。以居住者的角度进行设计、建造和运营，不只为追求节能而牺牲功能和环境。

英国社会科学院院士杨威在《创建生态宜居美好家园》中谈到，建议雄安新区在国际视野基础上利用先进的国际经验，进一步实现绿色低碳城市建设。首先解决人和自然的问题，其次围绕居民需求建立软基础设施，最后通过多样化的公共开放空间，建立以人为本的低碳能源、低碳交通及与现代信息系统相匹配的智能城市基础设施。

2）河北国际工业设计周

2018年10月18日至24日，在雄安新区举行了第一届河北国际工业设计周，设计周以"设计力点亮未来之城"为主题，致力于推动设计交流和行业互动，开创设计创新下产业转型升级和高质量发展的新模式和新业态。本届设计周期间，近5000平方米的工业设计创新成果展在容城市民体育运动中心同期举行（图4-15-3），展览分为七大展区，共吸引国内外参展商137家❶。整个设计周参加活动人数超过35000人次，实现中外企业对接500多次，98%以上的参展机构接到合作洽询，达成初步意向超过300项，落实项目合作150多个❷。工业设计周作为一个专业交流平台，扩大了雄安与国内外工业设计先进国家和地区的开放合作，构筑工业设计的对外交流合作平台，吸纳和聚集工业设计创新资源。

（2）专题会议

新区设立以来，围绕雄安新区绿色发展中亟需解决的城市发展、技术应用等专题会议不胜枚举，国内外的专家、学者积极为新区建言献策。如中欧可持续城镇化会议、雄安城市建设和地震安全科技创新学术研讨会等。

2018年12月12日，中欧可持续城镇化会议——数字雄安·赋能未来在北京举行。本届会议以"数字雄安·赋能未来"为主题，对雄安新区的建设理念和标准要求进行探讨❸。

雄安城市建设和地震安全科技创新学术研讨会已经举办了两届，主要围绕城市建设和安全、地震安全、韧性城市、长寿雄安等主题，结合我国近年来科学和技术创新，重点研讨适用于雄安建设的科技前沿创新成果，针对绿色宜居城市建设和城市安全中的热点、难点问题，进行深入探讨。

图4-15-3 第一届河北国际工业设计周工业设计创新成果展现场

（来源：http://www.visionunion.com/article.jsp?code=201810180003）

---

❶ http://art.china.cn/zixun/2018-10/19/content_40541352.htm

❷ https://www.chinadaily.com.cn/interface/yidian/1138561/2018-10-24/cd_37130735.html?yidian_docid=0KL9tCmZ

❸ http://www.upnews.cn/archives/58596

15.1.3　丰富的沙龙讲座

　　绿色发展的内涵涉及规划、建筑、文化、金融等各个领域，通过沙龙这种兼具专业性、开放性、公共性的活动，提高公众对于绿色发展的共识与认知，构建城市绿色发展的人文环境，为城市未来绿色发展奠定公众基础，适合雄安新区当下的发展阶段。目前，雄安新区的沙龙活动呈现出"三新"特征，即新思想、新技术、新文化。

　　"新思想"即绿色发展所需的新方法论，主要是为雄安新区的建设者和管理者深化理论知识、提高理论水平，促成高水平建设管理团队的成长。通过多领域、多学科的经验交流，对雄安新区建设中遇到的问题从不同的视角进行讨论、分析，促进知识边界的延伸和创新灵感的激发，产生新的思想和理论，是拓宽建设者和管理者视野、激发创新思维的重要途径。

　　"新技术"即传播绿色、低碳、信息技术的前沿探索与应用，让专业技术的思想碰撞成为雄安新区创新的重要"助推器"和资源整合介质，通过企业和行业组织的交流活动，进行理念创新、科技创新，从而实现资源整合和应用在雄安新区的落地。

　　"新文化"则是面向广大人民群众，为他们进行绿色文化的普及与提高，通过专业人员将绿色理念传播到群众中去，增强群众对"绿色"的认识和实践，提升绿色生活理念，逐步提高群众对绿色发展的认同感，传承绿色文化。

　　目前，各种沙龙活动在新区层出不穷，部分代表性沙龙如下：

　　（1）雄安创新大讲堂

　　"雄安创新大讲堂"是由雄安新区党工委和雄安集团组织举办的系列讲座活动，是雄安集团"创新论坛"的升级与扩展，主要面向雄安集团及驻雄建设企业代表，为其打造的理论研讨新高地与思想交流新平台，不定期邀请各方面的顶级专家来分享交流，为雄安新区的未来发展出谋划策（表4-15-2）。例如世界资源研究所中国可持续城市项目主任、中国交通项目主任刘岱宗分享《可持续交通引领城市繁荣》，介绍如何通过城市交通建设与改造，促进雄安新区的绿色、智慧交通发展。

表4-15-2　雄安创新大讲堂历次主题（截至2019年3月31日）

期数	主题	演讲嘉宾
第1期	点绿成金的探索	深圳建筑科学研究院叶青
第2期	学习贯彻习近平新时代中国特色社会主义思想、全力推动雄安新区规划建设	《袁庚传》作者涂俏
第3期	可持续交通引领城市繁荣	世界资源研究所刘岱宗
第4期	跟踪世界发展大趋势，理解总书记的新要求	国务院发展研究中心世界发展研究所丁一凡
第5期	智慧城市与物联网应用	天津大学姚建铨
第6期	央企的责任担当与领导干部的系统修养	中国交通建设股份有限公司宋海良

续表

期数	主题	演讲嘉宾
第 7 期	最艰难的路才是捷径	华为国际咨询委员会田涛
第 8 期	外商投资法颁布实施与雄安新区开放发展先行区建设	中国社会科学院孙宪忠

　　"雄安创新大讲堂"选取与雄安新区发展方向相关的重要领域，邀请国内外顶级专家进行分享与探讨，一方面为新区规划建设者、当地居民提供学习交流的平台，另一方面希望引起公众共识，共同探索雄安新区创新解决方案。

　　（2）绿研沙龙

　　绿研沙龙由雄安绿研智库主办，面向人群主要分为两类，一是针对雄安新区的规划建设者，定期邀请国内外专家、学者参加技术交流，包括城市规划、建筑技术等，通过沙龙共同探索雄安新区城市发展的新技术、新方法、新路径，将理论和实践研究成果与雄安新区具体工作有效结合，进而形成政策建议、管理工具、技术方法等，为新区城市绿色生态可持续发展汇聚智慧；二是面向当地居民，邀请教育、文化界的学者专家，宣传与推广绿色低碳的生活理念和生活方式（表4-15-3）。

表4-15-3　绿研沙龙历次沙龙主题（截至2019年3月）

期数	主题	单位
第 1 期	我国碳政策与市场发展现状	雄安绿研智库
第 2 期	"E 朋汇"绿色建筑改造与实践	深圳市建筑科学研究院
第 3 期	木结构和钢结构的混合建筑实例	日建设计
第 4 期	"绿色启航"中学生志愿者交流会	天津大学教育学院
第 5 期	PHI 被动房在中国	PHI 德国被动房研究院
第 6 期	欧美同学会金融委员会交流	欧美同学会
第 7 期	"走进雄安新区，聚焦未来之城"绿色建筑沙龙	深圳市绿色建筑协会、中建钢构
第 8 期	光与城市建筑实验	清华大学建筑学院
第 9 期	雄安新区规划纲要知识竞赛	雄安绿研智库
第 10 期	未来交通和创新城市	世界资源研究所
第 11 期	《长河悲歌》读书会	凤凰网
第 12 期	我的三个公共艺术案例	广州美术学院
第 13 期	雄安质量与建设工程检验	河北雄安绿研检验有限公司
第 14 期	绿研沙龙七夕特别版	雄安绿研智库
第 15 期	北京海联会城市规划与治理委员会雄安考察交流	北京东城区海外联谊会
第 16 期	雄安鸟类知多少	河北大学生命科学学院
第 17 期	雄安水战略思考	中国土木工程学会水工业分会

期数	主题	单位
第 18 期	行走的绿色 - 北京、雄安技术交流分享	深圳市建筑科学研究院、雄安绿研智库
第 19 期	绿色金融体系构建与银行绿色转型	中央财经大学绿色金融国际研究院
第 20 期	《制度学》分享	中国人民大学
第 21 期	翡翠城市—城市低碳发展实践导则	彼得·卡尔索普事务所
第 22 期	设计　能源　未来　雄安 1：1	美国雪城大学
第 23 期	《河北雄安新区和北京城市副中心规划建设发布会》学习活动	雄安绿研智库
第 24 期	一带一路沿线文化艺术交流的历史与未来	土耳其艺术大师阿里雷公
第 25 期	社会组织发展的五个层级	北京师范大学社会公益研究中心
第 26 期	关注心理健康，掌握幸福人生	保定市心理咨询师协会
第 27 期	中国人民大学商学院雄安交流考察	中国人民大学商学院
第 28 期	绿色，让"教育"更美好——绿色校园的思考与实践	天友建筑设计股份有限公司
第 29 期	Dreams 造梦 / 雄安	加拿大 & 芬兰籍雕塑家
第 30 期	城市新区建设的国际经验—以新加坡为例	天津大学建筑学院

（3）会客厅双创对话

"会客厅双创对话"是在雄安创业会客厅举办的系列沙龙活动，创业会客厅位于雄安市民服务中心的政务服务中心一楼大厅东侧区域，分南北两个区域，南面为"主题沙龙区"。"会客厅双创对话"主要是面向企业家和创客群体，沙龙以嘉宾演讲、对话交流、集体讨论组成，希望通过沙龙助推创业创新，启发业务交流，同时，会客厅还可为前来的企业和群众提供创业咨询、创意洽谈、新科技展示等服务产品，并与政务中心大厅的企业咨询、工商注册、项目审批等业务联动❶，是雄安市民服务中心面向企业和群众提供咨询服务的重要一站。

（4）其他

其他影响较大的沙龙活动还有由雄安新区智能城市创新联盟主办的"智能城市星夜谈"，其聚焦智能城市科技前沿，通过规划解读、政策分析、学术分享、互动问答等多种形式，建立新区管委会与服务新区的企业之间的技术交流渠道，促进智能城市各行业的跨领域交流，并为新区建设者们提供定制化、系统性的学习平台。

15.2　引导绿色生活方式

绿色生活方式不是单纯指节俭消费或者低碳出行，而是指人类要通过与自然和谐共处

---

❶　http://www.he.xinhuanet.com/xinwen/2018-08/07/c_1123236823.htm

的方式进行生活与经济发展。因此，可将绿色生活方式定义为：经过人们的观念改变，以与大自然和谐共处为目的，生活在自然、安全、健康的环境里。

国外许多国家已经通过多种途径践行绿色生活方式：将环保意识融入日常生产和生活，如在德国，很多家庭喜欢和近邻用同一辆轿车外出，以减少汽车尾气的排放；通过政府全力推动环保活动，如2007年，巴黎市推出了"自行车自由行"自助租赁服务，租用者可免费使用30分钟，以吸引和鼓励大家少开私车、多用公交工具；全面开展国民环保教育，如美国联邦政府教育署下设环境教育司，成立了非营利性的国家环境教育与培训基金会，英、法、澳等国也有类似的机构，这些机构通过培训教师、开发教材、提供环境教育资料等方式推动环境教育发展。

践行雄安新区"生态优先、绿色发展"的规划建设理念，新区设立两年多来，涌现了许多政府引导、协调为辅，以驻雄企业、社会组织、个人等为主，自发开展的绿色教育、绿色体验、绿色活动等绿色生活方式。

15.2.1　绿色体验

雄安市民服务中心是新区建成的第一个绿色智慧园区和绿色生活体验场所，也是新区绿色工作场景的雏形，承担着政务服务、展示交流、企业办公、会议培训等多项功能，应用了海绵城市、"无人超市"、装配式建筑、隐蔽的地下综合管廊等多种绿色创新技术，是绿色技术的集中展示区❶。自从2018年5月1日开放参观，据统计游客平日可达3000人次，法定节假日过万人次，高峰时每天能达到近3万人次，市民服务中心已经成为民众了解雄安、了解绿色技术、体验绿色生活的一个窗口，也成了雄安新区网红打卡景点（图4-15-4）。

图4-15-4　雄安市民中心游览（左：工作跟团讲解；右：入口发放的"雄安好市民"绿色贴纸）
（来源：http://www.xiongan.gov.cn/2018-05/02/c_129862801.htm）

❶　http://www.xiongan.gov.cn/2018-05/02/c_129862801.htm

通过雄安市民服务中心服务满意度调查结果发现，游客对雄安市民服务中心的新能源汽车换乘接驳的到达便捷性、车内环境、发车频次等均表示满意，说明民众对低碳交通的认可度较高。园区游览环境方面，游客对游览服务体验感、景观植物色彩、导向指引建筑标识等指示设置、服务人员工作态度和精神面貌、卫生环境较为满意，但导游、讲解等设施不足，接受调查的40%以上游客提出增加园区内景点介绍和讲解设施，以帮助更好地了解生态改善和绿色节能的益处。

15.2.2 绿色活动

将绿色活动贯穿于社会生活的各个方面是雄安新区绿色生活方式引导的一个特点。城市不仅是人类的场所，也是当地文化和承载的摇篮。由深圳市建筑科学研究院股份有限公司发起的"伊美术馆"，以"无界、共享、流动"为公共艺术理念，将绿色、共享、文化观念在创作者和参观者之间传播，形成新的生活价值观。如"伊美术馆"邀请的影像艺术家王辉与容城县当地初中教师辛敏、杨云飞等组织容城县当地的孩子组建的临时公益团队——"雄安新区—城市记忆保护小组"，通过对容城的街头市井、村落民居进行拍摄，通过当地孩子们的视角，记录新区生活本来的模样，寻找雄安新区的"乡愁"（图4-15-5）。

图4-15-5 公益摄影展示现场

此外，伊美术馆还组织绘画艺术家刘恩钊与白塔村的孩子和村民一起创作了壁画《雄安花田》，一方面培养孩子们对美术的兴趣，另一方面通过垃圾桶艺术绘画活动，让儿童用画笔表达对新区未来生活的期望，同时教育孩子与群众保护环境，不乱丢垃圾才能留下美丽的生活环境（图4-15-6）。

"以树为媒、结缘雄安"树木结缘公益项目是雄安新区一项独具特色的线上树木认养公益活动，2019年4月，"千年秀林"结缘小程序已与森林大数据平台打通数据接口，树木结缘线上流程已设计完成，进入试运营阶段，通过结缘"千年秀林"树木，将城市建设过程与城市人文精神塑造结合起来，传递绿色、创新的城市理念。

图4-15-6　雄安花田（左）和彩绘垃圾桶（右）

15.2.3　绿色实践

　　绿色生活习惯的养成，也要通过科技服务于日常生活，使得公众感受到绿色生活的便利，形成低碳、便捷、高效的生活场景，实现绿色生活普及化。

　　按照《规划纲要》要求，起步区绿色交通出行比例要达到90%，公交出行比例要达到80%。如此高比例的公共出行，必须要通过大数据、人工智能、共享等技术与模式的创新才能实现便捷出行。2017年8月，滴滴出行公司在雄安新区试运营新能源汽车交通"智慧小巴"和"智慧中巴"。在容城县，乘客可以在APP上选择自己的线路，到虚拟站点等候"智慧小巴"，并支付1元钱车费。接到指令后的车辆到指定站点接上乘客，并将其送往目的地。涉及长距离出行的乘客可以选择"智慧中巴"，智慧公交通过智能规划线路满足乘客出行效率需求，按照时间段要求，系统会自动增加或降低车辆频次。同时，车辆运行过程中，后台可以设计出最佳的路径，节约乘客时间，降低运行成本[1]。此外，艾鼬出行共享汽车通过综合运用车联网、云计算、大数据等技术，采取"随借随还，三网合一（车联网、桩联网、位联网）统一支付"的分时租赁模式打造"雄安—保定"新能源汽车分时租赁共享平台的推广及应用[2]。摩拜等企业进驻投放的共享自行车，都是减少私家车，倡导绿色出行、践行绿色生活的有效手段。

　　绿色生活与节能减排息息相关，目前，民众在出行、居住、消费过程中的碳排放还没有有效的量化和控制方法，如果能够建立一套社会化的引导机制，进行社会低碳消费激励，将有助于鼓励人们采用更加低碳的产品、服务和出行方式。为此，新区正积极研究探索建立雄安新区"碳账户"系统，通过实名认证的方式，对个人交通、居住、消费的碳排行为进行检测、计量、管理，通过"碳账户"发放"碳积分"，引导用户对个人低碳行为进行管理。

---

[1]　http://bjrb.bjd.com.cn/html/2019-03/01/content_8265209.htm

[2]　http://auchuxing.cn/

第五篇
绿色展望

第十六章 雄安调查

第十七章 绿色未来

两年多来，雄安新区按照高起点规划、高标准建设的要求，保持战略定力、历史耐心，编制形成了"1+4+26"的高质量规划体系、规划建设标准导则体系和"1+N"的创新政策体系，顶层设计初步完成；新区坚持生态优先、绿色发展，全力推进环境治理和生态改善，逐步实施一系列生态环境恢复重大项目，打好蓝绿本底；新区坚持服务民生、促进和谐，扎实做好各项社会管理和群众工作，社会大局保持和谐稳定。

新区的绿色发展稳步推进，取得了阶段性成效，新区百姓生活状况也在发生变化，公众眼中的绿色雄安越来越具象。未来，绿色雄安不仅需要系统性规划，还需要及时了解人民生活、产业转型升级、环境综合治理等各方面的需求。城市的绿色发展应体现在衣、食、住、行、用各类场景之中，让公众参与其中、受惠于此。

时刻关注公众对绿色雄安的感知、理解与期待是新区规划建设的重点把握方向。第十六章基于绿色雄安目标框架与路径，通过公众感知、舆论关注、研究热点三个维度的调研，反映公众对新区的认识、期待及愿景，探究人民眼中的绿色雄安。

当前，新区已经转入实质性建设阶段，大规模地开发建设需要继续深化落实规划的相关要求。城市的"绿色化"发展从理念到实施，有赖于系统的过程监督管理、创新技术应用和实践迭代发展。第十七章在总结已有阶段性成效基础上，阐述新区绿色未来发展的工作重点：以重点项目为抓手、健全工作制度、优化工作流程；同时，从创新制度、城市建设、产业与公众参与等方面对绿色雄安进行多维度展望，新区绿色发展不是单一层面的应用与推广，而是全面、系统、体系的"绿色组合拳"。

Part V : Green Prospects

Currently, the green development of Xiongan has achieved preliminary results and keeps advancing steadily. As people's living conditions change, the public is empowered to understand "Green Xiongan" in a more concrete form. In the future, the green development in Xiongan should not only be equipped with refined planning systems, but also take into consideration the needs of people's lives, industry transformation and upgrading, and environmental management. Besides, the green development should cover people's daily necessities such as food, clothing, shelter and transportation, so as to better involve and benefit the public.

Public's perception, understanding and expectation of a green Xiongan will always be a key grasp of Xiongan's planning and construction. Chapter 16 tries to reflect the public's understanding of a green Xiongan by surveying their concerns, perception, expectations and vision.

At present, Xiongan New Area has entered a large-scale construction stage. To implement, Xiongan has to employ systematic process supervision and management, innovative technology application, and practice-based iteration. On top of the existing results, Chapter 17 summarizes the work priorities for Xiongan's future green development, including implementing key projects, improving work systems, and optimizing work processes. At the same time, from the perspectives of innovation system, urban construction, as well as public participation, the chapter concludes that Xiongan should embrace a portfolio of comprehensive and systematic methods in its future green development.

第十六章　雄安调查

16.1　体察公众感知

通过2017年至2019年三次公众调研，从雄安新区建设伊始的瞩目与期待，到新区设立一年后的变化感知，再到新区设立两年后的绿色展望，了解与记录公众对雄安新区的关注与期待。

16.1.1　2017年公众关注度调研[1]

2017年4月1日，雄安新区设立消息发布之后，迅速成为热点话题，抓住这一热点，开展公众调研，了解公众对雄安新区设立的迁入意愿及具体需求。公众对雄安新区的态度、需求、期待是雄安新区后期规划建设的重要参考因素。

本次调研共收集有效问卷5960份。调研样本中，中青年（18～40岁）人口占比较大，为80.6%，18～60岁的人口占到整体样本的96.5%。职业构成上，各行各业均有兼顾，比重较高的群体为：私营企业职工（20%），事业单位职工（18%），在校学生（11%）。具体如图5-16-1所示。

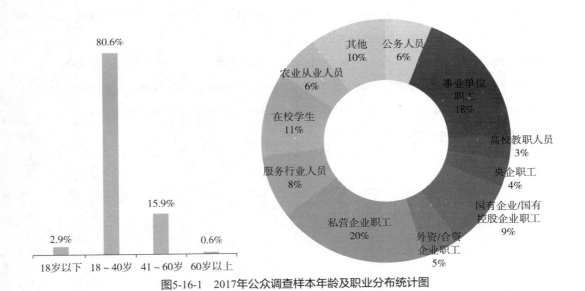

图5-16-1　2017年公众调查样本年龄及职业分布统计图

❶　赖玉珮，李芬。深圳市建筑科学研究院股份有限公司。本文图表除标明来源之外，其余均为约稿作者提供。

调查组从公众对雄安新区的关注状况及看法、迁入雄安新区意愿、配套设施需求、产业发展预期四方面进行分析梳理。

16.1.1.1 关注度

公众对雄安新区的关注度以河北省最高，其次，上海、深圳、北京、天津公众对雄安新区的关注度普遍高于其他省市；另外，调查中其他省市的公众有30%未听说过雄安新区（图5-16-2）。

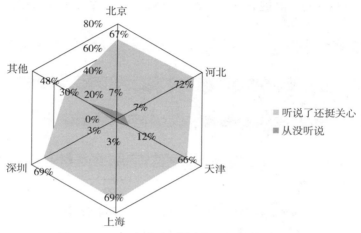

图5-16-2 2017年公众对雄安新区关注状况统计图

在"是否看好雄安"这一问题中，77%的公众表示非常看好雄安新区，说明公众对国家政策的认可度很高，尤其是河北、上海、深圳的公众"非常看好"比例均在77%以上（图5-16-3）。

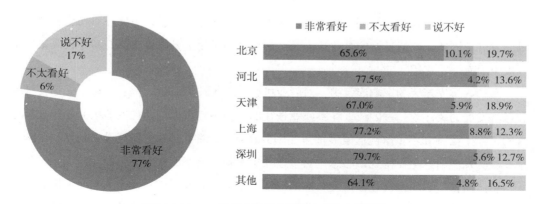

图5-16-3 2017年公众对雄安新区态度分布统计图

16.1.1.2　迁入意愿

如图5-16-4所示，调研样本中愿意迁往雄安新区人口比例在50%以上。对比发现，60岁以上人口的迁入意愿显著低于60岁以下人口；60岁以下人口中，年龄段越高的人群，迁入意愿越高，其中41～60岁人口75.4%会考虑迁往雄安，意愿最高。随工作单位迁往意愿方面，60岁以下人口普遍意愿迁往，比例占70%，其中，18岁以下的人口随工作单位迁入意愿最高，为79.3%（图5-16-5）。

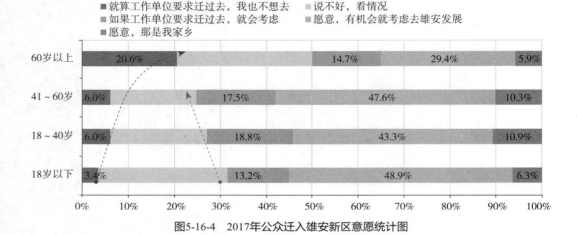

图5-16-4　2017年公众迁入雄安新区意愿统计图

图5-16-5　工作单位迁往时，愿一同迁往的比例

总体看来，中青年群体随工作单位迁入雄安新区的意愿更高，更愿意有机会就考虑去雄安发展。因此，营造良好的企业迁入条件和更多中青年上升发展机会，对于提高雄安新区吸引力有一定作用。

在迁入雄安新区的影响因素中，对就业机会、空气环境质量、配套设施、交通便捷性和经济发展的关注均超过四成。在不愿意迁往的原因中，占据前两位的原因是不想变换已有的工作生活圈和不了解新区发展前景（图5-16-6），说明在雄安新区设立初期，公众对雄安新区发展前景主要持观望心态，对于迁往雄安新区的态度较为谨慎。

总体而言，影响公众迁往雄安新区的因素主要为雄安发展前景及个人自身原因，从个体而言，年龄状况、家庭状况、工作状况成为重要参考因素，对个体的流动性影响较大。

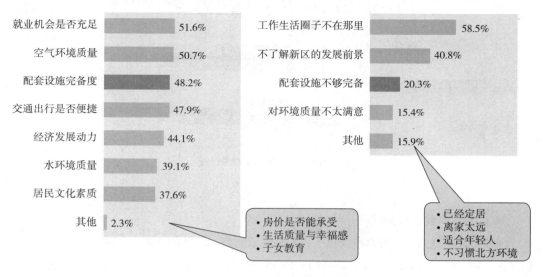

图5-16-6 迁入雄安新区担忧因素统计

16.1.1.3 配套设施需求

调查显示，公众对配套设施需求主要分为两个层次：医疗、道路交通、教育、环境卫生等基本生活配套需求高，均大于60%；对商业、文化娱乐、体育等方面也提出了一定的配建需求，体现了公众对高品质生活的需求（图5-16-7）。

创业办公需求方面，公众对写字楼、众创空间、沿街商铺均具有较高需求，在空间面积需求方面，50～200平方米空间需求最高（图5-16-8）。雄安新区设立之初，可以通过完善基础设施配套，提高城市吸引力，为入驻企业提供适宜的办公空间，为个人提供生活便捷，满足个人与企业入驻雄安新区需求。

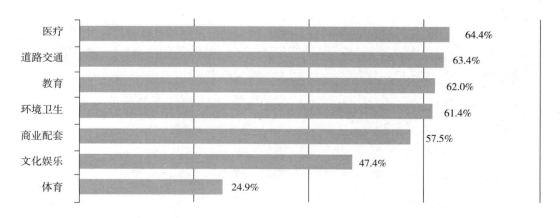

图5-16-7 2017年公众对配套设施需求统计图

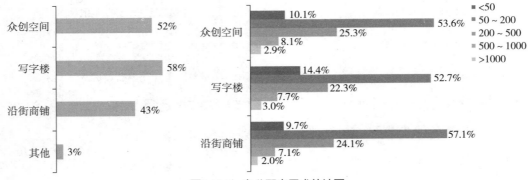

图5-16-8　办公配套需求统计图

16.1.1.4　产业发展预期

雄安以疏解北京非首都功能为抓手，未来将承接新一代信息技术等高端高新产业，培育新动能。根据调研结果显示（图5-16-9），公众对雄安新区未来产业类型的期待排前三位的是节能环保产业、高端新型产业和绿色建筑业（节能低碳、绿色、高端、创新、智慧也是公众未来期待的高频词汇）。雄安新区的产业转型升级、高新技术产业引入及培育备受期待。

总的来说，新区自设立起便得到了公众较高的关注，77%的公众对雄安新区持看好态度。迁入雄安新区意愿方面，中青年群体的迁入意愿较高，就业机会、空气环境质量、配套设施、交通便捷性成为公众迁入雄安新区的担忧因素。从配套设施需求看，公众在对医疗、道路交通、教育、环境卫生等基本生活配套提出需求同时，也对商业、文化娱乐、体育等方面提出了较高的需求。迁入企业的办公场所需求应重点关注。在新区的产业期待中，节能环保产业受期待程度高。

因此，完善提升生活及工作设施配套，满足公众高质量生活需求，加快产业转型升级，引入绿色产业，为人才提供更多就业机会等措施，可以提升雄安新区的人才吸引力，提高公众对新区的迁入意愿，增强公众对雄安新区发展信心。

图5-16-9　2017年公众未来产业发展预期排序图

16.1.2　2018年民生现状与需求调研❶

　　雄安新区成立一年多，新区百姓生活发生重大变化：京雄城际铁路即将通车、白洋淀治理、"千年秀林"植树造林等生态工程已实施建设并为新区居民生活带来极大改善，雄安市民服务中心已成为展示新区绿色发展理念的集中展示区，也是新区最热门的网红旅游打卡地点之一。在加强整体城市基础设施、综合环境治理、产业升级的同时，新区也聚焦百姓基本民生的改善等方面，如容城等县城的旧城提升改造、智慧公交、道路海绵化改造、垃圾资源化利用等。

　　以新区民生为出发点，发起2018年雄安新区民生现状与需求调查，旨在了解公众对雄安新区的关注度、新区城市民生变化的感知及新区建设期待等，为雄安新区后续各项工作提供参考。

　　本次调查历时2个月，采用了问卷法及访谈法，共收集有效问卷5024份，调查范围涵盖全国31个省份，并回收12份国外答卷，线下访谈17人，形成独立研究报告2份。

16.1.2.1　关注度

　　调查显示，随着新区各项工作的稳步推进，重大事件和支持政策相继推出，社会公众对于雄安新区的关注度呈现持续上升趋势，对雄安新区关注度上升的群体占87%以上。对雄安新区发展关注点15项排名中，就业环境、建设进度、生态环境、发展前景、投资环境五项分列关注点前五位（图5-16-10）。公众持续关注原因包括：看好雄安想参与其发展与就业、寻找商机与市场、寻找投资渠道、雄安本地人与自身生活息息相关等。调查数据表明，社会公众及市场对于新区发展前景总体看好，参与新区发展意愿强烈。

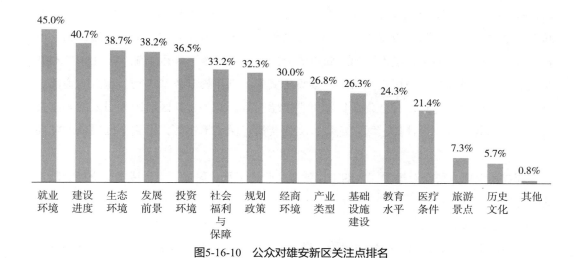

图5-16-10　公众对雄安新区关注点排名

---

❶　本节选自《雄安绿研智库观点》2018 年第 32 期：以百姓心为心—2018 年雄安新区民生现状与需求调查报告。

16.1.2.2　民生变化感知

从排名看，对居民生活影响较大的变化，可为三档，第一档为工作就业、收入水平、居住、生活成本、出行交通、医疗卫生、教育，代表了民众的基本生活需求；第二档为饮食、休闲娱乐、文化氛围，代表了民众的精神文化需求；第三档为环境治理（图5-16-11）。调研结果也侧面说明，目前新区三县整体社会发展水平较低，公众对民生和经济发展的诉求较高，对文化和环境改善的需求相对较低。

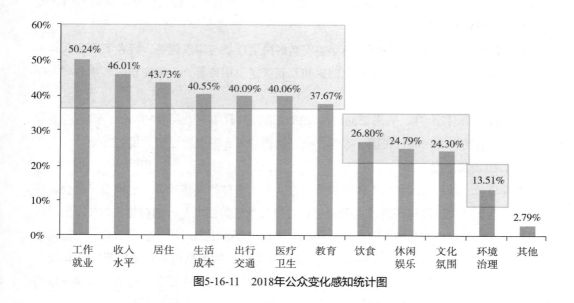

图5-16-11　2018年公众变化感知统计图

公众对雄安新区变化评价整体较高。调查显示，公众认为雄安新区设立一年半以来，新区社会各方面（共19项）均得到较明显改善。新区社会19项评分集中于4.3～4.5之间（满分为5分），均为积极变化、有较明显改善。评分列前四位的分别为交通路面、市容市貌、城市绿化和文化氛围；列后四位的分别为社区环境、娱乐设施、居住条件和就业机会（图5-16-12）。新区设立后，三县集中实施了三年提升改造工程，重点对道路、绿化、市容市貌等进行提升，公众日常可直接感受到。此外，新区组织和引入的丰富文化活动，如服装节、设计周、国际论坛、文化会演、伊美术馆等，得到新区民众的较高认可。

调查还发现，公众对雄安新区的工作就业、收入水平、居住、生活成本、交通、教育的变化均有明显感知。

（1）**工作就业环境**

对新区工作就业吸引力因素的调研结果显示（图5-16-13）：发展潜力大、人才集聚、鼓励创新的环境、政策支持大、较高的工作平台列新区就业工作吸引力前五位，地理位置优越、薪资较高、晋升机会更多列吸引力后三位。结果说明，目前阶段，公众更多是因为

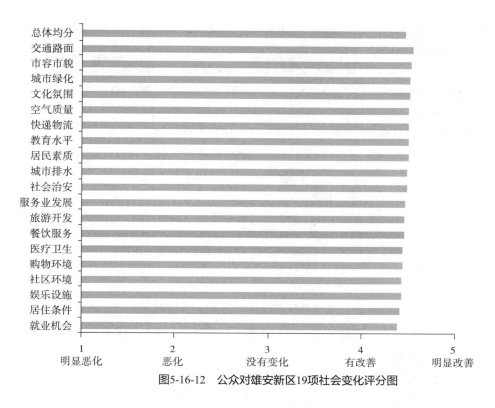

图5-16-12 公众对雄安新区19项社会变化评分图

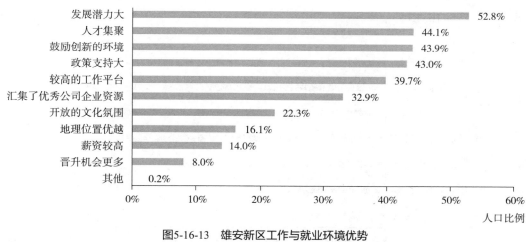

图5-16-13 雄安新区工作与就业环境优势

雄安的发展潜力、人才聚集和创新环境选择到新区发展，而传统意义上的就业竞争力因素如薪资、晋升机会的排名相对靠后。这是一个非常重要的信号，像当年深圳改革开放之初一样，如何吸引敢于创新、愿意长期发展的人来雄安新区，创造相应的环境把这些人留下来，成为新区人才政策设计的重要参考。

对新区工作就业压力因素分析结果显示（图5-16-14）工作压力大、城市配套服务跟不上、工作强度大分列前三位，缺少归属感、与家人分居两地和市场前景不明朗列后三位。

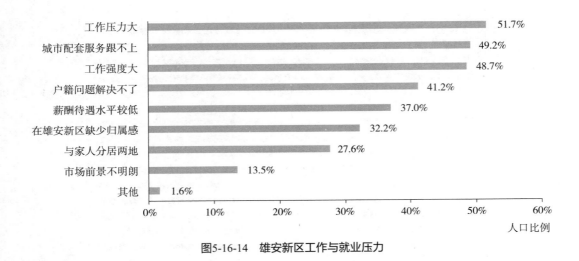

图5-16-14　雄安新区工作与就业压力

雄安新区设立后，从事传统产业的本地居民面临就业转型，对于新的工作岗位要求以及工作强度都有一个适应的过程；外来人口对三县的生活配套设施有一定的预期。

（2）居住环境

对雄安新区设立后居民居住情况调研结果显示，受影响排名前三位的为：房屋改造使居住环境更好、房屋可能面临拆迁、房租上涨，同时有较高比例的居民选择闲置房屋容易出租了（图5-16-15）。

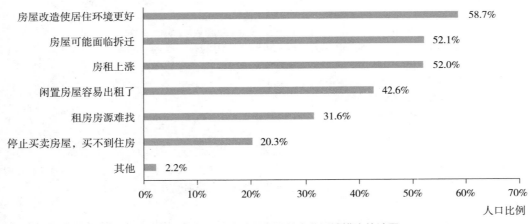

图5-16-15　新区设立后居民居住变化影响排序统计图

选择"房屋改造使居住环境改善"比例高达58.7%，对调研数据进一步分析显示，选择"房屋改造使居住环境改善"的人群，其对新区设立后的"居住环境、社区环境"等6项评分均高于平均评分（表5-16-1）。这说明三县推进的三年提升改造工程，包括居住环境、社区环境、市容市貌、城市绿化等改善，直接影响和提高了居民的居住满意度。

表5-16-1 居住环境评分对比表

序号	变化项	平均评分	认为"房屋改造使居住环境改善"居民评分
1	居住环境	4.36	4.53
2	社区环境	4.44	4.51
3	市容市貌	4.46	4.58
4	城市绿化	4.45	4.55
5	文化氛围	4.45	4.57
6	社会治安	4.42	4.55

注：评分最小值为1，代表"明显恶化"；最大值为5，代表"明显改善"。评分越高，居民对变化评价越积极。

（3）交通出行环境

对新区设立后公众交通出行情况的调研显示，受影响排名前三位为：公共交通（含共享单车）出行更便利、道路修整使出行环境改善、白洋淀高铁通车使外出更便利，具体情况如图5-16-16所示。三县推进的三年提升改造工程，重点对道路、交通管理等进行提升，对公众出行产生积极正面的影响。

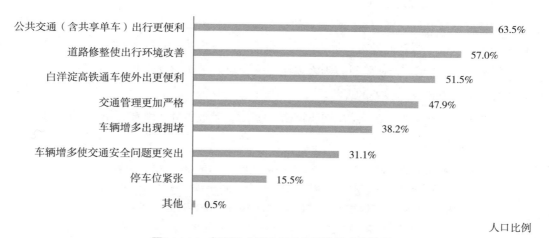

图5-16-16 新区设立后交通变化影响排序统计图

通过比较发现，本地居民对交通管理更加严格、车辆增多出现拥堵、车辆增多使交通安全问题更突出三方面感知略高于外来人口，其中拥堵与交通安全均为负面感知；外来人口对白洋淀高铁通车使外出更便利的变化感知显著高于本地居民。

（4）文化氛围

对新区文化氛围变化调研结果显示，新区文化氛围有较大改善，当地文化氛围变化排名前三位为：吸引大量文化艺术工作者、人口整体文化素质提升、当地历史文化得到

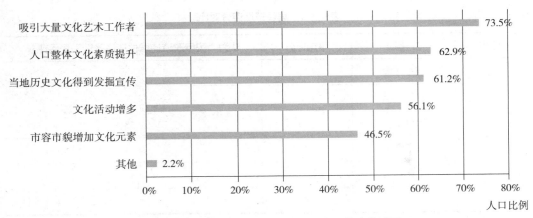

图5-16-17 新区设立后当地文化氛围变化排序统计图

发掘传播，具体如图5-16-17所示。

　　新区设立后，党工委非常重视体育文化等活动的组织，引入多种文化资源，并举办各种大型综合文化活动，极大地丰富了本地居民的文化生活，包括大量外来文化工作者及外来人口的到来对本地文化氛围营造起到积极作用，缩小了当地和周边大城市之间的居民文化生活差异。

16.1.2.3 配套设施需求

　　对雄安新区基础设施改善的需求调研结果显示：环境卫生设施、城市排水、道路交通设施分列需求前三位，此外对供水、供电、供热的改善需求也有较高的比例要求，具体情况如图5-16-18所示。调研结果较为客观地反映了新区三县环境卫生、城市排水及道路交通设施等城市基础设施较差的现状。

　　对雄安新区公共服务改善的需求调研结果显示，就业服务、教育、养老分列公共服务

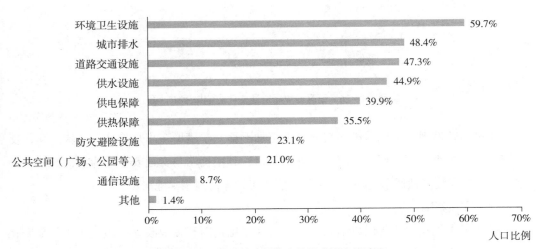

图5-16-18 新区基础设施改善需求排序统计图

设施需求前三位，对于医疗的需求比例也较高，对于生活休闲、文化艺术、体育的整体需求不高，客观说明三县整体的社会经济还在一个较低的发展水平上，以基本民生服务需求为主（图5-16-19）。

公众对雄安新区生活环境的改善需求可分为三档。第一档为健康环境需求，需求最高，包括噪声控制、良好水质、清新空气；第二档为城市公共空间需求，包括良好照明环境、公共空间、便捷可达的绿地；第三档以人文服务需求为主，包含整洁的街道、垃圾清洁到位、丰富的社区文化活动、和谐的邻里关系（图5-16-20）。其中，生态环境改善需求排在前列，反映出公众对环境问题高度关注，生态环境在群众生活幸福指数中的地位也将会不断凸显。同时，对清洁水质、清新空气、便捷可达的绿地、垃圾清洁到位的需求，体现了公众对雄安新区高质量、满足多层次需求的期待。

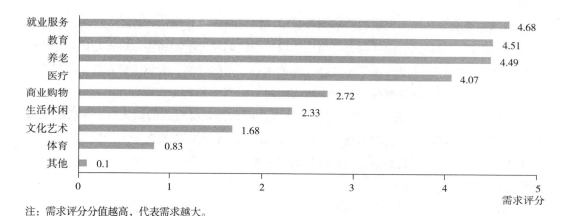

注：需求评分分值越高，代表需求越大。

图5-16-19　公众认为需要改善的公共服务配套设施排序图

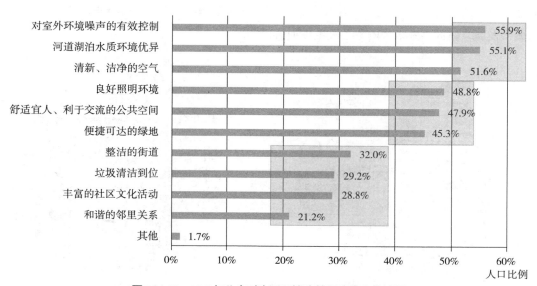

图5-16-20　2018年公众对生活环境改善需求排序统计图

16.1.2.4　公众未来期待

在"雄安新区设立一年多时间里，变化最大的是哪方面"这一问题留言中，词频分析显示，公众对环境、交通、建设、城市的变化感知较多（图5-16-21）。统计发现，"环境"一词出现频次达到824次，"经济"出现79次，"绿化"出现56次，"空气质量"出现27次，雄安新区设立一年以来，公众感知到环境、交通、城市建设、经济、绿化、空气质量各方面的变化，且变化感知呈现广范围、多方面、多层次特点。

2018年，公众对雄安新区建设发展的期望和建议留言中，加油、发展、建设、努力等积极词语出现频次最多。统计发现，"环境"出现132次，"城市"出现78次，"就业"出现51次，"绿色"出现了27次，"空气"出现10次（图5-16-22）。公众对雄安新区未来发展中的期待具有层次化、多元化、多维度特点，对"绿色""空气"等生态环境改善期待明显。

2018年雄安新区民生现状与需求调查显示，参与调查者普遍认为雄安新区发生了较明显变化和改善，对新区19个社会民生事项予以较积极的评价。2018年，雄安新区在重点推进新区整体"1+4+26"规划体系、"1+N"政策体系工作的同时，聚焦改善百姓基本民生，改善三县基础设施，妥善解决群众民生现实问题，得到了公众的认可与肯定。

在雄安新区面临巨大社会变革时刻，新区政府选择先易后难的切入点，紧扣社会民生，通过城市软环境的改善与提高，如道路交通治理、教育医院资源导入、城市绿化及市容市貌改善、文化氛围营造等，与百姓生活切实相关，给百姓带来切实的获得感，也必然受到公众正面积极的反馈。

2019年伊始，习近平总书记再次考察雄安新区，充分肯定新区过去一年多各方面工作成绩的同时，也打响了雄安新区大规模建设的发令枪。"保障和改善民生没有终点，只有连续不断的新起点""以坚持百姓心为心"，我们有理由相信，随着雄安新区的社会经济和城市发展，新区百姓未来的幸福民生更加值得期待。

图5-16-21　公众变化感知词频

图5-16-22　公众期望和建议词频

16.1.3 2019年绿色雄安大事件预测调研

目前，新区顶层规划设计已经完成，一系列基础设施项目已率先启动，新区正在迈向大规模、实质性开工建设阶段。2019年是新区设立两周年，也是承上启下的关键性一年，将会有很多绿色大事件发生。通过"2019雄安新区公众最期待的重大绿色事件"调查活动，探寻公众对绿色雄安的关注、理解与期待，并为新区提供"最接地气"的未来绿色发展方向建议。

本次调查基于习近平总书记提到的雄安新区七大任务，结合雄安新区2019年进行或已完成的工作，以绿色城市建设和发展的8个维度：绿色智慧、资源循环、环境友好、高端高新产业、绿色交通、公共服务设施及社会服务、行政管理改革（政府善治及市场活跃）、区域协同及国际合作，提出41项2019年雄安新区绿色事件，并依据符合绿色发展主题、值得关注与展望、符合新区2019年建设现状等原则，选取27项作为公众投票事件，如表5-16-2所示。

表5-16-2 绿色大事件分类及简称

类别	序号	事件名称	事件内容
绿色智慧	1	5G技术的生态环境监测体系	雄安新区基于5G技术的"天地一体化"生态环境监测体系建成并投入使用，对白洋淀实现立体化、无盲点水质与环境监测
	2	百度无人驾驶车	百度无人驾驶车在雄安市民服务中心正式运营
资源循环	3	餐厨垃圾处理	雄安新区建立餐饮单位餐厨垃圾和废弃油脂的规范收集、清运和处理机制，有效改善街道卫生与清洁
	4	建筑垃圾100%回收	雄安新区征迁项目拆除的建筑垃圾实现100%资源回收与再利用
	5	垃圾综合处理设施开工建设	雄安新区垃圾综合处理设施一期工程项目开工建设，未来垃圾处理规模可达3000吨/天
环境友好	6	"千年秀林"再增20万亩	雄安新区再增20万亩"千年秀林"，新区森林覆盖率将达29%
	7	白洋淀鸟类增加到203种	白洋淀生态环境逐步改善、保护鸟类意识逐步提高，白洋淀鸟类种类由原来的192种增加到203种
	8	白洋淀淀中村综合治理	雄安新区白洋淀78个淀中、淀边村完成污水、垃圾、厕所等环境综合治理，农村村容村貌得到明显改善
	9	空气质量优良天数超过220天	雄安新区持续开展大气污染综合治理工作，年空气质量优良天数超过220天
	10	农村生活污水综合整治	雄安新区三县农村生活污水综合整治项目有力推进，农村生活环境得到有效改善
高端高新产业	11	第二届河北国际工业设计周	雄安新区举办第二届河北国际工业设计周，推动雄安设计、雄安质量、雄安模式的创新发展
	12	注册企业达5000家	雄安新区注册企业达5000家，科技类企业占比达40%以上
绿色交通	13	大兴国际机场	北京大兴国际机场正式通航，雄安新区纳入一小时机场服务圈
	14	新增公交车辆实现100%新能源	雄安新区新增公交车辆实现100%新能源
	15	共享单车投放超过2500辆	共享单车在雄安新区投放超过2500辆，助力居民绿色出行

续表

类别	序号	事件名称	事件内容
公共服务设施及社会服务	16	绿色教育进校园	垃圾分类、绿色建筑、环境保护等绿色教育内容走进雄安新区校园及课堂
	17	县城改造	雄安新区三县持续推进县城改造提升，建成一批街头绿地、绿道、城市小品等公共服务设施
	18	"千年秀林"成为打卡景点	"千年秀林"重点区段公共配套设施建设完成，成为新区旅游打卡网红景点
	19	容城景观及绿道建成	雄安新区荣乌高速北侧（容城县城段）景观及绿道（截洪渠景观一期工程）建成并投入使用，新区人民新增休闲健身好去处
	20	绿色建筑三星级（最高级）学校	雄安新区首个绿色建筑三星级（最高级）学校建成并投入使用
政府善治及市场活跃	21	绿色建筑项目全过程管理考核	雄安新区出台生态规划、绿色建筑系列管理办法，绿色建筑项目实现全过程管理与考核
	22	绿色建筑标准体系发布并执行	雄安新区绿色建筑标准体系发布并执行，所有新建建筑将实现绿色建筑目标
	23	产业基金助力产业升级转型	雄安新区设立产业投资引导、融资担保等基金，助力传统产业升级转型
	24	首单建筑性能责任保险签发	雄安新区首单建筑性能责任保险签发，以金融机制保障建筑质量与性能目标的实现
	25	首支绿色债券发行	雄安新区建立绿色金融项目库，发行首支绿色债券
区域协同及国际合作	26	北京世园会雄安元素	雄安元素闪耀北京世园会，淀泊风光吸引八方来客
	27	2019年雄安新区超低能耗建筑国际论坛	2019年雄安新区超低能耗建筑国际论坛暨世界被动房大会雄安会场成功举办

注：下文中的事件将以事件简称形式进行叙述。

　　本次调查通过问卷线上转发与线下推广相结合，向公众征集投票。投票过程中，得到了全国各地公众的广泛关注与支持，最终共收集有效问卷1249份，覆盖全国34个省级行政区，其中，雄安新区本地户籍人口为22%，外地户籍人口占78%；68%的受调查者来过雄安新区；在雄安新区工作或生活的人口占43%，不在雄安新区工作生活人口占57%（图5-16-23）。

图5-16-23　参与投票公众与雄安新区间关联情况统计图

16.1.3.1 投票结果

经统计，27项绿色事件投票率范围为47%～72%，表明公众对雄安新区绿色发展的重大事件都保持着一定的关注与期待（表5-16-3）。在排名前十位的绿色大事件中，有三项是资源循环类事件，比重最高；环境友好、政府善治及市场活跃、公共服务设施及社会服务类各占两项；绿色交通类占一项。

表5-16-3　2019年绿色雄安重点事件公众投票结果排名

排名	事件名称	类别
No.1	餐厨垃圾处理	资源循环
No.2	建筑垃圾 100% 回收	资源循环
No.3	"千年秀林"再增 20 万亩	环境友好
No.4	绿色建筑项目全过程管理考核	政府善治及市场活跃
No.5	绿色教育进校园	公共服务设施及社会服务
No.6	垃圾综合处理设施开工建设	资源循环
No.7	大兴国际机场	绿色交通
No.8	县城改造	公共服务设施及社会服务
No.9	白洋淀鸟类增加到 203 种	环境友好
No.10	绿色建筑标准体系发布并执行	政府善治及市场活跃
No.11	白洋淀淀中村综合治理	环境友好
No.12	空气质量优良天数超过 220 天	环境友好
No.13	注册企业达 5000 家	高端高新产业
No.14	5G 技术的生态环境监测体系	绿色及智慧
No.15	第二届河北国际工业设计周	高端高新产业
No.16	新增公交车辆实现 100% 新能源	绿色交通
No.17	产业基金助力产业升级转型	政府善治及市场活跃
No.18	"千年秀林"成为打卡景点	公共服务设施及社会服务
No.19	容城景观及绿道建成	公共服务设施及社会服务
No.20	2019 年雄安新区超低能耗建筑国际论坛	区域协同及国际合作
No.21	共享单车投放超过 2500 辆	绿色交通
No.22	绿色建筑三星级（最高级）学校	公共服务设施及社会服务
No.23	首单建筑性能责任保险签发	政府善治及市场活跃
No.24	北京世园会雄安元素	区域协同及国际合作
No.25	首支绿色债券发行	政府善治及市场活跃
No.26	农村生活污水综合整治	环境友好
No.27	百度无人驾驶车	绿色及智慧

在排前十位的大事件中，与垃圾处理相关事件占4条，包括餐厨垃圾处理、建筑垃圾100%回收、绿色教育进校园、垃圾综合处理设施开工建设。今年以来，一系列垃圾治理政策的出台，为未来清洁整洁的新区环境打下基础：2019年4月1日，河北省人民政府办公厅出台《河北省人民政府办公厅关于加强城市生活垃圾分类工作的意见》提出，雄安新区要建立具有国际先进水平的生活垃圾强制分类制度，按照"无废城市"标准规范做好规划设计和建设；2019年6月，雄安新区党工委管委会党政办公室印发《雄安新区农村人居环境集中整治专项行动实施方案》强调，雄安新区将用一年的时间扎实有序推进农村人居环境整治，全面推进农村生活垃圾治理，到2020年新区垃圾分类、收集和转运体系基本建成。由此可见，随着政府从城市建设、社会治理层面推行"无废城市"建设，公众对垃圾处理、分类的认识日益深刻，对日常生活中的垃圾分类、处理等相关事件密切关注。随着雄安新区建设推进及绿色规划理念的传播，公众对绿色雄安发展认识更加深刻，并保持高度的关注与期待。

通过加权计算发现，在公众投票的8类事件中，加权值大于等于0.85的为：资源循环、环境友好、高端高新产业、公共服务设施及社会服务四大类，这四类事件整体排名靠前，更受公众关注与期待（图5-16-24）。例如，资源循环类中的"餐厨垃圾处理""建筑垃圾100%回收"位居大事件投票的前两位；环境友好类的"千年秀林再增20万亩"位居投票排名第三位。

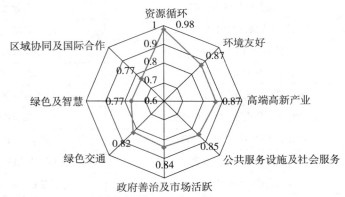

注：分值范围0~1，分值越高，代表此类事件平均排名在结果中越靠前。

图5-16-24　2019年度绿色雄安十大事件类别排名得分统计

16.1.3.2　词频分析

调查的另一项重点"您心目中的绿色雄安事件是什么"，共收集公众留言1245条。根据词频分析显示，出现频率较高的有"千年秀林"266次，"绿色"171次，"白洋淀"111次（图5-16-25），说明雄安新区"千年秀林"建设及白洋淀环境治理取得一定成效，公众认可度较高。

同时，"空气"出现50次，包括"空气质量"25次，内容以空气质量改善、空气变好为主，"蓝天"出现17次，主要是保卫蓝天、蓝天白云、蓝天碧水等，体现公众对雄安新区空气质量及舒适优美环境改善的关注与期待。"垃圾"出现49次，其中，"垃圾分类"出现23次，留言内容以垃圾无害化处理、循环利用为主，部分公众提到水面垃圾及垃圾坑塘的整治。其他还有超低能耗论坛、纳污坑塘治理、海绵城市、共享单车等，内容涵盖生态环境、交通出行、文化活动等多个方面。可以看出，随着对绿色发展认知的加深，公众对绿色雄安的期待与需求呈现多维度发展。

图5-16-25　公众心目中的绿色雄安大事件留言词频分析图

16.1.4　调研总结

雄安新区设立至今，公众对新区的认识由兴奋逐渐回归理性，对新区的建设有了更加客观理解与期待，在关注角度上，就业环境、建设发展进度、生态环境、配套服务设施等与公众生活息息相关的领域始终是关心的热点。2017年，雄安新区从无到有，受到广泛的关注和看好，但公众对迁入雄安新区持谨慎、观望态度；2018年，经过一年的建设及旧城改造，公众明显感受到新区交通路面、市容市貌、文化氛围和城市绿化等基础设施的完善，且对其评价较高；2019年，随着新区进入实质性建设阶段，公众对绿色雄安有了更加深入的理解，对新区城市治理能力和社会管理能力更加充满信心与期待。

回顾三年调研，公众始终对雄安新区保持高度关注，对与生活需求相关、可见的变化感知更深刻，并对雄安绿色发展呈现多元化、多层次、高标准的要求和憧憬。

16.2　聚焦舆论关注

随着信息时代的到来，网络逐渐成为传递社情民意的重要通道。网络媒体、"三微一端"等已经成为继报刊、广播、电视之后新的重要宣传传播途径，也成为社会舆论的"传播器"和"放大器"。

雄安新区目前正处于快速发展的关键时期，此时也是"舆情易发的临界点"，因其备受关注的特点，且容易导致负面舆情的发生。在大力宣传新区政策法规、先进建设理念的同时，正确认识和有效引导与应对网络舆情，是目前摆在新区各部门面前的重要课题。通过2018年雄安新区热点问题的公众调查和2019年"雄安新区公众号媒体传播影响力及特征研究"项目，对雄安新区当前社会舆论传播与影响进行评估，提出新区舆论及信息传播工作建议。

16.2.1 关注渠道

（1）电视节目、官方文件、微信等社交平台成为主要信息渠道

调查结果显示，新闻联播等电视节目、官方发布的相关政策文件、微信、微博等公众社交平台三项途径是目前公众获取雄安新区信息的主要渠道（图5-16-26）。

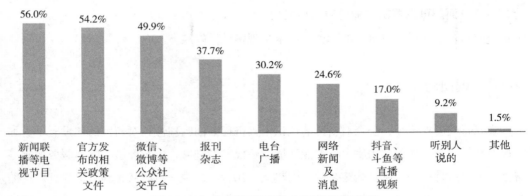

图5-16-26　公众接受新区的信息渠道排名统计

（2）信息渠道多元化，基本满足公众信息需求

调查发现，公众对现有信息渠道评价较高，认为现有媒体传播方式符合官方权威、精确解读、通俗易懂、贴近民生、快捷及时、查询方便、有用信息多、内容详细的特点（图5-16-27）。在媒体渠道多元化背景下，信息呈现形式更加多样，信息内容更加丰富全面，基本能够满足公众的信息需求。

（3）政策出台、建设落地、持续新闻报道等是影响公众对雄安新区建设信心的重要因素

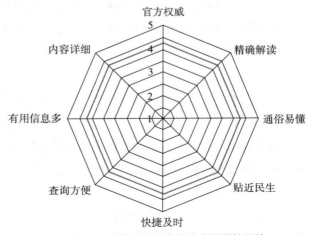

图5-16-27　对雄安新区官方信息渠道的评价

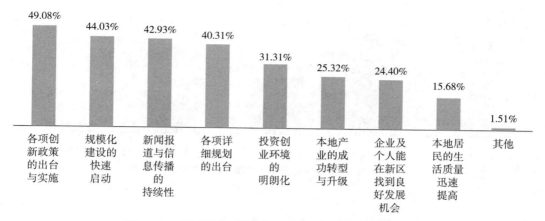

图5-16-28　影响公众对雄安新区建设信心构建因素排名统计

调查显示，各项创新政策的出台与实施、规模化建设的快速启动、新闻报道及信息传播的持续性及各项规划的出台是影响公众对雄安新区建设信心的主要因素（图5-16-28）。

16.2.2　关注重点

公众舆论热点主要表现在短时间内的高频率关注，特别是与生活相关的方向容易引起较多的讨论。本调查选取了新区设立一年来发生的十项重大事件，来观察公众对新区时事的关注度，事件如下：

1）2017年07月，北京至雄安新区的动车组列车首发；

2）2017年09月，阿里巴巴、腾讯、百度、京东金融、深圳光启、中国电信、中国人保等首批48家企业获批入驻雄安新区；

3）2017年10月，"雄安新区"写进党中央十九大报告；

4）2017年11月，雄安新区"千年秀林"栽下第一棵树，"千年秀林"工程拉开大幕；

5）2018年04月，《河北雄安新区规划纲要》获批并全文发布；

6）2018年05月，雄安市民服务中心五一期间正式向公众开放；

7）2018年06月，雄安新区获批中央预算投资用于容东片区保障性安居工程；

8）2018年08月，唐河污水库一期污染治理主体工程基本结束；

9）2018年08月，雄安高铁站正式开建；

10）2018年09月，2018雄安超低能耗建筑国际论坛、第二届雄安马拉松竞赛、第三届白洋淀国际服装文化节成功举行。

在上述事件中，选择完全不了解的人数比例占总样本2.97%，了解1～3件的比例占35.17%，了解4～8件的比例为48.97%，了解9～10件人群较少，占12.90%。多数参与调研的公众对雄安新区大事件都有一定的了解及认知，但完全了解的群体比例不高（图5-16-29）。

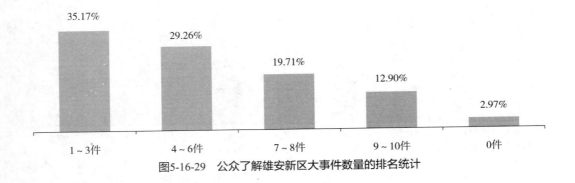

图5-16-29　公众了解雄安新区大事件数量的排名统计

（1）商业信息、政策信息、建设信息事件受关注

从事件了解程度分析，调查样本了解度较高的事件主要有：事件2，阿里巴巴、腾讯、百度、京东金融、深圳光启、中国电信、中国人保等首批48家企业获批入驻雄安新区；事件3，"雄安新区"写进党中央十九大报告；事件5，2018年04月，《河北雄安新区规划纲要》获批并全文发布；事件4，2017年11月，雄安新区"千年秀林"栽下第一棵树，"千年秀林"工程拉开大幕。

从事件性质来看，主要涵盖了商业信息、政策信息及建设信息，与雄安新区的相关政策信息受关注程度较高。

（2）雄安新区就业环境、建设进度、生态环境受关注

调查结果显示，公众对雄安新区的关注点中，就业环境、建设进度、生态环境位列前三，基本反映了城市建设对人民生活影响最大的领域；其他关注占比超过30%的还包括发展前景、投资环境、社会福利与保障及规划政策四项与企业经营相关的事项（图5-16-30）。

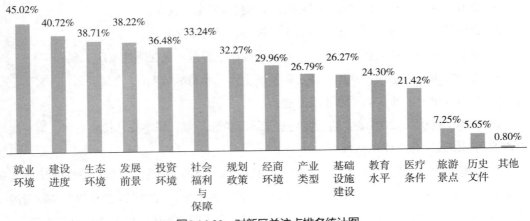

图5-16-30　对新区关注点排名统计图

（3）住房制度、社会保障制度备受关注

在新区人民生活重点关注方面，调查发现公众对新区的住房制度、社会保障制度、征迁等制度的关注比例最高，这一方面与本次调查的受访群众多为本地居民有关，另一方面也反映出在当前新区建设中，必须处理好人民群众的基本居住需求，保证各项规划顺利实施（图5-16-31）。

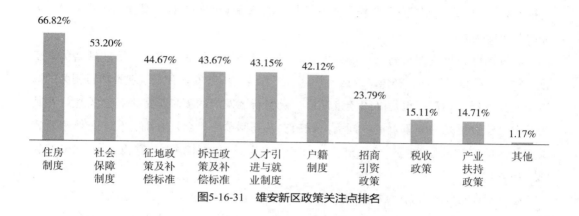

图5-16-31 雄安新区政策关注点排名

（4）涉及拆迁的本地居民关注拆迁补偿政策及方案

本地居民对雄安新区拆迁补偿政策及方案具有较高的关注，对安置过渡期方案，以及未来的规划设计方案关注相对较低（图5-16-32），说明在满足群众合理利益诉求的同时应加强对新区拆迁具体政策落实的宣传与落地工作。

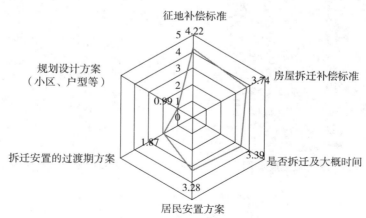

图5-16-32 本地居民对拆迁政策关注点雷达图

16.2.3　热点词频

2018年调查结果显示，50%的公众通过微信、微博等公众社交平台了解雄安新区发生的大事。在移动网络普及的当下，微信公众平台凭借自身的传播优势，成为公民每天对外获取资讯的重要渠道。为进一步了解新区微信公众号运营情况，推动雄安新区公共媒体的健康良性发展，雄安绿研智库于2019年2～6月发起雄安新区公众号媒体传播影响力及特征研究❶，对雄安新区公众平台信息进行为期105天的跟踪与统计，观察其运营现状、传播内容与影响力等。

通过词频分析梳理出高频报道词汇与高阅读量词汇，除去"雄安"等地域名称，安置、建设、项目、启动、补偿、片区、规划、工程等与拆迁安置和发展建设项目相关的词语既是高频报道词汇，也是高阅读量词汇，说明新区发展的步步举措都备受关注。尤其是安置、建设更是高频重点词，词语出现频次及高阅读率排名均在前三位。总体来看，雄安新区的安置补偿政策、建设进度一直是公众关注及媒体报道的热点（图5-16-33、图5-16-34）。

通过调查发现，自新区设立以来，公众对雄安新区始终保持着高度的关注，尤其是对雄安新区的建设进度、绿色生态发展等话题始终保持着较高关注。从信息获取途径来看，传播方式呈现多元化发展，基本满足公众对雄安新区的信息需求，且新媒体在公众传播的过程中作用日益凸显。

图5-16-33　微信公众号高频报道词汇

图5-16-34　微信公众号高阅读量词汇

❶　项目详情见 https://mp.weixin.qq.com/s/4mWYsZTQYUYqxKHe5qaDMg

16.3 把握研究热点

自新区2017年4月1日设立以来，有关雄安新区的研究、讨论也日益丰富。本调查通过抓取目前文献中关于雄安的研究类课题，探讨国内外针对雄安新区的研究热点，把握新区的研究动态与趋势。

16.3.1 国内研究热点

以知网为主要信息源，搜索"雄安/雄安新区"关键词，截至2019年5月5日，共搜索到有效文献1209篇，其中2017年544篇、2018年525篇、2019年120篇。研究重点主要为京津冀协同发展、新区规划和建设、白洋淀等方面，区域经济、城市经济、金融等学科对于雄安新区的研究与关注较为突出（图5-16-35）。

在新区绿色发展方面，检索"绿色\生态\低碳"等关键词，绿色金融投资应用，绿色建筑和新能源等绿色技术在新区的发展应用前景，绿色智慧城市的理念与技术支撑和白洋淀生态修复等议题是近年来的研究热点。

从课题申报情况来看，新区设立两年以来，围绕雄安新区的热点议题如生态环境治理、产业转型、人才就业等方面，有不同层级的数十项研究课题已经开展，为新区的发展提供研究支撑。其中，国家级18项，主要为风险灾害评估等方面；省部级11项，主要为京津冀协同发展、产业聚集和规划路径等方面；地厅级34项，主要为文化、教育、金融、职业等方面，具体课题如表5-16-4所示。

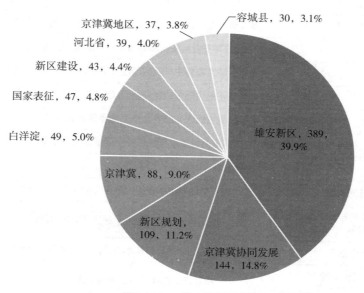

图5-16-35 雄安新区国内研究热点关键词

- 国家级：国家社会科学基金3项，主要与人才资源和生态系统的构建机制、路径以及综合治理相关；国家自然科学基金11项，围绕"安全韧性雄安构建的理论方法和对策研究"；还有由中国城市规划设计研究院、自然资源部等单位负责的重大专项课题，内容主要围绕水体、白洋淀生态修复、地热资源等生态环境方向开展研究。
- 省部级：河北省委党校、河北省委宣传部、河北省科技厅等单位从雄安新区发展路径、产业聚集、政策机制以及京津冀协同发展等相关议题开展了课题研究。
- 地厅级：以保定市为主，包括高等学校人文社会科学青年基金和人才工程培养项目等，研究领域涉及金融、文化传播、职业教育、特色小镇、生态环境等各方面。

表5-16-4　关于雄安新区的研究课题项目表

负责单位	项目名称
国家社会科学基金课题	
河北工业大学京津冀发展研究中心	雄安新区创新生态系统构建机制与路径研究
首都师范大学	京津冀协同发展背景下雄安新区整体性治理架构研究
河北工业大学	韧性视阈下雄安新区人才资源重构机制与实现路径研究
国家自然科学基金课题	
国务院发展研究中心	雄安新区生态安全态势分析与保障机制研究
国务院发展研究中心	雄安新区水安全及其治理策略研究
中国城市规划设计研究院	面向自然灾害应对的雄安防灾能力提升策略研究
北京城市系统工程研究中心	雄安新区非传统安全风险区域时空分异研究
国家行政学院	雄安新区城市生命线系统风险评估与建设策略研究
北京建筑大学	雄安新区城市基层社区风险评估机制与韧性提升策略研究
清华大学	韧性雄安社会安全新态势与社会治理创新模式研究
清华大学	雄安新区韧性安全生产风险管控与综合监管能力提升策略研究
武汉大学	基于耐灾理念的雄安新区综合防灾规划策略研究
北京大学	雄安新区生态安全格局构建及保护策略研究
同济大学	面向公共健康的韧性雄安空间规划与建设策略研究
国家级重点专项课题	
中国城市规划设计研究院	雄安新区城市水系统构建与安全保障技术研究
自然资源部中国地质调查局水文地质环境地质研究所	雄安新区深层地热资源探测评价技术示范
雄安集团生态建设公司	雄安新区国家水环境技术转化体系构建与综合示范
中国船舶重工集团环境工程有限公司和丝路国际智库交流中心	雄安新区白洋淀生态修复治理专项课题

续表

负责单位	项目名称
省部级课题	
河北省财政科学与政策研究所	雄安新区基本公共服务均等化路径研究
河北省委党校	京津冀城市群协同发展问题研究
河北经贸大学京津冀一体化发展协同创新中心	京津冀协同发展背景下河北省产业结构调整的思路与对策研究
河北经贸大学	雄安新区高质量发展的结构特征、统计指标及实际测评研究
河北大学	雄安新区公共服务体系与教育发展规划研究
河北软件职业技术学院	京津冀协同创新背景下雄安新区职业教育发展研究
石家庄职业技术学院	雄安新区承接产业转移中的人力资源开发策略研究
河北金融学院	基于 VR/AR 的河北省文化资源数据化传播平台的构建与可视化研究
河北金融学院	助推雄安新区产业聚集的京津冀政策协同机制研究
中共河北省委宣传部	推进京津冀协同发展和雄安新区规划建设实践研究
河北省科技厅软科学研究及科普专项	雄安新区新兴产业集聚机制和政策保障研究
地厅级课题	
徐水区教育局	雄安新区设立后保定市基础教育改革与发展研究
中央司法警官学院	雄安新区企业环境责任保险风险评价问题研究
中央司法警官学院	基于雄安新区设立契机全面提升保定文化宣传对策研究
河北农业大学	借势雄安留学人员回保发展状况及跨文化策略研究
河北农业大学	对接雄安新区国家战略背景下保定人文环境建设研究
河北农业大学	雄安文化区域内民歌改编合唱作品研究
河北农业大学	对接雄安新区国家战略背景下保定人文环境建设研究
河北农业大学	新形势下乡村治理研究——以河北雄安新区容城镇为例
河北农业大学	保定淘宝村和淘宝镇升级助力雄安新区发展研究
河北农业大学	"一带一路"视角下的城市新区建设——以雄安新区为例
河北金融学院	"一带一路"视角下雄安新区建设中保定青年"双创"意识与思想动态
河北金融学院	京津冀协同发展与雄安新区双重背景下河北大学生就业新问题研究——以驻保高校为例
河北金融学院	雄安新区建设中农民拆迁补偿款运用途径和效率问题研究
河北金融学院	绿色金融促进雄安新区建设路径研究
河北金融学院	雄安新区边缘乡镇的区域生态城镇化发展研究
河北金融学院	借力雄安新区建设推进保定金融业跃升发展研究
河北大学	雄安新区建设对河北高校毕业生创业影响研究
河北大学	提高科技英语教育结点着力培养为雄安新区建设和发展服务的应用人才

负责单位	项目名称
河北大学	保定市对接雄安新区国际化发展的话语策略研究
河北大学	雄安新区旅游资源对外传播策略研究
河北大学	雄安新区创业生态环境建设路径研究
河北大学	雄安新区与京津保协同发展研究
河北大学离退休教职工服务中心	服务雄安借力雄安新区发展特色健康小镇
河北科技学院	借势雄安新区，加快建设保定文化强市
河北软件职业技术学院	雄安新区住房模式及价格调控政策研究
冀中职业学院	保定市音乐类非物质文化遗产融入高校教育对接京津冀及雄安新区文化传承建设研究
保定职业技术学院	英语国家主流媒体报道雄安新区的舆情研究
保定职业技术学院	网络新闻中雄安新区形象分析研究
保定学院	适应雄安新区国际化需求文秘专业人才传播力提升研究
保定学院	保定教育助力雄安新区特色产业转型发展研究
保定学院	雄安新区视域下保定地方本科高校创新创业教育发展研究
保定学院	雄安机遇下的保定老字号品牌创新重塑
保定学院	雄安新区职业教育教师专业发展研究

除此之外，部分河北省内高校如河北大学、河北金融学院、河北经贸大学等，还开展了有关雄安新区的大学生创新资助项目；同时，为了更好地开展新区研究，部分科研院所还专门成立研究课题组，如中科院地理科学与资源所成立"雄安新区资源环境承载力评价和调控提升研究"课题组、北京市委依托中国建筑科学研究院等单位联合成立"雄安新区城市生成与发展研究基地"等。部分在新区企业也围绕新区绿色发展的需求，结合自身业务特点，开展了相关课题研究。

16.3.2　国外研究热点

以Web of Science为主要信息来源，以"Xiongan/Xiongan New Area/Xiong'an"为搜索关键词，截至2019年5月16日共搜索到文献29篇，其中2017年8篇、2018年18篇、2019年3篇，研究方向主要涉及环境生态科学、科学技术、生物多样性保护、地理学、公共环境及职业卫生等（图5-16-36），多数为与国内研究者开展的合作研究，主要为围绕白洋淀开展的生态等方面的研究。

同时，也有相关国际研究团队自发在雄安新区驻场开展了设计、能源、绿色生态等

多视角的课题研究。如美国纽约雪城大学及荷兰Makkink & Bey工作室等团队与深圳建筑科学研究院股份有限公司合作，发起《设计 | 能源 | 未来：雄安》专项课题研究，以雪城大学综合设计课程为载体，对"未来之城"雄安新区进行城市研究，旨在为雄安新区未来开发城市设计方案和后工业复兴方案等方面提供思路，目前已有三期系列研究成果（图5-16-37）。《设计 | 能源 | 未来：雄安》专项课题研究通过调研白洋淀地区历史水文变化情况和周边水利设施情况，对其利用现状、污染来源、村庄形态等进行分析，提出雄安新区跨尺度水景观研究与策略；提出了太行山、白洋淀、渤海湾大都市水区的创新概念；探究了府河—白洋淀的线性城市发展策略研究。

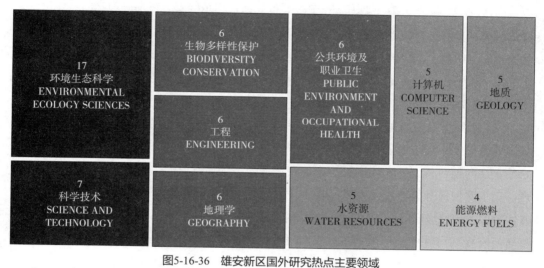

图5-16-36 雄安新区国外研究热点主要领域

（注：图中图框大小表示研究领域的热度高低情况，图中数字表示全部文献中涉及方框热点的文献数量）

图5-16-37 《设计 | 能源 | 未来：雄安》系列研究成果

16.4　发起未来展望

公众调研是了解公众对雄安新区关注度、变化感知及期待需求的一个重要窗口，通过公众感知调研、舆论传播研究及学术研究热点分析三个维度的系列调研，表明公众对雄安新区始终保持着高度关注，并明显感受到生态、交通等方面的改善，绿色发展已初见成效。为建设更高品质的绿色雄安，使公众有切实的获得感，结合新区规划建设，对新区未来绿色城市发展提出四点建议：

（1）绿色发展"知行合一"。雄安新区绿色发展理念传播与绿色实践共同推进、相辅相成。"绿色"是雄安新区的天然基因，贯穿于新区规划建设中。新区设立以来，千年秀林、白洋淀综合治理、雄安市民服务中心等重大项目均是雄安绿色发展理念的具体呈现，绿色发展理念随项目的开展进一步传播，由此，公众对绿色雄安的认识逐渐全面、具体，使绿色发展的理念及相关项目实践获得更多的关注与支持。因此，在雄安新区绿色发展理念宣传过程中，可以通过具体项目、事件及实物进行理念的呈现与传播，让公众对绿色雄安的认识更加深刻。

（2）公众关注"眼见为实"。公众对可感知、可看见、与自身生活具有直接联系的建设发展事件更关注并有更高的期待。2019年调研列举的27项雄安新区绿色大事件均具有一定的关注与期待人群，关注度更高的以资源循环、环境友好类为主，垃圾分类及无害处理、空气质量提升等与公众生活直接关联性更强，更易被感知和被体验。"雄安新区建立餐饮单位餐厨垃圾和废弃油脂的规范收集、清运和处理机制，有效改善街道卫生与清洁"位居所有投票事件中第一名，在本次调研组织者意料之外，也在组织者的意料之中。因此，在未来新区绿色发展中，关注更多百姓可见可感的绿色工程，增加新区绿色城市服务与良好城市体验，才能使绿色城市理念深入人心。

（3）发展与民声应"箴规磨切"。雄安绿色发展应注重倾听民声，了解更多公众需求。公众不仅是雄安新区绿色发展的见证者，也是建设参与者与受益人。绿色雄安建设过程中，充分发挥第三方研究机构的专业传播作用，加强建设项目与居民生活的直接联系，掌握公众需求，并针对性地予以组织和实施，使公众能够感知、参与并受惠于此，让绿色发展切实提升公众生活品质，增强公众的幸福感与获得感。

（4）绿色雄安要"见真见实"。随着新区大规模建设的推动，新区的先进规划理念将得到一一实施和落地。对工程实施阶段的把控与实施监管，应得到高度重视和充分利用。建议新区应建立分类建设项目的绿色目标考核机制，如增加项目绿色控制指标要求、过程实施控制节点，引入第三方研究或咨询评估机构，参与建设项目绿色目标的技术咨询与实施评估工作，项目建成后开展绿色目标实施的评估与考核，确保先进规划理念、绿色生态目标在实施过程中不走样、不打折，确保"雄安质量"，真正实现绿色雄安的美丽蓝图。

第十七章　绿色未来

17.1　筑牢绿色初心[1]

雄安新区自2017年4月1日设立以来，已经走过两年多的发展历程，绿色发展的各个方面都取得了阶段性成效，突出表现在以下三点：

保持战略定力、历史耐心，高标准高质量编制规划，创新政策体系，顶层设计初步完成

（1）高标准高质量组织规划编制。坚持世界眼光、国际标准、中国特色、高点定位，先后累计邀请1000余名国内外知名专家、200多支团队、2500多名技术人员，集思广益，科学论证，稳步推进规划编制，构建了新区规划编制工作推进小组、规划评议专家组、国家级咨询论证机构、省政府专题会议等多个层次的规划评议论证机制，委托专业机构对各个专题专项逐一评估论证，最终形成了全域覆盖、分层管理、分类指导、多规合一的"1+4+26"高质量规划体系。雄安新区规划建设标准体系、规划技术指南和城市建筑风貌、绿色建筑设计、城市家具等系列导则同步完成，引领了国内城市规划的发展方向。

（2）改革创新和扩大开放不断深化。党中央、国务院出台支持雄安新区全面深化改革和扩大开放的指导意见，财税、金融、"雄安质量"等配套文件相继制定，支持新区深化改革和扩大开放的"1+N"政策体系初步形成。研究制定新区房地产开发建设运营管理政策，创新住房租赁管理积分制度。发行5～30年期雄安新区建设债券300亿元，白洋淀生态环保基金、市民服务中心项目REITs公募发行、超短期融资券发行等取得积极进展。充分发挥对外开放平台作用，举办外交部河北雄安新区全球推介活动、雄安新区超低能耗建筑国际论坛、雄安国际健康论坛等。

坚持生态优先、绿色发展，全力推进环境治理和生态建设，为新区建设打好蓝绿本底

（1）深入实施环境治理和生态修复。深入实施白洋淀及流域综合治理，建立与周边区域生态环境协同治理长效机制，强化入淀河流综合治理，规范畜禽养殖，有效治理农业面源污染，大力实施城乡污水垃圾治理、淀区生态治理修复等十大工程，加快实现入淀水质达标。积极开展为期100天的"走遍雄安"活动，重拳打击违法排污行为，全力打好蓝天保卫战。加快推进千年秀林建设，在2018年完成11万亩植树造林的基础上，2019年再完成

---

❶　根据国家发展改革委微信公众号《奋力开创雄安新区规划建设高质量发展新局面》的文章整理，https://mp.weixin.qq.com/s/M_3DWbtAP23003xlxR8pcA

20万亩植树造林任务。

（2）**基础性重大项目启动实施。** 骨干交通路网建设有序展开，京雄城际铁路、雄安站综合交通枢纽场站开工建设，京雄、荣乌新线和京德高速公路等前期工作有序推进。市民服务中心投入使用，商务服务中心项目各项准备工作加快推进。容东片区截洪渠一期工程顺利完成，水电气等基础设施建设有序推进，地下管廊、道路管线前期工作基本完备，大树刘泵站工程开工建设，实施冬季引黄入冀补淀工程，白洋淀补水长效机制初步建立，南拒马河防洪治理工程前期工作加快推进。

坚持服务民生、促进和谐，扎实做好各项社会管理和群众工作，社会大局保持和谐稳定

（1）**构建新区特色行政审批服务体系。** 成立雄安新区政务服务中心，深化"放管服"改革，通过优化中心功能布局、建立班后业务培训及日复盘分析工作会制度等措施，不断提升便民服务质量；积极推动"互联网+政务服务"平台建设，完成平台基本功能开发，实现与河北省政务服务网对接；建立健全工商注册运行机制，实施清单管理；增加税务和印章备案服务，实现工商注册电子化、一站式。

（2）**全面提升新区公共服务水平。** 先后与北京市教委、天津市教委签署教育合作协议，加强与北京市的教育合作；北京、天津、河北共同签订了医疗卫生事业合作框架协议；积极谋划新区社会保障服务体系，研究出台相关专项过渡性政策文件。

17.2　开创绿色征程

2019年是关键的一年，随着新区一系列规划的相继出台，大规模开工建设的条件逐步成熟，新区已经转入实质性建设阶段，项目建设各项工作积极有序推进。

一是聚力重点项目。大力推动容东片区、高铁站片区、启动区、起步区四个重点片区建设，重点实施白洋淀治理工程、基础设施配套项目、新区内道路、对外交通网络、防洪设施、绿化和水系工程、功能疏解和产业项目、智能城市建设等专项工程。

二是健全指挥体系。构建"总指挥部+4个重点片区分指挥部+2个重大办（重大项目办、重大建设办）"的组织指挥架构，成立重大项目办和重大建设办，实行总指挥长和片区指挥长周调度、重大办日调度机制，逐个项目建档立卷，细化节点、明确路径、挂图作战。

三是优化工作流程。对项目涉及前置评估审查事项逐一梳理分析，在省政府充分授权放权的基础上，优化完善"一会三函"（"一会"指召开会议集体审议决策，"三函"指建设项目前期工作函、设计方案审查意见函、施工意见登记函）等审批流程，创新投融资机制和开发模式，针对重点项目开辟审查绿色通道，即报即审，提高工作效率。

2019年谋划实施69个重点建设项目，其中新区内重点项目59个，新区外重点项目10个，总投资初步概算将近3000亿元，其中新区内及对外连接重大基础设施建设项目16个、市政基础设施建设项目21个、生态保护和环境治理项目13个、水利及防洪工程项目7个、公共服务及配套保障项目12个。目前，这69个重点项目已开工20个，剩余项目正紧锣密鼓谋划推进，按程序逐项倒排时间节点，加快编制可研报告、规划设计方案，并联办理相关手续，全力加快推进实施步伐❶。

后续随着大规模建设的开展，雄安新区绿色发展的"组合拳"将更发挥其系统、全面的推进作用，保障绿色理念的实施和落地不打折、不走样。

在制度体系方面，自然资源资产管理体制、自然资源和生态环境监管、环境保护督察、生态环境损害赔偿、公众参与等制度机制得到完善与发展。

在城市建设方面，雄安城区将实现森林环城、湿地入城、3公里进森林、1公里进林带、300米进公园，街道100%林荫化，新区全域森林覆盖率将由设立新区前的11%提高到40%，白洋淀"华北之肾"功能将得到恢复，蓝绿空间占比将稳定在70%左右，让雄安真正拥有"蓝天、碧水、净土"。

在产业发展方面，形成低碳、绿色的经济发展的模式，改变过多依赖增加物质资源消耗、过多依赖规模粗放扩张、过多依赖高能耗高排放产业的发展模式，更多依靠创新驱动、更多发挥先发优势的引领型发展。

在社会参与方面，绿色理念深入民心，居民积极践行低碳生活、绿色生活方式，形成社会共同参与的绿色风尚。

未来，雄安将继续坚持生态优先、绿色发展，全力推进环境治理和生态建设，为新区建设打好蓝绿本底。雄安的绿色发展将汇聚政府、市场、社会等多方力量，形成绿色发展的合力，塑造一座新时代的绿色幸福之城。

---

❶ 根据以下链接整理：https://mp.weixin.qq.com/s/ql1jzQB-CKni7j3PJZ1V9g

| # "智慧"城市与"智能"城市

在过去的三年里，我一直密切关注新北京–天津–河北（即京津冀）的协同规划的讨论和启动，像许多其他人一样，我发现这是当今世界最令人兴奋和雄心勃勃的计划之一。我曾作为专业顾问和评审专家，有幸参与了很多位于河北省以及与京津冀地区有关的大型规划项目，包括2018年10月担任秦皇岛总体规划竞赛的评审专家，2019年7月担任邢台市大剧院和科技馆国际设计竞赛的评审专家。我也多次访问雄安新区，并在今年5月份有幸亲身参观了新的雄安新区总体规划（2018—2035年）的公示（译者注：河北雄安新区启动区、起步区控制性详细规划）。

雄安规划的规模、雄心以及影响，毫不夸张地说，对中国和世界来说，都将是一个所有规划师都可以学习的试验。更重要的是，这个规划是一个单一行动，我们姑且将这个规划认为是一个单一的计划，但随着时间，这个规划的发展、实施和演变将不会是单一的，它将包括几乎难以想象数量的微观尺度的规划，最终这些微观尺度的规划汇聚在一起，将形成一个难以想象的关于城市规划及"设计智慧"的大型知识库。这些微观尺度的规划组合在一起，形成了一个更大、更复杂的雄安新区规划，也正是这些微观尺度的规划及其产生的知识，为整个雄安新区规划能够随着时间的推移，"自我学习"并不断发展提供了基础。这也许就是雄安新区规划最令人兴奋的地方，它有可能避免那些传统的、固化的、有确定规划期限的城市规划带来的许多问题。相反，雄安新区规划有可能成为世界上和人类历史上最大、最全面的"活的规划"。这意味着什么呢？雄安新区规划要怎样能避免那些与20世纪时期城市总体规划相关的问题？

在我看来，雄安新区规划（2018—2035年）要实现其全部的潜能，就一定不能被当作一个已经完全确定的、最终的、理想的计划，并计划在2035年实现。相反，雄安新区规划应被视为一个"活的规划"，没有有效期或终止日期，而是随着时间的推移而不断学习和发展。也就是说，雄安新区规划在学习和发展中要主动吸纳各种新信息（微观和宏观层面），在此过程中，变得更强大、更具响应性，能更有弹性地应对这种大型规划工作所面对的挑战，特别是那些无法提前预测（如气候变化），所以在常规城市规划方法中无法考虑计算到的因素。"活的规划"的关键是聚焦时间、互动性和不断学习的可能性，而不是空间、不可更改性和目标的完成。

　　雄安新区规划必须区别于传统的城市总体规划，以及那些基于很多假设的规划，譬如那些在当今世界各地盛行发展的、所谓的"智能城市"。实际上，这些大多数名义上的"智慧城市"都是基于那些传统的、在西方已经盛行了一百多年的城市总体规划策略和方法，规划人员采用大数据来实现这些所谓的"智能城市"，但这些规划本质上还是传统的20世纪时期的城市规划。

　　与这些数据量化驱动的"智能城市"相比，雄安新区规划有可能成为一个基于"设计智慧"的"活的规划"，它不依赖于那些"大而愚蠢"的数据，它是基于知识的质量而不是数据的数量。如果我们将城市规划视作一个过程而不是一个已确定的事情，视作一个有生命力的、具有学习能力的有机体而不是一个确定的、不变的计划去开发和完成，那么城市规划将由三个部分组成：软件（规划的各种想法），硬件（城市建设的各种基础设施、建筑物、桥梁等）和斡件（或称为组织管理系统，即不断发展的、相对有形的管理结构，能将软件转换为硬件，并在此过程中不断学习并变得更加智慧）。

　　那些所谓的"智能城市"使用大数据和算法，以期更快、看似更有效地实现规划的各种想法。换句话说，"智能城市"想使用数据和算法将城市软件（规划思想）转换为城市硬件（建筑物、桥梁等）。但重要的也是显而易见的是，这些"智能城市"的发展中没有斡件（或组织管理系统）的组成。为什么这很重要？因为没有斡件（或组织管理系统），城市规划就不会学习，它无法吸纳那些在创建城市硬件（建筑物、桥梁等）时所获的新知识。

　　那些所谓的"智能城市"是像犁一样，被拉向要完成的方向，它是基于空间的，而"智慧城市"则是基于时间的。"智能城市"目的可能是将城市软件（规划思想）转化为城市硬件（城市建设），但它将注定是失败的。因为"智能城市"的规划一点也不智能，它不会学习，不会随着时间的推移而变化，不会变得更强大、更有弹性，也无法用更熟练和富有经验的方式完成理想的城市规划。最终，"智能城市"由于其无法学习和持续发展的特性，就像欧美国家20世纪的现代化进程中的城市总体规划那样，将导向对规划方案本身的自我怀疑。

　　我希望雄安新区规划（2018—2035年）成为一个"智慧（Intelligent）"而不只是"智能（Smart）"的城市。现在充分的证据表明，雄安新区正在正确的道路上迈进，我非常期待着雄安新区规划的未来进展。

迈克·斯皮克斯（Michael Speaks）

美国雪城大学建筑学院 院长 教授

Intelligent vs. Smart Cities

Over the last three years, I have followed closely the discussion and the launch of the new Beijing-Tianjin-Hebei Integration Plan, or Jing-Jin-Ji, and, like many others, find it to be among the most exciting and ambitious planning projects in the world today. I have had the distinct honor and pleasure of serving as a professional advisor on large planning competition juries in Hebei Province, and on projects related to Jing-Jin-Ji, including serving as a Professional Juror on the Qinhuangdao Master Competition, in Qinhuangdao, China, in October, 2018, and serving as juror on the Xingtai Grand Theater & Xingtai Science and Technology Museum International Architecture Design Competition in Xingtai, in July 2019. I have also visited the Xiongan New Area many times and had the privilege to view in person the new Master Plan for Xiongan 2018-2035 this last May.

The scale, ambition and impact this latter plan will have on China, and the world—for this plan is an experiment from which all planners can learn—cannot be overstated. What is more, while this is a single initiative, and we can identify the plan as though it were a singular plan, its development, implementation and evolution over time will not be singular, but will instead consist of an almost incomprehensible number of microscopic plans, the results of which, when aggregated, will form an incomprehensibly large knowledge base of planning and "design intelligence". In aggregate, these micro-plans form the larger body of the more comprehensive Master Plan for Xiongan 2018-2035, and it is these micro plans and the knowledge they produce that enable the overall plan to "learn" and evolve over time.

What is thus perhaps most exciting about new Master Plan for Xiongan 2018-2035 is that it has the potential to avoid many of the problems associated with the kind of conventional, fixed master-plans with fixed expiry dates.

Rather, the Master Plan for Xiongan 2018-2035 has the potential to become the largest, most comprehensive, "living plan" in the world and in human history. What does that mean? And how can Master Plan for Xiongan 2018-2035 avoid the problems associated with 20th Century Master Planning?

In my view, for the Master Plan for Xiongan 2018-2035 to achieve its full potential, it must not be considered a fixed, final, ideal plan meant to be completed in 2035. Instead, the Master Plan for Xiongan 2018-2035 should be considered a "living plan" that learns and evolves over time, and that has no shelf life or termination date. That is to say it should be a plan that is intended to incorporate new information (at the micro and macro level) as it evolves, learning, in the process, and thus becoming more robust, more responsive and thus more resilient to the many challenges facing such large planning efforts, including, and especially those factors (such as climate change) that cannot be predicted in advance and thus cannot be calculated as part of an ordinary master plan. The key is to focus on time, interactivity and learning rather than space, inflexibility and completion.

The Master Plan for Xiongan 2018-2035 must thus distinguish itself from conventional master planning and from many of the assumptions of such planning that dominate the so-called "smart cities" being developed around the world today. Indeed, most so-called "smart cities" are developed based on the kind traditional master planning that has dominated strategy and planning in the West for more than one hundred years. Planners executing so-called "smart cities" use big data to implement what are essentially conventional 20th Century Master Plans.

In contrast to these quantitatively-driven, "smart cities," the Master Plan for Xiongan 2018-2035 has the potential to become a living plan based on "design intelligence" rather than on big, dumb data, that is to say, based on knowledge quality not on data quantity. If we think of planning as a process rather than as a fixed thing, as a living, learning organism rather than as a fixed, dead plan to be developed and implemented, then there are three components: Software (the ideals of the plan); Hardware (the infrastructure, buildings, bridges, etc. that get built); and Orgware (or organizational ware, an evolving, quasi-tangible structure that translates Software into Hardware and that learns and becomes more intelligent in the process).

The so-called "smart city" uses big data and algorithms to more quickly and seemingly, more efficiently, implement the ideals of the plan. In other words, the smart city uses data and algorithms to turn software into hardware. Importantly, and significantly, there is no "Orgware" in the development of smart cities. Why is this important? Because without "Orgware" the plan does not learn; it does not incorporate new knowledge created as it builds Hardware (buildings, bridges, etc.).

Instead the so-called "smart city" plows forward toward completion. Smart Cities are space based while Intelligent Cities are time based. The smart city's purpose may be to transform software into hardware but it is doomed to fail because smart city planning is not intelligent; it does not learn, and thus it cannot evolve and change over time and become more robust, more resilient, and thus more adept and sophisticated in the way it achieves the ideals of the plan. Ultimately, the inability of the smart city to learn and evolve will, like the master plans of 20th Century modernism in Europe and America, will call into question the very ideals of the plan itself.

My hope is that the Master Plan for Xiongan 2018-2035 will become an intelligent, not a smart, city. There is great evidence that this is already occurring. And I look forward to following, with great interest, the progress over time.

Sincerely,

Michael Speaks
Dean and Professor
Syracuse University School of Architecture

附录

附录1 雄安新区绿色发展大事记

附录2 雄安新区规划编制大事记

雄安新区绿色发展大事记
（截至2019.4.1）

1. 2016年5月27日，中共中央政治局会议审议《**关于规划建设北京城市副中心和研究设立河北雄安新区的有关情况的汇报**》。"雄安新区"首次出现在汇报稿的标题之中，设立新区的战略构想逐渐变为现实。

2. 2017年2月23日，中共中央总书记、国家主席、中央军委主席习近平首次来到雄安新区考察规划建设情况，就雄安新区规划建设发表了重要讲话，对规划设计建设提出"高起点、高标准、高水平"的总要求。

3. 2017年4月1日，中共中央、国务院印发通知，决定设立河北雄安新区。

4. 2017年4月26日，河北雄安新区举行**首场新闻发布会**，河北雄安新区临时党委委员、筹备工作委员会副主任牛景峰在发布会上表示，雄安新区计划将30平方公里启动区的控制性详规和城市设计，面向全球招标，开展设计竞赛和方案征集。

5. 2017年6月21日，**中共河北雄安新区工作委员会、河北雄安新区管理委员会获批设立**。

6. 2017年7月6日，**北京至雄安新区的动车组列车首发**，雄安新区与北京、保定、石家庄等地之间往来将更加方便快捷。

7. 2017年7月10日，环保部将位于雄安新区的白洋淀与洱海、丹江口定义为"新三湖"，提出要着力推进水生态保护和水污染防治。

8. 2017年7月18日，**中国雄安建设投资集团有限公司**正式成立（2018年4月27日更名为"中国雄安集团有限公司"）。

9. 2017年8月17日，北京市人民政府和河北省人民政府共同签署《**关于共同推进河北雄安新区规划建设战略合作协议**》，提出开展全方位合作，对接雄安新区功能定位，注重实效，既明确支持合作的方向、原则和基本路径，又聚焦重点领域推进实施一批有共识、看得准、能见效的合作项目，努力形成雄安新区与北京城市副中心"两翼"齐飞的生动格局。

10. 2017年9月20日，河北雄安新区管理委员会提出，新区围绕生态优先、绿色发展的理念，依法依规启动秋冬季合作造林实验工作，计划造林1万亩。

11. 2017年10月12日，国家工商行政管理总局印发《**关于支持河北雄安新区规划建设的若干意见**》，提出将依法对"雄安"字样在企业名称核准中予以特殊保护，"河北雄安"作为行政区划使用。

12. 2017年10月12日，河北雄安新区党工委、河北雄安新区管理委员会印发《关于全面禁烧劣质煤统筹做好群众冬季取暖工作的通知》，对全面推进禁煤区气代煤、电代煤、地热代煤，非禁煤区全面禁烧劣质煤，统筹做好群众冬季取暖等工作进行部署，确保群众安全、温暖过冬，空气质量持续改善。

13. 2017年10月18日，中国共产党第十九次全国代表大会在北京召开，习近平总书记在十九大报告中明确指出："以疏解北京非首都功能为'牛鼻子'推动京津冀协同发展，高起点规划、高标准建设雄安新区。"

14. 2017年11月10日，国家主席习近平在亚太经合组织工商领导人峰会上发表题为《抓住世界经济转型机遇 谋求亚太更大发展》的主旨演讲，再次提到不断探索区域协调发展新机制新路径，大力推动京津冀协同发展，建设雄安新区。

15. 2017年11月13日，环境保护部与河北省人民政府签署《**推进雄安新区生态环境保护工作战略合作协议**》，提出共同推动雄安新区生态环境保护，全面提升新区生态环境质量和水平。

16. 2017年11月13日，中国雄安集团有限公司在9号地块栽植"千年秀林"的第一棵树。

17. 2017年11月16日，国务院确定的172项节水供水重大水利工程之一的**引黄入冀补淀工程**成功试通水，为雄安新区生态水源提供保障。

18. 2017年11月17日，**雄安绿研智库有限公司**成立。雄安绿研智库是由中国雄安建设投资集团、深圳市建筑科学研究院股份有限公司、深圳远致投资有限公司共同出资成立的平台型智库公司，是雄安新区首批批准成立的公司及第一个城市级研究机构，旨在打造城市绿色发展研究的国际化研究机构，致力于成为"城市绿色发展的推动者"，深度参与雄安新区建设，为绿色雄安的城市、产业和社会发展提供理论、政策和技术研究的高端智库服务。

19. 2017年12月7日，**雄安新区"第一标"雄安市民服务中心项目**开工建设。

20. 2018年1月3日，河北省委召开常委会扩大会议，研究并原则通过我省有关贯彻落实意见及省委、省政府《**关于推进雄安新区规划建设的实施意见**》，并指出举全省之力高起点规划、高标准建设雄安新区，进一步完善提升规划，深入做好规划实施的各项准备工作，积极稳妥抓好推动落实。

21. 2018年1月27日，中共河北省委书记、河北省人大常委会主任王东峰在河北两会期间强调，深入推进京津冀协同发展和雄安新区规划建设。

22. 2018年1月31日，中国雄安建设投资集团有限公司、英国金丝雀码头集团与中国银行共同签署《**关于雄安新区金融科技城项目战略合作协议**》，助力雄安新区建设金融科技中心。

23. 2018年2月23日，中共河北省委书记、河北省人大常委会主任王东峰在河北省深入推进雄安新区规划建设暨京津冀协同发展工作会议上强调，坚持以习近平新时代中国特色社会主义思想为统领，奋力开创雄安新区规划建设和京津冀协同发展新局面。

24. 2018年2月25日，国务院副总理张高丽在京津冀协同发展工作推进会议上强调，深化完善规划，加快改革开放，保持历史耐心，把河北雄安新区建成高质量发展的全国样板。

25. 2018年2月28日，雄安新区首个重大交通项目——**京雄城际铁路**正式开工建设。

26. 2018年3月1日，北京市援助雄安新区办学项目启动仪式在雄安新区容城小学举行，标志着**北京市教育援助首个项目启动实施**。

27. 2018年3月24日，雄安新区**首次完成5G自动远程驾驶测试**，实现了通过5G网络远程控制20公里以外的车辆完成启动加速、减速、转向等操作。

28. 2018年4月14日，中共中央 国务院正式批复《河北雄安新区规划纲要》并于4月20日发布。

29. 2018年5月4日至6日，雄安新区"千年秀林"国际研讨会召开，10位来自国内外林业领域的知名专家为雄安新区森林城市建设建言献策。

30. 2018年5月14日，中共中央政治局常委、国务院副总理韩正在河北雄安新区调研，强调完善规划体系、创新体制机制、强化政策支撑、高标准高质量推进雄安新区规划建设。

31. 2018年5月16日，**河北雄安新区生态环境局**挂牌成立。雄安新区生态环境局承担生态环境保护、城乡各类污染排放监管相关行政许可、行政执法等管理职责，且将依据国务院和省机构改革确定的生态环境职责进行调整完善。

32. 2018年6月12日，由农业农村部设立、中国水产科学研究院负责组织实施的"**白洋淀水生生物资源环境调查及水域生态修复示范项目**"在河北雄安新区启动实施。

33. 2018年6月29日，雄安新区首个大型电网建设工程——**雄安新区1000千伏特高压定河线迁改工程**建成并正式投入运营。

34. 2018年6月30日，雄安新区首个生态环境治理类项目——**唐河污水库污染治理与生态恢复一期工程**主体完工。

35. 2018年7月6日，由河北雄安新区管理委员会和中国雄安集团主办的**第一届雄安新区地热科学利用研讨会**在新区市民服务中心举办。会议以"为雄安新区地热科学开发利用开展工程技术研讨"为议题，对新区地热资源科学且合理的利用策略进行探讨。

36. 2018年8月25日至27日，由《中国能源报》社主办的"**2018国际清洁取暖峰会暨工程应用展**"（ICHE2018）在雄安新区召开，聚焦当前清洁取暖的热点、难点，展望清洁取暖的未来发展。

37. 2018年9月3日，中共河北雄安新区工作委员会、河北雄安新区管理委员会发布《**河北雄安新区实行河湖长制工作方案**》，标志着雄安新区正式开始实施河湖长制工作。

38. 2018年9月4日，河北省环保厅发布《**大清河流域水污染物排放标准**》DB 13/2795—2018。雄安新区被划为核心控制区，将执行最严格的排放限值标准。

39. 2018年9月6日，中国雄安集团数字城市科技公司联合华为提交的"**P2413.1智慧城市参考架构标准**"框架提案，在IEEE物联网体系框架标准工作组会议上通过专家评审。这是由雄安引领制定的首个国际标准，也标志着中国在参与物联网和智慧城市标准制定方面迈出了重要一步。

40. 2018年9月19日至21日，由河北雄安新区管委会、保定市人民政府、河北省环境保护厅、河北省住房和城乡建设厅、中国建筑学会主办，中国雄安集团、奥润顺达集团承办的**2018雄安新区超低能耗建筑国际论坛**在雄安新区市民服务中心和高碑店市举行。

41. 2018年10月18日至24日，由河北省人民政府主办，河北省工业和信息化厅、雄安新区管理委员会、河北工业设计创新中心承办的**第一届河北国际工业设计周**在雄安新区举行。

42. 2019年1月2日，经党中央、国务院同意，国务院发布《**河北雄安新区总体规划（2018—2035年）**》，并对紧扣雄安新区战略定位、优化国土空间开发保护格局、打造优美自然生态环境、推进城乡融合发展等提出要求。

43. 2019年1月，经党中央、国务院同意，河北省委、省政府正式印发《**白洋淀生态环境治理和保护规划（2018—2035年）**》，对白洋淀生态空间建设、生态用水保障、流域综合治理、水污染治理、淀区生态修复、生态保护与利用、生态环境管理创新等进行了全面规划。

44. 2019年1月，河北雄安新区管理委员会印发《**雄安新区土壤污染综合防治先行区建设方案（2018—2022年）**》，探索建立具有雄安特色的"健康土壤"先行区，促进土壤资源永续利用。

45. 2019年1月16日至18日，中共中央总书记、国家主席、中央军委主席习近平在京津冀考察。习总书记在**河北雄安新区规划展示中心**仔细听取新区总体规划、政策体系及建设情况介绍，察看启动区城市设计征集成果模型和即将启动的重大工程、重点项目展示；在**政务服务中心**察看服务窗口，了解雄安新区深化治理体制机制改革、打造服务型政府工作情况，并充分肯定雄安新区政务服务中心推行"一枚印章管到底"全贯通服务的做法；16日下午，习总书记来到"**千年秀林**"大清河片林一区造林区域，他强调，先植绿、后建城，是雄安新区建设的一个新理念。"千年大计"，就要从"千年秀林"开始，努力接续展开蓝绿交织、人与自然和谐相处的优美画卷。

46. 2019年1月21日，国务院办公厅印发《**"无废城市"建设试点工作方案**》，确定将深圳、包头等11个城市作为无废城市试点，雄安新区将参照无废城市建设试点一并推动，预计到2020年，完成构建"无废城市"建设指标体系，建立"无废城市"建设综合管理制度和技术体系，实现固体废物重点领域和关键环节取得明显进展等目标。

47. 2019年1月22日，河北雄安新区管委会规划建设局、河北雄安新区生态环境局联合印发《**雄安新区建设工程施工现场扬尘污染防治暂行办法**》，实施最严厉的施工现场扬尘防治措施，提出将严重违规的参加单位清出雄安新区建设市场。

48. 2019年1月24日，中共中央 国务院发布《**关于支持河北雄安新区全面深化改革和扩大开放的指导意见**》。系统推进体制机制改革和治理体系、治理能力现代化，推动雄安新区在承接中促提升，在改革发展中谋创新，把雄安新区建设成为北京非首都功能集中承载地、京津冀城市群重要一极、高质量高水平社会主义现代化城市，发挥对全面深化改革的引领示范带动作用，走出一条新时代推动高质量发展的新路径，打造新时代高质量发展样板。

49. 2019年2月1日，**雄安新区首个永久性水利工程——**白洋淀引黄泵站正式通水。

50. 2019年2月2日，河北雄安新区管理委员会印发**《雄安新区规划师单位负责制试行办法》《雄安新区建筑师负责制试行办法》**。

51. 2019年2月28日，中共中央政治局常委、国务院副总理韩正在北京主持召开京津冀协同发展领导小组会议，部署2019年重点工作，提出要高质量高标准建设雄安新区，把规划转换成建设项目，按照开放式建设、市场化运作的理念，吸引最优最强的工程建设企业和管理团队参与项目建设。

52. 2019年3月11日，白洋淀生态修复保护领导小组办公室召开河北省生态环境保护工作会议，提出今年建立白洋淀水环境质量目标考核评价机制和扣缴生态补偿金制度。

53. 2019年3月26日，白洋淀水生生物资源环境调查及水域生态修复示范项目取得阶段性成效，已建成200亩白洋淀水域生态修复试验区和1500亩白洋淀水域生态修复示范区。

54. 2019年4月1日，河北省政府办公厅印发**《关于加强城市生活垃圾分类工作的意见》**，提出在雄安新区（含容城、安新、雄县）城区内实施生活垃圾强制分类，2025年底前，生活垃圾回收利用率达到35%以上，垃圾分类覆盖率达到90%以上，基本建成生活垃圾分类处理系统。

1. 2014年2月26日，中共中央总书记、国家主席、中央军委主席习近平在北京在**听取京津冀协同发展专题汇报**时强调，优势互补互利共赢扎实推进，努力实现京津冀一体化发展。

2. 2014年10月17日，中共中央总书记、国家主席、中央军委主席习近平总书记对《京津冀协同发展规划总体思路框架》批示指出："目前京津冀三地发展差距较大，不能搞齐步走、平面推进，也不能继续扩大差距，应从实际出发，**选择有条件的区域率先推进，通过试点示范带动其他地区发展**"。

3. 2015年2月10日，中央财经领导小组第9次会议审议研究京津冀协同发展规划纲要。习近平总书记在讲话中提出"多点一城、老城重组"的思路。"一城"就是要研究思考在北京之外建设新城问题。

4. 2015年4月2日和4月30日，中共中央总书记、国家主席、中央军委主席习近平先后主持召开中共中央政治局常委会会议和中央政治局会议研究《京津冀协同发展规划纲要》，并再次强调要深入研究论证新城问题，可考虑在河北合适的地方进行规划，**建设一座以新发展理念引领的现代新城**。

5. 2016年3月24日，中共中央总书记、国家主席、中央军委主席习近平主持召开中共中央政治局常委会会议，审议并原则同意《关于北京市行政副中心和疏解北京非首都功能集中承载地有关情况的汇报》，确定了新区规划选址，**同意定名为"雄安新区"**。

6. 2016年5月27日，中共中央总书记、国家主席、中央军委主席习近平主持召开中央政治局会议，审议《关于规划建设北京城市副中心和研究设立河北雄安新区的有关情况的汇报》，**"雄安新区"首次出现在汇报稿的标题之中**。

7. 2017年2月23日，中共中央总书记、国家主席、中央军委主席习近平**实地考察雄安新区建设规划工作**，强调："要坚持生态优先、绿色发展，划定开发边界和生态红线，实现两线合一，着力建设绿色、森林、智慧、水城一体的新区。"

8. 2017年4月1日，中共中央 国务院印发通知，决定**设立河北雄安新区**。

9. 2017年6月26日，河北省推进京津冀协同发展工作领导小组办公室、河北雄安新区管理委员会发布**"河北雄安新区启动区城市设计国际咨询建议书征询"**公告，共有103家境外设计机构，以及部分在华注册的外资设计机构报名参与，国内176家实力雄厚的设计机构报名。

10. 2017年9月26日，中共中央政治局常委、国务院副总理张高丽在河北雄安新区调研规划建设有关工作，强调把握定位、科学谋划、精心组织、高标准高质量推进河北雄安新区规划建设。

11. 2017年10月18日，中国共产党第十九次全国代表大会在北京召开，习近平总书记在十九大报告中明确指出："以疏解北京非首都功能为'牛鼻子'推动京津冀协同发展，高起点规划、高标准建设雄安新区。"

12. 2017年12月18日至20日，**中央经济工作会议**在北京举行。中共中央总书记、国家主席、中央军委主席习近平发表重要讲话，提出高起点、高质量编制好雄安新区规划。

13. 2018年1月2日，**京津冀协同发展工作推进会议**在北京召开，国务院副总理张高丽主持会议并讲话，会议总结近年京津冀协同发展工作，讨论审议河北雄安新区规划框架等有关文件，研究部署下一步重点工作。

14. 2018年1月3日，河北省委召开常委会扩大会议，研究并原则通过我省有关贯彻落实意见及省委、省政府《**关于推进雄安新区规划建设的实施意见**》，并指出举全省之力高起点规划、高标准建设雄安新区，进一步完善提升规划，深入做好规划实施的各项准备工作，积极稳妥抓好推动落实。

15. 2018年2月22日，中共中央政治局常务委员会召开会议，中共中央总书记、国家主席、中央军委主席习近平听取雄安新区规划编制情况汇报并发表重要讲话，提出创造"雄安质量"，在推动高质量发展方面成为全国的一个样板。

16. 2018年4月14日，中共中央 国务院正式批复《**河北雄安新区规划纲要**》并于4月20日发布。

17. 2018年5月14日，中共中央政治局常委、国务院副总理韩正在河北雄安新区调研，强调完善规划体系、创新体制机制、强化政策支撑、高标准高质量推进雄安新区规划建设。

18. 2018年7月2日，河北雄安新区管理委员会启动了面向全球征集启动区城市设计方案的工作，并由中国政府采购网发布《**河北雄安新区启动区城市设计方案征集资格预审公告**》。

19. 2018年7月6日，中共中央总书记、国家主席、中央军委主席习近平主持召开中央全面深化改革委员会第三次会议，审议通过了《**关于支持河北雄安新区全面深化改革和扩大开放的指导意见**》。

20. 2018年9月至12月，雄安新区《**河北雄安新区启动区控制性详细规划**》和《**河北雄安新区起步区控制性规划**》及26个专项规划编制完成。

21. 2019年1月2日，经党中央、国务院同意，国务院发布《**河北雄安新区总体规划（2018—2035年）**》，并对紧扣雄安新区战略定位、优化国土空间开发保护格局、打造优美自然生态环境、推进城乡融合发展等提出要求。

22. 2019年1月，经党中央、国务院同意，河北省委、省政府正式印发《**白洋淀生态环境治理和保护规划（2018—2035年）**》。该规划共9章27节，对白洋淀生态空间建设、生态用水保障、流域综合治理、水污染治理、淀区生态修复、生态保护与利用、生态环境管理创新等进行了全面规划。

23. 2019年1月16日至18日，中共中央总书记、国家主席、中央军委主席习近平在京津冀考察。习近平总书记在**河北雄安新区规划展示中心**仔细听取新区总体规划、政策体系及建设情况介绍，察看启动区城市设计征集成果模型和即将启动的重大工程、重点项目展示；在**政务服务中心**察看服务窗口，了解雄安新区深化治理体制机制改革、打造服务型政府工作情况，并充分肯定雄安新区政务服务中心推行"一枚印章管到底"全贯通服务的做法；16日下午，习总书记来到**"千年秀林"**大清河片林一区造林区域，他强调，先植绿、后建城，是雄安新区建设的一个新理念。"千年大计"，就要从"千年秀林"开始，努力接续展开蓝绿交织、人与自然和谐相处的优美画卷。

24. 2019年4月15日至19日，雄安新区邀请国内外顶级规划设计专家，在北京启动雄安新区启动区城市设计方案中外联合工作冲刺营，这标志着设计方案进入综合优化编制。

25. 2019年5月16日，由河北雄安新区管理委员会委托中国城市规划学会组织的**《河北雄安新区规划技术指南》**项目结题研讨会在雄安设计中心召开，会议总结了雄安新区规划建设的技术标准体系构建情况，并对下一步试用试行和持续深化完善工作进行了研讨和部署。

26. 2019年6月1日至30日，河北雄安新区党工委、河北雄安新区管理委员会组织**《河北雄安新区启动区控制性详细规划》**和**《河北雄安新区起步区控制性规划》**向社会公示。

参考文献

[1] 芭芭拉·沃德 [美]，勒内·杜博斯 [美]. 只有一个地球：对一个小小行星的关怀和维护 [M]. 北京：石油工业出版社，1981.

[2] 北方新金融研究院绿色金融课题组. 雄安新区绿色金融发展研究报 [R]，2017.

[3] 毕光庆. 新时期绿色城市的发展趋势研究 [J]. 天津城建大学学报，2005，11（4）：231-234.

[4] 彼得·霍尔 [英]，凯西·佩恩 [英]. 多中心大都市——来自欧洲巨型城市区域的经验 [M]. 北京：中国建筑工业出版社，2010.

[5] 陈刚. 块数据的理论创新与实践探索 [J]. 中国科技论坛，2015（4）：46-50.

[6] 陈瑞莲，张紧跟. 试论我国区域行政研究 [J]. 广州大学学报（社会科学版），2002，1（4）：1-11.

[7] 大数据战略重点实验室. 块数据——大数据时代真正到来的标志 [M]. 北京：中信出版社，2015：14-21.

[8] 戴云哲，李江风. 洞庭湖区生态用地生态服务价值时空演化的地形梯度效应 [J]. 水土保持研究，2018，25（3）：197-204.

[9] 丹妮斯·米都斯 [美]. 增长的极限：罗马俱乐部关于人类困境的报告 [M]. 吉林：吉林人民出版社，1997.

[10] 高琴，敖长林，毛碧琦，等. 基于计划行为理论的湿地生态系统服务支付意愿及影响因素分析 [J]. 资源科学，2017，39（5）：893-901.

[11] 高鉴，崔丽娟，王发良，等. 基于大数据的湿地生态系统服务价值评估 [J]. 水利水电技术，2017，48（9）：1-10.

[12] 高云亮，邵成. 纳污坑塘的综合整治——以雄安某重点纳污坑塘综合整治项目为例 [J]. 黑龙江生态工程职业学院学报，2019，32（02）：12-14.

[13] 顾朝林. 城市化的国际研究 [J]. 城市规划，2003（6）：19-23.

[14] 河北雄安新区解读 [M]. 北京：人民出版社，2017.

[15] 侯汉坡，刘春成，孙梦水，等. 城市系统理论：基于复杂适应系统的认识 [J]. 管理世界，2013（5）：182-183.

[16] 黄娟. 科技创新与绿色发展的关系——兼论中国特色绿色科技创新之路 [J]. 新疆师范大学学报（哲学社会科学版），2017，38（2）：33-40.

［17］ 江波，陈媛媛，肖洋，等. 白洋淀湿地生态系统最终服务价值评估［J］. 生态学报，2017，37（8）：2497-2505.

［18］ 姜涛. 西欧1990年代空间战略性规划（SSP）研究——案例、形成机制与范式特征［M］. 北京：中国建筑工业出版社，2009.

［19］ 金磊，李林钰，周杨，等. 白洋淀三大典型水域浮游植物群落及水质评价［J］. 河北大学学报（自然科学版），2017，37（3）：329-336.

［20］ 匡文慧，杨天荣，颜凤芹. 河北雄安新区建设的区域地表本底特征与生态管控［J］. 地理学报，2017，72（6）：947-959.

［21］ 蕾切尔·卡逊［美］. 寂静的春天［M］. 北京：北京理工大学出版社，2015.

［22］ 李璐，王刚，刘珉. 雄安新区生态安全现状及远期预测研究［J］. 林业经济，2017（12）：11-17.

［23］ 李晓华. 5G的重要性与中国的赶超机遇［J］. 人民论坛，2019（04）：12-14.

［24］ 李迅，董珂，谭静，等. 绿色城市理论与实践探索［J］. 城市发展研究，2018，25（7），7-8.

［25］ 李永涛，葛忠强，王霞，等. 山东省滨海自然湿地生态系统服务功能价值评估［J］. 生态科学，2018，37（2）：106-113.

［26］ 梁世雷，李岚. 雄安新区生态安全问题及应对策略［J］. 河北学刊，2017，37（4）：148-152.

［27］ 刘春成. 城市隐秩序：复杂适应系统理论的城市应用［M］. 北京：中国社科文献出版社，2017：46-56.

［28］ 刘君德，舒庆. 中国区域经济的新视角——行政区经济［J］. 改革与战略，1996（5）：1-4.

［29］ 刘晓敏，乔毅. 国外绿色生活教育的经验及启示［J］. 鸡西大学学报（综合版），2012，12（11）：1-2.

［30］ 马海龙. 区域治理：一个概念性框架［J］. 理论月刊，2007（11）：73-76.

［31］ 马桥，刘康，高艳，等. 基于SolVES模型的西安浐灞国家湿地公园生态系统服务社会价值评估［J］. 湿地科学，2018，16（1）：51-58.

［32］ 苗长虹，樊杰，张文忠. 西方经济地理学区域研究的新视角——论"新区域主义"的兴起［J］. 经济地理，2002，22（6）：644-650.

［33］ 苗东升. 文化系统论要略——兼谈文化复杂性（一）［J］. 系统科学学报，2012（4）：1-6.

［34］ 彭建，李慧蕾，刘焱序，等. 雄安新区生态安全格局识别与优化策略［J］. 地理学报，2018，73（4）：701-710.

［35］ 潘云鹤，田沄，刘晓龙，等. 城市大数据与城市智能化发展［J］. Engineering，2016（02）：53-68.

［36］彭秀良，魏占杰. 幽燕六百年：京津冀城市群的前世今生［M］. 北京：北京大学出版社，2017.

［37］戚建强，蔺雪峰，周志华. 基于城市碳排放强度控制目标的规划方法和实践——以天津生态城为例［J］. 北京城市规划建设，2013（6）：31-34.

［38］前瞻产业研究院. 雄安新区建设加速——装配式建筑市场规模或达万亿级［R］，2017.

［39］石崧. 城市空间他组织——一个城市政策与规划的分析框架［J］. 规划师，2007，23（11）：28-30.

［40］司马晓，荆万里，吴晓莉. 低碳生态规划技术集成与实施推进的系统解决方案——以深圳国际低碳城系列规划为例［J］. 城乡规划，2017（1）：65-66.

［41］孙宝娣，崔丽娟，李伟，等. 湿地生态系统服务价值评估的空间尺度转换研究进展［J］. 生态学报，2018，38（8）：2607-2615.

［42］孙施文. 关于城市治理的解读［J］. 国外城市规划，2002（1）：1-2.

［43］腾讯研究院. 2018年全球自动驾驶法律政策研究［R］.

［44］王璨，钱新，高海龙，等. 太湖地区贡湖生态修复区生态系统服务价值评估［J］. 湿地科学，2017，15（2）：263-268.

［45］王树强，徐娜. 雄安新区生态环境承载力综合评价［J］. 经济与管理研究，2017，38（11）：31-38.

［46］王莹. 城市形象传播力研究［D］. 武汉理工大学，2010.

［47］吴芸. 全方位推行生活方式绿色化［J］. 唯实，2015（10）：59-62.

［48］徐国宾，任旺，郭书英，等. 基于熵理论的湖泊生态系统健康发展评估［J］. 中国环境科学，2017，37（2）：795-800.

［49］杨洪，冯现学. 低碳发展，有质量的城镇化发展之路［M］. 北京：新华出版社，2014.

［50］叶振宇. 千年雄安生态先行［J］. 环境经济，2018，（9）：103-105.

［51］殷广涛，黎晴. 绿色交通系统规划实践——以中新天津生态城为例［J］. 城市交通，2009，7（4）：58-65.

［52］张彪，史芸婷，李庆旭，等. 北京湿地生态系统重要服务功能及其价值评估［J］. 自然资源学报，2017，32（8）：1311-1324.

［53］张赶年，曹学章，毛陶金，等. 白洋淀湿地补水的生态效益评估［J］. 生态与农村环境学报，2013，29（5）：605-611.

［54］张京祥. 国家——区域治理的尺度重构：基于"国家战略区域规划"视角的剖析［J］. 城市发展研究，2013，20（5）：45-50.

［55］张京祥. 城市与区域管治及其在中国的研究与应用［J］. 城市问题，2000（6）：40-44.

［56］张京祥. 空间治理：中国城乡规划转型的政治经济学［J］. 城市规划，2014（11）：9-15.

［57］张梦嫚，吴秀芹. 近20年白洋淀湿地水文连通性及空间形态演变［J］. 生态学报，

2018, 38（12）：4205-4213.

[58] 张素珍，李贵宝. 白洋淀湿地生态服务功能及价值估算［J］. 南水北调与水利科技，2005, 3（4）：22-25.

[59] 张五明. 重新发现保定［M］. 北京：社会科学文献出版社，2016.

[60] 张欣. 智治之维——智库在公共治理中的功能研究［D］. 中国矿业大学，2016.

[61] 张耀钟，邱伟怡，胡宇. 雄安新区设立一年来的国际舆情分析［J］. 对外传播，2018, 263（08）：29-31+65.

[62] 赵培红. 高质量推进绿色智慧雄安建设研究［J］. 燕山大学学报（哲学社会科学版），2018, 19（3）：73-78.

[63] 赵峥，张亮亮. 绿色城市：研究进展与经验借鉴［J］. 城市观察，2013（4）：161-168.

[64] 中国城市科学研究会. 中国低碳生态城市发展报告（2013）［M］. 北京：中国建筑工业出版社，2013.

[65] 中国城市科学研究会. 中国低碳生态城市发展报告（2015）［M］. 北京：中国建筑工业出版社，2015.

[66] 中国城市科学研究会. 中国低碳生态城市发展报告（2016）［M］. 北京：中国建筑工业出版社，2016.

[67] 周雪光. 中国国家治理的制度逻辑：一个组织学研究［M］. 北京：三联书店，2017.

[68] 周瑜，刘春成. 雄安新区建设数字孪生城市的逻辑与创新［J］. 城市发展研究，2018.10（25）：60-67.